Lilly Maier

Arthur und Lilly

LILLY MAIER

ARTHUR
UND
LILLY

Das Mädchen
und der Holocaust-Überlebende

ZWEI LEBEN · EINE GESCHICHTE

Für Gery,

Viel Freude,

Lilly Maier

HEYNE <

Sollte diese Publikation Links auf Webseiten Dritter enthalten,
so übernehmen wir für deren Inhalt keine Haftung,
da wir uns diese nicht zu eigen machen, sondern lediglich auf
deren Stand zum Zeitpunkt der Erstveröffentlichung verweisen.

Nicht alle Inhaber der Rechte an den abgebildeten Fotografien
konnten ermittelt werden. Sollten in Einzelfällen Ansprüche bestehen,
so bitten wir um Nachsicht und gegebenenfalls Mitteilung an den Verlag.

FSC
www.fsc.org
MIX
Papier aus verantwortungsvollen Quellen
FSC® C014496

Verlagsgruppe Random House FSC® N001967

Redaktion: Anja Freckmann
Bildredaktion: Sabine Kestler
Umschlaggestaltung: Eisele Grafik-Design, München,
unter Verwendung eines Fotos von S. Kern
Satz: Satzwerk Huber, Germering
Druck und Bindung: GGP Media GmbH, Pößneck
Printed in Germany 2018
ISBN: 978-3-453-20282-5

www.heyne.de

Für Frieda und Hermann Kernberg,
die die Stärke, Liebe und Weitsicht hatten,
ihren Sohn alleine in die Fremde zu schicken –
und ohne die ich Arthur nie kennengelernt hätte.

INHALT

Teil 1 – Wien

Teil 2 – Frankreich

Teil 3 – New York

Teil 4 – Los Angeles

Prolog

Ich schreibe dieses Buch fast fünfzehn Jahre nach meinem ersten Treffen mit Arthur und Trudie Kern. Von Zeit zu Zeit denke ich gerne an jenen Märztag zurück, an dem die Vögel sangen und die Knospen an den Bäumen den Frühling ankündigten. Niemand von uns wusste damals, wie sehr diese Begegnung unser aller Leben beeinflussen würde – und wie eine Wohnung in Wien unsere Familien für immer verbinden würde.

Arthur nannte unser erstes Treffen später »eines der Highlights seines Lebens«. Im Englischen gibt es die nostalgische Redewendung »*you can never go home again*«, du kannst niemals wieder nach Hause gehen. Gemeint ist damit nicht eine örtliche Beschreibung, sondern ein Gefühl von Vergänglichkeit, das es uns nicht erlaubt, in unsere Vergangenheit zurückzukehren. »Aber ich kehrte zurück«, erzählte Arthur mir vor einigen Jahren mit einem Strahlen im Gesicht. »Und es war wunderbar.«

* * *

Die Gussenbauergasse in Wien ist eine verschlafene, kleine Straße im Alsergrund, dem 9. Gemeindebezirk. Selbst die Taxler, wie man Taxifahrer in Wien nennt, kennen die nach dem Chirurgen Carl Gussenbauer benannte Gasse nur selten. In wenigen Minuten geht man von hier zu Fuß zum Donaukanal oder zum Palais Liechtenstein, einem der vielen Prachtbauten, die Wien seinen imperialen Charme verleihen. Die Gussenbauergasse selbst besteht nur aus sechs Häusern, fünf von ihnen wurden um die Jahrhundertwende erbaut, in den 1920ern folgte dann noch ein großer Gemeindebau, der Sigmund-Freud-Hof. Von außen betrachtet am prunkvollsten ist die Gussenbauergasse 1, ein 1911 erbautes Eckhaus mit steinernen Verzierungen. Wie in alten Wiener Häusern üblich, heißt der erste Stock hier Mezzanin, sodass das fünfstöckige Gebäude offiziell nur vier Etagen zählt und die Erbauer bei der um 1900 gängigen Stockwerksteuer sparen konnten. Das Haus hat schon bessere Tage gesehen, aber die Wohnungen protzen noch immer mit hohen Wänden, weitläufigen Räumen und stuckverzierten Decken.

Von 1999 bis 2011 – meine gesamte Schulzeit über – habe ich gemeinsam mit meiner Mutter im Mezzanin in der Gussenbauergasse 1 gewohnt. Am Anfang war unser Zuhause eine ganz normale Wohnung – doch all das änderte sich am 30. März 2003, dem Tag, als uns Arthur und Trudie Kern besuchten.

* * *

Der 30. März 2003 war ein Sonntag und einer der ersten warmen Frühlingstage des Jahres. Wohin man auch blickte, unsere ganze Wohnung glänzte – bis hin zu meinem Kinderzimmer, das ich in langwieriger Arbeit vom Chaos einer Elfjährigen in ein Paradebeispiel an Ordentlichkeit verwandelt hatte. All meine Bücher standen gerade in meinem Regal, meine Kuscheltiere saßen aufgereiht auf meinem Stockbett, und die frisch gewaschenen roten Leinenvorhänge verströmten einen feinen Geruch nach Waschmittel. Meine Mutter und ich waren gerade auf dem Weg in die Küche, da läutete es auch schon: Trudie und Arthur Kern standen vor der Tür.

Arthur sah aus wie ein typischer 75-jähriger Amerikaner: Ein kurzer weißer Haarkranz umrundete seine Halbglatze, er trug eine marineblaue Hose, eine Brille mit großen runden Gläsern und ein grau gestreiftes Poloshirt, das seine kalifornische Bräune zur Geltung brachte. Dass er gerade einen Transkontinentalflug hinter sich hatte, merkte man dem pensionierten Raketentechniker überhaupt nicht an. Stattdessen leuchteten seine Augen, als er kurz nach der Begrüßung mit kräftigen Schritten durch unsere Wohnung ging. »Das war das Klavierzimmer!«, rief er begeistert, als er mein Kinderzimmer betrat.

Mein Kinderzimmer war tatsächlich einmal ein Klavierzimmer gewesen – in den 1930er-Jahren. Als kleiner Junge wuchs Arthur in derselben Wohnung auf, in die meine Mutter und ich Jahrzehnte später zogen. Und nach über sechzig Jahren sah er die Räume nun zum ersten Mal wieder!

Für den Amerikaner stellte der Besuch seiner alten Wohnung eine Reise in die Vergangenheit dar, eine Erinnerung an eine idyllische Kindheit auf einem anderen Kontinent und in einer anderen Zeit. Einer Zeit, zu der er noch einen anderen Namen trug: Oswald Kernberg.

* * *

Oswald Kernberg, oder Ossi, wie er von seiner Familie gerufen wurde, wohnte in der Gussenbauergasse 1 gemeinsam mit seinem älteren Bruder Fritz, seinen Eltern Frieda und Hermann und einem Kindermädchen. Die Kernbergs führten das gute Leben einer wohlhabenden jüdischen Bürgerfamilie im Wien der Zwischenkriegszeit. Hermann Kernberg besaß und leitete eine Strickwarenfabrik, in der auch seine Frau Frieda arbeitete. Die Familie reiste viel – zum Skifahren an den Semmering, auf Kur oder zum Sommerurlaub nach Italien. Doch all das änderte sich schlagartig mit dem »Anschluss« Österreichs an Nazideutschland. Nur das jüngste Mitglied der Familie, Oswald, sollte den Holocaust überleben.

1941 wurden Frieda und Hermann gemeinsam mit ihrem ältesten Sohn Fritz nach Opole in Polen deportiert. Bereits zwei Jahre zuvor war es den Eltern jedoch gelungen, den jüngsten Sohn Ossi auf einem sogenannten Kindertransport in die Freiheit zu schicken. Der Zehnjährige kam alleine nach Frankreich, wo er gemeinsam mit anderen jüdischen Flüchtlingskindern in verschiedenen Kinderheimen lebte. Französische Adelsfamilien finanzierten die Heime, der österreichische Exilpädagoge Ernst Papanek leitete sie.

Als die deutsche Wehrmacht in Frankreich einfiel, evakuierte man die Kinder hastig in den unbesetzten Süden des Landes. Aber auch dort waren sie nicht sicher. Unter größter Anstrengung gelang es internationalen Hilfsorganisationen schließlich, Oswald und 250 weitere Kinder auf einem zweiten Kindertransport nach Amerika zu retten. 1941 reiste der Junge von Portugal aus nach New York, auf einem der letzten Schiffe, das Europa noch verlassen konnte.

Kurz nach seiner Ankunft in New York erhielt Ossi einen Brief von seiner Familie, der Glückwünsche zu seinem 13. Geburtstag und zu seiner Bar-Mizwa enthielt. »Und nun mein goldiges süßes Burli, bitte ich meine innigsten Gratulations- und Segenswünsche zu diesem Deinem grossen Festtage entgegen nehmen zu wollen«, schrieb Hermann Kernberg seinem Sohn aus dem Ghetto in Polen. »Möge dir Dein Glück so leuchten und scheinen wie die Sterne am Himmel, und möge es uns beschieden sein, Dich in unsere Arme baldigst schließen zu können, und Dir das Leben so zu verschönern, wie wir es immer dir zu verschönern bemüht waren.«

Dieser Brief war das letzte Lebenszeichen von Oswalds Familie.

* * *

Über sechzig Jahre später erzählte uns Arthur, der damals schon lange nicht mehr Oswald hieß, während unseres gemeinsamen Rundgangs durch unsere Wohnung seine Familiengeschichte. In einem kleinen Notizbuch notierte sich Arthur gewissenhaft jedes Detail der Wohnung und erweckte mit seinen Beschreibungen die Räume seiner Kindheit zum Leben. Mein Zimmer war in den 1930ern das Klavierzimmer gewesen, das Büro meiner Mutter beherbergte damals das Esszimmer, in unserem Wohnzimmer schliefen einst Frieda und Hermann Kernberg, und der schmale angrenzende Raum, den meine Mutter als Schlafzimmer nutzte, diente früher als Kinderzimmer. In dem Zimmer links von der Küche lebte einst das Kindermädchen, und die langen Flure, die typisch für Wiener Altbauwohnungen sind, wurden von Ossi gerne als Fahrradstrecke verwendet, allerdings nur, wenn seine Mutter nicht in der Nähe war.

Zurück in meinem Kinderzimmer ertönte plötzlich *Für Elise*, Beethovens berühmtes Klavierstück, das er zu Beginn des 19. Jahrhunderts in Wien komponiert hatte. Über sechzig Jahre nachdem die Kernbergs mit Gewalt gezwungen worden waren, ihre Wohnung zu verlassen, füllte wieder Musik das ehemalige »Klavierzimmer«. Die Melodie kam aus einer Spieluhr in Form eines kleinen goldverzierten Pianos. Dicke Barockengelchen mit weißen Flügeln, pinken Gesichtern und dick aufgetragenem Lächeln bewegten sich zur Musik. Sobald die Musik aufhörte und die Engelchen stillstanden, brauchte es nur drei oder vier Umdrehungen, um die Spieluhr wieder zum Laufen zu bringen. Trudie und Arthur hatten sie mir mitgebracht – als Erinnerung an das Klavier, das einst in meinem Zimmer gestanden hatte.

Schließlich gingen wir ins Wohnzimmer, um den Marmorkuchen zu essen, den meine Mutter gebacken hatte. An unserem Esstisch erzählte uns Arthur seine Geschichte. Das dreistündige Gespräch fand in einem lustigen Sprachenmix aus Deutsch und Englisch statt: Ich lernte damals erst seit einem Jahr Englisch, und Trudie war zwar wie ihr Ehemann gebürtige Wienerin, erinnerte sich aber nach einem halben Jahrhundert in Amerika kaum noch an die deutsche Sprache. »*Speak German*«, forderte Arthur seine Frau immer wieder auf. Er selbst beherrschte seine Muttersprache noch fast fließend, auch wenn er mit einem Schmunzeln im Gesicht erklärte, dass er das Vokabular eines Zehnjährigen besaß – das Alter, in dem er Wien verlassen musste.

Jener Märztag im Jahr 2003 war schon Arthurs zweiter Versuch, die Wohnung seiner Kindheit wiederzusehen. Bei seinem ersten Wienbesuch in den 1970ern hatte er es nicht einmal geschafft, in das Gebäude hineinzukommen. Als er nun eine zweite Reise nach Wien plante, bat er ein befreundetes österreichisches Ehepaar, das er auf einer Reise in die Türkei kennengelernt hatte, um Hilfe. Im Herbst 2002 standen Brigitte und Fritz Kodras dann unangemeldet vor unserer Tür und brachten das Anliegen ihres Freundes vor. Meine Mutter lud Arthur und Trudie daraufhin sofort zu uns ein. Wir wussten, dass ein Besuch seiner alten Wohnung für Arthur wichtig und emotional sein würde, und für meine Mutter kam es gar nicht infrage, so eine Bitte abzuschlagen. Wir wussten aber nun auch, dass wir in einer Wohnung lebten, deren ehemalige Bewohner bis auf den jüngsten Sohn von den Nationalsozialisten ermordet worden waren. Was fängt man mit so einem Wissen an?

Der Zufall wollte es, dass zur selben Zeit ein österreichweites Zeitgeschichteprojekt für Schüler, *A Letter To The Stars,* startete, für das mich meine Mutter anmeldete. Die Idee des Projekts war es, Zeitgeschichte auf einer persönlicheren Ebene zugänglich zu machen und gleichzeitig die Erinnerung an den Holocaust am Leben zu halten. Mithilfe von Lehrern, Bibliothekaren und Archivaren recherchierten tausende Schüler die Lebensgeschichten von österreichischen Holocaust-Opfern – von Menschen, die vielleicht denselben Vornamen trugen wie sie, die in dieselbe Schule gegangen waren oder die wie in meinem Fall in derselben Wohnung gewohnt hatten. Es war das erste großangelegte Schulprojekt, das sich mit Österreichs lange verdrängter Nazivergangenheit auseinandersetzte, wesentlich später als deutsche Vergleichsprojekte. Über 50.000 Schüler nahmen bis heute daran teil. In einer bewegenden Gedenkveranstaltung im Mai 2003 ließen wir 80.000 weiße Luftballons in den Himmel über Wien aufsteigen – einen für jeden Österreicher und jede Österreicherin, die während des Holocausts ermordet worden waren. Die Ballons stiegen in den Himmel auf und schwebten vom Wind getragen davon – es waren so viele, dass der Luftraum über Wien für eine halbe Stunde blockiert war.

Für *A Letter To The Stars* recherchierte ich das Leben von Arthurs Mutter, Frieda Kernberg. Bei seinem Besuch in Wien erzählte mir

Arthur einiges über seine Familie und brachte Dokumente mit, damit ich mehr über Frieda herausfinden konnte. Schon deshalb war unser erstes Treffen weit mehr als ein kurzes Kennenlernen bei Kaffee und Kuchen. Außerdem half die intensive Beschäftigung mit dem Thema meiner Mutter und mir, mit dem Wissen über das Schicksal unserer Vormieter umzugehen. Als Arthur persönlich vor uns stand, waren sowieso alle Zweifel vergessen – bis heute habe ich noch nie einen Menschen getroffen, der mehr mit sich und seiner Vergangenheit im Reinen war als dieser lachende 75-jährige Holocaust-Überlebende.

Gegen Ende des Besuches fotografierte meine Mutter Arthur, Trudie und mich: Ich sitze in der Mitte und die beiden Amerikaner haben je einen Arm um meine Schulter gelegt. Trudie trägt ein bequemes Paisley-T-Shirt in unterschiedlichen Blautönen, ich eine weiße Bluse. Im Vergleich zu den großen, braungebrannten Kaliforniern wirke ich blass und klein. Wir lächeln alle drei.

Als meine Mutter auf den Auslöser klickte, waren fast drei Stunden vergangen, seitdem die Kerns unsere Wohnung betreten hatten. Dieses Foto hätte das Ende unserer *Story* sein können – war es aber nicht. In Wahrheit war es der Beginn einer fast märchenhaften Geschichte.

* * *

In den Wochen nach Arthurs Besuch schrieb ich eine kurze Biografie über seine Mutter Frieda, die in einer Anthologie des Zeitgeschichteprojekts erschien. Der Umstand, dass Arthur und ich in derselben Wohnung gewohnt hatten, erweckte auch das Interesse einiger Zeitungen. In einem Artikel der Wiener Tageszeitung *Kurier* erschien schließlich ein Bild von mir, wie ich ein sepiafarbenes Foto von Frieda Kernberg in die Kamera halte.

Nach Erscheinen des Artikels meldete sich eine ältere Dame beim *Kurier* und erbat die Kontaktdaten meiner Familie: Valerie Bartos. Zeitungen geben normalerweise keine persönlichen Daten von Leuten preis, über die sie berichten, aber Frau Bartos ließ nicht locker. Wieder und wieder rief sie beim *Kurier* an, bis ein Redakteur als Kompromiss meiner Mutter ihre Telefonnummer gab, sodass wir sie selbst kontaktieren konnten.

Bei unserem Telefonat stellte sich heraus, dass Valerie Bartos seit über sechzig Jahren ein Paket für Arthur Kern hütete!

Im Jahr 1941, kurz vor seiner Deportation nach Polen, hatte Hermann Kernberg alle wichtigen Familien- und Firmenunterlagen in ein Kuvert gepackt und einem Freund in Wien zur Aufbewahrung übergeben. In der im Nachhinein betrachtet utopischen Hoffnung, dass er und seine Familie aus Polen zurückkehren würden, hätten diese Dokumente den Kernbergs einen Neuanfang in Wien ermöglicht.

Die Reisepässe, Fotos, Geschäftsunterlagen, Versicherungspolicen und eine kleine Mesusa, eine Schriftkapsel, die religiöse Texte enthält und von Juden traditionell an Türpfosten angebracht wird, deponierte Hermann Kernberg bei seinem Freund Otto Kürth. Doch Kürth war selbst »Halbjude« und fühlte sich nicht sicher, daher reichte er die Dokumente an seine Cousine Valerie Bartos weiter. Auch Valerie Bartos fürchtete sich vor der Gestapo und versteckte das Paket: Sie klebte es an die Unterseite einer Holzkommode – wo es jahrzehntelang blieb. Im Frühjahr 2003 erkannte Frau Bartos dann Friedas Fotografie in der Zeitung. Über den Kontakt zu meiner Familie konnte sie die Dokumente schließlich an Arthur Kern zurückgeben.

Arthur war zehneinhalb Jahre alt, als er sich für immer von seinen Eltern und seinem Bruder verabschieden musste. Mit 75, über sechzig Jahre später, bekam er nun ein letztes Paket von ihnen – eine Nachricht aus einer für immer verloren geglaubten Zeit.

* * *

Auch mein Leben wurde nicht unwesentlich durch dieses Paket beeinflusst. Ich bin heute Historikerin und Journalistin. Die Liebe zum Wort ist ein Erbe meiner schreibenden Eltern, aber Geschichte habe ich nur studiert, weil ich als Elfjährige durch eine schicksalhafte Begegnung Arthur und seine außergewöhnliche Lebensgeschichte kennenlernte. Ich bin ihm unendlich dankbar dafür, dass er seine Geschichte mit mir geteilt hat. Durch das Zeitgeschichteprojekt *A Letter To The Stars* hatte ich noch viele weitere berührende Begegnungen mit Holocaust-Überlebenden. Ich fing an, die Nachwirkungen der Kindertransporte zu erforschen. Ich machte eine Ausbildung zur Referentin in der KZ-Gedenkstätte Dachau und begann, Vorträge über den Holocaust zu halten.

Aber diesem Treffen verdanke ich nicht nur meine Leidenschaft für Geschichte, sondern etwas noch Bedeutsameres: Ich erhielt ein drittes Paar »Großeltern«. Ich kann mich nicht mehr genau erinnern, wie es dazu kam, aber Arthur und Trudie begannen mich als ihre *Austrian granddaughter* vorzustellen, ihre österreichische Enkeltochter. Und bei meinen vielen, vielen Besuchen hat mich der gesamte Kern-Clan mit offenen Armen willkommen geheißen und wurde so zu meiner amerikanischen Familie.

Arthur erzählte mir einmal, dass er ganz bewusst beschlossen hatte, Frieden mit seiner schrecklichen Vergangenheit zu schließen – für sich selbst und auch für seine Familie. »Du musst den Hass im Herzen besiegen«, sagte er mir. Seitdem hat Arthur mehrmals Österreich besucht und in mehreren Schulen über seine Erfahrungen gesprochen.

* * *

Arthur ist im Sommer 2015 nach längerer Krankheit gestorben. Bis dahin aber hatte ich die Möglichkeit, ihn in vielen Gesprächen über sein Leben zu interviewen. Kurz vor seinem Tod begann ich dann, wissenschaftlich zu seiner Biografie und zu den Hintergründen seiner Rettung zu forschen. Kinder sind es, die das Überleben und die Zukunft eines Volkes garantieren. Die Nationalsozialisten kehrten diesen Gedanken um und wollten verhindern, dass die nächste jüdische Generation aufwächst. Sechs Millionen Juden wurden im Holocaust ermordet, mindestens ein Viertel davon – also 1,5 Millionen – waren Kinder. Nur rund 100.000 Kinder überlebten.

Die Kindertransporte stellen in der Holocaust-Forschung eines der wenigen positiven Ereignisse in einer Zeit des Horrors und der Gräueltaten dar. Arthurs Biografie erlaubt es, exemplarisch die Geschichte der französischen Kindertransporte zu erzählen. Nach Ende des Zweiten Weltkriegs wurden sehr viele der ehemaligen Kindertransportkinder äußerst erfolgreich, einige gewannen sogar Nobelpreise oder wurden Millionäre. Bis heute ist diese Gruppe Holocaust-Überlebender sehr vernetzt, was auch an Arthurs und Trudies jährlichen Gartenpartys für die ehemaligen Flüchtlingskinder liegt.

Für dieses Buch habe ich mit allen Familienmitgliedern von Arthur und mit vielen seiner Freunde gesprochen. Mit Menschen, die ihn als Kind in Wien kannten, als halbstarken Jungen im Kinderheim in Frankreich, als jungen Studenten in New York oder als Raketeningenieur und später als Rentner in Los Angeles. Ich habe monatelang Archive in Wien, Paris, New York, Washington, D.C. und Los Angeles durchsucht, Tausende Briefe und Dokumente analysiert und zahlreiche Historiker interviewt, um Arthurs Biografie, um seine Geschichte und die der anderen französischen Kindertransportkinder zu rekonstruieren.

Nächsten Herbst fliege ich wieder nach Kalifornien, um Trudie und ihre Großfamilie zu besuchen. Und wenn ich zurückkomme, erwartet mich auf meinem Bücherregal – wie immer – ein schwarzes, von dicken Barockengelchen flankiertes Miniaturklavier.

TEIL 1 – WIEN

»Wir hatten ein tolles Leben!«

Los Angeles, November 2013.

»In dem Lande der Chinesen, Chinesen, bin ich zwar noch nie gewesen, gewesen«, singt Arthur mit kräftiger Stimme. »Erstens hatt' ich keine Zeit, keine Zeit, zweitens ist der Weg zu weit, zu weit.«

Den deutschen Text des Liedes kann seine versammelte amerikanische Großfamilie zwar nicht verstehen, aber sie wippt angeregt mit. Und beim Refrain stimmen dann alle begeistert mit ein: »Ching Chong, Ching Chong Boom-killy-vitsky, Yan Kon Kooly Yan Kann Kow!«

Zum allerersten Mal höre ich den *Kern Family Song*, die offizielle Familienhymne der Kerns, im November 2013, als ich Arthur und seine Familie an Thanksgiving in Kalifornien besuche. Wegen einer sehr seltenen Verschiebung im jüdischen Kalender (statt Schalttagen gibt es im jüdischen Kalender ganze Schaltmonate) fällt in diesem Jahr das amerikanische Erntedankfest auf die zweite Nacht von Chanukka, dem Lichterfest, was dem Feiertag den Spitznamen »Thanksgivukkah« einbringt. Dem Anlass entsprechend schmücken wackelnde Plastiktruthähne den Tisch, die eine Kippa auf dem Kopf tragen und deren Gefieder mit einem Davidstern verziert sind.

Außer Arthur und Trudie bin ich die Einzige im Raum, die den deutschen Text des Liedes versteht. Ich bin auch die Einzige, die weiß, dass nicht Grandpa Kern den Song – in dem später noch ein chinesischer Menschenfresser auftritt – erfunden hat, sondern dass es sich dabei um ein altes deutsches Kinderlied handelt. Damit der Rest der Familie mitsingen kann, hat Arthur den Text mit englischen Silben aufgeschrieben. Aus der Zeile »Menschen fraß er wie die Würste, Würste« wird dann zum Beispiel »Mention Fraas Er Vee Dee Wuerster, Wuerster«.

Anlässlich dieses Thanksgivukkah-Fests treffe ich zum ersten Mal alle Generationen der Kerns an einem Ort versammelt, dabei kenne ich Arthur und Trudie jetzt schon seit mehr als zehn Jahren. Genau wie die beiden habe ich skurrile Kinderlieder über China in der Schule gelernt: »Drei Chinesen mit dem Kontrabass« war dann aber doch zeitgemäßer als die gelben Menschenfresser in »Im Lande der Chinesen«.

Arthurs Geschichte hat in Wien begonnen. Und auch nach all den Jahrzehnten in Amerika ist die Donaumetropole nach wie vor sehr präsent im Leben seiner Familie. Das zeigt sich in vielen kleinen Details, wie in Trudies nach wie vor schrecklich starkem deutschen Akzent oder eben auch im *Kern Family Song*. Für Arthurs Kinder und Enkelkinder ist das Lied mit dem schrulligen Refrain eine lustige Familientradition – für ihn selbst eine Erinnerung an seine unbeschwerte Kindheit.

* * *

Arthur kam als Oswald »Ossi« Kernberg am 19. Oktober 1928 in Wien zur Welt. Sein Vater Samuel Hersch »Hermann« Kernberg wurde am 11. Oktober 1894 in Stanisławów (Stanislau) geboren, einer ursprünglich polnischen Stadt in der heutigen Westukraine, seine Mutter Frieda Goldfeld am 26. Dezember 1897 in Rumänien. Angezogen von der Vielvölkeratmosphäre waren die Eltern Anfang des 20. Jahrhunderts nach Wien gezogen, wo sie sich kennenlernten und 1925 heirateten. Frieda war damals 28 Jahre alt, für den 31-jährigen Witwer Hermann war es bereits die zweite Ehe. Neun Monate nach der Hochzeit erblickte der erste Sohn Fritz das Licht der Welt, drei Jahre später folgte dann schließlich Oswald.

Arthurs Eltern Frieda und Hermann Kernberg in Wien

Knapp zwanzig Jahre vor Oswalds Geburt war Wien noch eine pompöse und prunkvolle Kaisermetropole gewesen, die Hauptstadt Österreich-Ungarns, des zweitgrößten Landes Europas. Aber die Niederlage im Ersten Weltkrieg bedeutete für das Herrscherhaus der Habsburger und ihr Großreich den Untergang. Die Monarchie und der Adel wurden abgeschafft, der Vielvölkerstaat zerbrach in nicht weniger als sieben Nachfolgestaaten.

Vor dem Ersten Weltkrieg hatte Wien etwas mehr als zwei Millionen Einwohner gezählt, eine angemessene Größe für die Hauptstadt eines Reiches, in dem fünfzig Millionen Menschen lebten. Nach 1918 gab es immer noch etwa zwei Millionen Wiener, aber Österreich war auf magere 6,5 Millionen Einwohner geschrumpft.[1] Wien wurde zum »Wasserkopf« Österreichs.

Nach Ende des Ersten Weltkriegs wurde das Land in eine demokratische Republik mit universellem Wahlrecht umgestaltet. Das »Rote Wien« bildete eine sozialdemokratische Insel im nun christlich-sozial regierten Österreich.[2] Während der Goldenen Zwanziger galt Wien – ähnlich wie Berlin – als Stadt am Puls der Zeit. Die Aufbruchsstimmung der jungen Demokratie verband sich hier mit einem Überbleibsel an monarchischer Schwärmerei. Auch die berühmte Wiener Kaffeehauskultur blühte nach wie vor: Literaten, Künstler und Politiker diskutierten und arbeiteten umgeben von

Zigarettenrauch, livrierten Kellnern, Mehlspeisen und Klaviermusik.

»Täglich saßen wir dort stundenlang und nichts entging uns«, hatte Stefan Zweig in *Die Welt von Gestern* die Institution des Wiener Kaffeehauses zu Zeiten der Monarchie beschrieben, und dasselbe galt noch in den 1920er-Jahren.[3] Wie Zweig waren auch viele andere Stammgäste jüdisch, zum Beispiel Arthur Schnitzler oder Franz Werfel.

Ein weiterer berühmter Wiener Jude, Sigmund Freud, residierte nur wenige Gehminuten vom Haus der Kernbergs entfernt. Um von der Gussenbauergasse 1 zu Freuds Praxis in der Berggasse zu gelangen, musste man nur einen kleinen Platz überqueren, den Franz-Josefs-Bahnhof umrunden und zuletzt die Porzellangasse hinaufgehen. Als Kind spielte Oswald auf diesen Straßen, oft auch gemeinsam mit seinem Cousin Otto – der Jahrzehnte später als Dr. Otto Kernberg in die Fußstapfen des Wiener Psychoanalytikers trat und in Amerika als *modern day Sigmund Freud*, also als moderner Sigmund Freud, bekannt wurde.

* * *

Otto Kernberg ist kein Mensch des Small Talks. Das wird schnell klar, als ich ihn im Herbst 2016 in seiner Praxis in der Innenstadt New Yorks besuche. Unser Treffen fällt auf Rosch ha-Schana, den jüdischen Neujahrstag, aber der weltbekannte Psychiater und Psychoanalytiker behandelt selbst an diesem hochwichtigen jüdischen Feiertag Patienten. Der 88-Jährige arbeitet nach wie vor als Direktor des Instituts für Persönlichkeitsstörungen an der Cornell University und reist regelmäßig zu Kongressen – immer wieder auch nach Wien. Ich musste Monate auf einen Interviewtermin mit dem vielbeschäftigten Psychiater warten, am Ende klappte es nur durch die tatkräftige Unterstützung seiner Sprechstundenhilfe. Dr. Kernbergs Praxis, mitten in Manhattan gelegen, befindet sich im sogenannten Chanin Building, einem prunkvollen, mit viel Gold verzierten Art-déco-Hochhaus schräg gegenüber der Grand-Central-Station. An den Wänden seines Büros hängen bunte Drucke des Malers Fernando Botero, auf dem Tisch prunkt eine High-End-Stereoanlage. Auch die für einen Psychoanalytiker obligatorische Couch fehlt nicht. Dr. Kernberg sieht aus wie ein Gentleman der alten Schule, mit einem perfekt sitzenden grauen Anzug und einer bestickten Krawatte, die unter einem Strickpullover hervorblitzt. Den Kopf mit der Halbglatze hält er beim Sprechen leicht geneigt. Die Ähnlichkeit zu Arthur Kern ist nicht zu übersehen.

Otto Kernberg ist genau einen Monat vor seinem Cousin Oswald zur Welt gekommen. In der Familie erzählt man sich, dass es zwischen den Vätern einen Wettstreit um die Namensgebung gab: Wessen Sohn als Erstes auf die Welt kam, sollte Otto genannt werden – nach Otto von Habsburg, dem letzten Kronprinzen von Österreich-Ungarn. »Mein Vater war ein echter Monarchist«, erinnert sich Otto Kernberg.

Dr. Kernberg nennt seinen Cousin auch heute noch Ossi (als Spitzname für Oswald) und verwendet nicht den erst in Amerika angenommenen Namen Arthur. Als er 1961 selbst nach Amerika emigrierte, behielt er auch den deutschen Namen Kernberg bei, während Arthur ihn auf das für Amerikaner leichter auszusprechende »Kern« abkürzte. In den Wirren des Krieges hatten die Cousins den Kontakt zueinander verloren – Oswald kam nach Frankreich, Otto flüchtete mit seinen Eltern nach Chile –, und es dauerte bis in die späten 1950er-Jahre hinein, bis sich die Familie wiederfand. »Ossi mochte meine Mutter sehr gerne, und meine Mutter mochte ihn sehr gern«, erzählt mir Otto Kernberg. »Und als wir uns dann nach all den Jahren in den Vereinigten Staaten wiedergetroffen haben, schwebte meine Mutter im siebten Himmel vor Glück.«

Wenn er heute an seine Kindheit in Wien zurückdenkt, dann war Oswald für ihn sowohl ein Cousin als auch ein Freund, resümiert Otto Kernberg.

* * *

Flanke, Schuss, Tor. Jubelnd stürzte Oswald auf Otto zu, der den ledernen Ball gerade an zwei Nachbarskindern vorbei ins Tor geschossen hatte. Wie so oft verbrachten die zwei Neunjährigen ihren Nachmittag am Spittelauer Platz. Der dreieckige Platz lag in Rufweite von Oswalds Zuhause und diente den Kindern als beliebter Treffpunkt zum Fußball- und Murmelspiel. Erschöpft von der hitzigen Partie gingen die zwei Buben die paar Schritte zu Oswald nach Hause. Im großen Vorzimmer der Wohnung stand Ossis Fahrrad. Ossi hätte seinem Cousin nur zu gerne gezeigt, wie er damit durch den langen Flur in ihrer Wohnung radelte, aber wenn Erwachsene zu Hause waren, traute er sich das nicht. Stattdessen gingen die beiden in das Kinderzimmer am hinteren Ende der Wohnung. Für die damalige Zeit war die Fünfzimmerwohnung mit 130 Quadratmetern sehr groß, und wie für eine bürgerliche Familie üblich lebte dort auch das bei den Kernbergs angestellte Kindermädchen. Oswald teilte sich das längliche Kinderzimmer mit seinem älteren Bruder, sein Bett stand rechts unter dem Fenster, das von Fritz links gleich neben der Tür.

Während Oswald in die Küche lief, begutachtete Otto die Büchersammlung seines Cousins. Ein ganzes Regalfach bog sich unter den Abenteuern von Winnetou und Old Shatterhand, darunter einige Bücher, die Otto gehörten. Zusammen kamen die Buben auf rund dreißig Karl-May-Bände, die sie sich regelmäßig voneinander ausliehen. Auch für die Briefmarkensammlung im Fach darunter war Otto ein gefragter Tauschpartner. Den Ehrenplatz im Regal nahm aber ein Buch zur römischen und griechischen Mythologie ein, das Oswald so gerne mochte, dass er es eine Zeit lang überallhin mitnahm.

Zurück im Zimmer holte Oswald seinen neuesten Schatz hervor, den »Elektro-Lehrer«. Fragen und Antworten waren bei dem Lernspiel mit Dioden verbunden, für jede richtig beantwortete Frage leuchtete ein Lämpchen auf.

»Abendessen fertig!«

Gerade als die Kinder die zweite Runde begannen, unterbrach Mutter Frieda ihr Spiel. Otto und Oswald seufzten. Frieda war in der ganzen Familie für ihre katastrophalen Kochkünste bekannt. Bei den Kernbergs schmeckte es eigentlich nur, wenn das Kindermädchen kochte. Mit düsterem Blick saßen die Jungen am Tisch, und ihre Mienen hellten sich erst auf, als es zur Nachspeise Grapefruits gab. Die Zitrusfrucht war eine von Friedas Leibspeisen, und beim Servieren von Obst konnte selbst sie nichts falsch machen.

Oswalds Mutter hatte eine kräftige Statur und legte laut ihrem Neffen Otto keinen großen Wert auf Äußerlichkeiten. Drei erhaltene Fotos zeigen sie allerdings mit einer adretten Lockenfrisur und einem herzlichen Lächeln. Ihre fehlenden Kochkünste kompensierte Frieda mit einem guten Sinn fürs Geschäft. Die erfolgreiche Geschäftsfrau unterstützte ihren Ehemann bei der Leitung der familieneigenen Strickwarenfabrik. Außerdem war die bürgerliche Jüdin eine begeisterte Romméspielerin.

Oswald selbst hatte ein eher kompliziertes Verhältnis zu seiner Mutter, jedenfalls mochte er seinen Vater deutlich lieber. In den Augen ihres Sohnes war Frieda eine altmodische Frau. Sie war dominant, streng und hatte ihren oftmals wilden Sohn gut im Griff, was sie auch immer mal wieder mit einer Tracht Prügel demonstrierte. Oswald konnte darauf sehr wütend reagieren. Einmal warf er sogar einen Schlüsselbund nach seiner Mutter, wobei er sie über dem rechten Auge leicht verletzte.

Der halbstarke Ossi hatte eine lebhafte Fantasie und steckte voller Unfug: Er dichtete humorvolle Lieder und spielte seinen Eltern und Freunden viele ausgefallene Streiche. »Ich war kein vorbildhaftes Kind«, gestand er mir siebzig Jahre später grinsend. »Ich war immer ein Spitzbub.« Einmal streichelte er ein Kutschenpferd und riss ihm dabei unauffällig ein paar Schweifhaare aus. Zu Hause bohrte er vorsichtig Löcher in einige Eier, schob die Haare hinein – und freute sich am Schock seiner Mutter, als diese die Eier zum Kochen aufschlug. Ein anderes Mal warf Oswald Wasserballons auf vorbeigehende Passanten oder lockerte den Anschluss des großen Kachelofens im Wohnzimmer, sodass sich die ganze Wohnung mit Rauch füllte. Wenn der Unfug unweigerlich ans Licht kam, neigte Ossi dazu, die Schuld auf seinen älteren Bruder Fritz zu schieben, wie er mir verschämt beichtete.

Aus heutiger Sicht ist es schwierig, Details aus dem Leben von Oswalds Bruder Fritz zu rekonstruieren. Der einzige gesicherte Umstand ist die Tatsache, dass er an Petit-Mal litt, einer Art von Epilepsie, heute als »Absencen« bezeichnet, die vor allem bei Heranwachsenden auftritt. Fritz bekam regelmäßig Anfälle, in denen er komplett regungslos vor sich hinstarrte und nicht ansprechbar war. Medizinisch spricht man dabei heute von »kurzen Bewusstseinspausen«. Die Anfälle dauerten im Schnitt zehn bis zwanzig Sekunden und klangen von alleine wieder ab. Fritz litt außerdem an Lernproblemen, einem bekannten Nebeneffekt von Petit-Mal-Epilepsie. Das führte dazu, dass der neunjährige Oswald und der drei Jahre ältere Fritz in dieselbe Klasse gingen.

Jahrzehnte später erzählte mir Arthur, dass er ein sehr inniges Verhältnis zu seinem Bruder hatte. Dennoch erinnerte sich der Cousin Otto Kernberg, dass die drei Jungen bei Besuchen nie gemeinsam spielten. »Fritz war größer, er war älter, und außerdem war er nicht gerade gesellig«, charakterisiert ihn Kernberg. Als Kind wirkte Fritz auf ihn distanziert und zurückgezogen. »Ich hatte immer das Gefühl, dass etwas mit ihm nicht stimmt. Auch meine Eltern vermittelten mir das gleiche Gefühl, aber niemand hat direkt darüber gesprochen«, erklärte mir der Psychiater.

Im Gegensatz zu seiner strengen Mutter, die für die Erziehung zuständig war, liebte Oswald seinen Vater Hermann als geselligen, gutmütigen Spaßvogel, der immer Süßigkeiten in seiner Jackentasche versteckt hatte. Auch bei den Nachbarskindern war Hermann Kernberg äußerst beliebt und – genauso wie sein Sohn Ossi – spielte er seiner Familie gerne Streiche. In seiner Westentasche trug er immer einen silbernen Stift, und seine ordentliche runde Schrift machte jeder Volksschullehrerin Konkurrenz. Hermann verbrachte seine Tage in der Fabrik und kehrte meist erst am Abend in die Familienwohnung zurück.

»Abends hat mein Vater manchmal geraucht«, erzählte mir Arthur viele Jahre später. »Und ich habe es geliebt, zwischen meinen Eltern im Bett zu liegen, während er eine Zigarette rauchte. Es war dunkel, und ich konnte das Glimmern der Zigarette sehen. Das ist etwas, woran ich mich bis heute erinnern kann.«

Unter der Woche legte Hermann Kernberg jeden Morgen seine Tefillin, seine Gebetsriemen, an. Tefillin bestehen aus einem Paar schwarzer Gebetskapseln, die handgeschriebene Thora-Verse beinhalten und mit Lederriemen um Arm und Kopf gewickelt werden. Im orthodoxen Judentum verwenden gläubige Männer Tefillin zum morgendlichen Gebet an Werktagen. Obwohl er täglich betete, brach Hermann religiöse Gesetze, weil er am Schabbat arbeitete – der Betrieb in der Strickwarenfabrik der Familie lief auch samstags. Aus heutiger Sicht ist es schwer zu sagen, wie religiös die Familie Kernberg wirklich war: Oswald und Fritz wurden zwar von einem jüdischen Privatlehrer in Religion unterrichtet, aber die Synagoge besuchten die Kernbergs meist nur an hohen Feiertagen.

* * *

Mit etwa 200.000 Juden beheimatete Wien Mitte der 1920er-Jahre eine der größten jüdischen Gemeinden Europas, das entsprach ungefähr zehn Prozent der städtischen Bevölkerung.[4] Viele von ihnen waren – wie Oswalds Eltern – aus den östlichen Teilen des multikulturellen Habsburgerreiches nach Wien gekommen, und das jüdische Leben in Wien war stark von diesem Einfluss geprägt. Während sich in Deutschland seit den 1820er-Jahren in den Synagogen rasant eine liberale Reformbewegung ausgebreitet hatte, scheiterten alle Versuche, den Gottesdienst in Wien zu reformieren, an der großen Präsenz ungarischer Juden.[5] »Der einzige Erfolg der Reformer war es, die ästhetischen Aspekte der liberalen Bewegung zu übernehmen«, erklärt mir Professor Marsha Rozenblit, Autorin des Buches *The Jews in Vienna, 1867–1914*, in einem Gespräch, das wir im Herbst 2016 führen. Zu diesen ästhetischen Aspekten zählten

Predigten auf Deutsch, die Einführung eines Chores sowie aufwendiges Dekor in den Synagogen. Zu einer ideologischen Reform kam es jedoch nicht. »Sie waren modern, aber nicht liberal«, so die Historikerin Rozenblit, wobei sie das jüdische Leben im Wien der Zwischenkriegszeit mit dem heute vor allem in Amerika weitverbreiteten modern-orthodoxen Judentum vergleicht. Frauen saßen in der Synagoge nach wie vor von Männern getrennt auf dem Balkon, und auch die Gebete blieben in Wien traditionell. Ein weiteres Merkmal des jüdischen Wiens bestand in der Tatsache, dass alle Juden – egal welcher religiösen Strömung sie angehörten – Mitglieder einer einzigen Gemeinde waren, der Israelitischen Kultusgemeinde Wien (IKG).

* * *

Lachend rannten Oswald, Fritz und ihre Cousine Gina über eine große Wiese. Am Goldfischteich vorbei ging es bis zu den Obstbäumen, wo sie Beeren von den Sträuchern pflückten. Das weitläufige Anwesen gehörte zur Strickwarenfabrik Goldfeld & Co im niederösterreichischen Heidenreichstein, die Ginas Vater Sigmund leitete. Wie fast jeden Sommer verbrachten Oswald und seine Familie auch dieses Jahr einige Wochen im erfrischend kühlen Waldviertel. »Ich liebte es, in Heidenreichstein zu sein!«, beschrieb der erwachsene Arthur die Zeit dort später. »Wir gingen ständig schwimmen.« So war es auch an jenem Tag: Von den Beeren gestärkt, machten sich die Kinder auf den Weg zu einem nahe gelegenen See, wo sie den Rest des Nachmittags um die Wette schwammen. Wie für die Zeit üblich trugen sie geringelte Badeanzüge mit kurzen Ärmeln. Oswald genoss die Zeit mit der Familie seiner Mutter in Niederösterreich – und das, obwohl ihn die neun Jahre ältere Gina »Putzilein« nannte und gerne wie eine Anziehpuppe behandelte, die man nach Belieben frisieren konnte. Auch seine Tante Erna mochte Ossi sehr, wenngleich er sie als genauso altmodisch wie seine Mutter empfand.

Der Großteil des gesellschaftlichen Lebens der Kernbergs spielte sich innerhalb der Familie ab. Frieda Kernberg hatte drei Brüder und eine Schwester, die alle mit ihren Familien in Wien lebten; von Hermanns fünf Brüdern lebten vier in Polen und einer in Wien. Im Mittelpunkt des regen Familienlebens standen drei Ehepaare und ihre Kinder: Hermanns Bruder Leo und seine Frau Paula, die die Eltern von Otto waren; Friedas Bruder Israel, der mit seiner Frau Dora eine Tochter namens Detta hatte; sowie Friedas Schwester Erna, ihr Ehemann Sigmund und Tochter Gina. Oswald war das Nesthäkchen der Familie, zusammen mit dem nur wenige Wochen älteren Otto. Detta und Gina waren vier und neun Jahre älter als Oswald und Otto.

Seinen Cousin Otto sah Oswald in Wien fast jede Woche. Da Frieda ja bekanntermaßen schlecht kochte, freuten sich alle immer, bei Otto essen zu dürfen. Ottos Mutter Paula war eine begnadete Köchin, und besonders ihre Mehlspeisen waren heiß begehrt, schließlich hatte sie eigens einen Kurs in traditioneller österreichischer Bäckerei belegt. Oswald nannte Paula seine »moderne Tante«, vor allem in Abgrenzung zu seiner eigenen Mutter. Paula und ihr Ehemann Leo zeigten sich kulturell interessierter als Oswalds Eltern und gingen mit ihrem Sohn regelmäßig in Konzerte.

Als großes Abenteuer erlebten Oswald und Otto Kinobesuche. Meistens ging es in das 1913 eröffnete Phönix-Kino in der Lerchenfelder Straße, das mit seinen Balkonen und Logen zu den luxuriösesten Lichtspielhäusern der Zeit zählte und ganzen 600 Besuchern Platz bot. Otto wohnte in unmittelbarer Nähe, sodass die Buben danach in seiner Wohnung mit Zinnsoldaten oder der handbemalten Märklin-Eisenbahn spielen konnten.

Oswalds Großeltern mütterlicherseits lebten in der Leopoldstadt, dem 2. Wiener Gemeindebezirk. In den 1920er-Jahren gehörten rund vierzig Prozent aller Menschen in der Leopoldstadt dem jüdischen Glauben an, was dem Bezirk den Spitznamen »Mazzesinsel« einbrachte. Die Eltern von Oswalds Vater Hermann lebten in Polen: Seinen Großvater väterlicherseits lernte der Junge nie kennen, seine Großmutter sah er ein einziges Mal, als sie zu Besuch in Wien weilte. Ursprünglich sollte sie bei Ottos Eltern übernachten, aber da Otto sogar noch ungezogener war als Oswald selbst, flüchtete sie stattdessen zu Oswalds Familie. »Mein Vater drohte mir mit der Rache Gottes«, erinnerte sich Arthur noch über 75 Jahre später. »Er sagte zu mir: ›Wehe, du benimmst dich so wie Otto!‹«

Die Kernbergs reisten gerne: Sie unternahmen Tagesausflüge zum Kahlenberg im Wienerwald oder zum Semmering in Niederösterreich. Im Winter fuhren sie Ski und Schlittschuh, die Sommer verbrachten sie in Heidenreichstein. Frieda und ihre Schwester Erna fuhren auch regelmäßig nach Marienbad, ein Kurort mit mineralsalzreichen Heilquellen im heutigen Tschechien.

1935, kurz vor Oswalds siebtem Geburtstag, schickten ihn seine Eltern gemeinsam mit Fritz in ein Ferienlager ins italienische Grado, wo die Brüder den gesamten Sommer blieben. Zum ersten Mal verbrachte Ossi einen längeren Zeitraum nicht zu Hause, und er genoss die Reise außerordentlich. »Auf einmal entdeckte ich eine neue Freiheit, weg von dem, was ich für die diktatorischen Erziehungsmethoden meiner Eltern hielt«, schrieb er Jahrzehnte später in einer Kurzgeschichte. In diesem Sommer erschien ihm einfach alles besser: Das Essen schmeckte nach mehr, sich einen Raum mit anderen Jungen zu teilen war viel spannender, als daheim zu schlafen, und das Pfeifen eines vorbeifahrenden Zuges faszinierte ihn ungemein. »Es gab mir ein wunderbares und friedliches Gefühl, das ich bis heute mit Zugpfeifen verbinde«, heißt es weiter in der Kurzgeschichte.

Seit seinem sechsten Geburtstag besuchte Oswald die Volksschule in der D'Orsaygasse 8, die zehn Gehminuten von seinem Elternhaus in der Gussenbauergasse entfernt lag. Heute ist das Gebäude eine städtische Musikschule.

27 Viertklässler wuselten um ihre Schulbänke herum und hängten ihre Mäntel und Mützen auf. Die Haken befanden sich an der holzvertäfelten Rückseite des Klassenzimmers unter Landschaftszeichnungen von Bauernhöfen. An diesem Tag stand das offizielle

Klassenfoto für das Schuljahr 1937/38 an, und die Jungen beeilten sich, auf ihre Plätze zu kommen. Jeweils drei Schüler teilten sich eine hölzerne Schulbank, und die meisten von ihnen hatten ihre Hände für das Bild ordentlich auf dem Tisch vor sich gefaltet. Das Foto war eine ernste Angelegenheit: Ein einziges Kind lächelte in die Kamera, der Rest der Buben – und auch der brillentragende Lehrer Weissenböck – schauten streng geradeaus. Ossi selbst ist auf dem Foto leicht zu entdecken, weil er als einziger Schüler stand, damit man ihn von seinem Platz in der vorletzten Reihe aus besser sehen konnte. Den Kopf leicht schräg geneigt, verkniff auch er sich jegliches Lächeln.

Oswald glänzte im Unterricht hauptsächlich mit Einsern und Zweiern. Sein Lieblingsfach war Turnen. Ein paar der Schüler in seiner Klasse trugen wie er jüdische Nachnamen, aber die meisten seiner Freunde waren nicht-jüdisch. Beim Spielen und Lernen spielte das Religionsbekenntnis für die Kinder keine Rolle. Die jüdische Herkunft zeigte sich nur im Religionsunterricht, weil die jüdischen Kinder stattdessen zu Hause Privatunterricht erhielten.

Nach dem Klassenfoto besuchte Oswald wie so oft seinen Vater Hermann in der familieneigenen Fabrik. Der Zehnjährige war stolz darauf, dass er ganz alleine mit zwei verschiedenen Straßenbahnlinien in den 19. Bezirk fahren durfte. Die Strick- und Wirkwarenfabrik der Kernbergs lag in der Hardtgasse 32 in Döbling, einem Bezirk nördlich vom Alsergrund, dem Heimatbezirk der Familie. Die Fabrik gehörte Oswalds Vater Hermann, der sie auch leitete. Der Firmenname Goldfeld & Kernberg nannte jedoch Friedas Mädchennamen an erster Stelle. Chaskel Goldfeld, Friedas Vater, hatte die Fabrik gegründet und später zusammen mit seinem Schwiegersohn geleitet. Als er fast 80-jährig 1931 starb, gehörte Hermann die Fabrik fortan alleine.[6] Ähnlich familiär präsentierten sich auch die Besitzverhältnisse der Fabrik in Heidenreichstein, die von zwei von Friedas Brüdern 1922 gegründet worden war, aber von Friedas Schwager Sigmund geführt wurde, der in die Familie eingeheiratet hatte.

Laut Arthurs Erinnerungen beschäftigte Hermann Kernberg in Wien siebzig Mitarbeiter und führte damit eine verhältnismäßig große Fabrik – vor allem in Anbetracht der Tatsache, dass sie innerhalb der Stadtgrenzen lag. Wien war keine Industriestadt, und Produktionsstätten befanden sich üblicherweise auf dem Land. Da Frieda in der Fabrik mitarbeitete, leisteten sich die Kernbergs ein Kindermädchen, das zur Freude aller oft kochte. Im Laufe von Oswalds Kindheit gab es drei oder vier Kindermädchen, wobei seine Favoritin ein Mädchen namens Agnes war. Mit Trauer erinnerte sich Arthur noch viele Jahre später, dass Agnes eines Tages plötzlich einfach nicht mehr kam.

* * *

Ab März 1938 durften christliche Frauen unter 45 – wie Agnes – nicht mehr für Juden arbeiten. Dies war nur eines der vielen Nazigesetze, die nach dem »Anschluss« Österreichs im Jahr 1938 innerhalb kürzester Zeit umgesetzt wurden.[7]

Dabei blickte Österreich selbst auf eine lange antisemitische Vergangenheit zurück. Zu Beginn des 20. Jahrhunderts erlebten österreichische Juden in ihrem Alltag häufig mehr Ressentiments als Juden in Deutschland. »Antisemitismus war in Österreich immer Teil der politischen Kultur«, erklärte mir Professor Rozenblit von der University of Maryland in unserem Gespräch. Allerdings immer nur auf persönlicher oder gesellschaftlicher Ebene – denn de facto, so Rozenblit, »hat die österreichische Regierung nie Gesetze gegen Juden erlassen. Es gab auch keine Pogrome wie an vielen anderen Orten, es gab keine Gewalt.« Wien war nicht der perfekte Aufenthaltsort für Juden, aber es ging ihnen hier dennoch deutlich besser als in Ländern wie Polen, Ungarn und Rumänien – oder wie in Deutschland nach Hitlers Machtergreifung 1933.

Der »Anschluss« Österreichs änderte all dies mit einem Schlag. Am Morgen des 12. März 1938 marschierte die deutsche Wehrmacht in Österreich ein – ohne einen einzigen Schuss abzufeuern.

Adolf Hitler betrat sein Geburtsland am Nachmittag und erreichte Wien am 15. März, wo ihn am Heldenplatz über 200.000 Menschen jubelnd empfingen.[8] Antijüdische Gesetze, die in Deutschland schrittweise über fünf Jahre erlassen worden waren, traten in Österreich nun über Nacht in Kraft.[9] Ein noch größerer Schock für viele Wiener Juden aber war die Begeisterung, mit der ihre Mitbürger die Nazis begrüßten sowie die Unzahl an Gewaltattacken, zu denen es innerhalb kürzester Zeit kam.[10] »Die Nachbarn von nebenan holten sie aus ihren Wohnungen, plünderten diese und trieben sie durch Wien«, beschreibt Christof Habres die Vorgänge in *Jüdisches Wien*.[11]

Oswalds kleine schöne Welt zerfiel buchstäblich in Scherben. »Auf einmal durften die nicht-jüdischen Kinder nicht mehr mit mir spielen«, erzählte mir Arthur. »Und statt meine Freunde zu sein, haben sie uns dann plötzlich gejagt.« Sein Cousin Otto musste mit ansehen, wie seine Mutter von einem Mob gezwungen wurde, eine Straße zu schrubben.

Wenn Oswald jetzt die Straße entlangging, konnte er auf vielen Schildern »Juden und Hunden Zutritt verboten« lesen. Parks, Kaffeehäuser oder der geliebte Kinobesuch – all das war für Ossi nun nicht mehr möglich, ja sogar illegal.

Der Zehnjährige durfte die verbleibenden zwei Monate des Schuljahres noch in seiner Klasse beenden. Allerdings mussten die jüdischen Kinder nun alle in der letzten Reihe sitzen, die vormals für die weniger begabten Schüler bestimmt war, was er als große Ungerechtigkeit empfand. Oswald bestand den Aufnahmetest für das Gymnasium, aber keine der weiterführenden Schulen in Wien nahm noch Juden auf. Stattdessen wurde er gezwungen, in eine hastig zusammengestellte jüdische Schule zu gehen, die schlechten Unterricht bot und weit entfernt von seinem Zuhause lag. Vor der Schule lauerten den jüdischen Kindern außerdem oft Hitlerjugendbanden auf und verprügelten Oswald und seine Freunde. Dabei ersparten Ossi im Alltag seine blonden Haare und graublauen Augen sicher oft Schlimmeres, da er damit leicht als »arisches«

Kind durchgehen konnte. Seine Eltern fürchteten sich, einkaufen zu gehen, und schickten nun deswegen oft ihren Sohn in die Geschäfte.

Der zehnjährige Oswald sprach nie mit seinem Cousin Otto über diese Veränderungen. »Unsere Beziehung wurde distanzierter, weil wir nun mehr in unserem Alltag gefangen waren«, erinnerte sich Otto Kernberg. Es wurde auch immer schwieriger, sich gegenseitig zu besuchen. »Also mussten wir beide jeder für sich damit umgehen, und außerdem hatten wir – als Kinder – nicht das volle Wissen, was genau eigentlich geschah. Mir kam das wie eine Art Wetterwechsel vor. Wir nahmen es als die neue Weltordnung hin.«

Während der Novemberpogrome in der Nacht vom 9. auf den 10. November 1938, der sogenannten Kristallnacht, schafften es die Väter von Oswald und Otto, sich in der Strickwarenfabrik in der Hardtgasse zu verstecken. Onkel Sigmund aus Heidenreichstein aber wurde – wie etwa 7.800 weitere österreichische Juden – von den Nazis verhaftet und wenig später in das Konzentrationslager Buchenwald geschickt.[12]

Es war der Anfang vom Ende der Kernbergs in Wien.

* * *

Fast genau auf den Tag 75 Jahre später beenden die Kerns die letzte Strophe des *Kern Family Songs* und singen eine weitere Runde des unsinnigen Refrains »Ching Chong, Ching Chong Boom-killy-vitsky«. Dann geht es mit dem festlichen Thanksgiving-Dinner weiter.

Neben dem obligatorischen Truthahn und anderen typischen Speisen wie Kürbiskuchen und Süßkartoffelpüree werden auch Rugelach serviert, jüdische Desserthörnchen, die mit Nüssen gefüllt sind. Nachdem der Großteil der Familie gegangen ist, zünden Arthur und sein ältester Sohn Aaron Kerzen an und rezitieren die traditionellen Gebete, um die zweite Nacht von Chanukka zu feiern.

Am nächsten Morgen treffe ich mich mit Arthur in einer weihnachtlich geschmückten Hotellobby für eines unserer mehrstündigen Interviews. Wir machen es uns auf gelben Klubsesseln bequem, neben uns sitzt Trudie und spielt Sudoku auf ihrem iPad, während sie mit halbem Ohr zuhört. An seine Zeit in Wien zurückdenkend, sagt Arthur: »Ich hatte wirklich eine sehr schöne Kindheit, bis ich zehn Jahre alt war.«

»Wir hatten ein tolles Leben!«, fügt er nach einer kurzen Pause hinzu.

Die Kinder rausholen

Hermann Kernberg war Optimist – zumindest in der Erinnerung seines Sohnes und seines Neffen. »Anfangs dachten meine Eltern, das sei alles nur eine Phase, die bald vorübergehen würde«, erinnerte sich Arthur. »Ich bin mir sicher, dass sie Wien verlassen hätten, wenn sie gewusst hätten, was passieren wird.«

Auch Otto Kernberg attestierte seinem Onkel Hermann und seiner Tante Frieda eine unrealistische und übermäßig optimistische Einstellung: »Sie machten sich Sorgen um ihr alltägliches Leben, aber gleichzeitig teilten sie den Irrglauben, dass das nur ein Übergangszustand sei«, erzählte er mir bei unserem Gespräch in New York. (Auch Ottos eigener Vater hielt an dieser Überzeugung fest; es war Ottos Mutter Paula, die die Gefahr früh erkannte und zur Auswanderung drängte.)

* * *

»Guuten Mooorgen! Einen Kaffee?«, rufen zwei Männer mit israelischem Akzent den am Ende der Seitenstettengasse stationierten Polizisten zu, die sich vor dem Regen in einen Hauseingang geflüchtet haben. Ein junger Beamter nimmt das Angebot dankend an und folgt den Männern in das koschere def-alef-Restaurant gleich neben dem jüdischen Gemeindezentrum, seine Kollegin verbleibt mit Verweis auf den baldigen Schichtwechsel draußen. Die Seitenstettengasse liegt in der Wiener Altstadt, unweit vom Stephansdom. Wenn man am oberen Ende der steilen Gasse steht und hinunterblickt, gehören alle Gebäude auf der rechten Seite der jüdischen Gemeinde, links reiht sich eine Bar an die nächste. In der Mitte der Gasse liegt der von außen nicht als Synagoge erkennbare Stadttempel, über dessen hölzerner Eingangstür die hebräische Inschrift באו שעריו בתודה חצרותיו בתהלה prangt (zu Deutsch: »Kommet zu seinen Toren mit Dank, zu seinen Vorhöfen mit Lobgesang!«). Die obligatorischen Sicherheitsvorkehrungen rund um die Wiener Hauptsynagoge sind auf den ersten Blick kaum wahrzunehmen: Die Absperrgitter sind an die Häuserwand gerückt, die Metalldetektoren im Hausinneren versteckt, und um die Polizisten im Regen auszumachen, muss man schon genau hinsehen.

Der Seitenstettentempel ist die einzige Synagoge Wiens, die während der Novemberpogrome 1938 nicht vom wütenden Mob niedergebrannt wurde. Sie stand zu nah an anderen Häusern, man hatte Angst, das Feuer würde übergreifen. In unmittelbarer Nähe der Synagoge befindet sich heute das Archiv der Israelitischen Kultusgemeinde Wien (IKG), wo ich im September 2017 Susanne Uslu-Pauer treffe.

Die Chefarchivarin sitzt in einem renovierten Büro mit metallenen Regalen. Nur eine antiquarische, hölzerne Karteikartenkommode verweist hier auf die jahrhundertealte Geschichte der Wiener IKG. Das 1816 gegründete Archiv ist das einzige jüdische Gemeindearchiv in den von den Nationalsozialisten besetzten Gebieten, das die NS-Zeit überlebt hat. Trotzdem war es nach Ende des Zweiten Weltkriegs für Jahrzehnte geschlossen. Im Jahr 2000 entdeckte man dann in einem in Vergessenheit geratenen Haus der IKG in der Herklotzgasse über 500.000 verschollen geglaubte Akten aus der NS-Zeit. Seit 2009 gibt es nun wieder ein eigenständiges IKG-Archiv, in dem Uslu-Pauer und ihre Kollegen versuchen, der rund 10,7 Millionen Akten Herr zu werden.

Einer der bedeutendsten Bestände der IKG aus der NS-Zeit sind Zehntausende Auswanderungsfragebögen, die von Wiener Juden ausgefüllt wurden. »Die IKG wurde nach dem »Anschluss« im März 1938 geschlossen und Anfang Mai wieder geöffnet. Sie ist dann gezwungen worden, die Auswanderung und später auch die Deportation zu organisieren«, erklärt mir Uslu-Pauer. Diese »neue« IKG war allerdings dem späteren SS-Obersturmbannführer Adolf Eichmann unterstellt, der systematisch die zwangsweise Auswanderung der jüdischen Bevölkerung vorantrieb. In Österreich lebende Juden konnten sich in der Auswanderungsabteilung der IKG für die Emigration registrieren lassen, indem sie einen Fragebogen ausfüllten, und wurden dann soweit möglich von der IKG bei der Beschaffung von Dokumenten sowie von benötigten Finanzmitteln unterstützt.

Die Registrierung war freiwillig, wurde aber von einem Großteil der Gemeindemitglieder genutzt. »Erhalten geblieben sind rund 50.000 ausgefüllte Fragebögen, in denen insgesamt an die 97.000 Menschen verzeichnet sind«, erläutert Uslu-Pauer. »Das ist also ungefähr die Hälfte aller Wiener Juden, die sich bei der IKG für die Emigration angemeldet hat. Viele haben es aber auch über das Palästina-Amt, die Jugend-Alijah und die Auswanderungshilfsorganisation für nicht-mosaische Juden geschafft auszuwandern.«

Der Auswanderungsfragebogen wurde meist vom Familienoberhaupt ausgefüllt und beinhaltete Informationen zum beruflichen und finanziellen Hintergrund der Familie, zu Sprachkenntnissen sowie zu Verwandten im Ausland, die eventuell bei der Beschaffung von Visa behilflich sein könnten. Außerdem wurde gefragt, welche Familienmitglieder zuerst auswandern sollten und wohin die Familie emigrieren wollte – eine laut Uslu-Pauer »katastrophale Frage«, weil ja keiner auswandern *wollte*, sondern durch die Umstände dazu gezwungen wurde.

* * *

Hermann Kernberg füllte am 3. Juni 1938 den dreiseitigen Fragebogen in den Büros der IKG in der Seitenstettengasse aus. Als gewünschtes Auswanderungsland gab er »Amerika oder Australien bezw. nach dem Übersee« an.[1] In sauberer, rundlicher Handschrift vermerkte er, er wolle sich im Ausland »neu aufbauen und arbeiten. Meine Branche wird überall bevorzugt, da es sich um [eine] Geschmacks-Industrie handelt.« Als Beruf gab er »selbständiger Strickwarenerzeuger« an, außerdem könne er auch »Chauffieren«. Bei der Frage nach Verwandten im Ausland listete er einen Cousin in Mexiko auf. Der Familienvater registrierte auch Frieda, Fritz und Oswald bei der IKG und gab an, am liebsten sollten »alle zusammen« auswandern.

Am 10. Juni 1938, genau eine Woche später, füllte Hermann Kernberg den Fragebogen ein zweites Mal aus – nun allerdings mit teilweise anderen Antworten. Bei der Berufsausbildung vermerkte er neben »Chauffieren« diesmal auch »Spülen, u. einschlägige Arbeiten«. Bei dem Wunschland für die Emigration war er nun nicht länger wählerisch, sondern schrieb, die Familie wolle in ein Land, »wo Lebensmöglichkeiten vorhanden sind«. Und in der Frage nach seinen Zukunftsplänen ergänzte er, dass er bereit sei, »jedwede Arbeit« zu verrichten. Den größten Unterschied nahm Hermann Kernberg jedoch bei der Liste der Verwandten im Ausland vor: statt nur einem führte er nunmehr sechs Cousins an – in Mexiko, New York und Palästina.

Das erneute Ausfüllen des Auswanderungsfragebogens ist für die IKG-Archivarin Uslu-Pauer ein Zeichen dafür, dass Oswalds Vater erfahren hatte, dass man bessere Chancen zur Auswanderung hatte, wenn man mehr handwerkliche Fähigkeiten angab – und wenn man mehr Verwandte auflisten konnte. »Was viele erkannt haben, ist, dass sie so viele Informationen aufschreiben müssen wie möglich«, so Uslu-Pauer.

Nicht alle der rund 200.000 Wiener Juden ließen sich bei der IKG registrieren –Hermann Kernberg beschäftigte sich also offensichtlich mit der Idee, das Land zu verlassen. Wie ernst er sein Emigrationsansinnen zu diesem Zeitpunkt nahm, ist jedoch fraglich. Im Archiv der IKG finden sich im Gegensatz zu vielen anderen Antragsstellern keine weiteren Dokumente in der Kernberg-Akte. Dies spricht dafür, dass Oswalds Vater nach dem Ausfüllen der Fragebögen keine Folgeanfragen an die IKG stellte. Auch sonst gab es lange keine Hinweise darauf, dass die Familie aktiv versuchte auszuwandern.

Dabei unternahm Hermann nach dem »Anschluss« Österreichs sogar einige Reisen ins Ausland – er kam allerdings jedes Mal wieder zurück. Hinweise darauf finden sich in seinem Pass: So beantragte er im Juli 1938 ein befristetes Visum für die Schweiz und reiste nach Zürich, offiziell aus »geschäftlichen« Gründen, wie ich in dem Reisedokument lese. Dort deponierte er Teile seines Vermögens bei dem Finanzberater F. Reiss. Außerdem ließ Hermann einige Wertgegenstände bei einem entfernten Verwandten, Leon Tempelhof, darunter eine goldene Uhr, Friedas Hochzeitsring, acht Silbermünzen, ein silbernes Zigarettenetui sowie einige Kleidungsstücke und Schuhe.

Auch nach den Novemberpogromen, die das jüdische Leben Wiens in Scherben zurückließen, änderte sich die Einstellung von Oswalds Eltern vorerst nicht grundlegend. Onkel Sigmund wurde während der Novemberpogrome verhaftet und dann im KZ inhaftiert, Verwandte von Frieda wurden aus ihrer Wohnung geworfen und zogen zu den Kernbergs in die Gussenbauergasse. Trotzdem sollte es noch mehrere Monate dauern, bis Oswalds Eltern den konkreten Beschluss fassten zu emigrieren. Zwei Ereignisse im Februar 1939 trugen wohl maßgeblich dazu bei.

Als Erstes entrissen die Nationalsozialisten Hermann Kernberg die Kontrolle über die Familienfabrik. Am 7. Februar 1939 bestellten sie einen Dr. Josef Tomasi als kommissarischen Verwalter und Treuhänder für die Firma Goldfeld & Kernberg ein, wie ich in Akten des Wiener Gewerbeamts nachlese.[2] Die rechtliche Grundlage dafür war ein bereits wenige Wochen nach dem »Anschluss« erlassenes Gesetz, das es dem Reichsstatthalter der »Ostmark« erlaubte, »in Wahrung wichtiger öffentlicher Interessen« kommissarische Verwalter oder Überwachungspersonen für österreichische Firmen einzusetzen.[3] Oswalds Vater arbeitete zwar weiterhin in der Strickwarenfabrik, durfte aber keine Entscheidungen mehr treffen und erhielt einen spotthaft niedrigen Lohn.

Einen Tag später, am 8. Februar, wurde Oswalds Onkel Sigmund aus dem KZ Buchenwald entlassen. Im Entlassungsschein heißt es dazu, der »Schutzhäftling/ Vorbeugungshäftling Jude Schulim Lieblich« werde »auf Anordnung der Geheimen Staatspolizei [...] nach Wien entlassen«[4] Arthur erzählte mir Jahrzehnte später: »Nach seiner Freilassung kam Sigmund zu uns. Und er sagte meinem Vater: ›Du musst hier raus. Du musst weg. Lass die Fabrik zurück, lass alles zurück, schau nur, dass du hier wegkommst.‹«

Hermann und Frieda nahmen sich den Rat ihres Schwagers zu Herzen. Im Frühjahr 1939 gab es allerdings kaum noch Länder, die bereit waren, erwachsene Flüchtlinge aufzunehmen. Ein Emigrationsversuch war außerdem mit sehr viel Bürokratie und monatelangen Wartezeiten verbunden. Als Erstes sollten deshalb Fritz und Oswald gerettet werden: »Meine Eltern erkannten, dass es Zeit brauchen würde, Österreich zu verlassen, und wie andere Eltern auch, versuchten sie, die Kinder in Sicherheit zu bringen«, reflektierte Arthur später.

* * *

»Kernberg!«, rief eine müde Stimme in Richtung des überquellenden Wartezimmers. Hermann packte seine beiden Söhne Oswald und Fritz an den Armen und schlängelte sich an wartenden Familien vorbei zum Büro mit der Aufschrift »Kinderauswanderung«. Über Bekannte hatte er erfahren, dass die Fürsorgezentrale der IKG sogenannte Kindertransporte organisierte – also Kinder ohne ihre Eltern ins rettende Ausland schickte. So schwer ihm der Gedanke fiel, sich von seinen Söhnen zu trennen, er war hier, um sie für einen Kindertransport anzumelden. Im Antragsformular für Oswald vermerkte ein Mitarbeiter der IKG: »Der Vater ist arbeitslos und die Familie musste alles verkaufen, um [über]leben zu können.«[5]

Wann genau Hermann Kernberg seine Söhne bei der Kinderauswanderung registrieren ließ, lässt sich nicht mehr rekonstruieren.

Auch ob er sie nur generell vormerkte oder spezifisch für die Rettung nach Frankreich anmeldete, wissen wir nicht. Klar ist, dass sowohl Oswald als auch Fritz auf einer Liste der »dringenden Fälle nach Frankreich« stehen, die wohl Ende Februar oder Anfang März 1939 von der IKG erstellt wurde.[6] Insgesamt 109 Namen finden sich auf der Liste, die im Archiv der IKG erhalten geblieben ist. Die genannten Kinder waren zwischen sechs und fünfzehn Jahre alt, fast zwei Drittel waren Jungen.

Wie vieles zu Zeiten von komplizierten Aus- und Einreisebestimmungen und strengen Visumsauflagen war auch die Abwicklung der Kindertransporte mit sehr viel Bürokratie verbunden: Hermann Kernberg verließ das IKG-Gebäude in der Seitenstettengasse mit einem Stapel an Formularen. So verlangte zum Beispiel das *Comité Israélite pour les Enfants venant d'Allemagne et d'Europe Centrale* (Israelitisches Komitee für Kinder aus Deutschland und Zentraleuropa, kurz *Comité*), das auf französischer Seite für die Kindertransporte zuständig war, pro Kind eine siebenfache Einverständniserklärung der Eltern, fünf ärztliche Gutachten und drei Passfotos.[7]

Am 22. Februar 1939 unterschrieb Hermann Kernberg eine eidesstattliche Vollmacht für Oswald, in der er dem *Comité* (und angegliederten Organisationen) »alle Rechte und Vollmachten betreffend der Beschützung der Gesundheit und der moralischen Interessen« von Oswald bis zu dessen 18. Lebensjahr übertrug. Die Vollmacht durfte nur annulliert werden, wenn Hermann einen festen Wohnsitz in einem beliebigen Land hätte nachweisen können, sowie Lebensumstände, die es ihm erlaubten, sich selbst um das Kind zu kümmern. In einem weiteren Formular mussten die Eltern unterschreiben, dass sie nicht versuchen würden, ihr (dann in Frankreich lebendes) Kind als Vorwand zu nutzen, um selbst ein französisches Visum zu beantragen.

Eine Woche später, am 1. März 1939, wurde Oswald medizinisch untersucht. Alle Kinder mussten vollkommen gesund und verhaltensunauffällig sein, um in Frankreich einreisen zu dürfen. Die

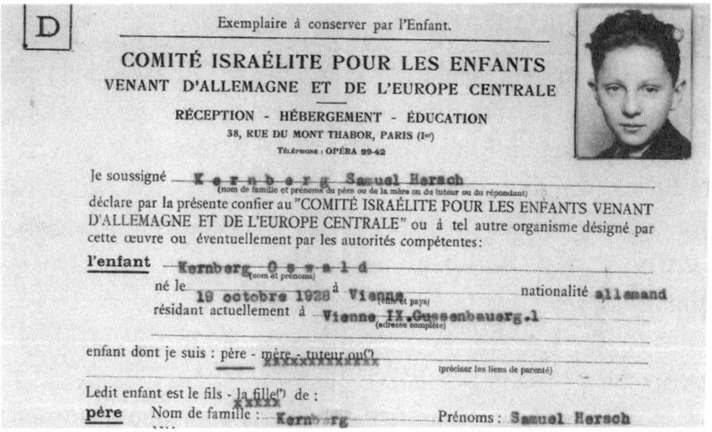

D

Exemplaire à conserver par l'Enfant.

COMITÉ ISRAÉLITE POUR LES ENFANTS
VENANT D'ALLEMAGNE ET DE L'EUROPE CENTRALE

RÉCEPTION - HÉBERGEMENT - ÉDUCATION
38, RUE DU MONT THABOR, PARIS (Ier)
TÉLÉPHONE : OPÉRA 99-42

Je soussigné K e r n b e r g Samuel Hersch
(nom de famille et prénoms du père ou de la mère ou du tuteur ou du répondant)
déclare par la présente confier au "COMITÉ ISRAÉLITE POUR LES ENFANTS VENANT D'ALLEMAGNE ET DE L'EUROPE CENTRALE" ou à tel autre organisme désigné par cette œuvre ou éventuellement par les autorités compétentes:

l'enfant Kernberg O s w a l d (nom et prénoms)
né le 19 octobre 1928 à Vienne (ville et pays) nationalité allemand
résidant actuellement à Vienne IX.Gussenbauerg.1 (adresse complète)

enfant dont je suis : père - ~~mère - tuteur ou(*)~~ xxxxxxxxxxxxx
(préciser les liens de parenté)

Ledit enfant est le fils - ~~la fille(*)~~ xxxxx de :
père Nom de famille : Kernberg Prénoms : Samuel Hersch

Der Kindertransportantrag für Oswald,
ausgefüllt von seinem Vater Hermann Kernberg.

ärztlichen Gutachten erstellte der »Obermedizinalrat« Dr. Claudio Schmidt, der als Vertrauensarzt des französischen Konsulats fungierte. Er bestätigte, dass Oswald »in tadelloser Verfassung sei, physisch wie auch moralisch«. [8]

* * *

Erneut musste Hermann mit seinen Söhnen auf ein Amt, damit weitere Gutachten erstellt werden konnten. »In welcher Klasse bist du denn?«, fragte der zuständige Sachbearbeiter den zehnjährigen Oswald.

»In der vierten.«

»Und du?«, wandte sich der Mann an Oswalds Bruder.

»Ich bin auch in der vierten Klasse«, antwortete der drei Jahre ältere Fritz.

Arthur konnte sich später nicht mehr daran erinnern, auf welchem Amt dieses Gespräch stattgefunden hatte. Umso klarer hatte er aber auch noch Jahrzehnte später den Versuch seines Vaters vor Augen, Fritz' Antwort zu überspielen. Von ihr abzulenken. Dessen

Aussage irgendwie zu relativieren. Ohne Erfolg. Obwohl beide Kernberg-Söhne als »dringende Fälle« für die Rettung nach Frankreich vorgemerkt waren, durfte schlussendlich nur der »gesunde« Oswald mit auf den Kindertransport. Fritz blieb zurück.

Fast sein gesamtes Erwachsenenleben lang erklärte Arthur sich und anderen das Zurückbleiben seines Bruders mit dessen Alter – bereits 13 – und verschloss die Augen vor dem tatsächlichen Grund.

1995 erzählte Arthur zum Beispiel in einem Interview mit Steven Spielbergs *Shoah Foundation*, die weltweit Interviews mit Holocaust-Überlebenden führt: »Die Organisation nahm nur Kinder bis 13 Jahre mit. Sobald man 13 war, war man zu alt. Infolgedessen kam mein Bruder nicht [aus Österreich] raus.«[9] Auch in meinem eigenen ersten Interview mit Arthur – als ich elf Jahre alt war und an der kurzen Biografie über seine Mutter schrieb – erzählte er es ähnlich. So schrieb ich in meinem Text: »Fritz wurde [...] nicht akzeptiert, weil nur Kinder bis 13 Jahre mitgenommen wurden.«[10]

Tatsächlich gab es aber fast 40 Kinder, die 13 oder älter waren und die für die Rettung nach Frankreich ausgewählt wurden. Dies zeigt ein Blick auf die endgültigen Transportlisten. Auch der erwachsene Arthur selbst wusste von dieser widersprüchlichen Tatsache: »Unerklärlicherweise gab es andere 13-Jährige, die es auf die finale Liste schafften«, schrieb er dazu 2006 in einem für seine Familie bestimmten autobiografischen Text.

In Wahrheit waren wohl die Epilepsie von Fritz und seine daraus resultierende Lernschwäche der Grund, weshalb er nicht mitgenommen wurde. Wie erwähnt sollten alle Kinder vollkommen gesund sein, außerdem wies das französische *Comité* die IKG in mehreren Briefen an, »Kinder auszuwählen, die einen einigermaßen normalen Erziehungsgrad besitzen.«

Dieses rigorose Aussortieren geschah mit einem bestimmten Hintergrund: Es sollten auf lange Sicht so viele Kinder wie möglich gerettet werden. Alle beteiligten Organisationen hofften, dass die französische Regierung weitere Transporte genehmigen würde –

und setzten darauf, dass die Flüchtlingskinder in Frankreich einen möglichst guten Eindruck erweckten. Oswald und Fritz waren nicht die einzigen Geschwister, die deshalb getrennt wurden.

Erst zwei Jahre vor seinem Tod gestand Arthur sich während eines Interviews mit mir ein, warum sein Bruder nicht mit ihm nach Frankreich kommen konnte. Und dass letztlich seine Epilepsie und seine Lernschwäche seinen Tod bedeutet hatten. »Das war wohl, warum sie ihn nicht mitgenommen haben«, sagte mir Arthur mit traurigem Blick.

Abschied von Wien

»Und der Pfiff des fernen Zuges
jetzt in meinem Ohr noch gellt.
Was ist los? Nichts.
Ein paar Juden fahren in die weite Welt«. So rezitiert der Burgschauspieler Cornelius Obonya mit lauter Stimme aus dem Gedicht »Juden am Bahnhof« von Walter Lindenbaum.[1] Wir schreiben den 14. März 2008, und das Gedicht ist Teil der feierlichen Enthüllung der Statue *Für das Kind* in der Kassenhalle des Wiener Westbahnhofs. Die in London lebende Bildhauerin Flor Kent hat den Kindertransporten ein bronzenes Denkmal gesetzt. Es zeigt einen kleinen jüdischen Jungen mit Kapuzenpulli und Kippa, der auf einem altmodischen Koffer sitzt und melancholisch in die Ferne blickt. Mit den Worten »Wer ein einziges Menschenleben rettet, ist als hätte er die ganze Menschheit gerettet«, endet die Inschrift auf dem marmornen Sockel der Statue. Dieser Satz ist – in leicht abgewandelter Form – seit dem Film *Schindlers Liste* weltbekannt und gehört zu den meistzitierten Stellen aus dem Talmud, einer der wichtigsten Textsammlungen des Judentums.

Modell für die Bronzestatue stand der neunjährige Sam Morris, ein Urenkel von Sara Schreiber, die als 16-Jährige vom Westbahnhof aus auf einem Kindertransport nach England gerettet wurde. »Wenn das alles vor siebzig Jahren nicht passiert wäre, dann wäre ich nie geboren worden«, sagt Sam mit starkem englischen Akzent und in einem etwas zu großen Anzug während der Veranstaltung.

Die Initiative für die Statue ging von der Wienerin Milli Segal aus, die sich seit Jahren für Gedenkprojekte einsetzt. »Mir war es wichtig gewesen, am Westbahnhof ein Zeichen zur Erinnerung an die Kinder zu setzen«, erzählt mir Segal später. »Es gehen sicher viele Menschen vorbei, ohne auf die Skulptur zu achten, und es ist wichtig, dass die, die stehen bleiben, davon erfahren. Und das Wichtigste: Diese Kinder haben überlebt!«

Ähnliche Statuen von Flor Kent sowie von Frank Meisler finden sich in Berlin, Prag und Gdańsk sowie in der Liverpool Street Station in London. Sie alle sind den britischen Kindertransporten gewidmet. Doch was kaum jemand weiß, ist, dass – auf den Tag genau 69 Jahre vor der Enthüllung der Wiener Statue – vom Westbahnhof aus auch ein Kindertransportzug nach Frankreich aufbrach.

* * *

Nach Oswalds Anmeldung in der Abteilung für Kinderauswanderung Mitte Februar 1939 ging alles sehr schnell. Bereits in der ersten Märzwoche beantragte die Jüdische Gemeinde Pässe für rund 100 Kinder, die damit abreisefertig waren.[2] Bei den Ausreisebestimmungen galten dieselben Auflagen wie für erwachsene Flüchtlinge: Jeweils nur ein Koffer, ein Handgepäckstück und zehn Reichsmark durften mitgenommen werden, Wertgegenstände wurden beschlagnahmt.[3] Weil nur so wenig erlaubt war, packte Frieda alle Sonntagskleider Oswalds ein, damit ihr Sohn in Frankreich einen guten Eindruck machen würde. Auch sein geliebtes Buch zur römischen und griechischen Mythologie durfte mit, seine vielen Spiele aber musste er zu Hause lassen. Frieda und Hermann versicherten ihrem Sohn immer wieder, dass es sich um eine Trennung auf Zeit handle und die Familie bald gemeinsam nach Amerika auswandern würde.

In der Nacht vor seiner Abreise schlich Oswald sich ins Esszimmer und öffnete vorsichtig den großen Schrank. Vor ihm standen die Fotoalben seiner Eltern, die sie schon so oft gemeinsam durchgeblättert hatten. Oswald öffnete eines davon und begann Fotos herauszuziehen: Hermann Kernberg in Anzug und breitkrempigem Hut, ein Einstecktuch und einen silbernen Stift in seiner Brusttasche; Frieda in einem dunklen Kleid und mit breitem Lächeln; Fritz mit leicht verrutschter Krawatte, den Blick schräg nach oben gerichtet. Ossi als griesgrämiges Kleinkind, das auf dem Schoß seines Großvaters sitzt; seine Großmutter in ihrer abgedunkelten Wohnung im zweiten Bezirk. Frieda mit ihren zwei Söhnen in einem Fotostudio; die ganze Familie beim Baden in Heidenreichstein; Porträts von seinen Lieblingsonkeln und -tanten. Behutsam steckte Oswald die schwarz-weißen und sepiafarbenen Fotografien ein und packte sie in seinen Koffer. »Ich wollte sie bei mir haben«, erklärte mir Arthur später. »Und ich bin froh, dass ich mir die Bilder genommen habe. Es sind die einzigen Andenken an meine Eltern, die ich habe.«

Heute kleben die Fotos wieder in einem Album, das Arthurs Ehefrau Trudie in liebevoller Kleinstarbeit zusammengestellt hat. Dank dieser Bilder kenne ich Arthurs Familie und Kindheit nicht nur aus seinen Erinnerungen, sondern konnte mir selbst einen Eindruck machen. Und das einzig und allein, weil der kleine Oswald sie heimlich eingesteckt hatte und durch alle Kriegsjahre hindurch mit sich trug.

* * *

14. März 1939. Es war so weit. Der Moment des Abschieds ließ sich nicht mehr länger hinauszögern. Frieda, Hermann und Fritz umarmten und küssten Oswald am Gleis des Westbahnhofs. Frieda weinte. Um kurz nach elf Uhr abends bestieg der Junge den wartenden Nachtschnellzug nach Paris und ergatterte einen Fensterplatz. Der Zeiger rückte vor, Minute um Minute. Um 23.25 Uhr fuhr der Zug mit einem Quietschen an. Oswald winkte seinem Vater zu, der der beschleunigenden Eisenbahn nachlief. Der Zehnjäh-

rige konnte sehen, wie der silberne Stift, den Hermann immer in seiner Westentasche trug, beim Laufen herausfiel. Hermann stoppte, um ihn aufzuheben; bevor er sich wieder aufrichten konnte, war der Zug verschwunden. Es war das letzte Mal, dass Oswald seinen Vater sah.

Mit Oswald saßen noch 49 weitere unbegleitete Minderjährige im Waggon. Einige wenige Geschwisterpaare waren Teil der Gruppe, doch die meisten traten die Reise in die ungewisse Freiheit alleine an. Als einzige Aufsichtsperson für alle Kinder fuhr Trude Frankl, eine Wiener Erzieherin mit Beziehungen zur IKG, mit. Um den Transport begleiten zu dürfen, hatte Frankl sich verpflichten müssen, wieder ins nationalsozialistische Deutschland zurückzukehren. Diese Bedingung galt für alle Kindertransporte: Wäre auch nur ein einziger Begleiter nicht zurückgekommen, wären die Transporte sofort eingestellt worden.[4]

Die Fahrt dauerte fast einen ganzen Tag. Durch Karlsruhe, wo die jungen Reisenden vom französischen *Comité Israélite* übernommen wurden, ging es über Straßburg weiter nach Paris.

* * *

Oswald war zehn Jahre alt, als er seine Heimat, seine Familie, das Fußballspiel am Spittelauer Platz und die Abende im elterlichen Bett für immer hinter sich lassen musste. Zehn Jahre. Das war fast mein Alter zu dem Zeitpunkt, als ich ihn – dann schon als Arthur Kern – kennenlernte.

Wenn ich heute erzähle, dass ich elf Jahre alt war, als ich Arthur traf und für ein Zeitgeschichteprojekt eine Biografie seiner Familie schrieb, reagieren die Leute oft mit Erstaunen ob meines jungen Alters. Wie kann sich ein elfjähriges Mädchen mit *so* einer Geschichte beschäftigen? Ich denke mir dann immer: Wie kann ein zehnjähriger Junge *so* etwas erleben?

Darauf angesprochen, beteuerte Arthur, dass der Abschied für ihn damals nicht schlimm war. »Ich kann mich erinnern, dass manche Kinder geweint haben, aber ich war nicht besonders unglücklich«, erzählte er 1995 in einem Interview mit der *Shoah Foundation.* Seine Eltern hatten ihm ja versprochen, dass die ganze Familie bald gemeinsam nach Amerika auswandern würde, also sah er die Reise nach Frankreich als Trennung auf Zeit und als aufregendes Abenteuer. Außerdem war er froh, dass er auf diese Weise der Gefahr, von der Hitlerjugend verprügelt zu werden, entging. Arthur erklärte dem Interviewer: »Wissen Sie, man denkt sich, wenn man zehn Jahre alt ist, dann weiß man nicht, was vor sich geht. Man erkennt nicht wirklich das Ausmaß, wie es ein Erwachsener erkennen würde. Aber glauben Sie mir, ich wusste, was vor sich ging.«

Arthurs Aussagen, dass er die Trennung nicht als schlimm empfand, stehen allerdings im Widerspruch zu den heimlich gestohlenen Fotos. Und zu einem Abschiedsbrief, den er vor seiner Abreise verfasst hatte und den er den Rest seines Lebens bereuen sollte.

»Ich erinnere mich noch daran, dass ich schrieb: ›Heute bin ich zehn Jahre alt und werde gezwungen, mein Elternhaus zu verlassen‹«, erzählte mir Arthur mit fester Stimme bei einem unserer Gespräche. Der Brief war nicht zwingend für seine Eltern bestimmt – Oswald schrieb ihn mehr oder weniger für sich selbst –, aber er ließ ihn in seinem Zimmer zurück. Von Verwandten erfuhr Oswald später, dass seine Mutter, als sie den Brief fand, einen Zusammenbruch erlitten hatte. »Ich habe mich damals schuldig gefühlt, so etwas Dummes getan zu haben, aber ich fragte mich eben auch: Warum muss ich gehen?«, erinnerte sich Arthur.

Zum Zeitpunkt seiner Abreise befanden sich laut Berichten der IKG nur noch 90.000 Juden in Wien – fast die Hälfte war also bereits ausgewandert. Frieda, Hermann und ihr ältester Sohn Fritz zählten zu jenen, die unter immer bedrohlicheren Zuständen festsaßen.

Am Mittwoch, dem 15. März 1939, um 19.35 Uhr erreichte Oswald Paris.

TEIL 2 – FRANKREICH

Die Kindertransporte

Mit einem herzlichen »*Welcome,* Kinder« eröffnet Melissa Hacker die *2015 Kindertransport Association Conference* in Detroit. Die Amerikanerin verwendet nicht das englische Wort »*children*«, sondern ganz bewusst das deutsche Wort »Kinder«. Egal ob in Wien, London, Israel oder New York: Die Holocaust-Überlebenden, die durch die Kindertransporte gerettet wurden, bezeichnen sich noch heute selbst als *Kinder*. Da heißt es dann: »*I am a* Kind« oder eben »*Welcome,* Kinder«.

An runden Tischen im Charlevoix-Ballsaal des Westin Hotel lauschen rund 100 Mitglieder der *Kindertransport Association* (KTA) den Begrüßungsworten ihrer Präsidentin. Die KTA ist eine nordamerikanische Organisation für Holocaust-Überlebende, die ihre Flucht aus Nazideutschland einem Kindertransport verdanken. Anfang der 1990er-Jahre gegründet, bietet sie nicht nur den Überlebenden, sondern auch deren Kindern und Enkelkindern ein Forum, um sich zu vernetzen und mehr über ihre Familiengeschichte zu lernen. 2015 steht die KTA-Konferenz unter dem Motto *Generations Together: Unser Erbe und die Zukunft*; und in den folgenden drei Tagen geht es vor allem um das ideelle Erbe der Holocaust-Überlebenden, die jährlich weniger werden. Ein Blick in den Raum zeigt, wie aktuell das Thema ist: Waren bei früheren Konferenzen mehr als die Hälfte der Teilnehmenden *Kinder*, sind es heute gerade einmal ein Fünftel. Sogar die vierte Generation ist diesmal mit anwesend: Ein paar drei- und vierjährige Urenkel sausen im Slalom um die stoffbespannten Stühle im Ballsaal und zaubern ein Lächeln auf die Gesichter der 70- und 80-jährigen *Kinder*.

Auch sonst fühlt sich dieses Wochenende eher wie ein großes Familienfest an und nicht wie eine Konferenz. Man kennt sich – und wenn nicht, dann kommt es einem wegen der gemeinsamen Kindertransporterfahrungen zumindest so vor. Der herzliche und unkomplizierte Umgang gilt auch für die Außenstehenden, eine kleine Gruppe von Historikern, die wie ich eingeladen wurden, um ihre Forschung vorzustellen.

Vieles hat sich verändert, seit ich vor zwölf Jahren durch Arthur erstmals von den Kindertransporten erfuhr. Im Herbst 2015 bin ich 23 Jahre alt, und seit vier Jahren studiere ich Geschichte. Für meine Bachelorarbeit *Ein Leben nach dem Kindertransport* habe ich neben Arthur noch zwölf weitere *Kinder* interviewt, von denen einige auch hier in Detroit sind. Meine Arbeit geht der Frage nach, wie die Rettung durch einen Kindertransport die *Kinder* in ihrem Erwachsenenleben beeinflusst hat, und wurde von der Universität München ausgezeichnet. In Detroit nehme ich an einer Podiumsdiskussion teil und halte einen Vortrag über Geschichte und Erinnerung der Kindertransporte. In Anbetracht der zahlreichen Nachkommen der *Kinder*, die bei der Konferenz teilnehmen, werde ich gebeten, auch die historischen Abläufe der Kindertransporte genauer zu erklären. Wie sich herausstellt, gibt es auch unter den ehemaligen Betroffenen selbst viel Unwissen über die Hintergründe ihrer Rettung. Und von den Kindertransporten nach Frankreich hat hier im Raum noch überhaupt niemand etwas gehört.

* * *

Aufgerüttelt durch die Novemberpogrome, begannen internationale Organisationen im Herbst 1938 damit, Kindertransporte vorzubereiten. Die Wirtschaftssituation war in den 1930er-Jahren weltweit äußerst angespannt und die Arbeitslosigkeit sehr hoch. Aufnahmeländer waren daher eher bereit, unbegleiteten Minderjährigen Visa zu erteilen als Erwachsenen oder Familien. Kinder und Jugendliche wurden nicht als Bedrohung für den Arbeitsmarkt angesehen, außerdem erweckten sie Mitleid, was es den Regierungen erleichterte, entsprechende Hilfsaktionen in der Bevölkerung durchzusetzen. Bis Kriegsbeginn im September 1939 gelang es so, fast 15.000 Kinder aus Deutschland, Österreich, der Tschechoslowakei und Polen zu retten; die überwiegende Mehrheit davon jüdisch.[1] Erstaunlich ist, dass die Nationalsozialisten die Kindertransporte zuließen und teilweise sogar unterstützten, zum Beispiel durch die beschleunigte Ausstellung von Kinderpässen. Dies belegt ein Rundbrief, den der »Reichsführer SS« und Chef der Polizei, Heinrich Himmler, am 31. Dezember 1938 verschickte: »Im Interesse der Förderung der Auswanderung der jüdischen Kinder und Jugendlichen ersuche ich daher, die Passbehörden *umgehend* anzuweisen, Kinderausweise und Reisepässe an die fraglichen Personen mit grösstmöglicher Beschleunigung auszustellen.«[2] (Zu diesem Zeitpunkt war der nationalsozialistische Plan, alle Juden aus Deutschland zu vertreiben. Es sollte noch einige Zeit dauern, bis die sogenannte Endlösung, also die Auslöschung des jüdischen Volkes, beschlossen wurde.)

Wegen einer pauschalen Einreiseerlaubnis waren die Kindertransporte nach Großbritannien am erfolgreichsten. Die britische Regierung erteilte als einziges Land eine unbegrenzte Anzahl an Visa für unbegleitete Kinder unter 17 Jahren, solange jemand für die Ausbildung der Kinder garantierte und pro Kind eine Garantiesumme von 50 Pfund für die spätere Weiteremigration hinterlegte. Zu beidem verpflichtete sich das jüdische *Movement for the Care of Children from Germany* (später *Refugee Children's Movement*, RCM). Die bevorzugte Unterbringungsart der Kinder in England waren Pflegefamilien, womit sie ins britische Leben eingegliedert werden und möglichst wenig auffallen sollten. Oft kamen sie in christlichen Familien unter. Rund 4.000 Minderjährige waren außerdem in reformpädagogischen Exilschulen sowie in betreuten *Hostels* untergebracht.[3]

Der erste Transport erreichte England bereits am 2. Dezember 1938, keine vier Wochen nach den Novemberpogromen. In der hektischen Anfangszeit der Kindertransporte ging es zunächst darum, besonders gefährdete Kinder zu retten: Waisenkinder, staatenlose Kinder, die von ständiger Ausweisung aus Nazideutschland bedroht waren, Kinder, deren Eltern verhaftet oder ausgewiesen worden waren, und vor allem ältere Jungen, die selbst von der Verschleppung ins KZ bedroht waren. Bis März 1939 wurden daher großteils halbwüchsige Jungen nach England geschickt. Danach begann man, nur noch Kinder zu akzeptieren, für die bereits eine Pflegefamilie gefunden worden war. Britische Familien konnten sich aus einer Kartei ein passendes Kind aussuchen, bevorzugt wurden Mädchen zwischen sieben und zehn Jahren. Jungen, die älter als zwölf waren, waren nun schwer zu vermitteln und in den späteren Transporten nur noch selten vertreten.[4]

Etwa 10.000 Kinder aus Zentraleuropa konnten so bis September 1939 nach England gebracht werden. Die amerikanische Historikerin Judith Tydor Baumel-Schwartz spricht in diesem Zusammenhang von der wohl größten Rettungsaktion während des gesamten Holocausts.[5]

In Wien arbeitete das Büro für Kinderauswanderung der Fürsorgezentrale der IKG intensiv daran, Kindertransporte zusammenzustellen. »Bis Kriegsbeginn gelang es der IKG, mehr als 2.840 Kindern die Ausreise zu ermöglichen«, berichtete mir die Archivarin Uslu-Pauer. Insgesamt verließen 43 solcher Transporte Wien – nach England, Holland, Frankreich, Schweden, Belgien, Amerika und in die Schweiz.[6]

Die IKG war jedoch nicht die einzige Wiener Institution, die Kindertransporte organisierte. In Zusammenarbeit mit dem Palästina-Amt Wien gelangten mindestens weitere 1.400 Kinder und Jugendliche ins Ausland. Außerdem organisierten auch die Quäker Kindertransporte für »nichtarische Christen« und retteten so 882 Kinder. Nach Kriegsbeginn fanden zudem noch sechs Transporte in die USA statt.[7] Wie viele Kinder Österreich auf Kindertransporten insgesamt verließen, ist aufgrund der unvollständigen Aktenlage nicht mehr genau festzustellen, es waren jedoch über 5.000.

Die Fürsorgeabteilung der IKG wurde von Rosa Rachel Schwarz geleitet, der man nachsagte, dass sie »ein immenses Gedächtnis hatte« und »fast alle [jüdischen] Kinder Wiens kannte«.[8] Rosa Schwarz verfasste im April 1940 einen kurzen Text über die »Sozialarbeit der Gemeinde Wien unter Hitler«, in dem sie »unbeschreiblich viel Kleinarbeit« reflektierte, die nötig war, um die Kindertransporte zu organisieren: »Aus dem Wust von Anmeldungen brachte ich die Kinder in Vorschlag, deren Ausreise aus Gesundheits-, seelischen und materiellen Gründen am wichtigsten war. Wir testeten die Kinder, sie wurden ärztlich untersucht, Pässe beschafft, Gepäck vorgeschrieben und nachgesehen.«[9]

Neben Rosa Schwarz waren auch Lilly Reichenfeld, die die Jugendfürsorge leitete, und Franzi Löw mit der Organisation der Kindertransporte aus Wien beauftragt. Die damals erst 23-jährige Franzi Löw musste Auswahlgespräche mit den Kindern und Familien führen und Berichte über die Kinder schreiben. In einem Interview beschrieb Löw Jahrzehnte später, wie sie versuchte, jedes Kind individuell hervorzuheben: »Zum Beispiel habe ich beim Testen ein vierjähriges Kind gefragt: ›Wozu hast du die Zähne?‹, da hat es gesagt: ›Zum Zähneputzen.‹ – ›Und wozu hast du die Ohren?‹ – ›Zum Hören.‹ – ›Und wozu hast du die Mutti?‹ Da hat es dann große Augen gemacht, die Mutti angeschaut und gesagt: ›Die Mutti habe ich zum Liebhaben.‹ Das habe ich zum Beispiel in diesen Bogen geschrieben, dass das Kind so reagiert hat.« [10]

Wie das Schicksal von Oswalds Bruder Fritz gezeigt hat, war die Auswahl der Kinder – vor allem bei den späteren Transporten – rigoros. »Die Kinder sollten keinerlei Probleme haben, gesund, gescheit und anpassungsfähig sein«, fasst die Historikerin Gerda Hofreiter in ihrem Buch *Allein in die Fremde* zusammen.[11] Diese strengen Regeln galten für alle Kindertransporte, die Bestimmungen hierfür kamen von den Aufnahmeländern.

Kranke und behinderte Kinder sowie solche mit Lernschwächen oder Verhaltensauffälligkeiten wurden nicht mitgenommen. Das britische *Refugee Children's Movement* lehnte zum Beispiel auch

Kinder mit behandelbaren Krankheiten wie leichtem Asthma, Diabetes oder sogar Schielen ab. Immer wieder kam es zu Konflikten mit der IKG aus Wien, die versuchte, Krankheiten herunterzuspielen oder körperlich kranke Kinder für einen Kindertransport zu nominieren.[12]

Der Grund für die strenge Auswahl war, wie gesagt, die Hoffnung der beteiligten Organisationen, mehr Kinder retten zu können, wenn diejenigen, die schon im Land waren, einen guten Eindruck erwecken konnten. Die Historikerin Claudia Curio verurteilt aus heutiger Sicht die rigorose Auswahl durch die Hilfsorganisationen: »Mit dem nachträglichen Wissen über den Holocaust ist die Erkenntnis, dass mit gewagterem, weniger abwägendem Vorgehen möglicherweise mehr Kinder hätten gerettet werden können, schwer zu ertragen. Wenn man gewusst hätte, dass die Kindertransporte so bald durch den Kriegsausbruch ohnehin ihr Ende finden würden, wäre die Angst vor einem Stopp der Aktion [...] überflüssig gewesen.«[13]

* * *

In England war eine einzige Hilfsorganisation für die Rettung und Betreuung der Flüchtlingskinder zuständig, das *Refugee Children's Movement.* Ganz anders sah die Situation in Frankreich aus, wo ein halbes Dutzend Gruppierungen an den Kindertransporten beteiligt war. Die Orte, von denen aus Oswalds Rettung nach Frankreich geplant wurde, liegen alle in Gehweite zueinander in der Innenstadt von Paris – damals wie heute umgeben von imposanten Palais, romantischen Cafés und Luxusläden. Im September 2017 begebe ich mich dort auf Spurensuche.

Genau gegenüber von der berühmten Place de la Concorde und den Tuileries-Gärten, die zum Louvre führen, liegt das Hôtel de Saint-Florentin. Der 1767 erbaute neoklassizistische Prachtbau wurde 1838 vom jüdischen Bankier Baron James de Rothschild gekauft, dem nachgesagt wird, der reichste Mann Frankreichs oder sogar der Welt gewesen zu sein. Heinrich Heine nannte das Hôtel de Saint-Florentin Mitte des 19. Jahrhunderts in einem Zeitungsartikel »das Versailles der absoluten Geldherrschaft« und pries dessen geschmackvolle Einrichtung.[14] Hundert Jahre später wohnte die Baronin Germaine de Rothschild in dem Palais. Die Baronin Germaine – der Zeit entsprechend wird sie in Briefen immer nur mit dem Namen ihres Ehemanns als Baronin Édouard de Rothschild angesprochen – war eine bekannte Philanthropin und nutzte ihren Einfluss, um sich für jüdische Flüchtlingskinder aus Deutschland und Österreich einzusetzen. Nach Kriegsende verkauften die Rothschilds das denkmalgeschützte Hôtel de Saint-Florentin an die US-Regierung, die von dort aus den Marshall-Plan organisierte; heute gehört es der amerikanischen Botschaft.

Als Nächstes führt mein Weg mich nur einen Katzensprung entfernt in die Rue du Mont Thabor, ein ruhiges Gässchen, benannt nach einem Berg in den französischen Alpen. Die Nummer 38 beherbergte zu Beginn des Zweiten Weltkriegs die Büros des *Comité Israélite pour les Enfants venant d'Allemagne et d'Europe Centrale* (Jüdisches Komitee für die aus Deutschland und Zentraleuropa kommenden Kinder). Die Rothschilds hatten das *Comité* 1939 gegründet, um Kindern wie Oswald effektiver helfen zu können. Heute steht an der Stelle ein schlichter Neubau, im Erdgeschoss befinden sich ein Juwelier und ein vietnamesisches Restaurant.

Von der Rue du Mont Thabor aus gehe ich weiter durch das herbstlich-milde Paris in Richtung Champs-Élysées. Wegen eines Open-Air-Konzertes sind große Teile der Prachtstraße für Autos gesperrt, und während ich mitten auf dem Boulevard flanierend auf den Arc de Triomphe zuhalte, fühle ich mich ins vorige Jahrhundert versetzt. An einem kleinen Stand kaufe ich mir eine Crêpe und setze mich auf eine Bank, um das Gewusel der Pariser Innenstadt zu beobachten. Obwohl Sonntag ist, haben alle Geschäfte auf der prunkvollen Shopping-Meile geöffnet, und viele Touristen tummeln sich zwischen Louis Vuitton und Disney Shop. Am nordwestlichen Ende der Champs-Élysées steht ein aufwendig renoviertes Eckhaus mit der Nummer 92. In dem backsteinfarbenen Gebäude sind gleich drei Läden untergebracht: eine spanische Modekette, ein Brillengeschäft und ein britisches Modelabel. Wie eine marmorne Gedenktafel verrät, lebte der spätere US-Präsident Thomas Jefferson für einige Jahre an dieser Adresse. Viel wichtiger für mich aber: Hier befanden sich früher die Büros desjenigen Hilfswerks, das Oswalds Leben am meisten beeinflussen sollte: *Œuvre de Secours aux Enfants* (OSE, Organisation zum Schutz der Kinder). Die OSE wurde 1912 von jüdischen Ärzten in St. Petersburg gegründet und hatte bald Ableger in über dreißig Ländern. 1933 wurde die Zentrale von Berlin nach Paris verlegt, wo man sich für jüdische Kinder einsetzte. Nach den Novemberpogromen 1938 begann die OSE dann, Vorbereitungen für die Ankunft von Flüchtlingskindern aus Deutschland und Österreich zu treffen.

* * *

Die Anzahl an unbegleiteten Minderjährigen, die auf einem Kindertransport nach Frankreich einreisten, ist vergleichsweise gering: Insgesamt trafen nur ungefähr 200 Kinder unter 15 Jahren in zwei Transporten im März 1939 in Paris ein. Dafür war der Wiener Anteil hoch, die IKG stellte 103 Kinder, also etwas mehr als die Hälfte.[15] Der Rest kam aus Berlin, Frankfurt am Main und Mainz. Der hohe Wiener Anteil erklärt sich wohl durch persönliche Kontakte zwischen der IKG Wien und engagierten Einzelpersonen in Paris, die schon Monate vor den Novemberpogromen in Aktion traten.

Konkret ging es zunächst um eine kleine Gruppe Mädchen des jüdischen Merores-Waisenhauses. Eine Madame Natalie Louriée nahm Mitte Juli in Paris mit der Baronin Germaine de Rothschild Kontakt auf, die sich bereit erklärte, acht bis zehn Mädchen im Rothschild-Waisenhaus in Paris aufzunehmen sowie circa zwanzig ältere Mädchen in französischen Familien unterzubringen.[16] Die Baronin beauftragte den Direktor der alteingesessenen *Fondation de Rothschild* mit der Angelegenheit, war aber auch persönlich involviert.

Anfangs ging alles sehr schnell, allein in der zweiten Julihälfte 1938 gingen 25 Briefe zwischen Louriée, der IKG, dem Merores-Waisenhaus und den Rothschilds hin und her, und bereits am 15. Juli kam eine fixe Zusage für acht Mädchen. Am 18. Juli schickte der Direktor des Wiener Waisenhauses der *Fondation* eine Namensliste und brachte seiner Hoffnung auf »einen günstigen Verlauf dieser so eminent philanthropischen Aktion« zum Ausdruck.

Ende Juli erreichte Madame Louriée die Bitte aus Wien, auch »den Knaben« zu helfen, für die es ja viel schwerer sei, Plätze zu finden. Am 28. Juli bestätigte die *Fondation* die Auswahl der acht Mädchen für das Rothschild-Waisenhaus und versprach, sich gut um diese zu kümmern. Danach kam die Sache allerdings lange ins Stocken, und erst am 26. Dezember 1938 – also fünf Monate nach der Zusage – reisten sechs Mädchen aus Wien ab, wegen der langen Wartezeit waren zwei schon anderweitig emigriert.

Unabhängig davon begannen nach den Novemberpogromen mehrere französische Komitees mit der Organisation größer angelegter Kindertransporte, von denen die IKG wieder durch private Kontakte erfuhr. Pauline Beer, die Tochter des Wiener Kommerzienrates Landsberger, berichtete Anfang Dezember aus Paris von einer geplanten Aktion, 500 jüdische »Knaben von sechs bis zwölf Jahren« nach Frankreich zu bringen. Durch Nachfrage beim Pariser Büro des *American Jewish Joint Distribution Committee* (*Joint*), einem amerikanisch-jüdischen Hilfswerk, erfuhr die IKG, dass dahinter das jüdische Hilfswerk *Œuvre de Secours aux Enfants* stand.[17] Auch die Baronin de Rothschild plante einen eigenen Kindertransport, wie sie der IKG im Dezember persönlich in einem auf Deutsch verfassten Brief mitteilte: »Ich gestatte mir Ihnen zur Kenntnis zu bringen, dass ich in Frankreich ein jüdisches Komitee für die aus Deutschland und Osteuropa kommenden Kinder gegründet habe.« Aus einem Zeitungsartikel erfuhr die IKG schließlich von einer dritten Aktion, dem *Bureau Central d'Accueil aux*

Enfants (Zentralbüro für die Aufnahme von Kindern). Um Ordnung in diese sich überkreuzenden Bemühungen zu bringen, wandte sich der Amtsdirektor der IKG an die Baronin Rothschild mit der Bitte, ob sie »Einvernehmen« zwischen den Organisationen herstellen könne, »da erfahrungsgemäss die voneinander unabhängige Tätigkeit mehrerer Stellen, die gleichzeitige Ziele verfolgen, nicht zweckmässig erscheint«.

Ob dieser Brief ausschlaggebend war, ist nicht bekannt, auf alle Fälle entschied der französische Staat, dass er ausschließlich mit der Rothschild-Stiftung über Visa verhandeln würde. Das von den Rothschilds neu gegründete *Comité Israélite pour les Enfants venant d'Allemagne et d'Europe Centrale* (*Comité*) war nun alleiniger Ansprechpartner. Es verpflichtete sich, »dass der Lebensunterhalt und die Erziehung sowie auch Berufsausbildung der von ihm übernommenen Kinder auf Jahre hinaus sichergestellt« werde. Damit war auch die Arbeit von Madame Louriée getan – von ihr finden sich ab Januar 1939 keine weiteren Briefe in den Akten.

Am 13. Februar 1939 erhielt die IKG vom *Comité* die Zusage, dass die französische Regierung 200 Sammelvisa für Kinder unter 15 Jahren genehmigt hatte. 100 Visa entfielen auf Wien, 50 auf Berlin, 40 auf Mainz und zehn auf Frankfurt am Main. Wegen der hohen Anzahl an Kindern aus Wien sollte die IKG zwei Transportlisten mit je 50 Kindern erstellen. Das *Comité* wies an, nur Kinder auszuwählen, die längerfristig in Frankreich bleiben würden, ein entscheidender Unterschied zu den britischen Kindertransporten, wo alle Visa als Transitvisa für die spätere Weiteremigration der Kinder gedacht waren.

Genau einen Monat nach der französischen Zusage brachten die Kernbergs Oswald am 14. März zum Westbahnhof – zumindest ihr jüngster Sohn würde nun bald in Sicherheit sein!

Am 22. März verließ der zweite Transport Wien.[18] Diesmal waren es 53 statt der angemeldeten 50 Kinder. Die IKG beantragte in der Regel Visa für mehr Kinder als vorgesehen, für den Fall, dass Kinder krank wurden oder sich ihre Eltern in letzter Sekunde umentschieden. Beim ersten Transport betraf das sechs Kinder, beim zweiten aber keine; dennoch gestattete Frankreich den zusätzlichen Kinder die Einreise.

Nach zwei erfolgreichen Transporten versuchten die Rothschilds, 800 weitere Kindervisa zu erwirken. Doch wegen der drohenden Kriegsgefahr genehmigte die französische Regierung keine weiteren Kindertransporte und stellte nur vereinzelte Visa für Kinder aus, die Angehörige in Frankreich hatten.

Hinzu kamen noch circa 100 weitere Kinder, die das *Comité* »bereits im Lande befindlichen Emigrantenfamilien, die sich in drückendster Notlage befinden«, abnahm, wie die Erzieherin Trude Frankl in einem Bericht für die IKG schrieb. Viele dieser Kinder waren ursprünglich illegal in Frankreich eingereist, und das *Comité* erwirkte nun nachträglich ihre Aufenthaltsbewilligung.

* * *

Meinen einstündigen Vortrag auf der Kindertransportkonferenz in Detroit beende ich mit einem Zitat der ehemaligen Wienerin Anita Weisbord: »Ich glaube ernsthaft, dass mich meine Mutter zweimal auf die Welt gebracht hat: Einmal, als ich geboren wurde, und einmal, als sie die Kraft und Voraussicht hatte, um mich auf einen Kindertransport zu schicken.«

Tags darauf steht ein Besuch des *Holocaust Memorial Center* in Farmington Hills an, wo ein Kindertransport-Quilt ausgestellt ist. Die farbenfrohe Patchwork-Decke wurde in liebevoller Handarbeit von ehemaligen *Kindern* hergestellt und erinnert an ihre Rettung – die bestickten Quilt-Quadrate zeigen den Abschied von den Eltern, Züge, Schiffe und Koffer. Wer ganz genau hinschaut, könnte auf den Gedanken kommen, dass ausschließlich Mädchen durch Kindertransporte gerettet wurden. Dies entspricht aber nicht den historischen Tatsachen, sondern liegt allein an der fehlenden Begeisterung der männlichen *Kinder* fürs Nähen.

Zum Abschluss der Konferenz besuchen alle Teilnehmer die Aufführung *The Pianist of Willesden Lane* im Theater des jüdischen Gemeindezentrums von Detroit. In dem Einpersonenstück erzählt die Konzertpianistin und Schauspielerin Mona Golabek die Kindertransportgeschichte ihrer Mutter.[19]

In einem eleganten schwarzen Kleid sitzt Golabek an einem Steinway-Flügel, die blonden Haare fallen ihr lose ins Gesicht. »Als ich ein kleines Mädchen war und mir meine Mutter Klavierspielen beigebracht hat, hat sie mir immer von einer mysteriösen Reise erzählt, die sie unternahm«, sagt Golabek und spielt eine langsame Melodie.

Die Musik wird schneller und lauter, nun geht es um die Novemberpogrome und die Entscheidung ihrer Großeltern, eine von drei Töchtern nach England zu schicken. »Ich werde meiner Mutter immer durch Musik Tribut zollen«, sagt Golabek, während sie ein Stück von Bach spielt.

Am Ende der Vorführung verrät Mona Golabek den Zuschauern, dass an diesem Tag einige *Kinder* im Publikum sitzen. »Könntet ihr aufstehen?«, bittet sie. Es ist ein ergreifender Moment, als sich ein gutes Dutzend 70- und 80-jähriger Holocaust-Überlebender unter tosendem Applaus erhebt. Viele der Zuschauer im Publikum haben Tränen in den Augen. Ich auch. Neben mir stützt sich Ralph Samuel, ein ehemaliger Dresdner, auf meine Schulter, während er dasteht und in den weiten Saal blickt, in dem die Menschen weiterhin klatschen.

Wenn man eine Biografie schreibt, ist es wichtig, den historischen Abläufen treu zu bleiben. Man darf nicht jedes Kindheitserlebnis schon mit dem erwachsenen Menschen in Verbindung bringen, nicht Erlebtes und Erinnertes auf eine bestimmte Art und Weise interpretieren, nur weil man das Ende der Geschichte kennt. Trotzdem ist es von Zeit zu Zeit schön, sich gerade das Ende zu vergegenwärtigen: sei es beim Thanksgiving-Dinner mit Arthur und seiner Familie, oder sei es in einem Theatersaal irgendwo in Amerika, wo wildfremde Menschen den *Kindern* applaudieren, weil sie es allen Widrigkeiten zum Trotz geschafft haben, den Holocaust zu überleben.

Ankunft in Paris

Nach gut zwanzig Stunden Fahrt erreichten die Flüchtlingskinder am 15. März 1939 um 19.35 Uhr den *Gare de l'Est*, den Ostbahnhof, in Paris. Das lange Sitzen steckte Oswald in den Knochen: Er reckte und streckte sich, dann kletterte er aus dem Zug hinaus in die weitläufige Bahnhofshalle. Die Buben und Mädchen mussten sich in Zweierreihen neben dem Gleis aufstellen und wurden durchgezählt – erst als alle Betreuer sich davon überzeugt hatten, dass ihre Schützlinge vollzählig anwesend waren, ging man gemeinsam zu einem Bus, der bereits auf sie wartete. Viel bekam Oswald von Paris nicht zu sehen, als sie in der Märznacht durch die dunkle Stadt fuhren, nur hier und da blitzte eine Straßenlaterne auf. Nach gut dreißigminütiger Fahrt erreichten sie das Krankenhaus *Hôpital Rothschild* in der Rue de Santerre, ein paar Gehminuten von der Place de la Nation entfernt. 1852 hatten die Rothschilds ein erstes Israelitisches Krankenhaus in Paris gebaut, 1914 eröffneten sie dann jenes in der Rue de Santerre. Das Gebäude wurde im Lauf der Jahre mehrmals renoviert und ist heute ein moderner Krankenhausbau mit viel Glas und Stahl. Eine aufwendig gestaltete Fotowand in der Lobby erinnert an die wechselvolle Geschichte der Klinik; zur Zeit der deutschen Besetzung von Paris richteten die Nationalsozialisten hier zum Beispiel ein Gefängnis ein.

Die jungen Flüchtlinge verbrachten ihre ersten Nächte in Frankreich in dem jüdischen Krankenhaus. Hier wurden sie untersucht, und man legte eine Gesundheitsakte für jedes Kind an.[1] Arthur erinnerte sich später, dass ihnen auch Abführmittel verabreicht wurden, »um uns einmal durchzuspülen«, wie er es formulierte. »Die Badezimmer waren eine Schweinerei danach.«

Glücklicherweise war der Krankenhausaufenthalt nur von kurzer Dauer. Schon nach drei Tagen wurden die Kinder auf mehrere Hilfsorganisationen aufgeteilt. Ein Teil wurde von den Rothschilds übernommen, die anderen von der OSE.

* * *

Im Jahr 1939 residierte die *Œuvre de Secours aux Enfants* (Organisation zum Schutz der Kinder, OSE) an einer noblen Adresse auf den Champs-Élysées. Kein Vergleich zu heute: Die Zentrale der gegenwärtigen OSE liegt in einer heruntergekommenen Straße im Einwandererbezirk Belleville im Osten von Paris. Im September 2017 bin ich hier auf Besuch. Von außen fällt das graue, unscheinbare Gebäude nur durch die vergitterten Fenster und die Sicherheitsschleuse am Eingang auf. Innen entpuppt sich das Haus dann als lebendiger Ort der Kommunikation. Überall hängen aufwendig gestaltete Schautafeln, die von der bewegten Vergangenheit des jüdischen Kinderhilfswerks erzählen. Auf Fotos sehe ich lachende Kinder, Teenager beim Sport, hebräische Werbeplakate und ein großes Porträt von Albert Einstein, dem langjährigen Ehrenpräsidenten der OSE. Benannt ist das Gebäude nach Georges und Lili Garel, zwei früheren OSE-Mitarbeitern, die es in den 1940er-Jahren schafften, 2.000 jüdische Kinder mithilfe eines Untergrund-Netzwerkes zu verstecken.

Heutzutage hat die OSE über 750 Mitarbeiter, die Programme für schwer erziehbare Jugendliche, Menschen mit Behinderungen, Senioren mit Demenzerkrankungen sowie für Holocaust-Überlebende leiten. Im Gegensatz zu früher sind heute viele Beschäftigte nicht-jüdisch. Wie mir Katy Hazan und Dominique Rotermund erklären, wurden die Schautafeln aufgestellt, damit die Mitarbeiter sich die Geschichte der OSE zum Vorbild nehmen können.

Hazan ist die Haushistorikerin der OSE. Seit fünfzehn Jahren leitet sie das interne Archiv und hat zahlreiche Bücher über die jüdische Organisation geschrieben; schon vor meinem Besuch in Paris stand ich in Kontakt mit ihr.[2] Ihre Kollegin Rotermund bearbeitet vor allem Anfragen von Holocaust-Überlebenden mit persönlicher Verbindung zur OSE – und hat eine deutsche Mutter, sodass mein Gespräch mit den beiden in einem lustigen Mischmasch aus Deutsch, Französisch und Englisch abläuft. Hazan serviert uns Tee, rückt sich ihre große schwarze Brille und ihr elegant gemustertes Seidentuch zurecht und erzählt mir von den Anfängen der Organisation: »Im untergehenden Zarenreich gründeten jüdische Ärzte 1912 in St. Petersburg die ›Gesellschaft für die Gesundheit der jüdischen Bevölkerung‹, kurz OZE«, beginnt sie. »Von Anfang an war die OZE ein medizinisch-soziales Hilfswerk.« Neben ärztlicher Behandlung setzten die Mediziner auf Prävention und Hygieneschulungen. Zwischen 1914 und 1917 leitete die OZE unter anderem 125 Kindergärten und betreute dort 120.000 jüdische Kinder in Russland.

»Während des Ersten Weltkriegs haben sie dann mit Flüchtlingen gearbeitet und später mit den Opfern von Pogromen in Russland«, fährt Hazan fort. 1922 von den Bolschewiken verboten, zog die Organisation in verschiedene osteuropäische Länder um. Im August 1923 wurde in Berlin dann die *World Union OSE* gegründet, ein föderalisierter Zusammenschluss der einzelnen Ländergruppen. Mit dem nun lateinischen Namen *Organisatio Sanitaris Ebraica* ergab sich die bis heute gültige Abkürzung OSE. Albert Einstein wurde erster Ehrenpräsident der *Union OSE* und blieb dies bis zu seinem Tod, Lazare Gourwitch, ein litauischer Anwalt, wurde Generalsekretär. Bald gab es lokale OSE-Büros in über dreißig Ländern, von Skandinavien bis nach Australien. Die Aktivisten bauten öffentliche Bäder und jüdische Sportanlagen, verteilten Babymilch und bildeten Ärzte aus. Vor Kriegsbeginn betrieb die OSE weltweit 505 medizinische Einrichtungen.[3]

Mit der Machtübernahme der Nationalsozialisten verließ die *Union OSE* 1933 Berlin und verlegte ihre Zentrale nach Paris. Im selben Jahr wurde ein französischer Ableger gegründet: *Œuvre de Secours aux Enfants* (Organisation zum Schutz der Kinder); die Übereinstimmung der Initialen mit der Mutterorganisation erlaubte es, die Abkürzung OSE beizubehalten.[4]

In Frankreich lag der Schwerpunkt der Arbeit vorerst auf der medizinischen Versorgung und Armenspeisung von Juden sowie auf der Unterstützung von jüdischen Ärzten.[5] 1934 eröffnete die OSE ein Tagesheim für Kinder von jüdischen Flüchtlingen aus Polen und der Sowjetunion. In Montmorency, einem Vorort von Paris, konnten rund dreißig Kinder im Vorschulalter jeweils für einige Wochen Grundlagen der Körperhygiene lernen, insgesamt 1.200 Kinder waren es bis 1939.[6]

Es wäre wohl alles so weitergegangen. »Aber die Geschichte zwang die OSE, ihren Kurs zu ändern«, erklärt mir Hazan. Nach den Novemberpogromen 1938 strömten zahlreiche deutsche und österreichische Flüchtlingskinder in das Tagesheim, und die OSE erkannte, dass es auch viele ältere Kinder zu versorgen gab. Schon vor Beginn der Kindertransporte im März 1939 betreute die OSE also jüdische Kinder aus Deutschland, darunter auch illegal eingereiste, wie die Historikerin Claudia Göbetzberger rekonstruierte: »Die Kinder wurden mit Hilfe französischer Frauen und Männer nach Frankreich gebracht, die als Touristen nach Deutschland oder Österreich geschickt worden waren, um ein oder zwei jüdische Kinder abzuholen und sie bei der Einreise nach Frankreich als die ihren auszugeben.«[7]

Als dann die offiziell genehmigten Kindertransporte in Frankreich eintrafen, betreute die OSE vorerst die Kinder unter elf Jahren, während die älteren im Rothschild-Heim *La Guette* untergebracht wurden.[8] Ab Januar 1939 eröffnete die OSE vier neue Heime in und um Montmorency bei Paris: *Villa Helvetia, Villa La Chesnaie, Les Tourelles* und *La Petite Colonie*. Als Direktor für ihre Heime gewann die OSE Ernst Papanek – einen aus Wien stammenden ungewöhnlichen, weil ungewöhnlich progressiven Exilpädagogen und Sozialisten.

Finanziert wurde die Versorgung der Kinder, vor allem aber der Kauf der Heime, zu großen Teilen von einer Frau: der Baronin Yvonne de Gunzbourg. Die Ehefrau eines geflohenen russischen Adeligen stiftete Anfang 1939 der OSE 40.000 Francs, um die *Villa Helvetia* zu mieten. Es blieb nicht bei der einen Spende. Einen Monat später spendete sie weitere 40.000 Francs. Und zum Jahresende 1940 war Yvonne de Gunzbourg die viel beschäftigte Präsidentin des OSE-Spendenkomitees und hatte selbst mehr als eine Million Francs gegeben.[9]

* * *

In London erreiche ich den Enkelsohn von Yvonne und Pierre de Gunzbourg. »Etwas zurückzugeben war ein bedeutender Teil des Lebens meiner Großeltern, deshalb überrascht es mich nicht, dass sie die OSE unterstützt haben«, erzählt mir Peter Halban. Halban leitet heute mit seiner Ehefrau einen kleinen Verlag in London und ist beeindruckt von der Großzügigkeit seiner Großeltern. »Ich bin ungeheuer stolz auf sie und fasziniert von ihrem philanthropischen Leben«, reflektiert er mit starkem britischen Akzent. »Beide blickten in ihren Familien auf eine lange Geschichte des Wohlstands zurück, vor allem in Russland und später dann in Frankreich. Und damit verbunden sahen sie für sich eine große soziale Verantwortung.«

Die Gunzbourgs (ursprünglich Günzburgs) waren eine Dynastie von russisch-jüdischen Handelsleuten. Mitte des 19. Jahrhunderts vertraten sie in St. Petersburg die Interessen des Großherzogs von Hessen, wofür dieser sie 1871 mit einem erblichen Adelstitel belohnte. Damit sind sie weltweit eine der wenigen jüdischen Familien, die je in den Adelsstand erhoben wurden.

Nach der Russischen Revolution floh die Familie nach Frankreich, wo Yvonne de Gunzbourg viele Jahre später die OSE kennenlernte. Peter Halban war dieser Aspekt seiner Familiengeschichte bis vor Kurzem unbekannt. Er erfuhr erst 2016 durch

Anfragen von Historikern, dass seine Großeltern aktiv an der Rettung jüdischer Flüchtlingskinder beteiligt gewesen waren.

»Einerseits bin ich verwundert, dass sie nie über die OSE geredet haben, aber anderseits passt es gut zu ihrem Charakter. Etwas im Stillen zu machen, ohne viel Aufhebens«, sagt Halban. »Zum Beispiel haben sie Häuser an der Grenze gemietet, um deutschen Flüchtlingen zu helfen. Aber alles im Stillen.«

Yvonne de Gunzbourg und ihr Ehemann Pierre unterstützten ab 1939 Oswald und die anderen jüdischen Flüchtlingskinder. Von der mehr als einer Million Francs, die sie spendeten, kaufte die OSE elf Schlösser in ganz Frankreich, die in Heime umgewandelt wurden.

Zur damaligen Zeit waren viele französische Adelige froh, ihre Schlösser loszuwerden, weil die Steuern exorbitant hoch waren. Dies zeigte sich auch an der Reaktion von Pierre de Gunzbourg, der sich dem Heimdirektor Ernst Papanek gegenüber scherzhaft beklagte, er sei nun der »Schlösser-König« Frankreichs. In Papaneks Erinnerung heißt es, der Baron habe immer wieder mal gefragt: »Was werde ich mit all den Schlössern tun, die Sie meine Frau kaufen lassen? Wenn der Krieg zu Ende ist, werden die Kinder nach Deutschland zurückkehren, und ich werde die Schlösser am Hals haben. […] Die Steuern allein werden aus mir einen armen Mann machen. Nur eine Wiederkehr der Ritterzeit könnte mich vor diesem Schicksal bewahren.«[10]

* * *

Bevor Oswald in eines der neu eröffneten OSE-Heime zog, verbrachte er drei Wochen im *Château Maubuisson* in St. Ouen l'Aumône, einem mittelalterlichen Kloster in der Nähe von Paris.[11] Heute sind dort Sozialwohnungen für gefährdete Jugendliche untergebracht, die von einer Rothschild-Stiftung finanziert werden, *Maubuisson* gehörte wohl auch Ende der 1930er den Rothschilds.[12]

Nach ein paar Tagen in *Maubuisson* erhielt Oswald einen ersten Brief von seinen Eltern, der ihm aus dem Rothschild-Krankenhaus nachgeschickt wurde: »Mein teuerstes Burli! Ich danke dir für deine Karte aus Paris, und sind [sic] glücklich von dir gehört zu haben, daß es dir gut geht und du dich wohl befindest«, schrieb Hermann Kernberg. »Ich werde dir, mein teuerstes Burli, zu jedem Schreiben eine Marke beilegen, und der Papa bittet dich sehr oft zu schreiben«, fuhr er fort. Frieda ermahnte ihren Sohn viel zu essen, damit er gesund bleibe, Oswalds Bruder Fritz schickte »Küsse und Grüße«. Gegen Ende des Briefes wiederholte Hermann sein Versprechen, dass die Trennung der Familie nur temporär sei: »Wir hoffen zum lieben Herr Gott, ebenfalls bald wegzufahren, und werden dich sodann bald zu uns holen.«

Auch Otto schickte seinem Cousin Oswald eine Postkarte, die von der sich stetig verschlimmernden Situation für Juden im nationalsozialistischen Wien zeugte: »Ich beneide dich, daß du schon draußen bist«, schrieb der Zehnjährige.

Als Erwachsener erinnerte sich Arthur später kaum noch an die kurze Zeit in *Maubuisson*; ganz im Gegenteil zu Erich Grünebaum, der in Frankreich sein bester Freund werden sollte. In seiner unveröffentlichten Autobiografie *The Loneliest Boy* (»Der einsamste Junge«) beschreibt Grünebaum – heute Eric Greene – das mittelalterliche Kloster: »Es hatte wunderschöne parkähnliche Außenanlagen, in denen wir Kinder beliebig herumstreifen konnten.«[13]

Auch seine erste Begegnung mit Oswald hielt Greene fest: »In *Maubuisson* waren wir nach Altersgruppen auf Schlafräume aufgeteilt. […] Hier entstanden lebenslange Freundschaften. Ich baute eine besonders anhaltende Freundschaft zu einem Jungen aus Wien auf, der Oswald Kernberg hieß, nur drei Monate jünger war als ich und ähnliche Vorlieben und Abneigungen hatte wie ich.«

Villa Helvetia

Inzwischen war es April 1939 geworden, in Paris kündigte sich der Frühling an, die Bäume schlugen aus. Zur selben Zeit ließ Hitler im Geheimen den Überfall auf Polen vorbereiten. In Deutschland und Österreich wurde die Lage für Juden immer prekärer – und nun kam für einige von ihnen auch noch die Sorge um ihre Kinder dazu. Die IKG Wien schickte panische Nachrichten an die französischen Hilfsorganisationen: Seit Wochen hätten die Eltern nichts von ihren Kindern gehört! Der Grund für die unterbrochene Kommunikation mutet im Rückblick beinahe rührend an: Oswald und die anderen Kinder hatten so viele Briefe an Eltern und Verwandte geschrieben, dass das Budget der Hilfswerke damit restlos überfordert war.

Das Rothschild-Komitee versuchte eine kostengünstige Lösung zu finden: »Um diesem Übelstand abzuhelfen, [...] haben wir uns entschlossen [...] die nach Deutschland gehende Post [...] bei uns zu zentralisieren und Ihnen zweimal pro Woche per Express-Paket zu übermitteln.«[1]

Die Kinder vermissten ihre Eltern. Die meisten waren noch nie so lange von ihrer Familie getrennt gewesen, und vor allem die jüngeren Kinder litten unter der für sie nur schwer begreiflichen Situation. Viele von ihnen verstanden nicht, warum sie ihr Zuhause hatten verlassen müssen, und fürchteten, sie wären von den Eltern zur Strafe weggeschickt worden. Noch verstärkt wurde das Gefühl der Verlorenheit durch die wenig stabile Situation während der ersten Wochen seit ihrer Abreise: erst die zwanzigstündige

Zugfahrt, dann drei Tage im Krankenhaus, danach gut drei Wochen im Kloster – die kleinen Flüchtlinge kamen nicht zur Ruhe.

»Mein liebes goldiges Putzilein«, schrieb Cousine Gina an Oswald und versuchte ihn zu trösten: »Du sollst Dich nicht ärgern und nicht weinen, wenn wir nicht bei Dir sind, mit Gotteshilfe werden wir uns bald sehen.«

Der aufmunternde Brief erreichte Oswald im *Château Maubuisson*. Und schon wieder stand ein Umzug vor der Tür.

* * *

»Zwei ganz neu adaptierte Landhäuser inmitten eines prachtvollen Parkes auf einer Anhöhe nahe von Paris sind die Heimat von 130 kleinen Einwanderern geworden«, schrieb Trude Frankl im April 1939 in einem Bericht an die IKG.[2] Die Pädagogin hielt sich in Paris auf, weil sie erneut einen Kindertransport begleitet hatte. »Ganz im Sinne von Montessori eingerichtet, bieten diese ›Kinderhäuser‹ mit all ihren kleinen bunten Möbeln und den mit lustigen Kinderscenen bemalten Wänden einen entzückenden Anblick. Die Kinder leben einstweilen noch ohne besondere Pflichten, lernen nur französisch und viel Werk- und Gartenarbeit und machen einen unendlich glücklichen Eindruck.« Frankls beinahe euphorischer Bericht zeichnet ein vollkommen anderes Bild als die vorherigen Beschreibungen der ersten Wochen in Frankreich. Was war passiert?

Oswald und über hundert weitere Kinder waren übersiedelt. Sie lebten nun in der *Villa Helvetia* in der Rue de Valmy in Montmorency, einem Villenvorort gut 20 Kilometer von Paris entfernt. Die *Villa Helvetia*, ein ehemaliges Erholungshotel für wohlhabende Schweizer, war bei der Ankunft der jungen Flüchtlinge noch nicht fertig gewesen, sodass sie erst mit Verspätung dort hatten einziehen können.

Als Ernst Papanek zu Jahresbeginn 1939 seine Stelle als Heimleiter bei der OSE angetreten hatte, blieben nur wenige Monate, um das neu erworbene Gebäude kindgerecht umzubauen. In der heruntergekommenen *Villa Helvetia* wurden Fußböden herausgerissen, Wände eingezogen, um Zimmer zu verkleinern, Dutzende Bäder eingebaut und farbenfrohe Möbel in Kindergröße getischlert. Die meisten der rund 100 Handwerker waren wie Ernst Papanek selbst geflüchtete Sozialisten oder Kommunisten aus Österreich und Polen, und der Großteil von ihnen arbeitete ohne Arbeitserlaubnis. Der örtliche Präfekt ließ die illegale Arbeit durchgehen, weil die einflussreichen Gunzbourgs und Rothschilds das Heim unterstützten und weil es um hilfsbedürftige Kinder ging.[3]

Als der Umbau endlich abgeschlossen war, begrüßte Ernst Papanek die erste Gruppe Kinder an der nahe gelegenen Zugstation in Enghien-les-Bains und begleitete sie zu ihrem neuen Zuhause. Die harte Arbeit hatte sich gelohnt: »Ich war sehr, sehr beeindruckt«, erinnerte sich Arthur später. »Sie hatten kleine Tische für Kinder aufgestellt. Sie waren in unserer Größe, und wir konnten dort essen und spielen. Und es war alles bunt. Die Tische waren blau und rot und gelb. Es gab uns gleich das Gefühl, an einem netten Ort zu sein. Und es stellte sich heraus: Es war wirklich ein netter Ort!«[4]

Eine große geschwungene Treppe führte zum Eingang in der Beletage der dreistöckigen *Villa Helvetia* hinauf. Die Villa war vor 1900 erbaut worden und wirkte mit ihren Giebeldächern und der Vielzahl an Veranden und Balkonen einladend und beinahe heimelig. Im Stockwerk über der geräumigen Holzveranda befand sich ein Wintergarten mit großen Fensterflächen und geschmackvoll geschnitzten Holzverzierungen. Vom Fenster im dritten Stock aus konnte man in der Ferne den Eiffelturm aufblitzen sehen. Besonders der Eingangsbereich der Villa war überaus aufwendig gestaltet: An den Seitenwänden der Veranda tummelten sich Kraniche *à la japonaise*. Der Japonismus, der vor allem in Frankreich als Inspiration für Impressionismus und Art Nouveau diente, war auch bei dieser Nobelvilla stilbildend gewesen. Wie ein Puzzle hatte man aus gebrannten Fliesen asiatische Landschaftsszenen zusammengesetzt. Zwischen Bergen, Seen und Bambuspflanzen fan-

Postkarte von der *Villa Helvetia* aus ihrer Zeit
als Schweizer Erholungshotel

den sich exotische Vögel und japanische Tempel, Fischerboote und Lilien. Die idyllischen Bilder strahlten eine heitere Ruhe aus – bis es im Frühjahr 1939 mit der Ruhe dann erst einmal vorbei war.

Kinderlachen ersetzte von nun an die kontemplative Stille. In einem Fotoalbum, das 1940 als Jahresbericht an Unterstützer und Spender der OSE geschickt wurde, ist die Veranda auf keinem Foto gut zu erkennen, denn immerzu turnen Dutzende Kinder auf dem Geländer herum, schälen auf den Treppen sitzend Kartoffeln oder proben vor der Eingangstür für Feste und Veranstaltungen.

Die *Villa Helvetia* war von einer großen Parkanlage umgeben, in der auch einige Palmen standen. Bei ihrer Ankunft machte vor allem dieser riesige Garten großen Eindruck auf die Flüchtlingskinder. »Dürfen jüdische Kinder auch in den Park gehen?«, fragten sie Ernst Papanek erstaunt.[5] Vor dem Hintergrund der Erlebnisse der Kinder schien die Frage berechtigt: Im nationalsozialistischen »Reich« war Juden der Zugang zu öffentlichen Parks strikt verboten.

Der wunderbare und frei zugängliche Park, die bunten Kinderstühle, die geräumige Veranda – all dies führte dazu, dass sich Oswald in der *Villa Helvetia* sofort willkommen fühlte. Noch bedeutender war für ihn aber, dass er nun unter Schicksalsgenossen war: »Es waren nur deutsche und österreichische Kinder dort. Und sie waren alle von ihren Eltern weggeschickt worden«, erzählte er mir später.

* * *

»Liebe Mama«, schrieb Oswald und setzte den Stift ab, um nachzudenken. Gedankenverloren strich er sich eine rötlich schimmernde Locke hinters Ohr, dann gab er seufzend auf und begann ein Bild zu malen. Um ihn herum saß gut ein Dutzend Jungen und Mädchen an einem langen Tisch, den die Erwachsenen in den Garten getragen hatten. Alle starrten mit konzentrierter Miene auf ihre Blöcke. Es war Anfang Mai, und in Kürze stand Muttertag an. Nach der Posttragödie sorgte die OSE nun dafür, dass alle Kinder pünktlich Muttertagsgedichte nach Hause sandten.

Oswald plagte sich arg, doch das Ergebnis kam offensichtlich gut an. Zwei Wochen später erhielten die Kernbergs den Brief und antworteten prompt. Hermann Kernberg schrieb an seinen Sohn: »Und nun mein süßer, süßer Junge danke ich Dir vom tiefsten Herzen, daß du so goldig warst und der teuersten lieben Mama zum Muttertage ein so schönes Bild gezeichnet hast, und dazu ein so schönes Gedicht herein schriebst. Wir waren tief ergriffen von Deiner grossen Aufmerksamkeit.« Zur Bekräftigung ihrer Freude über Oswalds Brief schickte die Familie ihm ein großes Paket Schokolade.

In der Anfangszeit gab es in der *Villa Helvetia* noch keinen richtigen Unterricht, aber die Erzieher spielten und werkten viel mit den Kindern. Fotos von damals zeigen vielfältige Freizeitaktivitäten: Die jungen Flüchtlinge schoben sich gegenseitig in Schubkarren herum, spielten Völkerball oder veranstalteten ein Tauziehen mit über 30 Teilnehmern. Als es warm genug wurde, spritzte eine Erzieherin die Kinder regelmäßig mit einem Wasserschlauch ab, immer wieder liefen sie kreischend in ihren Badeanzügen durch den Wasserstrahl. Für die Kleinen gab es eine Sandkiste, die sie ebenso begeisterte wie das Aquarium in ihrem Spielzimmer.

Laut OSE-Berichten waren ihre Schützlinge alle gesund, Epidemien und Kinderkrankheiten, wie sie in Heimen häufig vorkommen, konnten vermieden werden. Nach ihrer Ankunft nahmen viele Kinder um die zehn Kilo zu, was in etwa dem Grad an Unterernährung entsprach, mit dem sie nach Frankreich gekommen waren.

Wenn ich mir heute die vielen Fotos ansehe, die aus der Kinderheimzeit in der *Villa Helvetia* erhalten sind, fällt mir als Erstes die adrette Kleidung der Kinder auf. So stellt man sich keine Flüchtlingskinder vor! Die Jungen trugen Kniestrümpfe und Tweed-Sakkos, manchmal auch Matrosenanzüge oder Lederhosen, die Mädchen hatten Schleifen im Haar und fast alle dieselbe Pagenkopffrisur. Selbst die drei- und vierjährigen Kindergartenkinder präsentieren sich immer ordentlich frisiert und herausgeputzt. Dies mag dem Zeitgeist entsprechen, zeigt aber auch den hohen Stellenwert, den die OSE der Körperhygiene und dem ordentlichen Auftreten beimaß. Die Kleider und Schuhe, die die Kinder mitbrachten, waren freilich oft in sehr schlechtem Zustand – die Baronin de Gunzbourg sprang auch hier wieder mit einer großzügigen Spende ein.[6]

* * *

Wo die Kinder früher im Garten Fangen spielten, stehen heute zwei Dutzend Polizeiautos auf einem betonierten Parkplatz. Seit 1976 beherbergt die *Villa Helvetia* das Kommissariat von Montmorency. Im Herbst 2017 treffe ich dort Major Julien Trotet, den Kommunikationschef der Polizei von Val-d'Oise, dem Großraum um Paris. In Frankreich herrscht wegen der Terroranschläge der letzten Jahre immer noch offiziell Ausnahmezustand, es ist daher nicht möglich, eine Polizeistation ohne Erlaubnis zu besichtigen. Mein Besuch musste also ganz offiziell beim Innenministerium beantragt werden. Nach vier Wochen des Wartens erhielt ich die Nachricht, ich dürfe kommen.

Die ehemals prunkvolle *Villa Helvetia* ist heute in erschreckend desolatem Zustand. Sowohl außen als auch innen blättert die Wandfarbe ab, ein Fenster ist eingeschlagen, im Konferenzraum stapeln sich kaputte Stühle. Das Kommissariat ist das einzige Haus in der villengesäumten Nachbarschaft, das nicht aufwendig saniert wurde. Vor fünf Jahren wurden viele der Aufgaben an das Polizeihauptquartier im Nachbarort abgegeben und die Mitarbeiterzahl reduziert, seitdem stehen viele der Büros leer.

»Seid ihr alle angezogen?«, ruft Major Trotet mit lauter Stimme durch die geschlossene Tür, bevor er mit mir die Umkleiden im Untergeschoss betritt. Früher war das hier ein Weinkeller, während des Krieges dienten die Räume als Luftschutzbunker. Ein breitschultriger Mann bindet sich gerade die Springerstiefel zu, ein anderer zieht sich seine schusssichere Weste über den nackten Oberkörper. An den Spinden hängen Filmposter, Gruppenfotos von Polizisten in Kampfanzügen und Bilder von leicht bekleideten Frauen.

Die Männer lassen sich von unserem Eintreten nicht weiter stören, begrüßen mich aber alle herzlich. »*Bonjour Madame*«, heißt es von allen Seiten, und ich muss eine Vielzahl von Händen schütteln. Auch der Major wird von jedem Beamten persönlich begrüßt. Höflichkeit scheint hier überhaupt an oberster Stelle zu stehen: Beim Schichtwechsel eine halbe Stunde später verabschiedet sich jeder Polizist bei jedem einzelnen seiner Kollegen per Handschlag, die Polizistinnen und Sekretärinnen bekommen – wie in Frankreich üblich – zwei Küsschen auf die Wange.

Über eineinhalb Stunden lang erkunde ich gemeinsam mit Trotet jeden Winkel der Polizeistation – vom Keller bis zum Dachboden, vom Archiv bis zu den Toiletten. Der Major – oder »maschoor«, wie er von seinen Kollegen in melodischem Französisch gerufen wird –, ein schlanker, jung wirkender Mittvierziger, trägt ein kurzärmliges hellblaues Hemd, das auf der Brusttasche eine kleine französische Flagge ziert. Außer ihm spricht keiner der Beamten hier Englisch – obwohl sie es unter großem Gelächter versuchen. Händeringend wollen drei Streifenpolizisten mir etwas zu trinken anbieten, aber der einzige Satz, den sie auf Englisch herausbringen, ist »*What else?*« – George Clooneys bekannter Spruch aus der Nespresso-Werbung –, um mich zu fragen, ob ich einen Kaffee trinken will.

Zwei der Sekretärinnen haben eine historische Postkarte neben ihrem Arbeitsplatz hängen, die die *Villa Helvetia* in ihrer Zeit als Schweizer Erholungshotel zeigt. Die beiden arbeiten schon seit 40 Jahren in der Polizeistation und sind die einzigen Mitarbeiter, die wissen, dass in diesem Gebäude einmal ein Waisenhaus untergebracht war. Allerdings dachten sie, das Heim habe echte Waisenkinder beherbergt. Als ich ihnen erzähle, dass es sich um jüdische Flüchtlingskinder gehandelt habe, die hier alleine wohnten, weil die französische Regierung ihren Eltern die Einreise verbot, reagieren sie erstaunt. Den meisten der hier stationierten Polizisten ist die Geschichte ihres Kommissariats völlig unbekannt. Sie alle hören Major Trotet aufmerksam zu, während er meine Erklärungen übersetzt, und blättern interessiert durch die Fotos, die ich mitgebracht habe.

Von allen OSE-Heimen ist die *Villa Helvetia* dasjenige, von dem es die meisten Fotografien gibt. Gemeinsam vergleichen wir die Schwarz-Weiß-Aufnahmen mit dem heutigen Gebäude. Die offene Holzveranda – Herzstück der alten *Helvetia* – wurde zum Beispiel hinter einer eingezogenen Außenmauer versteckt, auf den japanisch bemalten Fliesen hängen heute Fahndungsplakate und Fotos von vermissten Jugendlichen. Im Nebenraum klopft Major Trotet die Wände ab, um herauszufinden, welche noch original sind und welche eingezogen wurden. »Wenn die Wände sprechen könnten, hätten sie eine Menge zu erzählen«, sagt er mit nachdenklichem Blick.

Auch mich berührt der Spaziergang: Nach Monaten der Recherche in Archiven und Büchern wird der Ort für mich nun überraschend lebendig. Als ich durch das Fenster auf den Park blicke, in dem die Kinder 1939 einen großen Zirkus veranstalteten, ist es fast so, als könnte ich ihre Stimmen und ihr Lachen hören. Und vor meinem geistigen Auge sehe ich Oswald und seine Kameraden dort in ihren bunten Kostümen tanzen.

* * *

»Und eins, und zwei, und hüpfen!«, tönte eine laute Stimme über die große Wiese, die vom Tau noch leicht feucht war. Den Morgen begannen die Kinder immer mit rhythmischer Gymnastik, Hampelmännern und Laufen. Ein Junge turnte in einer Lederhose, der Rest trug kurze Sporthosen und Unterhemden. Danach ging es zum Frühstück, das Ernst Papanek mit »*Bon appétit, mes enfants*« einleitete. Abwechselnd hatten Jungen und Mädchen Tischdienst, selbst die Drei- und Vierjährigen beteiligten sich bereits und trugen Brot von Tisch zu Tisch. Auch sonst wurden die Kinder angehalten, Verantwortung im Heim zu übernehmen: Sie mussten selbst ihre Betten machen, ihre Schuhe putzen und ihre Klassenzimmer aufräumen; im Fall der Kleinsten mit Besen, die doppelt so hoch waren wie sie selbst. Besucher berichteten regelmäßig von den guten Tischmanieren und der angenehmen Art der OSE-Zöglinge – keine Selbstverständlichkeit bei einer so großen Gruppe von jungen Menschen.[7]

Erleichtert wurde den Kindern ihr neues Leben in der *Villa Helvetia* auch dadurch, dass die Erzieher sie an ihr Zuhause erinnerten. »Fast alle Lehrer waren Flüchtlinge aus Deutschland oder Österreich«, erklärte mir Arthur. Auch Trude Frankl hatte in ihrem Bericht an die IKG bemerkt, es sei eine besondere Freude für die Zöglinge, dass die jungen Lehrer »lauter Wiener« seien.[8] Manche der Kinder beklagten sich allerdings darüber, dass sie in Frankreich erst einmal eine neue Sprache lernen mussten: Wienerisch.

Jause, Schlagobers, Servus, Faschiertes, Mäderl – all das waren Fremdwörter für die jungen Berliner, Mainzer und Frankfurter, die ihnen der Heimleiter Ernst Papanek mit seinem breiten Wiener Dialekt jedoch bald näherbrachte.

In den Erinnerungen der Kinder wird Papanek überschwänglich positiv beschrieben, er war der beliebteste Erwachsene in Montmorency. Vor allem die Tatsache, dass der Lehrer jedem einzelnen Kind aufrichtigen Respekt entgegenbrachte, wird immer wieder hervorgehoben. »Papanek hatte die unglaubliche Fähigkeit, sich auf jedes einzelne Kind einzulassen«, erzählte mir Ernst Valfer im Sommer 2016. »So als wäre es ein ganz spezielles Kind, das nur er ganz besonders gut kannte.« Der pensionierte Psychologe Valfer war schon 13 Jahre alt, als er nach Montmorency kam, und kann sich deswegen an viele Details besser erinnern als Arthur. »Papanek war einfach ein unglaublicher und sehr liebenswerter Mann«, fuhr Valfer fort. »Aber mit der festen Entschlossenheit, zu tun, was nötig war.«

Auf Fotos fallen vor allem Papaneks Lächeln und seine strahlenden Augen auf, die hinter großen runden Brillengläsern hervorblitzten. Der Mittdreißiger hatte trotz seines relativ jungen Alters bereits eine Halbglatze, zur Arbeit trug er in der Regel Anzug, Hemd und Krawatte. Sein förmliches Auftreten stand im Gegensatz zu seinen sozialistischen Umgangsformen: Papanek ließ sich von den Kindern duzen und mit Ernst ansprechen, nur eines von vielen Zeichen für seinen äußerst progressiven und antiautoritären Erziehungsstil, der den Geist der *Villa Helvetia* prägte. Auch Arthur mochte Papanek und seine offene Art: »Papanek war immer sehr direkt und hat uns über alle aktuellen Ereignisse – egal ob gut oder schlecht – informiert. Alle Kinder liebten ihn.«

Ernst Papanek: Mehr als nur ein Lehrer

Ernst Papanek kam im Jahr 1900 als Sohn einer jüdisch-kleinbürgerlichen Familie in Wien zur Welt. Schon früh begeisterte er sich für die sozialistische Bewegung und wandte sich zunehmend vom Judentum ab. Er begann ein Medizinstudium, brach es ab und ließ sich stattdessen am Pädagogischen Institut in Wien zum Lehrer ausbilden.[1] Von Anfang an verband der charismatische junge Mann die Arbeit mit Kindern mit seinen politischen Aktivitäten: »Für ihn flossen Pädagogik und Politik nahtlos ineinander über«, urteilt die Soziologin Hanna Papanek in einem Sammelband über ihren Schwiegervater. Ernst Papaneks Erziehungsarbeit war die »Erweiterung seiner politischen Überzeugung, dass es möglich ist, die Welt durch Aufklärung und Demokratie umzugestalten«.[2]

1925 heiratete er Dr. Helene Goldstern, eine Ärztin aus einer reichen jüdischen Familie, deren Vater die angesehene Fango-Heilanstalt in Wien besaß und leitete. Helene war ähnlich sozialistisch und wenig religiös geprägt wie ihr Ehemann, ihre Kinder erzogen die beiden atheistisch.

Im Jahr 1932 wurde Ernst Papanek als Vorsitzender der Wiener Sozialistischen Jugend in den Wiener Gemeinderat gewählt, eine Position, die er bis zu den Februarkämpfen 1934 innehatte. In diesem Monat wurde Österreich von einem Bürgerkrieg erschüttert, die Sozialdemokraten lehnten sich gegen das autoritäre Regime des Bundeskanzlers Dollfuß auf, es gab Hunderte Tote. Nach der gewaltsamen Niederschlagung der Kämpfe mussten Papanek sowie die gesamte sozialdemokratische Parteispitze Österreichs in die damalige Tschechoslowakei fliehen. Gerade noch rechtzeitig – kurz darauf wurde im austrofaschistischen Ständestaat ein Todesurteil gegen Papanek verhängt.[3]

In Brünn schloss sich Papanek dem Auslandsbüro der österreichischen Sozialdemokraten an. Seine Ehefrau Helene begleitete ihn nicht, weil man zunächst annahm, die exilierten Politiker könnten bald zurückkommen. Zudem verdiente sie in Wien den Familienunterhalt und unterstützte ihren Ehemann finanziell im Exil. Mit den Söhnen Gustav und Georg besuchte sie Papanek aber in den Sommerferien.[4]

Kurz vor dem »Anschluss« Österreichs an Nazideutschland übersiedelte die exilierte Parteispitze der österreichischen Sozialisten im Frühling 1938 von Brünn nach Paris. Papanek – nun in Begleitung seiner Familie – konnte dank eines persönlichen Visums des französischen Ministerpräsidenten und Sozialisten Léon Blum in Frankreich einreisen.[5]

Die wiedervereinte Familie plante, nach Amerika zu emigrieren. Um Geld für die Reise zu verdienen, übernahm Papanek einige Monate lang die Leitung eines Ferienlagers für Kinder geflüchteter Sozialisten in La Baule an der Atlantikküste. Zurück in Paris liefen die Reisevorbereitungen auf Hochtouren. Die Schiffspassage nach Amerika war bezahlt, die Koffer waren gepackt – und dann kam alles anders. Drei Wochen vor der geplanten Abreise wurde Papanek von einem Verwandten seiner Frau kontaktiert, der für die OSE arbeitete und ihm eine Stelle als Generaldirektor für die OSE-Kinderheime anbot. Gegen den vehementen Protest seiner besorgten Frau nahm der 38-jährige Papanek die Stelle an. »Ich hatte […] das unangenehme Gefühl, dass dies für einen Mann, der immer vom Widerstand gegen Hitler gesprochen hatte, keine gute Zeit war, nach Amerika davonzulaufen«, schrieb Papanek dazu in seiner Autobiografie.[6] Ursprünglich wollte er nur sechs Monate für die OSE arbeiten, aber die Kriegsgeschehnisse änderten alles. Papanek ließ im Herbst 1939 sein Visum für Amerika verfallen, um Oswald und die anderen Flüchtlingskinder nicht verlassen zu müssen.[7]

* * *

»Mein Vater war ein großer Optimist«, erzählt mir Gustav »Gus« Papanek im Winter 2017. »Und er hatte einen unglaublichen Glauben an das Gute im Menschen.«

»Manchmal war er sogar zu optimistisch«, ergänzt Gus' Frau Hanna. »Aber mich hat das nie gestört.«

Als 13-Jähriger lebte Gus (damals noch Gustl) gemeinsam mit den anderen Flüchtlingskindern – und getrennt von seinen Eltern – in einem OSE-Heim in Montmorency. Genau wie die Heimkinder sprach er seinen Vater in sozialistischer Manier mit Ernst an. Heute wohnt der Wirtschaftsprofessor mit seiner Ehefrau Hanna in Massachusetts in den USA. Das Paar kennt sich schon seit seinen Jugendtagen: Hannas Eltern waren geflohene deutsche Sozialisten, die wie die Papaneks im Exil in Paris lebten und Hanna in das Heim nach Montmorency schickten. Die Sozialwissenschaftlerin Hanna Papanek hat mehrere Aufsätze und Bücher über ihren Schwiegervater Ernst geschrieben und verwendet dabei einen besonderen Ansatz, den sie *Participatory History,* also »teilnehmende Geschichte« nennt. Dabei handelt sich um die historische Aufarbeitung von Erlebnissen, die man selbst erlebt hat – ganz wie eine Soziologin, die eine Feldstudie durchführt. Bei meinem Interview mit den Papaneks ist es dann aber vor allem Gus, der mir lebhaft von seinem Vater erzählt.

»Er war ein sehr mutiger Mensch, der sich voll und ganz dem verschrieb, was er für richtig hielt« erinnert sich Gus. »Er verbrachte sein ganzes Leben damit, die Lage von Menschen zu verbessern. Und er war bereit, alle möglichen Opfer zu bringen und alle möglichen Risiken einzugehen, um das zu tun.« Seine Stärke zog Ernst Papanek dabei aus seinem Optimismus und seinem starken

Glauben an den demokratischen Sozialismus. »Er glaubte immer daran, dass letztendlich die Kräfte der Wahrheit und der Gerechtigkeit und der Rechtschaffenheit triumphieren würden«, so sein Sohn.

Diese Weltanschauung versuchte Papanek auch den jüdischen Flüchtlingskindern vorzuleben und zu vermitteln. »Ihm war wichtig, uns zu zeigen, dass unsere Situation nicht hoffnungslos war«, erklärte mir Gus. »Zu zeigen, dass wir nicht hilflos waren und dass wir keine minderwertigen Wesen seien, wie es uns die Nazis erzählt hatten. Sein Hauptziel war es, eine Umgebung zu schaffen, in der sich die Kinder sicher und geborgen fühlten. Und dass – obwohl ihre Eltern nicht da waren – am Ende alles gut ausgehen würde.«

Ernst Papanek erzählte den jungen Flüchtlingen immer wieder, dass sie die Hoffnung nicht verlieren sollten, erinnerte sich sein Sohn. »Selbst als die deutsche Armee vor den Toren von Paris stand, sagte er immer: ›Letztendlich werden wir gewinnen.‹«

Auch nach Kriegsende arbeitete Ernst Papanek weiterhin als Pädagoge und Psychiater, später vor allem mit schwer erziehbaren Jugendlichen in Amerika. Seine Arbeit in Frankreich sah er aber immer als sein »bedeutendstes Werk« und als die wichtigste Zeit seines Lebens an.

* * *

Insgesamt 304 Kinder kamen im Verlauf des Jahres 1939 in die OSE-Heime nach Montmorency, wobei 21 von ihnen so schwach waren, dass sie sofort zur Kur nach Arcachon geschickt wurden. So waren es 283 Kinder, die unter der Obhut von Ernst Papanek und seinem Team lebten. Der Großteil von ihnen war jüdisch, dazu kam eine kleine Gruppe Kinder von verfolgten österreichischen Sozialisten.[8]

Um die Kinder unterbringen und pädagogisch betreuen zu können, mietete und kaufte die OSE weitere Schlösser in ganz Frankreich. Ernst Papanek selbst leitete die vier Heime in und um

Montmorency: die *Villa Helvetia*, *La Petite Colonie* für die Kinder im Kindergartenalter, *Les Tourelles* (»Türmchen«) für die älteren nichtreligiösen Kinder und die *Villa La Chesnaie* in Eaubonne für die religiösen Kinder. Oswald selbst wurde nach einem kurzen Aufenthalt in der *Helvetia* nach Eaubonne verlegt. Damit war das ständige Umziehen fürs Erste vorbei, in der *Villa La Chesnaie* verbrachte der Junge immerhin etwas mehr als ein Jahr.

Das gemeinschaftliche Leben in Heimen und Exilschulen gilt unter Wissenschaftlern heute als die wesentlich bessere Unterbringungsart für unbegleitete Flüchtlinge. Die Aufnahme in Pflegefamilien, wie es zum Beispiel bei den britischen Kindertransporten der Fall war, entpuppte sich nicht selten als traumatisierende Erfahrung, weil die Kinder völlig allein einer neuen Umgebung ausgesetzt wurden. Hingegen erlebten die Kinder durch die Gemeinschaft mit Schicksalsgenossen »weniger individuelle Ohnmacht und Isolation«, erklärt die Psychotherapeutin Anna Wexberg-Kubesch.[9]

Die vier OSE-Heime in Montmorency müssen dabei als besonders gelungenes Beispiel gelten – waren sie doch weit mehr als nur ein sicheres Zuhause für die Flüchtlingskinder. In nur wenigen Monaten gelang es Ernst Papanek, ein beeindruckendes pädagogisches System aufzubauen, das man auch heutzutage noch als äußerst progressiv bezeichnen würde. Die OSE-Archivarin Katy Hazan spricht in diesem Zusammenhang von »neuartigen Erziehungsmethoden«, die er bei der OSE einführte. Papanek selbst nannte sein Unterfangen selbstbewusst das »intensivste Experiment in fortschrittlicher Erziehung, das jemals unternommen worden war und sich über alle vierundzwanzig Stunden des Tages erstreckte«.[10]

* * *

Arthur erzählte mir als Erwachsener oft: »Abgesehen davon, dass viele von uns Heimweh hatten, war das Leben im Heim sehr schön. Fast wie in einem Ferienlager.«

Dennoch hatte sich der Charakter des kleinen Oswald in Frankreich spürbar verändert. Im Rückblick beschreiben ihn alle seine damaligen Freunde als ernstes und stilles Kind – kein Vergleich zu dem rabaukenhaften Lausbuben der Wiener Jahre, der Kutschenpferden Schweifhaare ausriss und Passanten mit Wasserballons bewarf. Dieses veränderte Verhalten lässt sich wohl nicht nur mit der neuen Lebenssituation erklären, sondern vor allem auch mit Oswalds Erfahrungen seit dem »Anschluss« Österreichs an Nazideutschland.

»Die Kinder, die durch die Vorkommnisse in ihrer Heimat schwer traumatisiert waren, mussten erst wieder an ein normales Dasein als Kind gewöhnt werden«, schreibt die Papanek-Biografin Claudia Göbetzberger.[11] Ernst Papanek machte sich von Anfang an viele Gedanken über die psychischen Probleme seiner Zöglinge. Am stärksten verbreitet bei den Kindern waren Angst und Misstrauen gegenüber anderen sowie Schuldgefühle, weil sie selbst in Sicherheit waren und ihre Familien nicht. Dazu kam häufig ein Minderwertigkeitsgefühl, das sich nach Jahren der NS-Verfolgung entwickelt hatte. Manche Kinder schämten sich, jüdisch zu sein, vor allem solche, die gerne wie ihre Freunde in der Hitlerjugend gewesen wären. Papanek sprach in diesem Zusammenhang von einer »Massenneurose« –, für ihn war das gemeinschaftliche Leben in den OSE-Heimen genau der richtige Ort, um diese zu behandeln.[12]

Papanek stützte sich mit seinem Ansatz auf die Individualpsychologie von Alfred Adler. Der renommierte Psychotherapeut und Sozialist Adler war der Leiter des Wiener Instituts, in dem Papanek seine Lehrerausbildung gemacht hatte. Menschen bräuchten günstige Bedingungen, um sich weiterzuentwickeln, so Adler, und diese Bedingungen fänden sie im Gruppenleben. Papanek selbst betonte in späteren Texten regelmäßig die »unterstützende Wirkung von Gemeinschaft«, vor allem bei traumatisierten Kindern.[13] Als seine wichtigste Aufgabe sah Papanek es an, die Kinder wieder glücklich zu machen. In seiner Autobiografie *Out of the Fire* (deutsche Ausgabe: »Die Kinder von Montmorency«) erzählt er, wie

Ernst Papaneks Passfoto aus seiner OSE-Mitarbeiterakte, ca. 1939

man vielen von ihnen nach Jahren der NS-Herrschaft erst wieder beibringen musste zu spielen: »Sie standen nur herum und warteten darauf, dass ihnen gesagt wurde, was sie tun sollten. Sie haben keine Fragen gestellt. Sie wanderten nicht einmal ziellos umher. [...] Wir mussten ihnen zeigen, wie man spielt. Wir mussten ihnen wieder beibringen, was es heißt, ein Kind zu sein.«[14]

Genauso wichtig war es dem Pädagogen, den Kindern klarzumachen, dass nichts, was ihnen widerfahren war, ihre Schuld sei. Gemeinsames Singen, Sport, Feste und vielfältige Freizeitaktivitäten dienten dem Zweck, ein Gefühl von Gemeinschaft zu entwickeln und soziale Muster neu zu erlernen. In Spielgruppen versuchten Papanek und seine Kollegen mit den Kindern, deren traumatische Erfahrungen aufzuarbeiten.[15]

Papaneks optimistische Grundeinstellung spiegelte sich auch in seiner Erziehungsarbeit wider. Wie erwähnt, erklärte er den Kindern immer wieder, dass Hitler nicht gewinnen würde. Das hieß aber keineswegs, dass er die Welt außerhalb der Heime ignorierte. Ganz im Gegenteil: Papanek informierte seine Schützlinge immer sehr ausführlich über das Weltgeschehen und verheimlichte auch nicht die Gefahr, in der sich ihre Eltern befanden. Unmissverständlich beharrte er darauf, dass »die Vergangenheit der jüdischen Flüchtlingskinder nicht verdrängt werden darf, sondern zum Aufbau der Persönlichkeit mitgenutzt werden« musste, beschreibt die Soziologin Gabriele Rühl-Nawabi seine Arbeit.[16]

Das Leben im Heim sollte die Kinder auf ihr zukünftiges Leben vorbereiten. Papanek reflektierte 1940 in einem Aufsatz: »Wir hatten versucht, in den Heimen um Montmorency Refugee-Kinder moralisch zu bewussten aufrechten Menschen zu erziehen, die ihr Leben mutig selbst in die Hand nehmen wollen und es können, weil sie nicht zu Unterstützungsempfängern, sondern zu wagenden und wissenden jungen Menschen, die arbeiten gelernt haben, erzogen wurden.«[17]

Eine bedeutende Rolle in Papaneks pädagogischem Konzept nahm die Schule ein, die in *Les Tourelles* eröffnet wurde. Was man dabei leicht vergisst: Die Mehrheit der Kinder war seit Längerem nicht mehr in eine richtige Schule gegangen! Für die aus Deutschland stammenden Kinder galt das zum Teil schon seit Jahren. Die jüdischen Schüler waren zuerst in die hinterste Bankreihe verbannt und dann komplett von den Schulen verwiesen worden. Hastig zusammengestellte und völlig überlaufene jüdische Schulen hatten keinen adäquaten Ersatz bieten können. Die Erzieher in Montmorency arbeiteten deswegen mit vielen Tricks, um die Kinder langsam wieder an Unterricht zu gewöhnen und das Lernen in ein Abenteuer zu verwandeln. Unterrichtsstunden fanden zum Beispiel oft im Freien statt, wie zahlreiche Fotos belegen. Da wurden kurzerhand sechs Schulbänke in den großen Garten getragen, und die Kinder lauschten angeregt einer Lehrerin im gepunkteten Kleid, wie sie aus einem Buch vorlas. Tatsächlich war es oft so, dass den Kindern gar nicht bewusst war, dass sie gerade Unterricht hatten – weil Papanek und sein Team diesen als spannende Diskussion oder praxisnahes Spiel tarnten.

Ernst Papaneks wichtigste Verbündete zu allen Zeiten war seine Ehefrau Helene. Trotz ihres anfänglichen Protestes gegen die Berufung ihres Ehemanns zum Direktor, wurde Helene »Lene« Papanek selbst eine engagierte Mitarbeiterin der OSE: als Heimärztin in Montmorency. Neben ihrer medizinischen Arbeit übernahm sie auch viele organisatorische Pflichten, zeitweise vertrat sie ihren Gatten sogar als Direktor. In Montmorency war sie – so beschreibt es Hanna Papanek – »untrennbar mit ihrem Mann verbunden. Die meisten Briefe von den Heimkindern sprechen von ›Ernst und Lene‹, als wäre es nur ein Name, nicht zwei«.[18]

In seiner pädagogischen Arbeit war Ernst Papanek neben Alfred Adler stark von Otto Glöckel und dessen Wiener Schulreform geprägt, die Papanek als junger Lehrer in der Zwischenkriegszeit miterlebt hatte. Glöckel, der von 1922 bis 1934 Stadtschulratspräsident in Wien gewesen war, propagierte die sogenannte »Arbeitsschule« (weg von der davor geltenden monarchischen »Paukschule«), die viel individuellen Spielraum für Schüler ließ. Merkmale der Reform, die sich in großen Teilen in Papaneks Leitung von Montmorency wiederfanden, waren das gemeinsame Unterrichten von Jungen und Mädchen, lebhafter und kindgerechter Unterricht, viele Exkursionen, die Wahl von Klassen- und Schulsprechern sowie ganz allgemein eine »Demokratisierung des Schullebens«.[19]

Glöckel ging es darum, das Klassenzimmer zu öffnen und die Kinder mit dem »echten Leben« in Kontakt zu bringen. In diesem Sinne organisierte auch Papanek regelmäßig Ausflüge für die OSE-Zöglinge, zum Beispiel besuchten sie mehrmals den Bildhauer Naoum Aronson in seinem Atelier. Papaneks größte Sorge war, dass sich die Heime zu einer Art Ghetto entwickeln könnten, und Exkursionen waren ein gutes Mittel, um dem entgegenzuwirken.

Ein Höhepunkt im Jahr 1939 war die wochenlang geplante Exkursion nach Paris. Die OSE-Vorstandsmitglieder holten die Kinder höchstpersönlich ab, in fünfzig eleganten schwarzen Wagen fuhren sie die zwanzig Kilometer nach Paris. Auf den Rückbänken drängten sich die aufgeregt plappernden Kinder, die sich für den Tag in der großen Stadt besonders schön herausgeputzt hatten. Der obligatorische Besuch des Eiffelturms durfte dabei nicht fehlen; die jungen Flüchtlinge hielten auf den Stufen davor gerade lange genug still, um ein Erinnerungsfoto von sich machen zu lassen. Am Ende des Tages kehrten sie erschöpft, aber voller Eindrücke in ihr Zuhause zurück. »Man konnte das wachsende Gefühl spüren, dass wir endlich ein Teil von Paris, und damit ein Teil von Frankreich, wurden«, erinnerte sich Ernst Papanek.[20]

Wegen des ständigen Zustroms an neuen Zöglingen gestaltete sich der Unterricht in regulären Fächern wie Sprachen oder Naturwissenschaften anfangs schwierig. Stattdessen gab es auf drei Altersgruppen aufgeteilte Diskussionsrunden zu täglich aktuellen Themen, die verschiedene Elemente aus allen Fächern miteinbezogen. Vor allem ging es Papanek um die Einbeziehung des Weltgeschehens. Ein Beispiel war die aufsehenerregende Havarie des amerikanischen U-Bootes *USS Squalus* im Frühjahr 1939, die für viel Gesprächsstoff in Montmorency sorgte. Gemeinsam mit den Kindern berechnete Papanek die verbleibende Menge an Sauerstoff im U-Boot, zeichnete die Entfernung der *Squalus* zu Montmorency auf einer großen Weltkarte ein und besprach die neuartigen Techniken, die bei der Rettung eingesetzt wurden. Ganz nebenbei lernten die Kinder so mathematische und physikalische Grundprinzipien.[21]

Papaneks bewusst antiautoritärer Erziehungsstil verbannte außerdem Hausaufgaben, Noten und jegliche Art von körperlichen Strafen aus den Klassenzimmern.[22] Neben dem theoretischen Unterricht war es ihm besonders wichtig, die Kinder trotz ihrer ungewissen Zukunft praktisch auf ein erfolgreiches Leben vorzubereiten. Hier kam der OSE ihre Partnerschaft mit einer weiteren jüdischen Organisation zugute: der ORT, einer 1880 in Russland gegründeten Gesellschaft zur Förderung der handwerklichen und landwirtschaftlichen Berufe unter den Juden. ORT setzte sich weltweit für die praktische Ausbildung junger Juden ein und errichtete zu diesem Zweck in allen OSE-Heimen Werkstätten.[23] Das Erlernen eines Handwerkes sollte die jungen Flüchtlinge dazu befähigen, später selbst für ihren Lebensunterhalt zu sorgen. Wie in einer Lehre wurden die älteren Jungen zu Tischlern oder Schuhmachern ausgebildet, die Mädchen zu Schneiderinnen. »Das waren Fähigkeiten, die sich auf andere Länder übertragen ließen«, erklärte mir Gus Papanek. »Man musste keine Schulbildung aus dem entsprechenden Land haben, um Schuhe reparieren zu können.«

Die Werkstätten waren gut ausgestattet: Lederpolitur, Lappen, Hammer, ein paar alte Schuhe zum Üben und in der Mitte ein jugendlicher Lehrer, der je drei Schützlinge in die handwerklichen Kniffe einwies. In der Schreinerei sägten, hobelten und hämmerten jeweils ein halbes Dutzend Jugendliche an Werkbänken. Oswald war der jüngste Lehrling in der Tischlerei und lernte hier, Möbel zu zimmern. Die neu erworbenen handwerklichen Fähigkeiten halfen auch bei der Ausstattung und Instandhaltung der von den Kindern bewohnten Villen. »Die Tischlerei war von unschätzbarem Wert in einem Heim, das viele seiner eigenen Möbel herstellte«, reflektierte Ernst Papanek im Jahresbericht der OSE.[24]

Die jüngeren Kinder hatten vorbereitenden Werkunterricht, wie zum Beispiel Stricken. Außerdem wurden Kochkurse angeboten, und jedes Kind hatte ein eigenes Gartenbeet zu versorgen. Die praktische Ausbildung in den ORT-Werkstätten nahm den größten Teil des Unterrichts ein (20 Stunden pro Woche, weitere 19 Stunden entfielen auf alle theoretischen Fächer wie Sprachen, Mathematik oder Geschichte). Die Unterrichtssprache in der OSE-Schule *Les Tourelles* war anfangs Deutsch, später dann zunehmend Französisch. Ein Teil der Kinder besuchte außerdem die örtliche französische Schule.[25]

Vor allem den Älteren fiel es oft schwer, die deutsche Sprache aufzugeben, weil sie diese als Verbindung zu ihrer Heimat sahen. Deutsch war auch die Sprache, in der die Kinder mit ihren Eltern und Familien kommunizierten. Die jungen Flüchtlinge waren angehalten, einmal pro Woche ihren Eltern zu schreiben, und auch die Erzieher schickten den Eltern regelmäßig Berichte.

* * *

Vieles, was wir heute über das Leben der Kinder in Frankreich wissen, verdanken wir dem umfangreichen Nachlass von Ernst Papanek, den ich in der *New York Public Library* im Herzen von Manhattan finde.[26] Von außen glänzt die bekannteste Bibliothek New Yorks mit tempelähnlicher Säulenarchitektur und steinernen Löwen, im Inneren werden über 55 Millionen Medien in nicht weniger imposanten Lesesälen aufbewahrt, die mit ihren meterlangen Holzregalen, bunten Deckengemälden und den großen leuchtenden Kronleuchtern an Hogwarts erinnern.

Über ein prächtiges Stiegenhaus geht es in den *Brooke Russell Astor Reading Room*, der speziell für Wissenschaftler reserviert ist. Im Sommer 2016 wird dieser Lesesaal zu meinem zweiten Zuhause. Mehrere Wochen lang arbeite ich mich durch Zigtausende Briefe, Zeitungsartikel, Schriften und Fotos aus dem langen Leben von Ernst Papanek. Draußen herrschen hochsommerliche Temperaturen von 40 Grad, aber der Raum wird wegen der vielen alten Bücher so heruntergekühlt, dass ich eingewickelt in drei Schals vor meinem Laptop sitze.

Viele der Briefe wurden auf sehr dünnem, billigem Kriegspapier geschrieben und reißen oder zerfallen bei der kleinsten Berührung. Deshalb muss ich weiße Stoffhandschuhe tragen, um die Dokumente in die Hand nehmen zu dürfen. Insgesamt sind es 41 graue Boxen, durch die ich mich in penibelster Kleinarbeit durcharbeite. Oft kommt es vor, dass Dokumente falsch einsortiert sind oder Papierseiten zusammenkleben. Fast wäre mir dadurch ein bemerkenswerter Fund entgangen: ein Dankesbrief von Oswalds Eltern an Ernst Papanek.

Der Brief stammt aus dem August 1939 und ist an die »löbliche Verwaltung des Heimes« adressiert. In seiner gut lesbaren, kringeligen Schrift schrieb Hermann Kernberg: »Es ist mir ein wahres Herzensbedürfniss, als Vater meines in Ihrer gütigen und fürsorglichen Obhut befindlichen Sohnes, Oswald Kernberg, meinen und meiner Familie tief gefühltesten Dank, auf diesem Wege, zum Ausdrucke zu bringen. Wir werden Ihnen Ihre Güte, unser Liebstes und Teuerstes, zu betreuen und zu behüten, Zeit unseres ganzen Lebens, nie vergessen. Wir bitten für Sie täglich unseren Allmächtigen, und sein Segen wird Sie alle für die gute Tat reichlich belohnen. Mit dem Ausdrucke unserer Ergebenheit verbleiben wir nochmals innigst dankend, in vorzüglichster Hochachtung, Frieda und Hermann Kernberg.«

Der berührende Brief ist nicht nur Ausdruck der Dankbarkeit über die Rettung ihres Sohnes, sondern zeigt auch, dass es Oswald nach nunmehr sechs Monaten in Frankreich sehr gut ging und die Eltern sich keine Sorgen mehr um ihn machten. In Papaneks Nachlass finden sich viele solcher persönlichen Briefe, in denen sich Eltern für die gute Fürsorge bedanken, die ihre Kinder unter Papaneks Obhut erfuhren.

Papanek selbst bezeichnete stets die Eltern und nicht die OSE als seine »Klienten« und Auftraggeber, in deren Interesse er handle.[27] Den Flüchtlingskindern wurde deswegen immer wieder erklärt, dass ihre Eltern sie nach Frankreich geschickt hatten, um sie vor der nationalsozialistischen Gefahr zu beschützen – und nicht, weil die Eltern sie nicht mehr liebten. Es wurde somit verhindert, »das jeweilige Kind in einen Loyalitätskonflikt zu stürzen, da sie [die Heimleitung] niemanden von der Heimat abschnitten und die Autorität und Liebe der Eltern nie in Frage stellten«, bilanziert die Historikerin Claudia Göbetzberger.[28]

* * *

Papaneks pädagogisches Konzept begann schon nach wenigen Wochen zu wirken, und das Heimweh der Kinder nahm rapide ab, wie Trude Frankl in ihrem Bericht an die IKG schrieb. Was blieb, war die »ausserordentliche Sorge um das Wohlbefinden und die Auswanderungsmöglichkeiten der Eltern und Geschwister«. Dabei beklagte Frankl eine Problematik, die die Kinder sehr unter Druck setzte: »Den meisten war leider von den Eltern aufgetragen worden, für ihre Einwanderung nach Frankreich zu arbeiten und nun, da dies für diese Kinder ganz unmöglich ist, empfinden sie es sehr bitter. Man sollte die Eltern in Hinkunft darüber aufklären, dass sie die Kinder nutzlos seelisch belasten.«[29]

Um den Kindern das Gefühl von Kontrolle über ihr Leben zurückzugeben, setzte Papanek auf ein Mittel, das als das wichtigste pädagogische Element seiner Arbeit in Montmorency anzusehen ist: die Einführung und Durchsetzung einer weitgreifenden Mitverwaltung der Heimkinder. Die Kinderheime hatten eine eigene Verfassung, die das Zusammenleben aller Bewohner – egal welchen Alters – regeln sollte. In der Präambel dazu hieß es: »Alle Kinder und Erwachsenen, die in den Kinderheimen der OSE leben, sind eine Gemeinschaft, die das Leben in den Heimen durch demokratische Zusammenarbeit in der Verwaltung organisieren. [...] Die demokratischen Rechte und Pflichten unserer kleinen Gemeinschaft sind die gleichen wie die jeder größeren.«[30]

Die Verfassung, ergänzt durch eine Heimordnung, wurde in einem ersten Entwurf von den Erwachsenen vorgeschlagen und danach von den jungen Flüchtlingen diskutiert, erweitert und angepasst. In der endgültigen Fassung hatten alle Kinder ab acht Jahren ein aktives und passives Wahlrecht und wählten Zimmervertretungen, Gruppenkomitees, Hauskomitees, Sportkomitees, Festkomitees, einen heimübergreifenden Rat und einen Disziplinarrat samt Berufungsinstanz.[31] In den jeweiligen Komitees erarbeiteten die Kinder Wünsche und Vorschläge, die sie dann Papanek und den anderen Erziehern vorlegten.

Im Jahresbericht der Heime betonte Ernst Papanek, dass es sich bei dieser Zusammenarbeit zwischen Kindern und Erwachsenen keineswegs um ein Spiel handle, sondern dass sie von wesentlicher pädagogischer Bedeutung sei. Die Einbindung der Kinder in ihre eigene Verwaltung sollte ihnen Selbstbewusstsein zurückgeben und sie demokratische Strukturen abseits der nationalsozialistischen Diktatur lehren. Diese moralische Charakterbildung sollte »freie und zuverlässige Menschen schaffen, die in der Lage sind, [...] nicht durch irgendwelche Verfolgung unterdrückt zu werden«.[32]

Eine besondere Bedeutung kam dem Disziplinarrat zu, in dem sich die Kinder vor Gleichaltrigen für Fehlverhalten rechtfertigen mussten. Papanek war kein Befürworter von Strafen, sondern der Ansicht: Gewalt sät Gewalt. Im Fall der jüdischen Flüchtlingskinder sah er zusätzlich die Gefahr, dass von Erwachsenen ausgesprochene Strafen Erinnerungen an den Naziterror wachrufen würden. Wenn sich die Kinder hingegen vor ihren Kameraden rechtfertigen mussten, waren sie gezwungen, über die Folgen ihres eigenen Verhaltens auf die Gemeinschaft nachzudenken – eine in den Augen Papaneks wesentlich effektivere Methode.[33]

Wichtig für Papanek war, dass es sich bei seinem Konzept um Mitbestimmung oder Mitverwaltung, nicht jedoch um Selbstverwaltung handelte. Die Kinder konnten sich immer darauf verlassen, dass es Erwachsene gab, die sie beschützten und die alle grundlegenden pädagogischen Entscheidungen trafen.

Innerhalb der OSE gab es anfänglich starken Widerstand gegen Papaneks Reformen. Viele fragten sich, ob es wirklich nötig sei, ein komplett neues Schulsystem einzuführen, vor allem in den unruhigen politischen Zeiten. Außerdem kostete diese arbeitsintensive Art der Pädagogik viel Geld und war vielen OSE-Mitgliedern viel zu progressiv. Rückendeckung bekam Papanek jedoch von der reichen, liberal-jüdischen Gemeinde in Paris, angeführt von der Baronin Yvonne de Gunzbourg, die sich gegen die konservativen und orthodoxen Kritiker innerhalb der OSE durchsetzte.[34]

* * *

Für Ernst Papanek war die klassische Wissensvermittlung immer nur ein kleiner Teil seines pädagogischen Konzeptes. Das Schaffen eines Gemeinschaftsgefühls, die Vermittlung einer optimistischen Lebenseinstellung, die demokratische Heimmitverwaltung, der praktische Werkstättenunterricht, ja sogar Feste und Exkursionen, all das hatte in Papaneks Pädagogik einen wesentlich höheren Stellenwert.

Viele der OSE-Schüler waren später Klassenbeste, als sie an öffentliche französische Schulen wechselten. Ein paar wenige Schüler besuchten sogar spezialisierte Schulen – wie zum Beispiel Ernst Weil, der im *Le Cordon Bleu* in Paris, einer der berühmtesten Kochschulen der Welt, Aufnahme fand und als Erwachsener ein bekannter Bäcker und Fernsehkoch in San Francisco wurde.

Wenn man Papaneks Pädagogik an dem späteren beruflichen Erfolg vieler seiner Schützlinge misst, sowie an Dauer und Intensität der während der OSE-Jahre entstandenen Freundschaften, war sie äußerst erfolgreich. Es gelang dem Pädagogen »nicht nur, ein Netz von Kinderheimen aufzubauen, in dem das physische Überleben der Kinder gesichert war, sondern auch sie von der seelischen, kulturellen und sozialen Vernichtung zu bewahren«, urteilt auch die Historikerin Slavka Pogranova.[35]

Der prägende Einfluss von Papaneks Erziehungsmethoden auf das Leben der Kinder ist umso beeindruckender, bedenkt man, dass diese nur rund zwei Jahre in Frankreich lebten. Damit nicht genug: Ernst Papanek musste »seine« Kinder bereits nach einem Jahr verlassen.

Die Villa La Chesnaie in Eaubonne

Mitte September 2017 mache ich mich auf den Weg nach Eaubonne, um die *Villa La Chesnaie* zu besichtigen, die gut fünf Kilometer von Montmorency entfernt liegt. An diesem Wochenende werden in Frankreich die *Journées europées du patrimoine* (Europäische Tage des offenen Denkmals) gefeiert, eine jährliche Veranstaltung, bei der private Gebäude für die Öffentlichkeit zugänglich sind. Eaubonne ist im Gegensatz zu Montmorency kein Villenort, und die herrschaftliche *Villa La Chesnaie* würde neben all den schlichten Neubauten sofort ins Auge stechen, wenn sie nicht komplett hinter einer großen Hecke verborgen wäre. Selbst mein Taxifahrer, der seit Jahren in der Nachbarschaft wohnt, weiß nicht, dass sich hinter den grünen Sträuchern ein Herrenhaus verbirgt.

Als ich durch das schmiedeeiserne Tor gehe, fühle ich mich in das Kinderbuch *Der geheime Garten* versetzt: Im Schatten großer Bäume sprießen zartlila Blümchen zwischen dem heruntergefallenen Herbstlaub hervor, in der Wiese stehen bemooste Steintische und eine einzelne Frauenstatue. Von den großen Eichen, die der Villa einst ihren Namen gaben (auf Französisch bedeutet *chesnaie* »Eichenhain«), sind heute nur noch einige wenige Baumriesen erhalten geblieben, dafür wurde der Baumbestand durch Linden, Zypressen und Ahornbäume ergänzt. Der Kiesweg vom Tor führt an die Rückseite des Herrenhauses, auf der Vorderseite gehen die bewaldeten Gartenanlagen in einen gepflegten Park mit kurz gemähten Grasflächen, bequemen Liegestühlen und schmiedeeisernen Tischen über.

Ich lasse meinen Blick über die dreistöckige *Villa La Chesnaie* wandern: vom Erdgeschoss, das imposante vier Meter hoch ist und mit fast ebenso hohen Fenstern protzt, bis zur ausgebauten Mansarde im Dach. Die Villa ist symmetrisch konstruiert und wirkt schlicht, aber elegant. Zwei vorstehende Flügel flankieren das Gebäude, dazwischen liegt der *grand salon*, der schönste Raum in der *Villa La Chesnaie*. Im Moment sitzen gut zehn Menschen in dem sonnendurchfluteten Salon und lauschen den Worten von Hervé Collet. Der ergraute Lokalhistoriker liest mit sonorer Stimme aus seinem Buch *Les belles heures du château de La Chesnaie à Eaubonne* (»Die schönen Stunden des Schlosses *La Chesnaie* in Eaubonne«) vor. Während Collet von den Anfängen der 1749 erbauten Villa berichtet, rückt die Dame des Hauses in ihrem eleganten geblümten Blazer einige freie Stühle zurecht. Über den Fenstern und den Türen schmücken silbergraue Holzvertäfelungen mit antik anmutenden Steinfriesen die Wände, auf den marmornen Kaminen stehen gläserne Kerzenständer, und über alldem hängt feierlich ein Kronleuchter. So heruntergekommen sich die *Villa Helvetia* in Montmorency heute zeigt, so vornehm-prächtig und intakt präsentiert sich die *Villa La Chesnaie*. Auf die Tatsache, dass hier von 1939 bis 1940 jüdische Kinder lebten, gibt es heute nur noch einen einzigen Hinweis: deutsche Namen, die in die Kellerwand eingeritzt sind.

* * *

Wenige Monate nach der Fertigstellung der *Villa Helvetia* eröffnete die OSE mit der *Villa La Chesnaie* ein Heim speziell für orthodoxe Kinder. Ein religiös geführtes Heim war ursprünglich keineswegs geplant gewesen. Tatsächlich hatte das von den Rothschilds geleitete *Comité* sogar ausdrücklich darum gebeten, keine orthodoxen Kinder nach Frankreich zu schicken – »aus rein technischen Zweckmässigkeitsüberlegungen«, weil diese komplizierter zu versorgen seien, wie in einem Brief an die IKG erklärt wurde.[1]

Allerdings hatte ein Vertreter der deutschen Kultusgemeinde entgegen der direkten Anordnung des *Comités* versäumt, dies der Wiener Kultusgemeinde mitzuteilen, wie ich in einem aufgebrachten Briefwechsel nachlese. Die Gründe für das Versäumnis sind nicht bekannt, aber es waren nicht nur die Wiener, die man zu spät informierte. So bestand beispielsweise der Kindertransport aus Frankfurt fast ausschließlich aus Kindern des orthodoxen Israelitischen Waisenhauses.[2] Es ist durchaus möglich, dass der Frankfurter Rabbiner Marx, ebenjener Vertreter der deutschen IKG, die Information absichtlich nicht weitergeleitet hatte, um die Emigration der Kinder aus dem Waisenhaus nicht zu gefährden.

Insgesamt erreichten rund 40 orthodoxe Flüchtlingskinder Frankreich auf einem Kindertransport. In Paris entstand durch die Ankunft dieser Kinder »eine große Verlegenheit«, wie Trude Frankl in ihrem Bericht vermerkte, weil nun schnellstmöglich koschere Küchen eingerichtet werden mussten.[3] Die OSE reagierte auf die neuen Umstände mit der Eröffnung der *Villa La Chesnaie.*

Nach einem kurzen Aufenthalt in der *Villa Helvetia* kam auch Oswald im Mai 1939 zu den orthodoxen Kindern – dabei stammte er aus einer liberalen Familie und hatte nur eine begrenzte religiöse Ausbildung erhalten. Wie war es dazu gekommen?

»Sie haben mich gefragt, ob ich religiös sei«, erzählte mir Arthur. »Und ich konnte mich daran erinnern, dass mein Vater am Morgen gebetet hat. Und ab und zu sind wir in Wien in die Synagoge gegangen. Also habe ich ›ja‹ gesagt.«

Oswalds Eltern wurden von der OSE nicht extra befragt, und so lebte der Junge fortan in einer für ihn völlig neuen Welt, die tägliches Gebet, regelmäßige Synagogenbesuche und das ständige Tragen einer Kopfbedeckung beinhaltete.

Oswald war bei Weitem nicht das einzige liberal erzogene Kind, das fälschlicherweise in Eaubonne landete. Sein langjähriger Freund Norbert Rosenblum zum Beispiel gab sich selbst als orthodox aus, weil er nicht von seinen in der *Villa La Chesnaie* untergebrachten Verwandten getrennt werden wollte. »Meine Schwester und zwei Cousins waren in Eaubonne«, erzählte mir Rosenblum bei einem Gespräch in Los Angeles. »Die Direktorin sagte mir, dass sie keinen Platz für mich in Eaubonne hätten und ich in ein anderes Heim müsse. Also habe ich angefangen zu weinen und beteuerte, dass ich sehr orthodox sei und nichts essen würde, das nicht koscher war. Dann durfte ich doch bleiben.«

Ernst Valfer gehörte mit 13 Jahren zu den Ältesten in Eaubonne und war der gewählte Heimsprecher, wodurch er alle anderen Kinder persönlich kannte. Er glaubt, dass sogar dreißig bis fünfzig Prozent der Eaubonner nicht aus einem orthodoxen Elternhaus kamen. Den Erziehern sei dies durchaus bewusst gewesen, aber hätte man alle liberal erzogenen Kinder woanders hingeschickt, wäre das halbe Heim leer gestanden, erklärte mir Valfer.

Unabhängig von ihrem tatsächlichen religiösen Hintergrund befolgten die Kinder in der *Villa La Chesnaie* nun streng die rituellen jüdischen Gesetze und Essensvorschriften. Nach Beschreibungen der ehemaligen Heimkinder war das Leben in der *Chesnaie* nicht nur orthodox, sondern ultraorthodox. Drei Mal am Tag mussten die Kinder in Eaubonne beten: das Morgengebet *Schacharit*, *Mincha* am Nachmittag und abends *Maariw*. Am Schabbat, dem jüdischen Ruhetag, der von Freitag- bis Samstagabend dauert, mussten die Kinder zu Fuß in die rund vier Kilometer entfernte Synagoge nach Enghien-les-Bains gehen, Verkehrsmittel durften sie dafür nicht verwenden. »Wir durften samstags nicht spielen, wir durften keine Hunde berühren … Es gibt so viele Regeln, wenn man orthodox ist«, erinnerte sich Arthur.

Den Jungen sah man ihren orthodoxen Lebensstil auf den ersten Blick an: Auf dem Kopf trugen sie in der Regel eine Kippa oder ein französisches Barett, unter ihrer Kleidung mussten sie Gebetsmäntel anziehen. Der religiöse Unterricht in Eaubonne wurde von zwei orthodoxen Gemeinden in Paris organisiert, die restlichen Fächer sowie der handwerkliche Unterricht fanden meistens in *Les Tourelles* statt. Die Kinder hatten also regelmäßigen Kontakt zu ihren nichtreligiösen Kameraden.

Den falsch untergebrachten Kindern kam es nicht in den Sinn, nach einem Wechsel zu fragen, weil sie in Eaubonne schnell Freunde fanden, die sie nicht verlassen wollten. »Kinder wollen sich anpassen«, kommentierte Arthur trocken. »Also habe ich mich an den orthodoxen Lebensstil angepasst.«

Für viele der jungen Flüchtlinge wurde die *Villa La Chesnaie* zum ersten Ort in Frankreich, an dem sie eine längere Zeit am Stück verbrachten. Und es entwickelten sich hier tiefgehende Freundschaften, die die Jahrzehnte überdauern sollten. »Wir fingen an, eine Familie zu werden. Anstatt nur Freunde zu sein, wurden wir zu Geschwistern«, erinnerte sich Arthur noch Jahrzehnte später.

Anfangs blieben die Kinder unter sich – die Österreicher spielten mit den Österreichern, die Deutschen mit den Deutschen. Aber bald begannen sich neue Gruppen zu bilden, die sich eher am Alter der Heimkinder orientierten. Auch die Schlafsäle waren nach Altersgruppen getrennt: Der zehnjährige Oswald schlief im Raum D mit fünf anderen Zehnjährigen. Oswalds bester Freund in Eaubonne war der gleichaltrige Erich Grünebaum, den er schon von seinem kurzen Aufenthalt in *Maubuisson* kannte. In seiner unveröffentlichten Autobiografie beschreibt Grünebaum – heute Eric Greene – den lustig gescheiterten Versuch der zwei Jungen, Blutsbrüderschaft zu feiern: »Oswald und ich beschlossen, uns für alle Zeiten Freundschaft zu schwören. Wir fanden ein Stück Dachschiefer und wollten darauf schreiben, dass wir lebenslange Kumpel seien, und dann wollten wir den Schiefer wie eine Zeitkapsel am Waldrand vergraben. In unserer Wahlheimat Frankreich wollten wir die Inschrift natürlich auf Französisch machen. Das Problem war, dass wir nicht genug von der Sprache wussten, um das französische Wort für ›Freunde‹ zu kennen. Also haben wir einen der älteren Jungen gefragt, der uns nur zu gerne geholfen hat. Er sagte uns, die Inschrift sollte lauten: *Erich et Oswald sont Ânes.* Später fanden wir heraus, dass das Wort für ›Freunde‹ auf Französisch in Wirklichkeit *Amis* ist und *Ânes* bedeutet ›Esel‹. Dem Rat des Witzboldes folgend hatten wir geschrieben, dass wir ein paar dumme Esel sind. Die anderen Jungen in unserer Gruppe haben sich köstlich auf unsere Kosten amüsiert.«

Oswald und Erich als dumme Esel – das waren bei Weitem nicht die einzigen Rufnamen, die sich die Kinder in den OSE-Heimen füreinander ausdachten. Fast alle bekamen von ihren Kameraden einen Spitznamen, was es heute oft schwierig macht, Beschreibungen der richtigen Person zuzuordnen. Die Spitznamen waren selten vorteilhaft und bezogen sich meist auf das Aussehen oder bestimmte Charaktereigenschaften. So wurden übergewichtige Kinder zu Kugerl oder Dicker, ein besonders großer Junge zu Jumbo. Einen unbeliebten Jungen tauften die Kinder Mussolini, ein anderer wurde zum Duce. Käse war ein Junge, dessen Füße immer stanken. Selbst vor den Erwachsenen machten die Spitznamen nicht halt: Die zwei Köchinnen Käthe Hirsch und Käthe Bodek wurden zur »dicken Käthe« und zur »dünnen Käthe«, um die beiden auseinanderhalten zu können. Eine französische Hilfsköchin riefen die Kinder Tröpfchen, weil sie immer eine laufende Nase hatte.

Oswalds Spitzname war »Papakuss«, weil er so viele verhätschelnde Briefe und Pakete mit Süßigkeiten von seinem Vater bekam. Die anderen Kinder hielten Oswald für ein richtig verwöhntes Papakind. Und tatsächlich lesen sich Hermann Kernbergs Briefe an sein »teuerstes Burli« äußerst herzlich und enden oft mit »innigsten Umarmungen« und »herzlichen Küssen von deinem dich liebenden Papa«. Im Lauf der Zeit wurde Papakuss dem Französischen angepasst, sodass Oswald dann »Papüss« gerufen wurde.

* * *

»*Voilà*, und dieser Salon hier wurde von der OSE als Gebetsraum verwendet«, sagt Marie-Caroline Soavina, die heutige Besitzerin der *Villa La Chesnaie*, mit klarer Stimme. Nach dem Vortrag des Lokalhistorikers Hervé Collet bekommen die versammelten Anwesenden und ich noch eine exklusive Führung. Die Familie Soavina finanziert den Erhalt des denkmalgeschützten Schlosses unter anderem durch Hochzeiten und Feste im *grand salon* und im Garten, heute bekommen wir aber sogar Einblick in die Privaträume des Herrenhauses. Vom Musikzimmer gehen wir in die Bibliothek, in der außer geblümten Stoffsesseln und bemalten Seidenlampen auch einige Familienfotos stehen. Über eine kleine Steintreppe führt uns die Dame des Hauses dann in die gewölbten Kelleranlagen hinunter. Der Keller wurde vor einigen Jahren komplett renoviert, im mittleren Raum findet man aber auch heute noch einen Hinweis auf die Vergangenheit der *Chesnaie.* »Sie werden Vornamen an den Wänden finden«, sagt Marie-Caroline Soavina und deutet auf einige Wandstücke, die man beim Renovieren nicht neu verputzt hat.

Fritz, Batch, Dudu, Mops, Beb, Sepp, Hans Martin, Tepper. Über die Jahre sind die eingeritzten Namen der Eaubonner Kinder etwas verblasst, aber ich kann sie trotzdem gut entziffern. Die Namen sind das einzige Vermächtnis der Kinder, der einzige verbliebene Hinweis auf ihr Leben in Eaubonne – und es ist nur einem Zufall zu verdanken, dass sie nicht zerstört wurden.

»Als wir mit der Restaurierung des Kellers begannen, haben wir die Vornamen entdeckt, die Sie dort sehen«, erklärt Soavina der gespannt lauschenden Gruppe an Besuchern. »Wir waren wirklich überrascht, diese Namen an den Wänden der *Chesnaie* zu finden, weil wir die Geschichte des Gebäudes überhaupt nicht kannten. Und da gibt es Namen wie Fritz, also Namen, die deutsch klingen.«

Marie-Caroline und ihr Ehemann Liv schämten sich für die deutschen Namen in ihrem Keller: Sie konnten sich deren Herkunft nur damit erklären, dass die Villa während des Krieges von der Wehrmacht verwendet worden sein musste. Also dass sich deutsche Soldaten, vielleicht sogar Nationalsozialisten, an der Wand verewigt hätten.

»Aber eines Tages stand plötzlich ein Mann an unserem Gartentor, und als ich ihn fragte, wer er ist, hat er zu weinen begonnen. Und dann erzählte er mir die Geschichte, was wirklich in der *Chesnaie* passiert ist«, erinnert sich Marie-Caroline Soavina.

Der Mann war Werner Dreyfuß, einer von Oswalds alten Freunden aus Eaubonner Tagen. Im Jahr 2003 besuchte der heutige Amerikaner unangekündigt die *Villa La Chesnaie* und fragte, ob er sich in seinem ehemaligen Zuhause einmal umschauen könne. Dreyfuß war überglücklich, als er die Namen der Kinder an den Kellerwänden entdeckte – und klärte die Soavinas über deren Herkunft auf. »So kam die ganze Geschichte ans Licht«, beendet Marie-Caroline ihre Erzählung. »Und als wir die Kellerwände neu hergerichtet haben, haben wir die Stellen mit den Namen extra ausgespart.«

* * *

Eine laute Glocke weckte Oswald und seine Freunde jeden Morgen; meist zogen sich die Kinder dann aber ihre Decken über den Kopf und standen erst auf, wenn eine Erzieherin kam und sie aus den Betten scheuchte. Vor dem Frühstück standen Gymnastik und Morgentoilette auf dem Programm, danach versammelten sich alle zum obligatorischen Morgengebet. Vormittags gingen die jungen Flüchtlinge in die Schule. Nach dem Mittagessen samt zweitem Gebet hatten sie eine Stunde Freizeit, danach warteten der handwerkliche Unterricht und eine Stunde Hebräisch. Täglich um achtzehn Uhr mussten die OSE-Zöglinge ihre Schuhe putzen, danach ging es zum Abendessen und zum dritten Gebet für den Tag. Bis halb neun abends hatten die Kinder dann wieder Freizeit.

Im Erdgeschoss des Herrenhauses waren die Küche und der Speisesaal untergebracht, die Wohnzimmer und Salons der Vorbesitzer wurden als Klassenzimmer verwendet, das angrenzende Musikzimmer diente als Gebetsraum. Eine große Wendeltreppe führte zu den Schlafsälen in den oberen zwei Stockwerken, die Jungen lebten im linken Flügel, die Mädchen im rechten. Im Dachgeschoss diente eine mit Schuhen bemalte Holztür als Eingang zu einer kleinen Schusterwerkstatt für den handwerklichen Unterricht der Jungen. Das Gebäude war von einem großen Anwesen umgeben, und die OSE errichtete auf der Wiese vor der Villa ein Sportfeld, auf dem Fußballturniere oder sogenannte Olympische Wettkämpfe zwischen den einzelnen Heimen oder mit der Eaubonner Dorfjugend ausgetragen wurden.

Mit der Zeit wurde Oswalds Französisch immer besser: Mit ihren Lehrern sangen die Kinder französische Volkslieder, und ab und zu durften sie sich im Kino in Eaubonne auch einen französischen Film anschauen. Ein paar der älteren Kinder, die schon fließend Französisch sprachen, wurden nicht von der OSE unterrichtet, sondern besuchten die reguläre Schule in Eaubonne. Der Schulbesuch dort verlief allerdings nicht konfliktfrei, weil die orthodoxen Kinder wegen der Schabbat-Ruhe samstags nicht in die Schule gingen. Einige der Lehrer stellten die Kinder jeden Montag aufs Neue zur Rede, warum sie am Samstag gefehlt hatten, was diese als ungerechte Schikane empfanden.[4]

Oswald lebte sich gut in Eaubonne ein, nur sonntags hatte er oft großes Heimweh. Der Tag galt als Besuchstag in den OSE-Heimen, und alle Kinder, die Verwandte in Frankreich hatten oder deren Eltern vielleicht sogar selbst als Flüchtlinge in Paris lebten, konnten einige Stunden mit ihren Familien verbringen. »Ich erinnere mich daran, sehr, sehr einsam gewesen zu sein, weil ich nie irgendwelchen Besuch bekam«, erzählte Arthur Jahrzehnte später. »Es gab Zeiten, wo ich weinen wollte, weil die anderen Kinder Besuch hatten und ich nicht.«[5]

Von seiner Familie erhielt der zehnjährige Oswald aufmunternde Briefe: Seine Eltern beteuerten immer wieder, dass es nur noch eine Frage der Zeit sei, bis sie alle gemeinsam nach Amerika auswandern könnten, und auch seine Cousine Gina, der inzwischen die Flucht nach England geglückt war, schrieb ihm regelmäßig: »Mein goldenes blondes Hascherl, Deine Cousine Gina hat dich nicht vergessen, auch wenn Du manchmal Heimweh hast, musst Du stark bleiben.«

* * *

Was die Kinder nicht wussten: Hinter den Kulissen tobte ein Machtkampf um die korrekte Führung der *Villa La Chesnaie*. Auf der einen Seite standen Ernst Papanek und die liberalen Förderer der OSE, auf der anderen Seite gläubige OSE-Funktionäre und die orthodoxe Gemeinde in Paris, die viele Aspekte von Papaneks progressiver Pädagogik kategorisch ablehnten. Besonderen Anstoß nahm die autoritäre orthodoxe Gemeinde an der gemeinsamen Erziehung von Mädchen und Jungen. Am liebsten hätten sie jeglichen Kontakt zwischen den Geschlechtern verboten; dass Mädchen und Jungen im selben Haus wohnten und gemeinsam unterrichtet wurden, war ihnen ein gehöriger Dorn im Auge. Der zehnjährige Oswald küsste einmal die siebenjährige Charlotte Bacharach auf die Wange – Vorfälle dieser Art waren es, die man gerne vermieden hätte.

Ernst Papanek wurde regelmäßig vorgeworfen, er nehme nicht genügend Rücksicht auf das Judentum. Von einigen OSE-Funktionären wurde er sogar abfällig als *Goi,* also als Ungläubiger, bezeichnet. Dabei respektierte Papanek den Glauben seiner Schützlinge durchaus. Er hatte als einer der Ersten erkannt, dass das Zusammenleben der liberal erzogenen und der orthodoxen Kinder zu Problemen führen würde und ein eigenes Heim eine gute Lösung wäre. Deswegen war er aber noch lange nicht bereit, sein modernes Erziehungsprogramm zu ändern. Man einigte sich schließlich darauf, die *Villa La Chesnaie* als »Heim für orthodoxe Kinder«, nicht aber als »orthodoxes Heim« zu führen.[6] Im Klartext hieß das: Papanek konnte alle pädagogischen Entscheidungen treffen, die Pariser orthodoxe Gemeinde durfte dafür aber einen Heimleiter bestimmen, der für die alltäglichen Belange und das Einhalten der religiösen Vorschriften zuständig war. Der Kompromiss stand von Anfang an auf wackligen Beinen, und immer wieder kam es zu Problemen – zum Beispiel als Helene Papanek während des Pessach-Festes einem kranken Mädchen gegen den Willen der orthodoxen Heimleiterin ein Aspirin verschrieb.[7]

Mit zeitlichem Abstand ist es interessant zu sehen, wie anders Ernst Papanek die orthodoxen Kinder im Vergleich zu seinen restlichen Zöglingen empfand: In seinen Beschreibungen der Heime hebt er die *Villa La Chesnaie* immer als Sonderfall hervor. »Papanek beschrieb die orthodoxen Kinder in seiner Autobiografie völlig falsch«, beschwerte sich Arthur deswegen bei mir. Und tatsächlich: Was Ernst Papanek in *Out of the Fire* über die orthodoxen Kinder schreibt, liest sich streckenweise wie der Bericht eines Entdeckungsreisenden, der etwas Exotisches beobachtet. Das führte nicht selten zu Missverständnissen.

Verwundert zeigte sich Papanek etwa über den Ausgang eines Fußballturniers: »Die Orthodoxen hatten, bevor sie nach Montmorency kamen, niemals Fußball gespielt. Und da wir in den anderen Mannschaften einige sehr gute Spieler hatten, erwarteten wir ihre Niederlage. Zu unser aller Erstaunen – außer vielleicht dem der orthodoxen Jungen selbst – beherrschten sie jedes Spiel und gewannen die Meisterschaft.«[8]

Papenek hatte den sportlichen Elan der Eaubonner jedoch völlig falsch eingeschätzt. Laut übereinstimmenden Beschreibungen rannten die Eaubonner Jungen in jeder freien Minute einem Ball nach. »Den ganzen Tag lang, von morgens bis abends spielten wir Fußball«, erzählte mir Norbert Rosenblum.

Von größerer Tragweite war ein Ereignis, das als »Revolte von Eaubonne« in die OSE-Annalen einging. Auslöser dafür war Anna Feigenbaum Krakowski, die am längsten dienende Heimleiterin der *Villa La Chesnaie* und eine umstrittene Persönlichkeit in der Geschichte der OSE-Heime. Ihr umfangreiches theoretisches Wissen über das Judentum brachte ihr große Bewunderung unter Rabbinern und dem orthodoxen Teil der OSE ein, gleichzeitig weiß man aber aus erhaltenen Briefen, dass sie aktiv versuchte, Papaneks Pädagogik zu unterlaufen.[9] Aufgrund der dürftigen Quellenlage lässt sich heute kein endgültiges Urteil treffen – aber vieles spricht dafür, dass Madame Krakowski es als ihre Aufgabe ansah, die weniger religiösen Kinder zu missionieren. Bei den allermeisten der jungen Flüchtlinge war Madame Krakowski äußerst unbeliebt, weil sie außerordentlich streng und autoritär war. Lediglich Oswald bildete hier eine Ausnahme. Er mochte sie gerne und behielt sie als streng, aber fair in Erinnerung.

Zurück zur Revolte, die sich am Abend nach einer Rosch-haschana-Feier ereignete. Die »Aufständischen« waren wütend, weil sie im Gegensatz zu ihren nicht-orthodoxen Freunden auf dem Fest nicht tanzen durften und früher heimgehen mussten. Ein paar überdrehte Jungen machten sich dann einen mitternächtlichen Spaß: Sie verkleideten sich mithilfe von Bettlaken und Taschenlampen als Gespenster und schlichen in den Mädchenschlafsaal, um ihre Heimkameradinnen zu erschrecken.

Was heute wie ein unschuldiger Streich klingt, war in dem orthodoxen Heim ein immenser Skandal, da er das Gebot der Geschlechtertrennung unterlief. Madame Krakowski war außer sich und verlangte drakonische Strafen. Laut Ernst Papanek verwüsteten daraufhin einige Kinder die Schlafräume ihrer Heimleiterin: »Ihre Tür war eingeschlagen worden, ihr Bett war auf den Kopf gestellt worden, ihre Möbel waren zertrümmert und ihre Kleider waren in Stücke gerissen«, schrieb er in seiner Autobiografie.[10]

Das einzige Problem dabei: Laut den heute erwachsenen Heimkindern fand diese Revolte nie statt.

Der am Streich beteiligte Ernst Valfer beteuerte, man hätte nichts weiter getan, als die Mädchen erschreckt. »Papanek hat völlig übertrieben«, erzählte er mir. »Es war auch gar nicht als Revolte gedacht. Wir zettelten das an, weil wir etwas Spaß haben wollten.« Auch Arthur erinnerte sich nicht an eine Rebellion gegen die Heimleiterin.

Ob es nun einen rebellischen Aufstand gab oder nicht – allein die verkleideten Jungen im Mädchenschlafsaal sorgten für heftige Unruhe innerhalb der OSE-Führung. Madame Krakowski wollte zur Strafe alle beteiligten Jungen aus dem Heim entlassen – ein Vorschlag, der Ernst Papanek zutiefst schockierte. Die traumatisierten und verfolgten Flüchtlinge wegzuschicken, das kam für ihn nicht infrage. Stattdessen entzog er den beteiligten Kindern ihre demokratischen Rechte in der Heimverwaltung, eine in seinen Augen angemessene Strafe. Krakowski und dem orthodoxen Kern der OSE ging dies allerdings nicht weit genug. Sie beharrten darauf, zumindest den Rädelsführer in ein anderes Heim zu verlegen. Laut eigener Aussage drohte Papanek mit seinem Rücktritt, wenn auch nur ein einziger Junge Eaubonne verlassen müsse.[11]

Die Lage beruhigte sich erst, als einige OSE-Vorstandsmitglieder nach Eaubonne kamen und mit eigenen Augen sahen, wie am Boden zerstört die Kinder über den Verlust ihrer demokratischen Rechte waren. »Die ganze Episode war ein wichtiger Moment in der Entwicklung der OSE-Heime und wirft ein helles Licht auf Ernst Papaneks Einstellung zur Meinungsfreiheit der Jugendlichen«, beurteilte Hanna Papanek den Vorfall Jahrzehnte später.[12] Madame Krakowski aber durfte ihren Posten als Heimleiterin behalten und änderte auch danach ihr Verhalten nicht. Bei den Kindern blieb sie unbeliebt.

* * *

Nach der Führung durch die *Villa La Chesnaie* verabschiedet Marie-Caroline Soavina die Besucher und beginnt den *grand salon* für eine Hochzeitsfeier vorzubereiten. Ich treffe mich noch mit ihrem Ehemann zu einem Gespräch in der gemütlichen Küche. Liv Soavina, ein Franzose mit madagassischen Wurzeln, hat das »kleine Schlösschen *Chesnaie*«, wie er es nennt, 1998 gekauft. Der erfolgreiche Ingenieur interessiert sich sehr für die Geschichte des Hauses und erzählt mir enthusiastisch von Besuchen ehemaliger *Kinder* – oder deren Nachfahren –, die von Zeit zu Zeit hier auftauchen. »Wir freuen uns immer, sie willkommen zu heißen«, sagt er mit einem Lächeln. Auch von meinem Besuch ist er begeistert und vergleicht mich mit Sherlock Holmes, der aus vielen kleinen Hinweisen die Geschichte von Arthur zusammensetzt.

Was Soavina über die OSE und das Heim in Eaubonne weiß, hat er von den ehemaligen Heimkindern erfahren oder sich im Lauf der Jahre angelesen. Die Vorbesitzer, Jacques und Valentine Dupont, die die Villa 1939 für ein Jahr an die OSE vermietet hatten, haben später nie darüber geredet. Mehrmals entschuldigt sich der 51-jährige Soavina, dass er mir nichts Spezifisches erzählen kann. »Ich habe leider nur allgemeine Informationen über die Mädchen und Jungen der OSE, aber nicht über einzelne Individuen«, beteuert er. Ein Irrtum, wie sich bald herausstellt.

»Oh, oh, hier, hier!«, ruft mir Soavina von seinem Laptop aus zu. Er durchsucht gerade sein E-Mail-Postfach nach Nachrichten von OSE-Kindern, mit denen er über die Jahre Kontakt hatte. Völlig überraschend entdeckt er dabei eine fast fünfzehn Jahre alte E-Mail von Arthur. »Es ist gut, wenn man nichts löscht«, lacht Soavina.

»Mein Name ist Arthur Kern, ursprünglich Oswald Kernberg«, begann Arthur seine E-Mail im November 2003. Über Umwege hatte er erfahren, dass die Soavinas versuchten, Kontakt mit Menschen aufzunehmen, die sich in ihrem Keller verewigt hatten. Zur Hilfe schickte Arthur ihnen eine Übersetzung der Vornamen: »Dudu ist Herman Bacharach, er ist bereits verstorben. Bep ist Ernst Valfer, er lebt heute in San Francisco«, erklärte er in der E-Mail. »Es sind die Namen der ältesten Jungen in *Chesnaie*. Ich selbst war in der mittleren Gruppe.«

Ich habe mit dem Schreiben dieses Buches zwei Jahre nach Arthurs Tod begonnen, und ich bedauere es sehr, dass er es nicht mehr erlebt hat. Ich kann Arthur nicht mehr mitten in der Nacht anrufen und ihm erzählen, dass ich einen Brief seiner Eltern an Ernst Papanek entdeckt habe. Ich kann ihn nicht fragen, wer die Leute sind, deren Namen an der Kellerwand stehen. Er wird dieses Buch nie lesen.

Und trotzdem schafft Arthur es immer wieder, mir auf unerwartete Art und Weise zu helfen – und sei es durch eine fünfzehn Jahre alte E-Mail, die ich völlig überraschend in einer gemütlichen Küche in einem französischen Herrenhaus entdecke.

Der Sommer 1939

Während sich die jungen Flüchtlinge in ihrem neuen Zuhause einlebten, kämpften die in Deutschland verbliebenen Juden mit wachsender Verzweiflung darum, selbst auszuwandern. Traurige Bekanntheit erlangte in diesem Zusammenhang die Irrfahrt der *St. Louis*, die im Mai und Juni 1939 die Weltpresse dominierte.[1] Der Luxusdampfer *St. Louis* der Hapag verließ Hamburg am 13. Mai mit dem Ziel Havanna – an Bord über neunhundert jüdische Flüchtlinge. Trotz gültiger Landeerlaubnis verweigerte die kubanische Regierung den Passagieren überraschend die Einreise. Als dann auch die amerikanische Küstenwache verhinderte, dass die *St. Louis* einen amerikanischen Hafen anlief, orderte die Hapag den Kapitän zurück. Hilfsorganisationen, allen voran der *Joint*, sandten Hilferufe in die ganze Welt, um die erzwungene Rückkehr der jüdischen Flüchtlinge ins nationalsozialistische Deutschland zu verhindern. Doch die Situation schien aussichtslos: Treibstoff und Trinkwasser wurden immer knapper, die Passagiere drohten mit Massenselbstmord. Im Geheimen plante der deutsche Kapitän Gustav Schröder, den Dampfer vor Großbritannien havarieren zu lassen, um eine Rettung seiner Passagiere ins sichere England zu erzwingen.[2]

In letzter Minute glückten jedoch die Verhandlungen des *Joints*, und die Regierungen von England, Belgien, Holland und Frankreich erklärten sich dazu bereit, je ein Viertel der Flüchtlinge aufzunehmen. Am 17. Juni 1939 – nach 33 Tagen Irrfahrt – dockte die *St. Louis* schließlich in Antwerpen an.

Ernst Papanek und seine Zöglinge verfolgten das Schicksal der *St. Louis* zunächst in ihren Unterrichtsstunden zum täglichen Weltgeschehen: Sie zeichneten die Strecke des Schiffes in einem Atlas nach, diskutierten die Politik des sozialistischen Kuba und lernten einige englische und spanische Wörter.[3] Doch sehr bald schon sollten die Kinder das Schicksal der *St. Louis*-Passagiere auf einer weit persönlicheren Ebene kennenlernen.

Aufnahmebedingung in allen vier Ländern war, dass die Flüchtlinge interniert wurden. Die Vorstellung, Kinder in Lagern einzusperren, behagte allerdings niemandem. Als Lösungsvorschlag boten Ernst Papanek und der OSE-Generalsekretär Lazare Gourwitch dem *Joint* an, eine größere Anzahl Kinder von der *St. Louis* aufzunehmen.

Unter den 227 Flüchtlingen, die von Frankreich aufgenommen wurden, befanden sich 43 Kinder. Davon übernahm die OSE 35, von den restlichen acht wollten sich die Eltern vorerst nicht trennen.[4] Papanek holte die Kinder persönlich ab und brachte sie nach Montmorency. Um ihnen den Abschied von ihren Eltern zu erleichtern, hatten Oswald und seine Freunde ihre Schokoladenrationen geopfert, damit Papanek diese im Zug an die Neuankömmlinge verteilen konnte. In Montmorency selbst wartete dann ein großes Willkommensfest. Die Kinder hatten sich ein ganzes Programm mit Liedern, Theaterstücken und Konzerten ausgedacht, das Motto des Tages hing auf einem Poster über dem Treppenhaus: »Vergesst die Vergangenheit und folgt uns in eine bessere Zukunft!« Höhepunkt war der Auftritt der Band aus der *Petite Colonie*: Eine Horde drei- und vierjähriger Kinder in karierten Schürzchen musizierte mit Trommeln, Flöten, Rasseln, Triangeln und einem Becken. Das Willkommenslied klang zwar etwas schief, aber das machten die kleinen Musiker mit ihrem Engagement mehr als wett.

Die Neuankömmlinge erhielten – wie konnte es anders sein – sofort einen Spitznamen. »Wir nannten sie ›Kubaner‹, weil sie aus Kuba kamen«, erzählte Arthur mir. »Es waren zwar alles deutsche oder österreichische Kinder, aber wir nannten sie Kubaner.«

Kindergartenkinder führen anlässlich der Ankunft der *St. Louis* ein Konzert auf.

Aus Platzgründen waren die Neuzugänge anfangs auf die *Helvetia* und *La Chesnaie* aufgeteilt, bis man *Les Tourelles* für sie öffnete. Der Großteil der Kinder kam aus gutbürgerlichen, gebildeten Familien, die zwar eine klare jüdische Identität hatten, sich aber an erster Stelle als Deutsche sahen. Die Verfolgungserfahrungen in Nazideutschland waren für sie daher laut Ernst Papanek ein größerer Schock gewesen als für die orthodoxen Kinder.[5] Die »Kubaner« lebten sich in Frankreich trotzdem schnell ein und übernahmen bald wichtige Rollen in der Mitverwaltung der Heime. Hans Windmüller zum Beispiel wurde mit großer Mehrheit zum Präsidenten des Schülerparlaments gewählt. Die Neuankömmlinge waren in der Regel auch etwas älter als die restlichen OSE-Zöglinge, wie sich ein Kind 1939 in einem Brief beschwerte: »Wir verloren zwei [Völkerball-Partien], da die Cubaner gegen uns wie Menschenfresser so gross und stark wirken und auch viel besser spielen. Sie sind sehr nett.«[6]

* * *

Bereits im Februar 1939 war Oswalds Vater Hermann von der nationalsozialistischen Gauleitung gezwungen worden, die Kontrolle über seine Fabrik abzugeben. Am 30. Juni 1939 wurde er endgültig gezwungen, sie zu verkaufen. Die Strick- und Wirkwarenfabrik befand sich seit zwei Generationen im Familienbesitz, nun wurde das Unternehmen »arisiert«.

»Die Veräußerung und Übertragung der Firma Goldfeld & Kernberg in Wien 19., Hardtgasse 32 an Sie wird gemäß Art. I. § 1 des Gesetzes vom 27. IV. 1938 [...] genehmigt«, teilte die Vermögensverkehrsstelle Dr. Zedlacher, einem Wiener Diplomkaufmann, mit. Als Kaufpreis für das erfolgreiche Unternehmen wurde der lächerlich niedrige Betrag von 4.000 Reichsmark vereinbart, doch selbst das wenige Geld erhielt Hermann Kernberg nicht. Der neue Besitzer musste nicht eine einzige Reichsmark an die Kernbergs zahlen, weil ein staatlicher Wirtschaftsprüfer eine angebliche »Unterdeckung«, somit eine Überschuldung des Unternehmens feststellte.

»Der Bilanzabschluss per 31. Dezember 1938 [endete] mit einem Vermögensschwund von ca. RM 10.000.–«, verteidigte Zedlacher die Nichtzahlung des Kaufpreises in einem Brief an die Zentralstelle für jüdische Auswanderung. »Die Judenbuße per ca RM 3.600.- und die Einkommensteuer per ca RM 1.100.– ist aus dem Geschäftsvermögen bezahlt worden. Mit Deutschem Gruss!«

Allem Anschein nach erzählten Oswalds Eltern ihrem Sohn allerdings nichts vom Verlust der Fabrik: Ihre häufigen Briefe blieben auch weiterhin optimistisch und voller liebevoller Aufmerksamkeiten.

* * *

»*Aux armes, citoyens. Formez vos bataillons. Marchons, marchons!*«

Aus Hunderten von Kinderkehlen tönte die »Marseillaise«, die französische Nationalhymne, über die Wiese vor der *Villa Helvetia*. Es war der 14. Juli 1939, und die OSE feierte den französischen

Nationalfeiertag mit einem großen Zirkus, der auch zahlreiche Besucher aus der näheren Umgebung und aus Paris anzog.[7] »Für den Zirkus haben wir uns alle verkleidet«, erinnerte sich Arthur mit breitem Lächeln. Die kleinsten Heimbewohner glänzten als edle Gesellschaft aus dem 19. Jahrhundert – Zylinder und Schultertücher inklusive. Unter den älteren gab es Clowns, Marienkäfer, Chinesen, Zwerge, Räuber, Cowboys, eine quirlige Mickey Mouse und sogar einen Fliegenpilz. Zwei Könige mit wallenden Umhängen und Kronen aus Pappe waren in einen erbitterten Schwertkampf verwickelt, fünf jugendliche Indianer posierten mit aufwendigem Federschmuck.

Kein Zirkus ohne Zirkuszelt: Groß und weiß stand es vor einem hohen Baum mit der bunten Aufschrift *Cirque Helvetia*, am Dach wehten einige französische Flaggen im Wind. Links neben dem Zelt stand ein Klavier in der Wiese, eine Lehrerin begleitete die Kinder bei ihren Aufführungen musikalisch.

Als Erstes führten ein paar stolpernde Clowns ein gigantisches Schwein in die Manege, in dem vier Kinder steckten (je eines pro Bein). Danach stellten die jungen Flüchtlinge ihren Unterricht in einem Sketch nach und schlüpften dabei in die Rolle von Schulmaterialien: Da gab es Hefte und Bücher aus Karton, bei denen unten ein paar Füße und oben ein kleiner Kopf hervorblitzten. Vier Kinder trugen längliche Kostüme, auf denen *crayon* stand, ihre spitzen Hüte zeigten die Farbe der Kreide an, die sie imitierten. Besonders auffallend war ein Junge, der x-beinig und mit silberfarbenem Papier umwickelt eine Schere darstellte.

Ein Höhepunkt waren auch diesmal wieder die Kleinsten aus der *Petite Colonie*, die mit ihrem »Tanz der aufgehenden Blüte« die Besucher verzückten. Ein Dutzend Mädchen im Vorschulalter in schulterfreien Leibchen, abstehenden Tutus und mit je einer Blume hinter dem Ohr hielt sich an den Händen und tanzte – den Blick nach oben gerichtet – eine sich öffnende und schließende Spirale, die in drei Kreisen eine Blume symbolisierte. Später gab es Jongleure, Seiltanzeinlagen und jede Menge Süßigkeiten.

Ein anderes Mal stand Gustav Papanek mit erhobenen Armen in der Mitte eines Sesselkreises, neben ihm eine Krankenschwester und auf einem Stuhl sitzend ein Kranker mit einem Paar Krücken – die älteren Kinder hatten zu einer Vorstellung von *Le Malade Imaginaire* – Molières Theaterstück »Der eingebildete Kranke« – auf Französisch eingeladen.

Ernst Papanek und die Kinder in den OSE-Heimen liebten es, Feste zu feiern. Jeder Geburtstag, jeder jüdische oder französische Feiertag wurde gebührend gewürdigt. Kinder, die neu im Heim eintrafen, Kinder, die in ein anderes Heim umzogen – der kleinste Anlass reichte aus, um Theaterstücke aufzuführen, Lieder zu singen und Kuchen zu essen. Das häufige Feiern von Festen war Teil von Papaneks positiver Erziehungsstrategie. »Die Welt war ein Festspiel«, erklärte er in seiner Autobiografie. Und wenn es gerade keinen passenden Feiertag gab, dann erfand man eben einen.[8]

Papanek wandte sich vehement gegen die Kritik eines Besuchers, der ihm vorwarf, mit all dem Singen und Tanzen sei die *Villa Helvetia* kein Kinderheim, sondern eine Strauß-Operette. Den traumatisierten Kindern stünde es zu, ihre Sorgen zu vergessen, hielt Papanek dagegen. »Sie waren zu uns als Fremde und voll Angst gekommen, und wir mussten sie wieder glücklich machen.«[9] Den Erfolg dieses Ansatzes belegt ein Artikel einer Pariser Emigrantenzeitung aus dem Juni 1939: »Das Sommerfest zeigte sie [die Kinder] in übermütiger Laune […] und ließ vermuten, dass es langsam gelingt, das Grauen der Vergangenheit aus ihren Seelen fortzuscheuchen.«[10]

Am 20. August 1939 fand eine ganz besondere Feier statt. Hunderte OSE-Zöglinge luden zu einer großen Überraschungsfeier anlässlich des Geburtstages ihres Direktors. Ein Eaubonner Mädchen erinnerte sich an den großen Tag: »Mit einem Freuderuf wurde er empfangen. Zuerst musste er sich auf einen geschmückten Sessel setzen und wurde dreimal hochgehoben und mittendurch wurde gesungen.«[11]

Ein Foto hat das freudige Ereignis für die Ewigkeit festgehalten: Ernst Papanek steht lachend vor den im Halbkreis versammelten

Kindern und streckt seine Hand dem Heimsprecher Hans Windmüller entgegen, der ihm einen großen Kuchen präsentiert. Papanek trägt wie üblich einen Anzug und wirkt in Kombination mit seiner Halbglatze wesentlich älter als die 39, die er an diesem Tag feiert. Oswald steht in der vorletzten Reihe, wie die restlichen Eaubonner trägt er eine Baskenmütze.

Es gab Kuchen, Süßigkeiten und Limonade, danach trugen einige Kinder ein selbst geschriebenes Gedicht zu Ehren von Ernst Papanek vor:

In Montmorency ist es lustig,
in Helvetia ist es schön,
ja, da kann man viel erleben,
ja, da kann man manches seh'n.

Hier ist Ernst der Herr Direktor
und der sorgt fürs ganz Haus
und er denkt sich für die Kinder
immer etwas Nettes aus.

Uns're Ärztin ist die Lene
und sie kennt sich sehr gut aus,
hat die kleine Zehe Bauchweh
tupft sie gleich mit Jod darauf. […]

Heute sind wir hier versammelt
um zu feiern dieses Mal
unser Ernst hat heut Geburtstag
gratuliert ihn zu dem Tag.

Böses können wir nicht verraten
Gutes nur hat er getan
darum lasst uns nicht mehr warten
hochleben soll der brave Mann. [12]

Die große Überraschungsparty für Ernst Papanek markierte das Ende der unbeschwerten Zeit im französischen Exil. Zwei Wochen später brach mit dem Angriff Deutschlands auf Polen der Zweite Weltkrieg aus.

Kriegsbeginn

»Hauruck!« Schwungvoll reichte Oswald seinem Freund Erich Grünebaum einen Sandsack und wischte sich anschließend den Schweiß von der Stirn. Mit einem weiteren »Hauruck!« gab Erich den Sack weiter. Ein paar Minuten später wurden die beiden von älteren Jungen abgelöst und an den Anfang der Menschenkette geschickt, um dort die Säcke mit Sand zu befüllen. Eine angemessenere Arbeit für zwei Zehnjährige. Die Sandsäcke wurden vor den Fenstern im Erdgeschoss der *Villa La Chesnaie* gestapelt, damit diese im Falle eines Bombenangriffes nicht zersplittern würden. Während sich die Jungen mit den Säcken abmühten, beklebten einige der Mädchen die zahlreichen Fenster in den oberen Geschossen mit Papier, um das ganze Gebäude zu verdunkeln. Andere nähten Gummibänder an Waschlappen, die im Fall eines Gasangriffes in eine von Helene Papanek präparierte Natriumlösung getaucht werden konnten und als behelfsmäßige Gasmasken dienen sollten.

Am 1. September 1939 hatte Adolf Hitler in einer Rede vor dem Reichstag erklärt: »Seit 5.45 Uhr wird jetzt zurückgeschossen!« Die Worte läuteten den Überfall auf Polen ein und markierten den Beginn des Zweiten Weltkriegs. Tags zuvor hatten deutsche Soldaten – verkleidet in polnischen Uniformen – einen Angriff auf einen deutschen Rundfunksender in Oberschlesien vorgetäuscht. Hitler inszenierte den Angriff auf Polen nun als Verteidigungshandlung. Die Kämpfe gingen als »Blitzkrieg« in die Geschichte ein: Innerhalb weniger Tage erreichte die Wehrmacht die polnische Hauptstadt.[1]

Seit Oswalds Ankunft in Frankreich waren gerade einmal sechs Monate vergangen. Das ruhige und behütete Leben der jüdischen Flüchtlingskinder war schlagartig vorbei. Frankreich und England hatten Polen im Falle eines deutschen Angriffes ihre Unterstützung zugesichert und stellten Hitler ein Ultimatum, sich wieder aus Polen zurückzuziehen. Die OSE-Heime in Montmorency und Eaubonne lagen nur fünfzehn Kilometer vom Pariser Stadtzentrum entfernt. Im Falle von Fliegerangriffen – mit denen auch schon vor dem offiziellen Kriegseintritt Frankreichs jeder rechnete – befanden sie sich in der Gefahrenzone.

Am 1. September 1939 besuchte Ernst Papanek nacheinander jedes der vier Heime. Als letztes kam er nach Eaubonne, wo sich die Kinder gerade wie an jedem Freitag für den Schabbat vorbereiteten. Für Papanek war absolute Ehrlichkeit gegenüber Kindern von zentraler Bedeutung, und so informierte er sie ohne Schönfärberei über den bevorstehenden Krieg. Um die verängstigten Kinder zu beruhigen, band Papanek sie aktiv in die Vorbereitung ihrer eigenen Verteidigung ein. »Es liegt immer eine Erleichterung in dem einfachen Wissen, dass man nicht hilflos dastehen und warten muss, bis einen das Schicksal überwältigt, sondern dass es möglich ist, etwas zu tun. Und noch größer ist die Erleichterung, wenn man physisch etwas tun kann«, schrieb er dazu nach Kriegsende.[2]

»Ringggggg, riiiingggg!« Der helle Ton der Schulglocke hallte über das Gelände, und alle Kinder hörten schlagartig auf zu arbeiten. Oswald griff nach Erichs Hand, und gemeinsam liefen sie zum Eingang der *Chesnaie*, bis sie von einer Erzieherin zur Ruhe ermahnt wurden und den Rest des Weges gemäßigter zurücklegten. Den ganzen Tag über gab es stündlich Probealarm, damit die Kinder üben konnten, von überall her – sei es von den Schlafsälen, den Schulzimmern oder aus dem Garten – den Weg in den Keller zu finden.

Der Weinkeller der *Chesnaie* wurde derweil hastig in einen Luftschutzkeller umgebaut: Die Erzieher und einige der älteren Jugendlichen kippten die Weinregale um und legten Matratzen darauf. Dann schleppten sie Wasser, Essensvorräte und Taschenlampen nach unten. »Der Keller war wie eine Festung gebaut, mit Rundbögen und dort sind wir hin«, erzählte mir Arthur später.

Bis in den späten Abend hinein dauerten die Vorbereitungen. Und tatsächlich: Gleich in der ersten Nacht wurden die Kinder auch wirklich aus den Betten geläutet! Ein Fehlalarm, wie sich später herausstellen sollte. Bei diesem ersten Fliegeralarm gingen die Kinder geordnet und ohne größere Schwierigkeiten in die Schutzräume und verhielten sich laut Ernst Papanek vorbildlich.[3] »Wir waren in einer Art *buddy system* organisiert«, erinnerte sich Arthur. »Während der Luftangriffe waren die älteren Kinder für die jüngeren Kinder verantwortlich. Und die jüngeren Kinder waren für die noch jüngeren verantwortlich. So wurde sichergestellt, dass bei den Luftangriffen niemand im Raum zurückbleibt.«[4]

Den ganzen Tag über waren die Kinder mit den Vorbereitungen so beschäftigt gewesen, dass sie erfolgreich ihre Gefühle verdrängen konnten. Nervosität und Angst setzten erst jetzt ein, als sie bei ihrem ersten Fliegeralarm im Luftschutzkeller nichts mehr zu tun hatten. Zur Ablenkung sangen die Erzieher gemeinsam mit den Kindern die »Marseillaise« und andere Lieder und erzählten ihnen Geschichten.

In solch unruhigen Zeiten war es wichtig, den Kindern Struktur zu geben, und so änderte die OSE trotz Kriegsbeginn die vertrauten, eingeübten Tagesabläufe nicht. Aufgestanden wurde weiterhin um sieben Uhr, auch wenn die Kinder die halbe Nacht im Keller verbracht hatten. Um ihnen das Gefühl von Hilflosigkeit zu nehmen, wurde jedem Kind eine spezielle Aufgabe während des Fliegeralarms übertragen – und sei es nur, das Licht auszuschalten. Eine besondere Verantwortung kam zwei älteren Jungen in Eaubonne zu, die bei jedem Tönen der Sirenen den Thora-Schrein öffneten und vorsichtig die kostbare Thora in den Keller trugen.

Am 3. September 1939, zwei Tage nach dem Angriff auf Polen, erklärten England und Frankreich dem Deutschen Reich offiziell den Krieg. Zu diesem Zeitpunkt lebten 330.000 Juden in Frankreich, 140.000 davon waren Ausländer, die erst kurz zuvor eingewandert waren.[5] Die jüdischen Flüchtlingskinder in den OSE-Heimen befanden sich in einer emotionalen Zwickmühle: Zwar versicherte Ernst Papanek ihnen, sie seien in Sicherheit, weil die Franzosen und Engländer für sie gegen Hitler kämpften – aber das minderte in keinster Weise ihre Angst um ihre in Deutschland verbliebenen Familien. »Frankreich war der Feind, gegen den unsere Väter gekämpft hatten, und jetzt waren wir hier und sie waren dort. Es war eine sehr verwirrende Zeit für uns deutsch-jüdische Flüchtlingskinder«, reflektierte Erich Grünebaum in seiner Autobiografie.

Die Kriegserklärung bedeutete europaweit den sofortigen Stopp aller Kindertransporte. Hunderte Kinder, die auf der Liste für die Einreise nach England standen, konnten Deutschland nun nicht mehr verlassen. In Frankreich nahm die OSE am 3. September allerdings noch ein letztes Mal eine größere Gruppe von Kindern auf: die Robinsoner.

Die Robinsoner waren Kinder von bereits aus Österreich und Deutschland geflüchteten Sozialisten. In Frankreich gründeten sie eine sozialistische Exiljugendgruppe, die im Sommer 1939 ein Ferienlager in den Pariser Vorort Le Plessis-Robinson veranstaltete – daher der Name Robinsoner. Auch Papaneks ältester Sohn Gustl und dessen spätere Ehefrau Hanna gehörten der Gruppe an. Nach der Kriegserklärung Frankreichs an Deutschland wurden die Kinder direkt aus ihrem Ferienlager mit Taxis nach Montmorency gefahren. »Punkt 5H, wo das Ultimatum [… an Deutschland] abgelaufen war, kamen wir dort an«, vermerkte die spätere Hanna Papanek in ihrem Tagebuch.[6]

Die Robinsoner unterschieden sich deutlich von den anderen OSE-Zöglingen: Zum einen war nur die Hälfte von ihnen jüdisch – zum ersten Mal kamen also Kinder in ein OSE-Heim, die keinerlei Verbindung zum Judentum hatten. Zum anderen und noch auffallender war das ausgeprägte politische Bewusstsein dieser Jugendlichen. Tatsächlich gab es wohl kaum geeignetere Bewohner für ein von Ernst Papanek geleitetes Heim. Erwachsene zu duzen, eine progressive Pädagogik, Gleichstellung von Jungen und Mädchen – all das kannten sie von daheim und aus ihren Jugendgruppen.[7]

Ihre erste Nacht in Montmorency verbrachten die Robinsoner gemeinsam mit ihren neuen Kameraden im Luftschutzkeller. In den Anfangstagen des Krieges gab es täglich Fliegeralarme, die sich allerdings allesamt als Fehlalarme herausstellten. Zu tatsächlichen Luftangriffen kam es 1939 noch nicht. Nach der ersten Aufregung und der Erfahrung, dass ihnen nichts Schlimmes passierte, gewöhnten sich die Kinder bald an die nächtlichen Alarme. Nun vertrieben sie sich die Zeit im Keller mit Lesen, Bridgespielen oder dem Einritzen ihrer Namen in die Wände der *Chesnaie*. Später legten sie sich einfach im Keller schlafen, bis sie wieder zurück in ihre Betten konnten.[8]

Relativ bald wurden die Fliegeralarme zur Gänze eingestellt. Deutschland und Frankreich befanden sich nun im sogenannten »Sitzkrieg« oder *drôle de guerre* – was wörtlich »komischer, seltsamer Krieg« heißt. Trotz landesweiter Mobilmachung und offiziellem Kriegszustand kam es fast sieben Monate lang zu keiner einzigen Kampfhandlung.[9]

Gekämpft wurde also vorerst nicht – aber trotzdem mussten im September elf männliche Mitarbeiter der OSE die Heime verlassen. Die Franzosen unter ihnen wurden zur Armee einberufen und die Emigranten verhaftet.[10] Deutsche und österreichische Männer zwischen 17 und 65 Jahren wurden in Frankreich als *étrangers indésirables* – »unerwünschte Ausländer« – interniert.[11] »Dabei wurde keine Rücksicht darauf genommen, ob die Männer jüdisch waren oder nicht«, betonte die OSE-Historikerin Katy Hazan bei unserem Gespräch in Paris. »Oder ob sie geflüchtete Gegner der Nationalsozialisten waren.«

Auch Ernst Papanek kam für einige Zeit in ein solches Fremdenlager. »Ernst wurde sehr schnell wieder von der OSE herausgeholt«, erzählte mir sein Sohn Gus; verlässliche Aufzeichnungen über die Länge seines Aufenthaltes gibt es allerdings keine. In seiner Abwesenheit leitete Helene Papanek das Heim, auch der Schülermitverwaltung kam nun ein noch größerer Stellenwert zu. Besonders die älteren Kinder halfen aktiv bei der Organisation des Alltags und beim Unterrichten ihrer jüngeren Kameraden.

Am 6. Oktober 1939 – nach nur fünf Wochen Kriegshandlungen – kapitulierte Polen. Zwei Wochen später, am 19. Oktober, feierte Oswald in Eaubonne seinen elften Geburtstag. Wie jedes OSE-Geburtstagskind bekam er einen Kuchen mit Kerzen zum Abendessen, und seine engsten Freunde überreichten ihm kleine Geschenke. Keine Geburtstagswünsche erhielt Oswald allerdings von seinen Eltern. Hermann und Frieda hatten ihren geliebten Sohn natürlich nicht vergessen, doch es war ihnen schlicht unmöglich, einen Brief zu schicken: Mit Kriegsbeginn war jeglicher Postverkehr zwischen den Kriegsparteien eingestellt worden. Eine gängige Redewendung in deutsch-jüdischen Familien der 1930er-Jahre lautete »aus Kindern wurden Briefe«, weil Briefe das Einzige waren, was die Eltern als Ersatz für ihre weggeschickten Kinder erhielten.[12] Nun blieben selbst diese Briefe aus.

Die Kinder reagierten mit Totenstille auf Ernst Papaneks Ankündigung, dass die Kommunikation zu ihren Eltern bis auf Weiteres unterbrochen sei. »Eine schreckliche, eisige Stille, die ich niemals vergessen werde«, erinnerte sich der Pädagoge noch Jahrzehnte später. Für viele der Kinder wog diese ultimative Trennung von ihren Familien wesentlich schwerer als die Angst vor Fliegerangriffen.[13]

Oswald selbst hatte Glück im Unglück. Über Verwandte und Bekannte im Ausland gelang es seinen Eltern, wieder Kontakt zu ihrem Sohn aufzunehmen. Eine erste Postkarte erreichte ihn Anfang November 1939 aus Italien von einer Sabine Eimer, einer Verwandten von Frieda Kernberg. Frau Eimer war auf dem Weg nach Amerika und schrieb Oswald aus Triest: »Deine Eltern waren bei unserer Abreise von Wien bei uns um sich zu verabschieden von uns und baten Dir Grüsse von ihnen zu übermitteln. – Sie sind beide und auch Dein Bruder gesund und sind bestrebt, so schnell als möglich aus Wien auszuwandern und sich mit Dir in einem neutralen Staat zu treffen und dann zusammen mit Dir nach Amerika zu fahren. – Deine l[ieben] Eltern sind seit Kriegsausbruch ohne Post von Dir und sind deshalb beunruhigt. Die l[ieben] Eltern von Dir hoffen aber, dass es Dir recht gut geht und wünschen Du sollst bald Gelegenheit haben zu Deinen l[ieben] Eltern zu kommen.«

Später leitete ein entfernter Verwandter in der neutralen Schweiz Briefe für Oswald – und auch für einige seiner Freunde – von und an die Eltern weiter. In einem der wenigen erhaltenen Briefe aus dem Jahr 1940 erkennt man Hermann Kernbergs Versuch, trotz der langen Trennung und großen Entfernung seine Rolle als Vater auszufüllen und Einfluss auf Oswalds Erziehung zu nehmen: »Statt immer schöner und besser zu schreiben, ist bei dir manchmal leider das Gegenteil zu konstatieren! Ich meine es ja lieb und gut mit dir u. gewöhne es dir an, alles sauber u. pedant rein zu machen. [...] Das Schreiben eines Briefes mit Bleistift ist gewissermaßen beleidigend. Also, mein goldenes Burli, du bist ja wegen dieser Aufklärung deines dich liebenden Papas nicht ungehalten und schreib nächstens schön sauber mit der Füllfeder.«

Im selben Brief findet sich auch eine seltene Nachricht von Fritz an seinen kleinen Bruder – in der Regel unterzeichnete Fritz die Briefe seiner Eltern nur ohne jeglichen Kommentar. »Ich freue mich daß es dir gut geht und du gesund bist«, schrieb Fritz an Oswald. »Ich beneide dich daß du dich in Freiheit so mit deinen Freunden gut unterhalten kannst, und wünsche dir viel Glück.«

»Ich habe damals nicht ganz verstanden, was mir mein Bruder damit sagen wollte«, gestand mir Arthur bei einem unserer Gespräche in Los Angeles. »Ich konnte mir nicht richtig vorstellen, was für ein Leben sie hatten, das viel schlimmer war als noch vor meiner Abreise aus Wien.«

Oswalds kindliches Unwissen zeigt sich auch in regelmäßigen Bitten an seine Eltern, ihm Kleidungsstücke oder Spielzeug nach Frankreich zu schicken. Als Erwachsener bereute Arthur diese

Briefe bitterlich: »Im Nachhinein erkannte ich, dass ich das nicht hätte tun sollen. Sie litten selbst an größter Not, aber natürlich wollten sie alles für ihr Kind tun. Und sie dachten wahrscheinlich, dass ich litt und dass es mir nicht gut ging – was zu dem Zeitpunkt wirklich nicht der Fall war.«[14]

Frieda und Hermann beschönigten ihre Lebensumstände allerdings in all ihren Briefen und bemühten sich, immer positiv zu klingen. Es ist also mehr als verständlich, dass der elfjährige Oswald die Situation seiner Eltern falsch einschätzte.

* * *

»Mit allem, was Ernst Papanek unternahm, um die Kinder vom Krieg abzulenken, hattet ihr da eigentlich Angst?«, frage ich Ernst Valfer, den ehemaligen Heimsprecher von Eaubonne, im Februar 2017.

»Ja und nein«, antwortet mir der 92-Jährige. »Wir hatten solche Angst, dass wir ausgeklügelte Abwehrmechanismen entwickelt haben. Wir sangen, wir spielten, wir machten Sport. Wir haben alles verdrängt. Ich glaube, sonst hätten wir es nicht ausgehalten.«

Ernst Valfer, dessen Spitznamen Bep sich auf der Kellerwand der *Villa La Chesnaie* findet, wurde später ein erfolgreicher Psychologe in Kalifornien. Wohl auch deswegen hat er sich sehr intensiv mit seinen Erfahrungen in Eaubonne auseinandergesetzt.

»Wir lebten, indem wir uns der Realität nicht stellten, sie nicht akzeptierten«, erklärt er in klaren, wohlüberlegten Sätzen. »Wir wussten von der deutschen Invasion Polens. Wir verfolgten den Finnisch-Russischen Krieg. Wir wussten all das, aber wir haben es nicht *wirklich* wahrgenommen.«

Die traumatischen Erfahrungen aus dieser Zeit der Angst und jene, die im Verlauf des Krieges noch hinzukommen sollten, hinterließen jedoch Narben in der Psyche der Heimkinder.

»Wir sind jeder auf seine Art damit umgegangen«, betont der geborene Frankfurter bei unserem Gespräch. »Ich war trotz allem ein guter Schüler und Student. Ich habe später promoviert und an der Universität geforscht, meine traumatischen Erfahrungen beeinträchtigten also nicht diesen Teil meines Lebens. Was sie beeinträchtigten, waren meine sozialen Fähigkeiten. Früher dachte ich immer, dass ich ein guter Mensch sei, aber nach Jahren Therapie – und da ich selbst Psychologe bin – weiß ich, dass es da einige Blockaden und Hindernisse in meinem Verständnis von mir selbst und in meinem Umgang mit anderen gab.« Nach einer kurzen Pause ergänzt Ernst Valfer: »Vielleicht wäre es anders gewesen, wenn wir älter gewesen wären.«

* * *

Nach den unruhigen Septemberwochen normalisierte sich das Leben in Montmorency und Eaubonne wieder. »Der Krieg ging weiter, aber wir hatten immer noch ein einigermaßen gutes Leben«, erzählte mir Arthur. Das Essen schmeckte zwar nicht mehr so gut wie vorher, doch es gab nach wie vor genug davon. Am Vormittag gingen die Kinder zur Schule, nachmittags spielten sie Fußball. Im Frühjahr 1940 wurden wieder ein großes Sportfest und ein Zirkus veranstaltet, bei dem es Schokolade und Eis für alle gab. Im März feierten die Kinder gemeinsam Purim, den einzigen jüdischen Festtag, an dem sich auch orthodoxe Juden verkleiden dürfen.

Der deutsch-französische Sitzkrieg dauert währenddessen weiter an. »Es kursierten alle möglichen Gerüchte«, erinnerte sich Arthur. »Jemand sah einen deutschen Fallschirmspringer. Wir hörten Gerede über eine fünfte Kolonne, über deutsche Spione.« In der angespannten Situation waren die jüdischen Kinder nun auch erstmals seit ihrer Flucht aus Nazideutschland wieder mit Rassismus und sogar Antisemitismus konfrontiert. »Die Einheimischen fingen an, uns *sales boches* (›dreckige Deutsche‹) oder *sales juifs* (›dreckige Juden‹) zu nennen«, sagte Arthur im Jahr 2010 in einem Interview mit einer Eaubonner Lokalzeitung.[15]

Am 10. Mai 1940 war es mit dem Sitzkrieg an der gut befestigten deutsch-französischen Grenze dann schlagartig vorbei. Die deutsche Wehrmacht marschierte in die neutralen Staaten Belgien, Luxemburg und die Niederlande ein, um Frankreich aus dem Norden angreifen zu können. Luxemburg fiel in nur einem einzigen Tag, die Niederlande kapitulieren am 15. Mai 1940, Belgien am 28. Mai. Am 10. Juni erklärte auch das faschistische Italien Frankreich den Krieg und griff über die Alpen her an.[16]

In Montmorency und Eaubonne gab es nun wieder Fliegeralarme und lange Nächte im Keller – diesmal aber fanden die Luftangriffe tatsächlich statt. Durch ihre Nähe zu Paris befanden sich die Bewohner der vier OSE-Heime in ständiger Lebensgefahr, in der Ferne konnten sie Kanonenfeuer hören, und einige Gebäude in ihrer näheren Umgebung wurden von Fliegerbomben getroffen.

Durch die vielen Fehlalarme zu Kriegsbeginn waren die Kinder einigermaßen auf die Situation vorbereitet, trotzdem wurde zur Steigerung der Moral in *Les Tourelles* ein Gesangsabend veranstaltet. Während die Wehrmacht unaufhaltsam näher rückte, sangen die jüdischen Flüchtlingskinder deutsche Klassik von Mozart und Schubert. Den Abschluss bildete Beethovens »Ode an die Freude«.[17]

Um ihre Zöglinge im Notfall beisammenzuhaben, nahm die OSE alle Kinder aus den öffentlichen Schulen und unterrichtete sie wieder gesammelt in den Heimen. Jedes Kind bekam ein Notfallpaket, das immer griffbereit neben dem Bett zu liegen hatte. Es beinhaltete einen Pyjama, eine Zahnbürste, einen Kamm, Schokolade und eine Gasmaske.[18]

Nach nur einem Monat marschierten die Deutschen am 14. Juni 1940 kampflos in Paris ein. Und trieben die Schützlinge der OSE damit erneut in die Flucht.

Flucht in den Süden

Nach dem Regen der letzten Tage strahlt mir die Sonne heute geradezu ins Gesicht. Es ist ein schöner Montag im September 2017, und ich genieße ein Frühstück in einer Pâtisserie im Marais, dem jüdischen Viertel von Paris. Während ich mein Croissant in die heiße Schokolade tauche, beobachte ich das geschäftige Treiben um mich herum – Mütter, die ihre Kinder von der Kuchentheke wegziehen, Straßenkünstler, die Touristen ein Ständchen vorspielen – und lasse die letzten Tage Revue passieren. Dann schreibe ich Postkarten an Arthurs Familie: Aufnahmen vom Eiffelturm für seine drei Söhne, ein Druck von Henri de Toulouse-Lautrec für seine Enkelin Rachel, die Grafikerin ist, eine Ansicht von Eaubonne für Arthurs Witwe Trudie.

Noch ist meine Spurensuche in Frankreich aber nicht abgeschlossen: Die nächste Station ist das nahe gelegene *Mémorial de la Shoah*, der zentrale Gedenkort für den Holocaust in Frankreich. Das *Mémorial* beherbergt mehrere Denkmäler, ein Forschungszentrum und ein 2005 eröffnetes Museum. Von außen fällt mir als Erstes das Denkmal für den unbekannten jüdischen Märtyrer auf, ein imposanter Steinkubus, der die angrenzenden Gebäude überragt. Unter dem Kubus befindet sich eine Krypta, in der Asche aus Vernichtungslagern wie Auschwitz und Treblinka sowie aus dem Warschauer Ghetto aufbewahrt wird – als stellvertretendes Grab für die sechs Millionen ermordeten Juden. In der Mitte des Raumes brennt eine ewige Flamme in einem Davidstern aus schwarzem Marmor, auf der Rückwand steht auf Hebräisch ein Zitat aus den alttestamentarischen Klageliedern Jeremias: »Schaut doch und seht, ob irgendein Schmerz sei wie mein Schmerz, der mich getroffen hat.«

Bevor ich das Museum selbst betrete, komme ich an zwei weiteren Denkmälern vorbei: Im Vorhof des *Mémorial* befindet sich die *Mur des Noms*, die Mauer der Namen. In weißen Marmor eingraviert stehen hier die Namen der 76.000 Juden (darunter 11.000 Kinder), die aus Frankreich deportiert wurden. Nur etwa 2.500 von ihnen sollten überleben.

An der Außenseite des Gebäudes befindet sich eine weitere Gedenkmauer: die *Mur des Justes* – die Mauer der Gerechten. Der Staat Israel hat bis heute über 26.500 Menschen, die Juden während des Holocausts das Leben retteten, den Ehrentitel »Gerechte unter den Völkern« verliehen.[1] Die Namen der fast viertausend französischen Gerechten sind auf der *Mur des Justes* in schwarzen Stein eingemeißelt und so für die Ewigkeit festgehalten.

Ernst Papanek, die Baroninnen Rothschild und Gunzbourg oder den OSE-Generalsekretär Lazare Gourwitch suche ich hier allerdings vergeblich. Für gläubige Juden gilt es als religiöse Pflicht, anderen Juden zu helfen. Taten wie die von Papanek und seinen Kollegen werden deswegen vom Staat Israel nicht extra geehrt, weil sie als selbstverständlich angesehen werden. Im Museum kommt die OSE dann aber verschiedentlich vor, zum Beispiel in einem eigenen Bereich über Kinderheime und die Rettung jüdischer Kinder.

Im Lauf der Jahre habe ich eine Vielzahl von Holocaust-Museen besichtigt – seit 2012 arbeite ich als Referentin in der KZ-Gedenkstätte Dachau sogar selbst in einem –, aber das *Mémorial de la Shoah* ist mit das beeindruckendste, das ich je besucht habe.

Ein Holocaust-Museum oder eine KZ-Gedenkstätte im »Täterland« Deutschland muss sich einer ganz anderen Art der Verantwortung stellen als jene in besetzten Ländern wie Frankreich. Oft ist es einfacher, an fremde Verbrechen zu erinnern als an eigene. Das *Mémorial de la Shoah* wählt aber gerade nicht diesen einfachen Weg, sondern geht sehr selbstkritisch mit der eigenen Geschichte um. Schwerpunkt des Museums ist deswegen nicht allein die Judenverfolgung im von Nationalsozialisten besetzten Frankreich, sondern auch jene im »freien« Süden des Landes, der als Vichy-Frankreich bekannt ist.

»Nach Jahren der Amnesie erkannte Frankreich schließlich 1995 die Verantwortung der Vichy-Regierung an und erleichterte so den Übergang von der Erinnerung zur Geschichte«, steht auf einer Schautafel am Anfang der Ausstellung. »Diese jüngste Geschichte, die uns so nah ist, fand in unserem Land statt, in unseren Dörfern, und führte auf tragische Weise bis hin zu den Vernichtungslagern in Polen, im Herzen Europas. Lasst uns diese Geschichte zu unserer eigenen machen, lasst uns leben mit und trotz dieses Verbrechens.«

* * *

Der Sommer 1940 in der französischen Hauptstadt war ungewöhnlich warm. Schon vor dem Fall von Paris setzte in Frankreich ein gigantischer Flüchtlingsstrom ein. Historiker schätzen, dass im Mai und Juni 1940 bis zu zehn Millionen Zivilisten vor der anrückenden deutschen Wehrmacht in den Süden Frankreichs flohen.[2]

Die deutsch-jüdischen Flüchtlingskinder in den OSE-Heimen waren besonders gefährdet, und eigentlich hätte man sie schon längst in Sicherheit bringen müssen – doch die französische Regierung weigerte sich monatelang, ihnen eine Reiseerlaubnis zu erteilen. »Die Behörden, die bereits eine strikte Nachrichtenzensur erlassen hatten, um zu verbergen, wie gravierend die Situation an der Front war, glaubten, dass sich eine Massenevakuierung von Kindern negativ auf die Moral der Bevölkerung auswirken würde«, vermerkte Ernst Papanek in seiner Autobiografie.[3] Einzig eine kleine Gruppe von unter Achtjährigen durfte schon im Frühjahr 1940 in neu eröffnete OSE-Heime in Zentralfrankreich reisen.

Am 6. Juni – nur acht Tage, bevor die deutsche Wehrmacht Paris erreichte – erhielt die OSE endlich eine Reiseerlaubnis für alle Kinder unter 15 Jahren. Die Frage war nur: Wohin? Die neuen Heime waren voll, Hotels und ähnliche Unterkünfte allesamt mit Flüchtlingen belegt.

Angeblich erinnerte sich Ernst Papanek in letzter Minute an ein Gespräch mit dem früheren Ministerpräsidenten Léon Blum, der ihm ein Jahr zuvor von einem Schloss erzählt hatte, das alle Voraussetzungen eines Evakuierungsortes erfüllte: das *Château de Montintin* bei Limoges. *Montintin* sei groß, stehe leer und habe einen Weinkeller, der bei Luftangriffen Schutz bieten würde, so Blum laut Papanek.[4]

Der Lokalhistoriker Michel Kiener, den ich im Herbst 2017 in Limoges treffe, sieht die Sache etwas anders. Die OSE hatte unweit von Limoges bereits 1939/40 drei Heime eröffnet und daher gewusst, welche passenden Gebäude in der Region leer standen. »Und sie wussten, falls es einen Notfall gab, dann könnten sie nach *Montintin* fliehen«, erzählt er mir.

Wer auch immer die Idee mit *Montintin* hatte, die OSE schickte Papanek jedenfalls kurz entschlossen nach Limoges, um das Schloss für die Kinder zu mieten. Limoges galt zu der Zeit als »rote Hauptstadt« Frankreichs und hatte eine lange sozialistische Tradition, was Papanek und die OSE-Führung als gutes Zeichen werteten.[5]

In Montmorency und Eaubonne setzten hastige Reisevorbereitungen ein: Die Erzieher packten Bettwäsche, Decken, Töpfe und Pfannen in Kisten, die Kinder sammelten alle ihre Besitztümer zusammen. In der Küche der *Villa La Chesnaie* beschmierte die Köchin Amalia Kanner hunderte Brote mit einem Gemüse-Ei-Aufstrich.[6]

Große Sorgen bereiteten Papanek die Eaubonner Kinder, weil er nicht sicher war, ob er ihnen in *Montintin* einen orthodoxen Lebensstil würde ermöglichen können. Schließlich erklärte sich das orthodox geführte OSE-Heim *Château de Morelle* in Broût-Vernet (in der Nähe von Vichy) bereit, 15 Kinder aufzunehmen. 15 Plätze waren allerdings nicht genug – und so standen die Eaubonner nach einem Jahr des Zusammenlebens wieder einmal vor einer Trennung.

Seinen demokratischen Prinzipien folgend, bat Papanek die Kinder, unter sich selbst auszumachen, wer von ihnen nach *Montintin* und wer nach *Morelle* käme. Die Kinder waren mit dieser Wahl völlig überfordert: ein orthodoxes Heim einerseits, Ernst Papanek und die Gemeinschaft der alten Freunde andererseits. Letztendlich wählte Papanek selbst die Kinder aus, die er für am religiösesten hielt, der Rest sollte nach *Montintin*.[7] Der elfjährige Oswald hatte interessanterweise kein Problem mit seiner Wahl, wohl weil er als einer der wenigen Madame Krakowski mochte und bei ihr bleiben wollte. Er folgte ihr nach *Montintin*.

Am 7. Juni 1940 reiste Papanek mit seiner Familie und einigen Erziehern voraus, um die Ankunft der Kinder vorzubereiten. *Château de Montintin* entpuppte sich als heruntergekommenes Schloss außerhalb des Dorfes Château-Chervix, dreißig Kilometer von Limoges entfernt – und zum Glück stand es tatsächlich leer. »Der Besitzer Jean-Louis de Neuville hatte *Montintin* wegen der Wälder gekauft, die es umgab«, erklärte mir die OSE-Historikerin Katy Hazan. »Das Schloss selbst war unbewohnt.«

In *Out of the Fire* beschreibt Ernst Papanek, wie er den in der Nähe wohnenden Jean-Louis de Neuville um sechs Uhr morgens aus dem Bett läutete, um ihm ein Mietangebot zu machen. Als dieser hörte, *Montintin* solle das Zuhause für jüdische Kinder werden, soll er zunächst abgelehnt haben. Dann bot ihm Papanek jedoch die unglaubliche Summe von 40.000 Francs (laut Papanek hätte man mit diesem Geld ein ganzes Schloss kaufen können), und er änderte seine Meinung. Innerhalb eines Tages räumte de Neuville all seine Besitztümer aus *Montintin* und hinterließ ein komplett leeres Gebäude. Nur der Billardtisch blieb zurück, weil er am Boden festmontiert war.[8]

In Paris verhandelte die OSE zur selben Zeit fieberhaft mit der Regierung, der Polizei und den Betreibern der Bahn, um in den überfüllten Flüchtlingszügen gen Süden einen Wagen für ihre Schützlinge zu bekommen.

* * *

Oswald rückte hin und her, seufzte, und versuchte, es sich auf dem kalten Steinboden gemütlich zu machen. In der Ferne schlug eine Glocke Mitternacht, irgendwo weinte ein Baby. Schon seit Stunden warteten die Kinder gemeinsam mit Hunderten anderen Flüchtlingen am Bahnsteig auf einen Zug, der nicht kam. Aneinander gekuschelt lagen sie auf Decken direkt neben dem Gleis, ihre kleinen Rucksäcke als Kissenersatz unter den Kopf geklemmt. Immer wieder vergewisserte Oswald sich tastend, dass seine teuersten Besitztümer noch in der Tasche waren, die Briefe und Fotos seiner Familie. Seinen Pass hatte er abgeben müssen, Madame Krakowski und ihre Kollegen verwahrten die Ausweisdokumente der Kinder gesammelt auf.

Mit einem Rütteln wurde Oswald geweckt. Der Zug war da! Und nicht nur das, auf einem Waggon hing tatsächlich ein Zettel mit der Aufschrift: *Seulement Pour Les Enfants* – »Nur für Kinder«.

»Dass so ein alter Zug überhaupt noch fahren kann«, murmelte Erich Grünebaum seinem Freund zu, als sie ins Abteil kletterten. Oswald nickte. Auch ausrangierte Wagen wurden für die Evakuierung der Pariser Bevölkerung eingesetzt, Hauptsache, sie hatten Räder und fielen nicht auseinander. Oswald ergatterte einen Sitzplatz auf einer Holzbank, für einen Großteil der Kinder blieb nur der Boden. Aber auch dort saßen sie noch relativ bequem im Vergleich zu einigen verzweifelten Parisern, die auf das Dach kletterten, da die Waggons im Inneren völlig überfüllt waren.

Die Bahnfahrt war nicht zu vergleichen mit der geregelten Reise von Wien nach Frankreich eineinviertel Jahre zuvor. Damals flohen die Kinder vor den zunehmenden Schikanen gegen die jüdische Bevölkerung, jetzt vor einer heranrückenden Armee. Diesmal war die Gefahr greifbarer und betraf nicht mehr nur eine kleine Minderheit: Gemeinsam mit Oswald und seinen Kameraden trieb es ganz Paris in den Süden: Nur ja weg, bevor die Deutschen kommen!

Die Reise zum *Château de Montintin* hinterließ großen Eindruck auf die Kinder. Arthur erinnerte sich auch noch Jahrzehnte später an die Details der Flucht: »Es war schrecklich. Die Züge waren komplett überfüllt. Auf der Straße konnte man die Auswirkungen des Krieges sehen, wir fuhren an bombardierten Städten vorbei. Es war das erste Mal, dass ich tote Menschen sah«, erzählte er mit starrem Gesicht. »Die Straßen waren voll mit Leuten, die nur irgendwie versuchten rauszukommen. Es war eine entsetzliche Erfahrung. Und natürlich gab es zu wenig zu essen – es war das erste Mal, dass wir Hunger litten.«[9]

Einen ganzen Tag lang waren die Kinder unterwegs – für eine Strecke, die heute in drei Stunden zu bewältigen ist. Immer wieder blieb der Zug stehen oder musste Umwege fahren, weil Gleise und Bahnhöfe von deutschen Fliegerbomben getroffen worden waren. Auf den Straßen sah es nicht besser aus: Autos fuhren neben Pferdewägen, Fahrrädern, handgezogenen Karren und sogar Kinderwägen.

Als mehr und mehr Flüchtlinge versuchten, in den Zug hinein zu kommen, warfen die Kinder – so wie andere Passagiere auch – einiges an Gepäck und Möbeln aus den Zugfenstern. Die meisten von ihnen kamen nur noch mit einem Sack voll Unterwäsche und einer Decke in Südfrankreich an.[10]

In vielen Details stimmen die Erzählungen der Kinder von der Flucht überein: völlig überfüllte Züge, Menschen, die auf dem Dach mitfuhren, ausgebombte Städte. In anderen Einzelheiten zeigt sich, dass das traumatische Erlebnis in der Rückschau schwerer dargestellt wurde, als es in Realität war. So dauerte die Reise der Kinder gut 24 Stunden, in Arthurs Erinnerungen waren sie aber fünf bis sechs Tage unterwegs.

Der OSE-Generalsekretär Lazare Gourwitch und der Rest des Vorstands harrten derweil in Paris aus, bis auch das allerletzte Kind Montmorency verlassen konnte.

Es war ja schon schwierig genug, Ausreisegenehmigungen für die Kinder zu erhalten, noch problematischer war es allerdings, Genehmigungen für erwachsene »feindliche« Ausländer zu bekommen. Schweren Herzens ließ die OSE einige Mitarbeiter wie die Köchin Amalia Kanner zurück, weil sie keine gültigen Papiere hatte und man im Fall einer Polizeikontrolle fürchtete, ihre Anwesenheit würde die Rettung der Kinder gefährden.[11] Amalia Kanner schaffte es später alleine nach *Montintin*, wo sie wieder mit ihren drei Töchtern zusammenkam.

Noch bedrohlicher war die Situation allerdings für die 23 Jugendlichen, die älter als 15 Jahre alt waren und deswegen offiziell als Erwachsene galten. Die OSE war schon kurz davor, alle Vorsicht außer Acht zu lassen und die Kinder illegal in den Süden zu schicken, als ihnen am 10. Juni 1940 – nur vier Tage bevor die Deutschen Paris erreichten – doch noch eine Ausreisegenehmigung erteilt wurde.

In einem Brief an Papanek beschrieb Gourwitch die Evakuierung der älteren Jugendlichen, die es nicht mehr auf einen Flüchtlingszug schafften: »Wir beschlossen, außerordentliche Maßnahmen zu ergreifen, […] 15 Kinder kamen in den Transportwagen; 4 nahm Mr. Pichon in sein Auto; 6 weitere, die stärksten, allesamt Jungen, machten sich zu Fuß auf den Weg. […] Es gab keinen anderen Weg, Paris zu verlassen.«[12]

Zum Zeitpunkt des Briefes, dem 14. Juni, waren einige Kinder noch immer auf den Straßen unterwegs. Aber die Flucht glückte. Schlussendlich fanden alle Kinder den Weg nach *Montintin*.

Château de Montintin

Die Kinder hielten das *Château de Montintin* bei ihrer Ankunft für eine mittelalterliche Ritterburg. Wie im Märchen stand das imposante Schloss auf einer Lichtung im Wald, umgeben von einem kleinen Dorf aus Wirtschaftsgebäuden, Bauernhöfen, Scheunen und Ställen. Das *Château* selbst protzte mit hohen Türmen, verwinkelten Wendeltreppen und einem Bankettsaal, wie man ihn sich für König Arthurs Tafelrunde vorstellen würde.

Jedoch: Innen waren die Räume komplett leer! »Als wir in *Montintin* ankamen, war das Schloss völlig kahl. Es gab nichts! Keine Möbel, kein Kochgeschirr, keine Betten«, erzählte mir Arthur. »Die ersten paar Wochen haben wir am Boden geschlafen.«

Die meisten der Kinder waren nur mit einem Sack voll Unterwäsche und einer Decke in Südfrankreich angekommen. Im großen, leeren Speisesaal breiteten sie ihre Decken auf dem Boden aus und kuschelten sich aneinander. Zum Glück war es Sommer, und so mussten sie auf dem Steinboden nicht allzu sehr frieren.

Wie Ernst Papanek befürchtet hatte, war es während der ersten Tage schwierig, die orthodoxen Speisegesetze einzuhalten. Lebensmittel waren in der Region knapp, und so mussten die Kinder anfangs nicht-koscheres Schweinefleisch essen. Oswald und die restlichen Eaubonner Kinder fügten sich in die Situation, wie sich Papanek erinnerte: »Wiederholt hatte ich ihnen erklärt, dass ich die Bibel gut genug kannte, um zu wissen, dass in einem Notstand der Genuss von Schweinefleisch erlaubt war und dass niemand leugnen konnte, dass wir uns in einem Notstand befanden.«[1]

Das *Château de Montintin* um 1940

Tische und Sessel gab es nicht, also mussten die jungen Flüchtlinge auf dem Boden essen. Auch Haushaltsgegenstände waren rar! Teller, Schüssel und Töpfe hatten sie während ihrer Flucht aus dem Zug geworfen, um weiteren Flüchtlingen Platz zu machen, Messer und Gabel hatte man in dem Chaos vergessen einzupacken. Ihre ersten Mahlzeiten aßen die Kinder mit den Fingern.

* * *

Das *Château de Montintin* lag in der unbesetzten Zone Frankreichs, oft auch als *zone libre* oder Vichy-Frankreich bezeichnet. Am 17. Juni 1940 wurde Philippe Pétain, ein gefeierter Kriegsheld des Ersten Weltkriegs und Veteran der Schlacht um Verdun, zum Staatschef der nach Vichy geflüchteten französischen Regierung ernannt. Am 22. Juni unterschrieb er einen Waffenstillstand mit Deutschland und Italien, der Frankreich in zwei Hälften teilte. Das selbst bald totalitäre Vichy-Regime kollaborierte von Anfang an mit Nazideutschland. In Artikel 19 des Waffenstillstandsabkommens verpflichtete sich die neue französische Regierung zum Beispiel, »alle in Frankreich [...] befindlichen Deutschen, die von der Deutschen Reichsregierung namhaft gemacht werden, auf Verlangen auszuliefern«. Im Klartext hieß das, dass die französische Polizei verfolgte Emigranten verhaftete und an die Gestapo auslieferte. Die deutschen Flüchtlinge waren somit auch in der *zone libre* nicht vor dem langen Arm der Nationalsozialisten sicher.[2]

Für die Kinder in den OSE-Heimen hatte dies dramatische Folgen: Ernst Papanek musste sie verlassen!

Nur eine Woche nach seiner Ankunft in *Montintin* wurde Papanek vom sozialistischen Bürgermeister von Limoges gewarnt, dass sein Name auf einer Verhaftungsliste stehe. Wenn er die Kinder beschützen wolle, müssten er und einige deutsche Erzieher mit Verbindungen zur sozialistischen Partei *Montintin* auf der Stelle verlassen.

Papanek spielte mit dem Gedanken, sich einfach in den Wäldern zu verstecken und die erste Aufregung abzuwarten. Doch dann traf eine Spezialeinheit der Gestapo in Limoges ein, und die Gefahr wurde zu groß. Schweren Herzens verließen die Papaneks und ein gutes Dutzend Erzieher die Flüchtlingskinder und machten sich auf den Weg in das zweihundert Kilometer entfernte Montauban, wo die Auslandsvertretung der österreichischen Sozialisten ihre Zelte aufgeschlagen hatte. Auch fast alle Robinsoner verließen *Montintin* und reisten mit ihren sozialistischen Eltern nach Montauban, wo sie auf eine Chance zur Weiteremigration hofften.

In seiner Autobiografie beschrieb Ernst Papanek den Abschied von seinen Schützlingen sehr emotional. Als er losfuhr, streckten die Kinder ihre Hände durch die offenen Fenster des Wagens und wollten ihn nicht loslassen. Viele fühlten sich betrogen, weil Papanek – ihr Beschützer und Lehrer, die große Konstante seit ihrer Flucht aus Deutschland – sie verließ.

»Denn obwohl die Kinder sehr wohl wussten, dass ich getötet werden könnte, wenn ich bliebe, drängte es sie doch zu der Frage, ob sie nicht getötet werden würden, weil ich ging«, erinnerte sich Papanek.[3] Und Oswalds guter Freund Norbert Rosenblum erklärte mir: »Es kursierten Gerüchte, dass Papanek abgehauen war und uns Kinder unserem eigenen Schicksal überließ!«

Auch für Ernst Papanek selbst war der Abschied äußerst schwer, er machte sich große Vorwürfe, die Kinder alleine zu lassen. Mit zwei Jahren Verzögerung ging es für ihn nun nach Amerika. Nachdem er sein ursprüngliches Visum 1939 hatte verfallen lassen, um bei den Kindern zu bleiben, erhielt er jetzt eines der begehrten *Emergency Visa.* Dieses spezielle Notfall-Visaprogramm war vom amerikanischen Präsidenten Franklin D. Roosevelt gegen den Willen seines eigenen *State Department* ins Leben gerufen worden, um bekannten und von der Gestapo gesuchten Exilpolitikern außerhalb der jährlich genehmigten Visaquote zu helfen. Die Visa wurden auf mehrere Hilfsorganisationen in Amerika aufgeteilt, Papanek ergatterte mit seiner Familie eines von nur 50 Visa der *American Federation of Labor.* Insgesamt wurden 3.000 Menschen für das *Emergency Visa*-Programm nominiert, von denen allerdings nur 1.000 ein Visum erhielten und nur 400 es schafften, auch tatsächlich in die Vereinigten Staaten einzureisen.[4] Ein klarer Hinweis auf Ernst Papaneks bedeutende Rolle, aber auch auf sein Glück.

Da die Vichy-Behörden sich weigerten, eine Ausreiseerlaubnis für die gesuchten Emigranten auszustellen, konnten die Papaneks das Land nicht auf legalem Weg verlassen. Stattdessen schmuggelte sie der französische Widerstand über die Pyrenäen nach Spanien und weiter nach Portugal – auf derselben Fluchtroute, die später Heinrich Mann, Franz Werfel und Lion Feuchtwanger nehmen sollten.[5]

Zuerst ging es mit dem Zug nach Marseille, um die amerikanischen Visa abzuholen, dann weiter in den Grenzort Cerbère. Nun stand der riskanteste und strapaziöseste Teil der Reise bevor: die Überquerung der Pyrenäen.[6] Für Reisende mit gültigen Papieren kein großes Problem, ermöglichte doch seit einigen Jahren ein Eisenbahntunnel die komfortable Einreise nach Spanien. Doch ohne ein gültiges Ausreisevisum durfte man den Zug nicht betreten.

Bei hochsommerlichen Temperaturen bestiegen die Papaneks gemeinsam mit ihren zwei Söhnen Gustav und Georg den *Coll de Rumpissar* (Rumpissa-Kogel), um dann auf möglichst schmalen Pfaden den Talabstieg in das spanische Örtchen Portbou zu wagen. Der Sozialist Ernst Papanek fühlte sich im faschistischen Franco-Spanien nicht sicher, doch die Familie schaffte es ohne größere Zwischenfälle bis nach Barcelona und von dort nach Madrid. Zwölf Tage nach ihrer Abreise aus Montauban erreichten die Papaneks schließlich das sichere Portugal, wo sie auf ein Schiff nach Amerika warteten.

* * *

Ende August 1940 lebten 105 Kinder im *Château de Montintin* – das nun nach und nach bewohnbar gemacht wurde.[7]

Glücklicherweise hatte Boris Ginodman, der Leiter der Tischlerei in Montmorency, es geschafft, in seinem Auto das Werkzeug in den Süden zu retten. Unter seiner Anleitung fällten die Jugendlichen Bäume aus den umliegenden Wäldern und richteten eine neue Werkstatt ein. »Die älteren Burschen und ich selbst – ich war der jüngste in der Gruppe – fingen an, Tische, Stühle, Bänke und Schränke zu bauen«, erzählte mir Arthur.

Nach zwei oder drei Monaten trieb die OSE dann irgendwo Betten auf, und die Kinder mussten nicht länger auf dem Boden schlafen. »Aber es waren keine Meisterwerke an Betten«, erinnerte sich Arthur lachend. »Es waren alte Eisenbetten mit Metallfedern.«

Mitte November, also fast ein halbes Jahr nach der Ankunft der Kinder, erreichten endlich die alten Möbel und sogar ein Klavier aus Montmorency das *Château de Montintin*. Das Klavier wurde in den Billardsaal im ersten Stock gestellt, wo es auch eine kleine Bibliothek gab. Die Kinder schliefen im zweiten Stock sowie im Turm, in dem außerdem das Nähzimmer der Mädchen untergebracht war. Die Lehrer und Erzieher lebten in den zahlreichen Nebengebäuden und Bauernhäusern, die zum Schloss gehörten.[8]

Ungefähr hundert Meter von *Montintin* entfernt steht bis heute ein Steinhaus: *La Chevrette.* Einige Wochen nach ihrer Flucht in den Süden zogen die rund 40 verbliebenen orthodoxen Kinder gemeinsam mit Madame Krakowski, ihrem Ehemann und Amalia Kanner, die schon in Eaubonne als Köchin gearbeitet hatte, in die *Chevrette.* Oswalds neues Zuhause hieß übersetzt »Zicklein« und war von Kastanienbäumen umgeben. Boris Ginodman hatte auch die Thora in seinem Auto gerettet, und so fanden in *La Chevrette* bald wieder Gottesdienste statt.

Zur Köchin Amalia Kanner entwickelte Oswald ein enges Verhältnis: »Sie war für mich fast so etwas wie eine Mutter«, beschrieb er sie mir Jahrzehnte später. Auch Kanner erwähnt Oswald namentlich in ihrer Autobiografie *Shattered Crystals* (»Zersplitterte Kristalle«) und erinnerte sich daran, wie er immer versuchte, ihr Essensreste abzuluchsen.[9]

Die orthodoxen Kinder wohnten also wieder vom Rest der OSE-Zöglinge getrennt, hatten aber wesentlich mehr Kontakt zu ihnen als noch in Eaubonne. Oswald und seine Freunde waren eigentlich nur zum Schlafen und Essen in der *Chevrette*, den Unterricht und ihre Freizeit verbrachten sie im Haupthaus. Wie schon in Eaubonne waren bei Weitem nicht alle Kinder in der *Chevrette* tatsächlich orthodox, Madame Krakowski leitete das Haus aber als solches.

In *Montintin* bemühten sich die Lehrer, rasch wieder einen geordneten Tagesablauf für ihre Schützlinge einzuführen. Vor dem Frühstück mussten die Kinder zwanzig Minuten lang Gymnastikübungen machen oder im Wald spazieren gehen. In alter Tradition erhielt auch der neue Sportlehrer einen Spitznamen, die Kinder nannten ihn Bel Ami, nach dem Helden im gleichnamigen Roman von Guy de Maupassant. Die Vormittage verbrachten die Kinder in den Werkstätten – die Mädchen nähten wieder, die Jungen tischlerten oder reparierten Schuhe –, nachmittags stand herkömmlicher Unterricht auf dem Programm.

Um die kleinen Flüchtlinge auf eine mögliche Weiteremigration vorzubereiten, lag der Fokus nun auf Sprachen (Französisch, Englisch, Spanisch), die orthodoxen Kinder lernten zusätzlich weiterhin Hebräisch. Gleichzeitig sorgte die OSE dafür, dass ihre Schützlinge mit der deutschen Kultur vertraut blieben – auch wenn diese lautstark dagegen protestierten, Goethes *Faust* auswendig lernen zu müssen.

Vor dem Abendessen schrieben die Kinder Briefe oder trieben sich in der pittoresken Umgebung des Schlosses herum. Die älteren Jugendlichen durften auch ins Zentrum des nahe gelegenen Dorfes Château-Chervix gehen, um Briefmarken oder andere Kleinigkeiten zu kaufen. Im Gegensatz zu ihrer Zeit in Montmorency mussten sie nun auch nicht mehr ständig Gasmasken mit sich tragen, was Spaziergänge erleichterte. Abends spielten die Kinder Domino, Monopoly oder Kartenspiele, die sie noch aus Deutschland kannten. Die Jungen liebten es außerdem, mit Dr. Hirschmann, Helene Papaneks Nachfolger als Heimarzt, Schach zu spielen.[10]

Wie schon in Montmorency waren die Kinder selbst dafür verantwortlich, ihre Zimmer zu putzen, und mussten auch bei der Instandhaltung des Schlosses und in den Gemüsegärten mithelfen. Zudem lernten alle Jungen und Mädchen stricken und Socken zu stopfen. Eines der wenigen Fotos von Oswald aus seiner Zeit in *Montintin* wurde im Dezember 1940 aufgenommen und zeigt ihn in einem dunklen Wollpullover mit Kragen und Reißverschluss. Zeit seines Lebens war er besonders stolz auf dieses Foto und erzählte mir jedes Mal, wenn wir es gemeinsam anschauten, dass er den Pullover selbst gestrickt hatte.

Die neue Direktorin von *Montintin* war Asta Imbert. Papanek hatte sie vor seiner Abreise noch persönlich zu seiner Nachfolgerin bestimmt, weil sie Französin, katholisch und unpolitisch war – und damit in seinen Augen die besten Chancen hatte, die Kinder in der aktuellen unruhigen politischen Lage zu beschützen. In seiner Autobiografie beschreibt er sie zwar als uninspirierte Lehrerin ohne jegliches Talent zur Führungsperson, er sah aber keine andere Wahl, da alle progressiven Erzieher Ausländer und damit von Verhaftung bedroht waren.[11]

Bei den Kindern war Asta Imbert beliebt: An Geburtstagen durfte sich zum Beispiel das Geburtstagskind ein oder zwei Briefmarken aus ihrer persönlichen Sammlung aussuchen, so auch Oswald, der vier Monate nach der Ankunft in Südfrankreich seinen zwölften Geburtstag feierte. Imbert heiratete später Herman Bodek, einen Wiener Professor und Deutschlehrer in *Montintin*, den die Kinder nicht mochten, weil er es war, der sie Schiller und Goethe auswendig lernen ließ.

Im Herbst wurden dann tatsächlich mehrere der OSE-Mitarbeiter in *Montintin* verhaftet und im Lager *Gurs* interniert, das als »Sammellager für Emigranten und politische Gefangene« diente.[12] In Ernst Papaneks Nachlass in der *New York Public Library* finde ich Briefe von Mädchen in *Montintin* an Hanna Kaiser, die als Robinsonerin das Heim verlassen hatte. Sie schildern die Vorgänge so: »Margot, Anni und dicke Käthe kamen aber leider nach Gurs und sind jetzt noch nicht zurück. [...] Was kann man anders machen als hoffen?«, schrieb etwa Dorli Löbel im Oktober 1940.[13] Einen Monat später hieß es bei Eva Unikower: »Die Gendarmen belästigten in den nächsten Wochen das Haus [...]; ein anderes Mal mussten alle Daten, Personalien von den deutschen und österreichischen Kindern aufgenommen werden und ein anders Mal mussten alle über 15 jährigen ihre Papiere zeigen.«

Wer unter den weiblichen Mitarbeiterinnen Kinder hatte, wie die Köchin Amalia Kanner, wurde bald wieder freigelassen, bei den anderen Frauen und den Männern dauerte es länger.[14] Ungefähr zeitgleich erließ die Vichy-Regierung ein sogenanntes »Judenstatut«, das erschreckende Ähnlichkeit mit deutschen Gesetzen zeigte: Juden mussten sich bei den Behörden registrieren lassen, kurz darauf setzte auch eine »Arisierung« der Wirtschaft ein. Gefährdet waren aber nicht nur die Erwachsenen, sondern auch alle Kinder über 16 Jahren. »Es gab immer das Problem, dass die französische Polizei kam und nach einigen der älteren Kinder suchte«, erinnerte sich Arthur an die bedrohliche Situation. »Die französische Polizei wusste, wo wir waren. Aber das Schloss lag abgelegen in den Wäldern, und einige der älteren Kinder konnten in den Wald flüchten, wenn die Polizei kam. Es war beängstigend.«

In diesen unruhigen Zeiten kam besonders Leo Brenner eine wichtige Rolle zu. Der Wiener Lehrer und angeheiratete Cousin von Ernst Papanek war schon in Montmorency ein Verfechter von Papaneks Pädagogik gewesen und übernahm in *Montintin* viel Verantwortung.

Brenner war kein Jude und fühlte sich – obwohl selbst ein Ausländer – im judenfeindlichen Vichy-Frankreich relativ sicher. Er organisierte zahlreiche Aktivitäten und Vorträge und führte Pfadfindergruppen in *Montintin* ein. Aufgeteilt in drei Altersgruppen gab es die Junghasen, die Pfadfinder und den *Club de Jeunesse* – den »Jugendclub«.

Auch die Schülermitverwaltung blieb bestehen. Welch einen hohen Stellenwert sie für die Kinder hatte, konnte ich in den detailreichen Beschreibungen der vielen unterschiedlichen Komitees in Briefen an abgereiste Freunde nachlesen. Erwähnt wurden etwa der Gruppenrat, der Heimrat und die Sportkomitees sowie eine Zeitungsredaktion, die das *Echo de Montintin* verfasste, eine Art Wandzeitung, die im Schloss ausgehängt wurde. Auch Oswald übernahm eine Funktion: »In ca. 6 Wochen soll wieder ein Sportfest sein. […] Felix der Affe, Dorli Löbl & Oswald Kernberg bilden die Disziplinenkommission«, schrieb Ernst Valfer an einen Freund.

* * *

»Mich fasziniert das sehr, wie das da im besetzten Frankreich weitergegangen ist«, gesteht mir die österreichische Historikerin Gerda Hofreiter bei einem Gespräch im Herbst 2017. »Wenn so ein Chaos ist und alles zusammenbricht, dass es da immer noch Leute gibt, die so viel Mumm und auch so viel Tatkraft haben, da noch irgendwelche Sachen zu schaffen und zu organisieren.«

Hofreiter, eine pensionierte Volksschullehrerin aus Tirol, begann erst mit 60 Jahren, Geschichte zu studieren. 2010 veröffentlichte sie *Allein in die Fremde*, das erste Buch, das sich speziell mit den Kindertransporten aus Österreich beschäftigt.

Hofreiter hat in ihrer Forschung die Kindertransporte nach Frankreich mit jenen nach England und Amerika verglichen. Die französischen hebt sie dabei als besonders gelungenes Beispiel hervor, weil die Kinder vor Kriegsausbruch »in den Heimen so eine glückliche Gemeinschaft gehabt haben«. Das war wegen der relativ geringen Anzahl an Kindern und durch besonders engagierte Pädagogen möglich, so Hofreiter.

Die deutschen und österreichischen Lehrer bei der OSE konnten außerdem dafür sorgen, dass die Kinder ihre Muttersprache nicht verlernten. »In England haben die meisten Kinder ja bald ihre Sprache weg gehabt, die kleineren überhaupt. Die haben dann nach dem Krieg mit den Eltern nicht mehr reden können, falls sie sie wiedergesehen haben.« Das Auswendiglernen von Goethe und Schiller hatte also durchaus seinen Sinn.

Ein weiterer Unterschied war, dass die OSE sich nach der Besetzung großer Teile Frankreichs auch um Kinder kümmerte, die nicht mit einem Kindertransport ins Land gekommen waren. »Es waren auch viele gestrandete Kinder in Frankreich«, erzählt mir Hofreiter.

Tatsächlich wuchs die Zahl der Kinder im *Château de Montintin* in kürzester Zeit stark. Die OSE nahm nach der deutschen Invasion in all ihren Heimen viele jüdische Flüchtlingskinder aus Belgien und den Niederlanden auf. Auch französische jüdische Kinder, deren mittellose Eltern sich nicht um sie kümmern konnten, fanden nun erstmals Zuflucht in OSE-Heimen. Ende 1940 betreute die OSE 1.600 Kinder unterschiedlichster Nationalitäten in elf Heimen. In *Montintin* gab es nun auch französisch sprechende Kinder, Deutsch war also nicht länger die alleinige Alltagssprache.[15]

»Es ist *vraiment* zum Kotzen«

Das *Château de Montintin* liegt in der Nähe der für ihr Porzellan berühmten Stadt Limoges. Anfangs habe ich einige Mühe herauszufinden, wem das Schloss heute gehört. Im Internet finde ich dazu auch nach längerer Recherche fast nichts. Zum Glück ist die örtliche Bevölkerung ungemein hilfsbereit: Durch die Bibliothekarin des Nachbarörtchens Château-Chervix erfahre ich schließlich, dass *Montintin* im Besitz der Adelsfamilie de Lamaze ist. Der Bürgermeister des Ortes bittet die Familie um Erlaubnis, ob ich das Schloss – das den Großteil des Jahres leer steht – besichtigen könne. Im Herbst 2017 lädt mich ihr Schlösserverwalter dann auf einen Besuch nach *Montintin* ein. Auch das ist großes Glück, wie ich später erfahre: »Ich bin nie dort gewesen «, erzählt mir der Lokalhistoriker Michel Kiener bei unserem Treffen. Kiener veröffentlichte 2006 ein Buch über *Montintin*, durfte das Schloss aber über ein Jahrzehnt lang nicht besichtigen.[1] Der Vorbesitzer erlaubte keine Historiker in seinem *Château*, erst seit Kurzem gehört das Schloss seinem Sohn und seinem Enkel, die sich mehr für die (auch jüdische) Geschichte des Gebäudes interessieren.

Mitte September 2017 reise ich nach Limoges. Der Schlösserverwalter der Lamazes sagt mir kurzfristig wegen eines wichtigen Termins ab, aber statt seiner würde mich der *gardien* Jean-Claude vom Bahnhof abholen und herumführen. Da *gardien* von »Aufseher« bis »Hausmeister« alles heißen kann, weiß ich nicht wirklich, was mich erwartet. Darauf jedenfalls war ich nicht vorbereitet: Jean-Claude entpuppt sich als echte Erscheinung. Der schwarze Mittvierziger empfängt mich im blau-karierten Dreiteiler mit roter Krawatte, rotem Einstecktuch, Siegelring und glänzend polierten Schuhen, die besser in einen Pariser Salon gepasst hätten als auf die matschigen Waldwege, durch die wir kurz darauf stapfen. Der Sohn kongolesischer Einwanderer ist gelernter Porzellanmaler, fuhr dann aber zwanzig Jahre lang Taxi in Paris, weil er in der Region keine Arbeit fand. Erst vor wenigen Monaten kehrte er nach Limoges zurück und betreut nun das Anwesen für die de Lamazes – als »*Director of Castle Montintin*«, wie er sich mir vorstellt. Jean-Claude und ich unterhalten uns in einem wilden Mix aus seinem gebrochenen Englisch und meinem bruchstückhaften Französisch.

Rund dreißig Minuten dauert die Fahrt vom Bahnhof zum Schloss in Jean-Claudes weißem Kastenwagen. Vorbei an grünen Wiesen und Bauernhäusern aus Stein, auf Straßen, die immer schmäler werden, je näher wir dem Schloss kommen.

Ernst Papanek und die Kinder beschrieben das *Château de Montintin* in ihren Erinnerungen immer als mittelalterliche Ritterburg, tatsächlich wurde es aber erst im 19. Jahrhundert erbaut. Der Fehler ist jedoch leicht nachzuvollziehen, denn das imposante Gebäude wirkt mit seinen für die Region typischen Natursteinmauern und den neogotischen Stilelementen tatsächlich wie eine Burg aus einem Märchen.

Im Vergleich zu dem imposanten *Château de Montintin* wirkt die *Villa Helvetia,* die ich ein paar Tage davor besucht habe, wie ein Reihenhaus. 25 Hektar Wald und zwei Seen gehören heute zu dem Anwesen von *Montintin.* Jean-Claude und ich brauchen ganze drei Stunden, um die unmittelbare Umgebung, die Nebengebäude und das Schloss mit seinen dreißig Zimmern einmal zu durchwandern. Ich komme während des gesamten Rundgangs nicht mehr aus dem Staunen heraus. »*C'est très jolie*«, sage ich immer und immer wieder, »es ist sehr hübsch«. »*C'est magnifique*«, antwortet Jean-Claude darauf, »es ist großartig«.

Nur zwei Türen führen in das Schloss hinein: ein kleiner Dienstboteneingang und das eigentliche Eingangstor, über dem das Familienwappen der Lamazes in Stein gemeißelt ist, ein Löwe unter drei Quadern. Auch im schmiedeeisernen Tor des Parks und im Weinkeller findet sich das Wappen und vermittelt den Eindruck, als würde die Familie hier seit Jahrhunderten leben. Tatsächlich kauften die Lamazes das Schloss aber erst in den 1990ern.

Innen kann man *Montintin* auf zwei Wegen erkunden: über die große Haupttreppe oder über verwinkelte Steintreppen, die den Dienstboten erlaubten, unbemerkt jedes Zimmer zu betreten. Wir wählen den Dienstbotenweg, um »heimlich« die Gemächer anzuschauen. Da gibt es das weiße Zimmer, das rote Zimmer, das Wolkenzimmer. Keines gleicht dem anderen. »Jedes Zimmer erzählt eine Geschichte«, schwärmt Jean-Claude. »Jedes hat eine eigene Persönlichkeit.«

Im Stiegenhaus steht eine Ritterrüstung, an den Wänden hängen Porträts von Vorfahren der Familie aus der Zeit der Russischen Revolution, nur ab und zu stört ein Fernseher oder die aktuelle Ausgabe einer Klatschzeitung das Gefühl, man wandle durch die Vergangenheit. »Die Zeit ist hier stehen geblieben«, meint Jean-Claude. Nach drei Monaten in *Montintin* kann er es immer noch nicht richtig glauben, dass er sein stressiges Leben im lauten Paris gegen ein idyllisches Schloss eingetauscht hat.

Jean-Claude bewohnt eines der vielen Nebengebäude. Nach unserem Rundgang zaubert er dort in Minutenschnelle ein Mittagessen aus Kotelett, Kartoffeln, Käse, Apfel-Tarte und Schoko-Éclairs. Während das Kotelett noch brutzelt und die Kartoffeln kochen, berichtet er mir von seinem problematischen Liebesleben. Fernbeziehungen sind auch für Schlossbewohner schwer.

So gut mir das *Château de Montintin* gefällt, noch schöner ist es, sich davor in die Sonne zu setzen und in die komplette Stille hineinzuhören. Mit dem angrenzenden Wald wirkt *Montintin* wie das reinste Paradies. Der perfekte Ort, um abgeschieden von der Welt ein Buch zu schreiben oder zu sich selbst zu finden.

Ich kann nicht anders, als mir zu denken, dass Oswald und die restlichen Flüchtlingskinder hier sehr glücklich hätten werden können, wenn sie nicht gerade im schlimmsten Moment ihres Lebens und nach einer nervenaufreibenden Flucht durch ganz Frankreich hierhergekommen wären.

* * *

Möbel und Besteck gab es jetzt, aber das Essen blieb ein großes Problem. Alle ehemaligen Heimkinder, mit denen ich gesprochen habe, berichteten, dass sie in *Montintin* immer hungrig waren. Fleisch bekamen die OSE-Schützlinge nur noch selten auf den Teller und wenn, dann nur ein kleines Stück. Selbst Kartoffeln gab es im hungergeplagten Südfrankreich kaum noch. Das Hauptnahrungsmittel in *Montintin* war Topinambur, ein unter Gourmets heute hoch geschätztes Gemüse, das zu jener Zeit als Schweinefutter angebaut wurde. Amalia Kanner, die Köchin in der orthodox geführten *La Chevrette*, briet ihn, machte Suppe oder Püree daraus – jedes nur erdenkliche Gericht wurde aus Topinambur gekocht. Doch was auch immer sie versuchte, das »Tierfutter« war bei den Kindern so verhasst, dass sie es trotz großen Hungers nicht aufessen wollten.[2] Das leidige Gemüse hat sich tief ins Gedächtnis der Kinder eingebrannt: Egal wie oft ich im Lauf der Jahre mit Arthur oder seinen Freunden über ihre Zeit in Frankreich sprach, jedes einzelne Mal landeten wir wieder beim Topinambur. »Wir aßen sehr, sehr viel Topinambur«, erzählte mir Arthur gleichzeitig mit einem Stöhnen und einem Lachen.

Kanner und ihre Kolleginnen versuchten alles Mögliche, um die Speisekarte kreativ aufzubessern: Die Kinder wurden zum Beeren-, Pilze- und Kastaniensammeln geschickt und legten einen Gemüsegarten an. Auch zum Milchkaufen wurden die Kinder geschickt – weil sie am wenigsten Aufmerksamkeit erregten. Milch war streng rationiert, aber die Bauern in der Region verkauften sie in kleinen Mengen illegal an das OSE-Heim. Damit alles möglichst unschuldig wirkte, mussten jeden Tag zwei Jungen sehr früh aufstehen und abwechselnd bei unterschiedlichen Bauern Milch kaufen.

»Wir mussten immer zu zweit mit unseren Milchkannen auf einem Fahrrad zu den Bauern fahren«, erklärte mir Arthur. Nur ein einziger Junge in *Montintin* besaß ein Fahrrad, das sein heiligster Besitz war. Um es nicht aufgeben zu müssen, war er sogar von Montmorency nach Südfrankreich geradelt. Trotz seines lautstarken Protests konfiszierte die Heimleitung jeden Morgen das Rad für den Milchkauf. Mit einer Taschenlampe ausgestattet, radelten die Kinder im Dunkeln über schlecht befestigte Waldwege – ein großes Abenteuer für die Jungen. »Wir stritten uns immer darum, weil wir alle mit dem Rad fahren wollten«, erzählte mir Oswalds Freund Norbert Rosenblum.

Ab und zu wurde Oswald auch von Amalia Kanner zum Brotkaufen geschickt – und kam jedes Mal mit überraschend leichten Baguettes zurück: Von außen wirkte das Brot normal, aber innen hatte er es aus Hunger ausgehöhlt. In *Montintin* litten viele der Kinder an den Folgen von Mangelernährung. Durchfall war weitverbreitet, weil die jungen Flüchtlinge alles aßen, was sie in der Natur fanden und für essbar hielten. Die jüngeren Kinder reagierten auf die psychische Belastung außerdem oft mit Bettnässen.

Dennoch hatte sich der Alltag in *Montintin* nach wenigen Wochen eingependelt. Wichtige Maximen von Ernst Papaneks Pädagogik wurden auch ohne ihn aufrechterhalten – etwa die Schülermitverwaltung und der handwerkliche Unterricht. Doch im Lehrkörper brodelte es. Wegen des häufigen Personalwechsels gab es nur wenig Zusammenhalt unter den Mitarbeitern. Die neue Direktorin Asta Imbert, die als sehr eigensinnig und wenig kooperativ beschrieben wird, schien nicht in der Lage zu sein, dies zu ändern.[3]

Der Rest der alten Papanek-Garde zeichnete in verzweifelt klingenden Briefen an die Familie Papanek ein düsteres Bild von den Zuständen im Heim. Bereits im Juli 1940 – einen Monat nach Papaneks Abreise – beschwerte sich Margot Cohn, die frühere Direktorin der *Villa Helvetia*, über die »unfähigen« Mitarbeiter in *Montintin*, die keinerlei pädagogische Fähigkeiten hätten. »Ich hätte dauernd heulen mögen: Unsere Aufbau- u. Erziehungsarbeit von mehr als 1 1/2 Jahren war vergessen«, klagte Cohn.[4]

Leo Brenner schrieb Ernst Papanek Anfang März 1941, er habe Angst, Papanek würde »graue Haare kriegen«, sollte er erfahren, was hier los ist. Besonders Imbert, die sich weigere, mit den Erziehern zusammenzuarbeiten, kritisierte Brenner scharf: »Asta ist eine nette Person, eine ausgezeichnete Lehrerin, eine unmögliche Direktorin. Sie hat weder pädagogisch, noch organisatorisch die Fähigkeiten, die zur Führung eines Kinderheimes notwendig sind.«

Zudem erwähnte Brenner »Intriganten und »bösartige« Charaktere: Einer der Werkstättenleiter »prügelt seine ›Lehrlinge‹ mit Händen und Füßen, in der *Chevrette* bestraft man mit Essensentzug, es ist fürchterlich.« Außerdem sei es zu Machtkämpfen gekommen, so Brenner: »Jeder arbeitet gegen jeden, man intrigiert von hinten und von vorne, nie ist man sozusagen seines Lebens sicher. Es ist *vraiment* zum Kotzen.«

Da viele liberale Erzieher gemeinsam mit Ernst Papanek geflüchtet waren, vergrößerte sich auch der Einfluss von Madame Krakowski, der orthodoxen Direktorin der *Chevrette*. Für die OSE-Führung war die progressive Pädagogik stets ein Steckenpferd Papaneks gewesen, jüdische Traditionen aber gehörten zur OSE und wurden immer hochgehalten – unabhängig davon, wer das Heim leitete. Krakowskis Autorität zeigte sich besonders daran, dass in *Montintin* der Umgang von Jungen und Mädchen viel strenger geregelt wurde als noch in Montmorency. Wenn ein Junge und ein Mädchen zu nah beieinander standen, wurden sie bestraft. Es gab sogar Überlegungen, alle Mädchen in ein anderes Heim zu schicken, um das »Problem« so aus der Welt zu schaffen.

Je älter die jungen Flüchtlinge wurden, desto mehr stieg natürlich auch ihr Interesse am anderen Geschlecht. Oswalds Freund Erich Grünebaum beschrieb »Romanzen«, die zwischen den älteren Jugendlichen aufblühten: »Warum sonst würden junge Männer freiwillig in den Wald gehen, um Brennholz für die Mädchenzimmer zu sammeln?«

Laut Ernst Valfer, einem der ältesten Jugendlichen in *Montintin*, war der Großteil der Kinder allerdings »viel zu unreif« für solche Beziehungen. Er erinnert sich in all seiner Zeit nur an ein einziges Pärchen – das unglücklicherweise von Madame Krakowski beim Küssen erwischt wurde. 1941 machte Krakowski dann ihre Drohung wahr und schickte alle älteren Mädchen in das OSE-Heim *Mas-Jambost* am Stadtrand von Limoges, das religiös geführt wurde.

In Anbetracht all dieser Veränderungen kommt die Soziologin Hanna Papanek Jahrzehnte später zu dem Schluss: »In den OSE-Heimen hing die fortschrittliche pädagogische Praxis Ernst Papaneks und seiner Kollegen von ihrer Anwesenheit ab. Sobald sie fortgingen, war es damit zu Ende.«[5]

Optimistischer äußerte sich Käthe Bodek – die »dünne Käthe« – in einem Brief an die Papaneks im Frühjahr 1941: »Manche sagen schade um die Arbeit, die Ernst geleistet hat und ich sage: nur wegen der großartigen Vorarbeit geht es unseren Kindern verhältnismäßig noch ganz gut. Wir sind in unserer Gemeinschaft nicht klein zu kriegen.«

Die Kinder selbst wussten in der Regel nichts von den Konflikten im Lehrkörper. Mit einer Ausnahme: Ernst Valfer. »In *Montintin* gab es eine Spaltung zwischen zwei Fraktionen der Erwachsenen«, erzählte mir der heute 92-Jährige. »Ich hatte eine klare Meinung dazu und weil ich idealistisch und sehr naiv war, stellte ich mich als Schülerpräsident der *Chevrette* offen auf die Seite der liberaleren Gruppe, die schließlich den Kampf verlor. Die siegreiche Seite wurde von der französischen *directrice* Asta Imbert und ihrem Liebhaber Herman Bodek angeführt. Nach der Niederlage der liberalen Pädagogengruppe nahm mich dieser Liebhaber zur Seite und sagte mir, wenn ich mich jemals wieder in die Angelegenheiten der Erwachsenen einmischen würde, dann würde er mich den Deutschen übergeben. Nicht der französischen Polizei – den Deutschen!«

Erst am Tag vor Valfers Abreise nach Amerika entschuldigte sich Bodek. »Er bat mich, mit ihm einen Spaziergang zu machen«, erzählte mir Valfer. »Er gab mir dann einen kleinen gelben Zettel, auf den er ein Zitat eines griechischen Philosophen geschrieben hatte: ›Nur durch Schmerzen kann der Mensch erzogen werden.‹ Und er versuchte, Frieden mit mir zu schließen, und sagte, er erkenne, dass es eine schwierige Situation war, aber er hoffe, dass ich etwas gelernt habe, was mir im Rest meines Lebens helfen würde.«

Doch wie erwähnt: Außer Ernst Valfer bekamen die Kinder nichts von den Konflikten zwischen den OSE-Mitarbeitern mit oder kümmerten sich zumindest nicht darum. Das viel bedeutendere Thema in ihren Briefen und Erinnerungen war das schlechte oder fehlende Essen. Die OSE hatte zu der Zeit große finanzielle Schwierigkeiten. Das Problem war schlicht, internationale Spendengelder nach Frankreich zu bringen. In Südfrankreich akzeptierten die Banken zum Beispiel keine britischen Schecks mehr, weil sie Angst hatten, das Land würde als nächstes an die Deutschen fallen.[6] Fast das gesamte OSE-Budget wurde 1940 und 1941 vom amerikanischen *Joint* bestritten, aber auch amerikanische Gelder konnten nicht direkt nach Frankreich überwiesen werden, sondern mussten über die Schweiz oder Portugal zur OSE geschleust werden. In einem ihrer Bücher beschreibt Katy Hazan die oft abenteuerlichen Transaktionen: So schmuggelten OSE-Mitarbeiter Gold in einem Auto mit falschem Boden oder versteckten Banknoten unter einem Fahrradsitz.[7] Auch die Familie Gunzbourg unterstützte die OSE weiterhin finanziell, es dauerte freilich oft Monate, bis das Geld die Heime erreichte. Die Rettung für die Kinder in *Montintin* waren die Bauern der Region, die der OSE monatelang Lebensmittel auf Kredit verkauften – und das trotz der Heerschar von hungrigen Flüchtlingen im Süden Frankreichs.

Auch die hygienischen Zustände waren sehr schlecht, es fehlte an Zahnpasta, Zahnbürsten und Pyjamas. Viele Kinder hatten kein richtiges Schuhwerk mehr und mussten stattdessen Holzpantoffeln tragen. *Montintin* hatte außerdem keine richtige Heizung, sondern wurde durch Holzöfen geheizt. Zum Glück war Brennholz aber kein Problem, da das Schloss von Bäumen umgeben war. Es war die Aufgabe der älteren Jungen, Holz zu hacken.

Montintin war von dichten Wäldern umgeben und lag sehr abgeschieden. Trotzdem war es kein Ghetto, betont der Historiker Michel Kiener. Viel Hilfspersonal kam aus der Umgebung, darunter einige Köchinnen, die selbst nicht viel älter als die Heimkinder waren.[8] Dennoch hatte die OSE Angst, dass die Kinder unter Isolation leiden könnten, und veranstaltete »Olympiaden«, sportliche Wettkämpfe zwischen den elf OSE-Heimen im unbesetzten Frankreich.[9] Staffellauf und Speerwurf standen auf dem Programm, Oswald war wie erwähnt in der Disziplinenkommission.

Auch ihren Hang zum Festefeiern behielt die OSE in *Montintin* bei. Die Feste waren nicht mehr so pompös wie noch im Jahr zuvor, aber für die Moral wichtiger denn je. In einem Brief an Ernst Papanek berichtete Leo Brenner im Dezember 1940: »Nach einer ziemlich angespannten Zeit […] haben wir Ferien, bereiten eine Hanukafeier für den 30. und eine Silvesterfeier für den 31. vor. Die größeren Kinder beteiligen sich lebhaftest an den nicht sehr kostbar sein dürfenden Vorbereitungen – für Hanuka hat die OSE dem Heim 200 fcs zur Verfügung gestellt. Aber es wird gut und lustig werden, und das ist die Hauptsache.«

Für Chanukka fertigten die Tischlerlehrlinge eine Chanukkia (einen achtarmigen Chanukkaleuchter) aus Kastanienholz an, für das Laubhüttenfest Sukkoth bauten sie eine große Sukka (Laubhütte). Madame Krakowskis Ehemann leitete die Gottesdienste an Rosch ha-Schana und Jom Kippur, den höchsten Feiertagen im jüdischen Kalender.[10] Am französischen Nationalfeiertag sangen die Kinder wieder die »Marseillaise«, und auch gedichtet wurde nach wie vor fleißig. Zur Silvesterfeier 1941 fabrizierten die Kinder ein Lied über ihr Heim, das zu bekannten Melodien wie »Frère Jacques« und »Alle meine Entchen« gesungen wurde:

Im Montintiner Heime,
Da ist es sehr famos.
Doch wisst ihr auch das eine?
Es gibt nur zwei Klos.

Und muss man einmal rennen,
Dann ist es schon zu spät.
Ja, da kann man wirklich flennen,
Wenn schon einer vorne steht.[11]

Zusätzlich zu den verschiedenen Feiertagen fand jeden Samstag ein Tanzabend im Schloss statt. Ein paar Jungen spielten Klavier, Akkordeon und Saxofon, wenn sie müde wurden, gab es ein altes Grammophon, das Musik lieferte.

Oswalds Freundeskreis, eine Clique von elf- und zwölfjährigen Rabauken, verbrachte viel Zeit im Freien und damit, verrückte Geschäftsideen auszuhecken. »Einige der Bauernhöfe hatten Obstbäume mit Äpfel und Kirschen«, erinnerte sich Arthur später. »Einige von uns haben sich mit den Bauern angefreundet und ein bisschen am Hof geholfen. Ich durfte mit den Hasen spielen, die auf einem der Höfe gezüchtet wurden. Und einer meiner Zimmergenossen fand ein kleines Stachelschwein, das schnell unser Haustier wurde.«

* * *

In der *Chevrette* war es komplett still. Oswald und seine Freunde lagen in ihrem Sechserzimmer und schliefen. In der Ecke schnarchte ein Junge, sonst hörte man kein Geräusch. Und plötzlich: eine laute Explosion! Glassplitter flogen durch die Luft! Oswald wachte augenblicklich auf und versuchte sich in dem Chaos zu orientieren. Was war passiert?

»Eine Gruppe von uns wollte Wein machen«, erklärte Arthur Jahrzehnte später. »Wir unternahmen mehrere illegale Mitternachtsraubzüge zu den Apfelbäumen der Bauern, und verschiedene Teams pressten dann die Äpfel durch eine kleine Handpresse und füllten den Saft in Gläser.« Die Äpfel fermentierten gut zwei Wochen vor sich hin, und die Jungen feierten schon still ihren Erfolg – bis die Gläser aufgrund der Gärung mit einem lauten Knall explodierten und der Apfelmatsch sich in ihrem gesamten Zimmer verteilte.

Eine andere Unternehmung zeigt, wie intensiv sich die Kinder mit ihrer (ungewissen) Zukunft beschäftigten. »Wir waren davon überzeugt, dass wir schlussendlich alle die Vereinigten Staaten erreichen würden, das Land, in dem Milch und Honig fließen, das Land der unbegrenzten Möglichkeiten«, erzählte Erich Grünebaum. »Ein paar von uns kamen zusammen und beschlossen, dass wir reich werden würden, wenn wir Amerika erreichten. Amerikanische Frauen liebten Pelzmäntel, und Pelz war eine teure Ware. Also fingen wir an, Erdhörnchen (eine Art Ratte) und Maulwürfe zu fangen.« Der Plan war, sie zu häuten und Pelze herzustellen.

»Wir haben einen Packen dieser kleinen Kreaturen gefangen, aber dann waren wir alle zu zimperlich, um sie aufzuschneiden«, beschrieb mir Norbert Rosenblum die Aktion. »Unnötig zu sagen, dass das Geschäft fehlschlug und unsere Hoffnungen zunichte waren.«

Laut Erich Grünebaum führten die Jungen ihr Unternehmen allerdings sehr wohl zu Ende: »Wir häuteten die armen kleinen Tiere und bewahrten die Häute sorgfältig in einem offenen Bereich über dem Holzschuppen auf. [...] Wir wollten, dass die Felle trockneten, also beschafften wir uns einen großen Blechbehälter [...] und bauten daraus einen selbst gemachten Ofen. Für ein paar Tage hatten wir ein mächtiges Feuer dort, bis wir gemeinsam mit unseren übel riechenden Pelzen entdeckt und rausgeschmissen wurden. Es war ein Wunder, dass wir den Schuppen nicht komplett abgefackelt haben.«

Das abgeschiedene Leben in *Montintin* verstärkte die Bande zwischen den Kindern. Arthur sprach später immer von einer »Familie«, zu der die Jungen in seinem Zimmer zusammenwuchsen. Schon in Eaubonne hatte er das Gefühl gehabt, dass die Kinder nicht nur Freunde waren, sondern sich fast wie Geschwister fühlten. In *Montintin* wurde die Zimmergemeinschaft nun wirklich zu einer Familie, deren Anwesenheit Trost in schweren Zeiten spendete. Die Jungen spielten weiterhin viel Fußball, und die Zwölfjährigen begannen mit dem Unterricht für ihre Bar-Mizwa, der religiösen Mündigkeitszeremonie, die jüdische Jungen an ihrem 13. Geburtstag feiern. Oswalds Zimmernachbar Erich beschrieb die Zeit später folgendermaßen: »Keiner von uns wird jemals unser Jahr im *Château Montintin* vergessen. Wir haben gemeinsam gelebt, wir haben gemeinsam geschlafen, wir waren gemeinsam hungrig, und wir haben gemeinsam glückliche Erfahrungen geteilt. Es ist schwer in Worte zu fassen, wie nahe wir uns in dieser sehr schwierigen Zeit fühlten.«

* * *

Die enge Freundschaft der Kinder half ihnen auch, mit schlechten Nachrichten von zu Hause umzugehen. Briefe kamen immer seltener, manche Kinder hörten gar nichts mehr von ihren Eltern. Über die Verwandten in der Schweiz konnte Oswald immer noch, wenn auch sehr sporadisch, mit seinen Eltern kommunizieren. Ab dem August 1940 erhielt der Elfjährige dann Briefe von einer neuen Adresse in Wien: der Nußdorfer Straße 60.

Die Nationalsozialisten hatten seine Eltern gezwungen, ihre Wohnung in der Gussenbauergasse 1 zu verlassen und in ein sogenanntes Judenhaus zu ziehen, in dem viele jüdische Familien Wiens zusammengepfercht leben mussten. Das Haus befand sich ebenfalls im Alsergrund und war ungefähr fünfzehn Minuten zu Fuß von ihrer alten Wohnung entfernt. Seit der Aufhebung des Kündigungsschutzes für Juden im Mai 1939 waren in Wien zahlreiche solcher Sammelwohnungen und »Judenhäuser« entstanden, was vor allem im Alsergrund zu ghettoähnlichen Situationen führte.[12]

Wie schon so oft zuvor verheimlichten Frieda und Hermann ihrem Sohn die Ernsthaftigkeit der Situation. »Sie schickten mir einfach einen Brief, dass ich jetzt an eine neue Adresse schreiben sollte«, schilderte mir Arthur. »Sie sagten nichts über die Umstände, nur dass sie jetzt in der neuen Wohnung lebten.«

Eine Zeit lang hörte Oswald dann gar nichts mehr von seiner Familie. Erst ab dem Frühjahr 1941 trafen wieder einige Briefe ein – diesmal aus Polen!

Hermann, Frieda und Fritz Kernberg waren am 26. Februar 1941 nach Opole, einer Kleinstadt südlich von Lublin, deportiert worden. Im Februar 1941 kamen auf zwei Transporten 2.000 Wiener Juden nach Opole, im März lebten in einem dort neu errichten Ghetto rund 8.000 Juden unter menschenunwürdigen Zuständen.[13]

Oswald war klar, was die Deportation zu bedeuten hatte. Auch andere Eltern waren ins Ghetto nach Opole oder sogar in Konzentrationslager geschickt worden, und die Kinder redeten untereinander darüber. »Ich wusste, dass es ein Problem gab«, gestand er mir. »Und das ist einer der Gründe, warum ich, wenn ich an meine Eltern schrieb, immer wollte, dass meine Mutter und mein Bruder etwas schreiben. Ich wollte ihre Handschrift sehen. Ich hab ihnen nicht gesagt warum, nur dass ich möchte, dass sie etwas schreiben – damit ich wusste, dass sie immer noch da waren.«

Von seinen Eltern selbst erfuhr Oswald nichts über die Zustände in Opole. Ihre Briefe lesen sich nach wie vor sehr optimistisch und voller Zuversicht, gemeinsam nach Amerika auswandern zu können. So schrieb Hermann Kernberg im Mai 1941: »Wir sind seit 2 ½ Monaten in Polen, sind gesund und es geht uns gut. Wir hoffen zum Allmächtigen baldigst von hier nach U.S.A. wegkommen zu können.«

Auch der Rest seines Briefes ist voller sehnsuchtsvoller Hoffnung und liebevoller Anteilnahme an Oswalds Leben: »Wir freuen uns daß Du mit den Hasen so viel Freude hast, ebenso daß Du am Fußballspiel Vergnügen findest, ebenso daß Du bereits begonnen hast zur Barmizvah zu lernen.« Und weiter: »Du hast mein treues Kind trotz deiner Jugend schon vieles hinter Dir, sei weiter tapfer, mutig u. stark, denke immer an Deine Eltern u. Bruder, wie wir täglich u. stündlich an Dich denken, über Dich sprechen u. hoffentlich ist die Zeit nicht mehr so Ferne, wo wir alle an einem Tische beisammen sitzen werden u. alle unsere Erlebnisse uns schildern werden. Wir hoffen und wünschen Dich inzwischen recht gross u. stark und haben keinen sehnlicheren Wunsch an den Allmächtigen als baldigst mit Dir beisammen zu sein und beisammen leben zu können.«

Hermann Kernbergs Brief war wie so oft von dem Wunsch beseelt, seinem Sohn die schreckliche Wahrheit zu verheimlichen. Friedas kurze Nachricht an ihren Sohn klingt hingegen deutlich pessimistischer: »Mein teuerstes Burli!«, schrieb Frieda. »Ich bin sehr traurig daß ich hier in Opole bin und nicht mit dir auf Amerika fahren kann und zu deiner Barmizvah dir behilflich zu sein. [...] Papa ist zu schwach zu arbeiten. Viele Grüße und Küsse von deiner weinenden Mama die dich schon 2 Jahre nicht gesehen hat.«

* * *

Auch im *Château de Montintin* selbst wurde die Lage für die jüdischen Kinder immer gefährlicher. Etwa 145.000 Juden lebten im »freien« Frankreich, was aber keineswegs bedeutete, dass sie dort in Sicherheit waren.[14] »Die Regierung und die Institutionen von Vichy-Frankreich waren aktive Helfer bei der deutschen Verfolgung und späteren Ermordung von Juden«, schreibt die Historikerin Stephanie Corazza.[15] Schon im Oktober 1940 führte Vichy antijüdische Gesetze ein. Die Sammellager für feindliche Ausländer wurden zu Internierungslagern für Juden umfunktioniert. Lager wie *Gurs* und *Rivesaltes* waren für »katastrophale hygienische Verhältnisse und die schlechte Verpflegung« bekannt, die zum Tod zahlreicher Internierter führten.[16] In bestimmten Fällen agierten die französischen Behörden sogar strenger als von den Deutschen gefordert, sie internierten zum Beispiel auch Kinder.

Die OSE übernahm nun viele zusätzliche Aufgaben in Vichy-Frankreich und versuchte auf vielfältige Art und Weise, der notleidenden jüdischen Bevölkerung zu helfen. Zum Beispiel kümmerten sie sich in vielen Regionen um die medizinische Versorgung der französischen Juden. Als 1941 der Besitz der Familie Rothschild beschlagnahmt wurde und diese nach Amerika flüchtete, nahm die OSE die Kinder aus den Rothschild-Heimen auf.[17]

Im selben Jahr begann die OSE damit, Kinder aus den Lagern *Gurs* und *Rivesaltes* zu befreien. Diese Befreiung war unter bestimmten Voraussetzungen auf legalem Weg möglich. Einerseits musste die OSE finanzielle Verantwortung für jedes Kind übernehmen und andererseits – was oft wesentlich schwieriger war – die internierten Eltern überreden sich von ihren Kindern zu trennen. Ein beeindruckendes und bewegendes Beispiel lieferte Vivette Samuel, die spätere Direktorin der OSE. Sie ließ sich freiwillig im Alter von 22 Jahren in *Rivesaltes* einsperren und verbrachte dort mehrere Monate, um die Rettung der Kinder von innen heraus zu organisieren. Zu Samuels Aufgaben gehörte es, die Eltern davon zu überzeugen, sich von ihren Kindern zu trennen, die Kinder auf die Trennung vorzubereiten und alle administrativen Hürden und Verhandlungen mit der Lagerverwaltung zu meistern.[18]

Innerhalb von nur sieben Monaten schaffte Samuel es, alle 400 jüdischen Kinder aus *Rivesaltes* zu befreien. Insgesamt gelang es der OSE über 1.000 Kinder aus Lagern herauszuholen und sie in Heimen wie *Montintin* unterzubringen.[19]

Doch auch dort waren sie auf Dauer nicht sicher.

Amerika als letzte Hoffnung

Im Frühjahr 1941 stand wieder Purim vor der Tür, der fröhlichste und ausgelassenste Feiertag im Judentum. In bekannter Tradition schrieben die Kinder ein Gedicht, das während des Festes im *Château de Montintin* vorgetragen wurde – diesmal aber schlugen sie ungewohnt nachdenkliche Töne an:

Hört mal zu ihr lieben Leute,
Purim, das bedeutet Freude.
Purim, das bedeutet Kuchen essen,
Und den Haman nicht vergessen.

Dieser Spruch aus Kindertagen,
Kann uns heute nichts mehr sagen.
Dies war gestern, was wird morgen?
Das sind unsere heutigen Sorgen.

Visum, Affidavit, Konsulat,
Brasilien, Cuba, Dominikanerstaat,
Bolivien, Haiti, Paraguay, Alexandrien,
Palästina oder Rhodesien,
Australien, Shanghai, Südafrika
Und die letzte Hoffnung ist U.S.A.[1]

Egal, wie viele Berichte ich über die Zustände für Juden in Vichy-Frankreich lese, kaum etwas macht mir den Ernst der Situation so deutlich wie dieses Gedicht. Die Zeit der unbeschwerten Kinderspäße war vorbei – *und die letzte Hoffnung ist U.S.A.*

Die OSE bemühte sich trotz der zunehmenden Schikanen durch die Vichy-Behörden, ihren Schützlingen ein geregeltes Leben zu ermöglichen. Der Organisation war allerdings klar, dass sie auf Dauer nicht in der Lage sein würde, die Kinder zu beschützen. Die OSE setzte nun alles daran, sie außer Landes zu bringen – bevorzugt nach Amerika.

Unterstützung erhoffte sie sich dabei von Ernst Papanek, der seit September 1940 in New York lebte, sowie von der amerikanischen OSE-Zweigstelle AMEROSE. Die AMEROSE bestand seit 1929 und wurde seit 1939 von dem polnischen Emigranten Dr. Leon Wulman geleitet. Sie war bei Weitem nicht so groß wie die französische OSE: Als Büro diente lange Zeit Wulmans Hotelzimmer im Hotel Broadmoor an der Upper West Side. Bezahlte Angestellte gab es nicht. Ernst Papanek musste nachts als Tellerwäscher arbeiten, damit er sich tagsüber bei der AMEROSE für die Emigration »seiner« Kinder einsetzen konnte.[2]

Zum Jahreswechsel 1940/41 übernahm die AMEROSE die weltweiten Aufgaben der *Union OSE*, weil diese nach der Eroberung von Paris nicht mehr die zahlreichen Ländergruppen koordinieren konnte. Nun zog die AMEROSE auch endlich in ein eigenes Büro an der 24 West 40th Street, schräg gegenüber von der *New York Public Library*, wo ich Jahrzehnte später den Nachlass von Ernst Papanek finde.[3]

Kurz nach Papaneks Abreise hatten die Kinder ein Foto von ihm und eines von US-Präsident Franklin D. Roosevelt auf eine Pinnwand in *Montintin* gehängt. Unter Papaneks Foto schrieben sie: »Er wird uns ein Visum *beschaffen*«, unter Roosevelts: »Er wird uns ein Visum *geben*«.

Die Kinder setzten jedoch zu große Hoffnungen in den amerikanischen Präsidenten: Die Vereinigten Staaten hielten trotz Ausbruch des Zweiten Weltkriegs und der nationalsozialistischen Judenverfolgung an ihrer restriktiven Einwanderungspolitik fest.

Roosevelts Engagement für verfolgte Politiker – das Ernst Papanek die Einreise ermöglicht hatte – bildete dabei die Ausnahme. Schon seit dem *Immigration Act* von 1924 galt in Amerika eine fixe Quotenregelung, die aus jedem Land nur eine gesetzlich festgeschriebene Anzahl an Immigranten erlaubte. Bei der Festsetzung dieser Quoten spielten auch rassistische und xenophobe Beweggründe eine Rolle: So wurden westeuropäische Staaten bevorzugt, während die Quoten für osteuropäische, afrikanische und asiatische Länder sehr niedrig waren. Jährlich wurden maximal 150.000 Visa erteilt, davon entfielen 27.000 auf Nazideutschland inklusive Österreich.[4] (Zum Vergleich: Zum Höhepunkt der Flüchtlingskrise nahm Deutschland allein im Jahr 2015 fast eine Million Flüchtlinge auf.) Selbst Personen, die alle Voraussetzungen für ein Visum erfüllten, warteten oft jahrelang, bis ihre Quotennummer an die Reihe kam.

Nach den Novemberpogromen 1938 bestand kurzzeitig die Hoffnung, dass Amerika genau wie England oder Frankreich Kindertransporte erlauben würde. Ein entsprechender Gesetzesentwurf, die *Wagner-Rogers Bill*, wurde im Februar 1939 im US-Kongress eingebracht und hätte die Aufnahme von 20.000 unbegleiteten jüdischen Flüchtlingskindern zusätzlich zur bestehenden deutschen Einreisequote ermöglicht. Das Gesetz hatte zwar einige prominente Unterstützer – allen voran First Lady Eleanor Roosevelt und Arbeitsministerin Frances Perkins –, scheiterte aber schon vor der Abstimmung am öffentlichen Widerstand.[5]

Amerika – das erst nach dem Angriff auf Pearl Harbor im Dezember 1941 in den Zweiten Weltkrieg eintreten sollte – hatte wenig Interesse daran, sich mit europäischen Problemen zu beschäftigen. Dazu kam eine antisemitische Grundstimmung und die Befürchtung, dass sich diese verstärken würde, sollte man zu viele jüdische Flüchtlinge ins Land lassen.[6]

Dennoch bemühten sich jüdische Hilfsorganisationen unermüdlich, kleine Kindertransporte zu organisieren, die innerhalb der bestehenden Quotenregelung agierten. Der *German-Jewish Children's Aid* (Deutsch-Jüdische Kinderhilfe, GJCA) war es bereits 1934 gelungen, als Aussteller eines sogenannten *corporate affidavit* anerkannt zu werden.[7] Ein Affidavit war eine eidesstattliche Erklärung, in der ein Bürge garantierte, dass ein potenzieller Einwanderer nicht dem Gemeinwesen der USA zur Last fallen würde. In der Regel musste eine Privatperson diese Bürgschaft und die volle finanzielle Haftung dafür übernehmen. Aber dank des *corporate affidavit* konnte die GJCA als Organisation für Flüchtlingskinder bürgen, was die Situation erleichterte. Von 1934 bis 1941 brachte die GJCA so 589 unbegleitete deutsche und österreichische Minderjährige nach Amerika.[8]

Nach der Eroberung Frankreichs und der Beneluxstaaten im Sommer 1940 begann sich die öffentliche Meinung in den USA langsam zu drehen. Allmählich stand man Hilfsaktionen für europäische Kinder aufgeschlossener gegenüber.[9] Bedeutend für die Kindertransporte – und vor allem für Oswalds Rettung – wurde nun das *United States Committee for the Care of European Children* (US-Komitee zur Betreuung europäischer Kinder, USCOM).[10] Im Dezember 2017 treffe ich Ron Coleman, den Chefarchivar des *United States Holocaust Memorial Museum*, zu einem Gespräch über das USCOM.

* * *

Das *United States Holocaust Memorial Museum* ist eines der größten Holocaust-Museen der Welt. Seit seiner Eröffnung im Jahr 1993 wurde es bereits von 43 Millionen Menschen besucht. Es liegt im Zentrum von Washington, D.C., ganz in der Nähe des Washington Monument und der National Mall, der Prachtallee der amerikanischen Hauptstadt.

Das Museum selbst ist ein imposanter Steinbau. Mit seinem eleganten weißen Kalkstein ähnelt es vielen Regierungsgebäuden in der Nachbarschaft, innen geben mir hingegen rote Backsteinwände und Stahlpfeiler das Gefühl, ich stünde in einer alten Fabrikhalle. Im Museum selbst sind viele berührende Artefakte ausgestellt, zum Beispiel ein Holzboot, in dem Juden von Dänemark nach Schweden gerettet wurden, oder ein Fotoalbum vom Flüchtlingsschiff *St. Louis.*

Versteckt hinter der Sicherheitsschleuse mit Metalldetektoren und Gepäckröntgen führt ein Aufzug zum Herz des Museums: dem Archiv. Das Museum besitzt eine riesige Sammlung an über 20.000 historischen Objekten und über hundert Millionen Dokumentseiten. Dazu kommen Zehntausende Kopien von Akten aus Archiven in der ganzen Welt, was das Museum zum idealen Ort für jegliche Holocaust-Forschung macht. Die Akten der Wiener Kultusgemeinde befinden sich heute zum Beispiel zum Teil in Wien und zum Teil in Jerusalem, im *Holocaust Memorial Museum* aber konnte ich den gesamten Bestand auf einmal in Kopie einsehen.

Viele Archive, vor allem in Europa, präsentieren sich wie uneinnehmbare Festungen, wo es gilt, Hürden zu überwinden und Prüfungen zu bestehen, bevor man in die heiligen Hallen eingelassen wird. Nicht so das *Holocaust Memorial Museum.* Hier durfte ich schon als 20-jährige Bachelorstudentin problemlos mit Originalakten arbeiten. Ich kann mich noch gut an das aufregende Gefühl erinnern, als ich zum ersten Mal einen Brief auf Kriegspapier oder eine Kinderzeichnung aus Frankreich in der Hand hielt. Seit damals kenne ich auch Ron Coleman, den ungemein hilfsbereiten Chefarchivar mit der wunderbaren Gabe, Wissenschaftler auf der ganzen Welt zu vernetzen. In den letzten Jahren hat er sich besonders mit der US-Einwanderungspolitik in den 1930er- und 40er-Jahren und mit den in den USA heute noch vollkommen unbekannten Kindertransporten ins eigene Land beschäftigt. Im Dezember 2017 bin ich wieder in Washington, um ein paar letzte Akten einzusehen, und verabrede mich mit Coleman zu einem Gespräch in seinem von Büchern, Fotos und Dokumenten überquellenden Büro.

»Wir hier im Museum helfen Menschen, Fragen über ihre Familiengeschichte zu beantworten, die sie vielleicht seit Jahrzehnten mit sich herumtragen«, erzählt Coleman. »Unsere Aufgabe ist erfüllt, wenn wir es schaffen, ihre Geschichte aufzuarbeiten. Und ich hoffe, dass es mir durch meine Arbeit hier gelingt, Menschen wie dir zu helfen, Arthurs Geschichte richtig zu rekonstruieren.«

Ein Jahr nach dem 1939 gescheiterten Versuch, mit der *Wagner-Rogers Bill* 20.000 jüdischen Kindern die Einreise zu ermöglichen, wuchsen langsam die Chancen, dass ein weiterer Vorstoß in diese Richtung Erfolg haben könnte. »Die Meinung war immer noch nicht: ›Wir wollen 20.000 Kinder herholen‹, aber sie war immerhin: ›Wir sind bereit, Kinder aufzunehmen, die in Gefahr sind‹«, erklärt mir Coleman. »Die First Lady Eleanor Roosevelt berief dann im Juni 1940 ein Treffen ein und gründete das USCOM.«

Das *United States Comittee for the Care of European Children* war eine überkonfessionelle Hilfsorganisation und agierte unabhängig von der amerikanischen Regierung; Eleanor Roosevelt stellte in ihrer Funktion als Ehrenpräsidentin allerdings zahlreiche Kontakte her. »Vorsitzender von USCOM wurde dann Marshall Field III, ein Millionenerbe des bekannten Marshall-Field-Kaufhauses in Chicago«, rekapituliert Coleman. »Field startete eine große Spendenkampagne und nutzte dafür seine Popularität. Jeder wusste, wer er war.«

Ähnlich der GJCA erhielt das USCOM die Erlaubnis, ein *corporate affidavit* auszustellen. Um dem Staat zu garantieren, dass keines der Kinder ein Sozialfall werden würde, musste das USCOM eine Garantiesumme von je fünfzig Dollar hinterlegen und für jedes Kind bis zum 21. Geburtstag die Verantwortung übernehmen. »Das *corporate affidavit* war ein riesiger Vorteil beim Versuch, Kinder zu retten«, sagt mir Coleman und unterstreicht »riesiger« mit einer großen Handbewegung. »Die GJCA hatte die Idee entwickelt, und das USCOM hat sie geerbt.«

Ausgangspunkt der Gründung des USCOM war allerdings nicht die Rettung jüdischer Flüchtlingskinder: Ursprünglich versuchte das USCOM, britische Kinder vor deutschen Fliegerangriffen zu schützen. »Rechtlich gesehen war es einfacher, britische Kinder nach Amerika zu bringen, weil diese ja ein Land hatten, in das sie nach Kriegsende zurückgehen konnten«, erklärt Coleman.

Die ersten 2.000 britischen Kinder sollten bereits im Sommer 1940 in die USA kommen. Das Programm fand allerdings bereits zwei Monate später ein jähes Ende, als sich eine schreckliche Tragödie ereignete: Bei einem deutschen Angriff auf das Passagierschiff *City of Benares* wurden 77 Kinder getötet. Die britische Regierung ordnete den sofortigen Stopp der Evakuierungen an.[11] (Auch Thomas Manns Tochter Monika war an Bord der *Benares*, sie konnte nach zwanzig Stunden im Wasser gerettet werden, ihr Mann ertrank.)

Die von Deportationen bedrohten jüdischen Kinder in Vichy-Frankreich waren dort aber in so großer Gefahr, dass selbst die gefährliche Seeüberfahrt kein Argument gegen ihre Rettung darstellte. »Im Herbst 1940 erreichten 29 Kinder aus Frankreich auf einem Testtransport Amerika. Das USCOM entschied sich daraufhin, größere Transporte aus Frankreich zu wagen«, beschließt Ron Coleman seine Ausführungen.

* * *

Das USCOM spielte eine bedeutende Rolle für die Kindertransporte nach Amerika, es war aber bei Weitem nicht die einzige beteiligte Hilfsorganisation. Tatsächlich waren ein Dutzend Gruppen auf beiden Seiten des Atlantiks nötig, um Oswald und die restlichen OSE-Heimkinder vor dem Holocaust zu retten.

Arthur brachte diesen Umstand Jahrzehnte später in einer autobiografischen Kurzgeschichte sehr schön zum Ausdruck, als er das afrikanische Sprichwort »Es braucht ein ganzes Dorf, um ein Kind großzuziehen« auf sein Leben abwandelte. »Es brauchte mehr als ein Dorf, um *dieses* Kind großzuziehen«, erklärte er. »Die Regierungen von drei Ländern, viele Menschen und viele Organisationen, sowohl jüdische als auch nicht-jüdische, waren dafür nötig.«

Die Hintergründe und Abläufe der Kindertransporte nach Amerika sind so komplex, dass ganze Bücher nur über einzelne Aspekte geschrieben wurden. Um Oswalds Rettung so detailliert wie möglich zu rekonstruieren, habe ich mich deswegen monatelang durch Tausende Akten in vier verschiedenen Archiven in New York und Washington, D.C. gelesen. Seiten über Seiten an Listen, Projektentwürfen, Sitzungsprotokollen, Budgets und zunehmend verzweifelten Briefen. Die entscheidenden Hinweise finde ich dabei oft in handschriftlichen Notizen oder falsch einsortierten Einträgen versteckt. Das Resultat ist ein Puzzle, das ich aus einer schier unüberblickbaren Zahl an Fakten und Informationen zusammengesetzt habe – die Odyssee eines Kindes, die trotz aller bürokratischen Widrigkeiten ein gutes Ende fand.

Wie sich herauskristallisierte, waren vier Gruppen die Hauptdarsteller bei der Rettung von Oswald: das USCOM, die Quäker, die GJCA sowie die OSE.

Das USCOM schuf die rechtliche Grundlage für die Emigration nach Amerika. Es hatte selbst aber keine Mitarbeiter in Europa und arbeitete daher vor Ort mit Partnerorganisationen. Als sein Vertreter in Frankreich agierte das *American Friends Service Committee* (Amerikanisches Hilfskomitee der Freunde, AFSC), das weltweit größte Hilfskomitee der Quäker. Die Quäker sind eine religiöse Gruppe mit christlichen Wurzeln, die im 17. Jahrhundert in England entstand. Mitte des 20. Jahrhunderts zählten die Quäker weltweit rund 150.000 Mitglieder, sie sind bis heute vor allem für ihre Hilfsarbeit in Kriegszeiten bekannt. Ab Ende der 1930er kümmerten sich amerikanische Quäker um Flüchtlinge in Südfrankreich, vor allem um jüdische Kinder, erklärt mir der hauseigene ASFC-Archivar Donald Davis in Philadelphia. »Sie gründeten Verpflegungsstationen und Ärztecenter, sie waren vor Ort in den Internierungslagern, um den Menschen zu helfen, und sie eröffneten mehrere Kolonien für Kinder«, erläutert Davis.

Die Kooperation mit den Quäkern war für das USCOM äußert vorteilhaft, weil die Quäker exzellente Beziehungen zu französischen, amerikanischen und sogar den deutschen Behörden pflegten. Die große Stärke der Quäker war, dass sie komplett unparteiisch agierten. Da sie immer allen beteiligten Seiten halfen, hatten sie auch Zugang zu allen Beteiligten.

Die Quäker übernahmen nun also die Organisation der USCOM-Kindertransporte vor Ort – und das, obwohl sie der Rettungsaktion intern sehr kritisch gegenüberstanden. Im Archiv des *Holocaust Memorial Museum* finde ich entsprechende Briefe aus den 1940er-Jahren. Allen Bonnel, der in Marseille stationiert war, schrieb im Sommer 1941 nach der Durchführung des ersten Transportes an die ASFC-Zentrale in Philadelphia: »Die Ausgaben für die Emigration dieser Kinder waren extrem hoch, und wir haben erhebliche Zweifel, ob die Ausgaben gerechtfertigt waren.« Für das Geld, das nötig sei, um ein einziges Kind nach Amerika zu bringen, könnte man ein hilfsbedürftiges Kind in Frankreich ein ganzes Jahr lang versorgen, so Bonnel.[12]

»Dies ist ein bekanntes Dilemma in Hilfsorganisationen«, erzählt mir Ron Coleman später. »Dieser Widerspruch zwischen Betreuung vor Ort und dem Versuch der Rettung. Sollen wir das Geld nehmen und tausend Mahlzeiten kaufen? Oder sollen wir das Geld verwenden, um einer einzigen Person bei einem Fluchtversuch zu helfen, ohne Garantie, dass sie es tatsächlich schaffen wird.«

Nach der Lektüre zahlreicher aus Frankreich verschickter Briefe wird mir außerdem klar, dass die Quäker nicht damit gerechnet hatten, wie viel Organisationsaufwand durch die Kindertransporte auf sie zukommen würde. Aufwand, der zulasten anderer Hilfsaktionen ging.

Sobald die Kinder amerikanischen Boden betraten, übernahm eine andere Organisation die Verantwortung für sie: die bereits erwähnte GJCA. Obwohl die *German Jewish Children's Aid* jahrelang als einzige Gruppe jüdische Kinder mittels *corporate affidavit* nach Amerika geholt hatte, waren sie jetzt nur noch für die Betreuung der Kinder in den USA zuständig. Das USCOM bürgte gegenüber der US-Regierung für die jungen Flüchtlinge und übernahm die Kosten für ihre Betreuung, die tatsächliche Versorgung der Kinder garantierte dann die GJCA.[13]

Für mich sind die in New York aufbewahrten GJCA-Akten ein Glücksfall: Im Gegensatz zu allen anderen beteiligten Organisationen machte die GJCA Kopien von jedem ihrer eigenen Briefe. Somit sind in ihren Akten immer beide Seiten einer Korrespondenz erhalten, wodurch ich einen umfassenden Einblick in ihre Arbeit erlange. Mit Abstand die meisten Briefe stammen von Lotte Marcuse, die als *Placement Director* für die Unterbringung der Flüchtlingskinder zuständig war. Marcuse war eine deutsche Immigrantin aus Berlin und wird von Zeitgenossen als hart arbeitende, wenn auch nicht immer beliebte Sozialarbeiterin beschrieben.[14] Die erste Woche der Kinder in Amerika plante Marcuse minutiös durch: In den von ihr verschickten Zeitplänen war vom Kauf von Spielsachen (zwei Tage vor der Ankunft des Schiffes), über Briefe schreiben (Freitag von 13.30 bis 15.00 Uhr) bis hin zu ärztlichen Untersuchungen (dienstags und mittwochs) alles vermerkt. Auch Anleitungen für den Umgang mit der Presse (nur mit Erlaubnis von Marcuse persönlich) finde ich in den Akten der GJCA.[15]

Wie Arthur in seiner Kurzgeschichte schrieb, war für seine Rettung mehr als »ein Dorf« nötig. Neben den bereits genannten Organisationen traten noch weitere in Aktion: Der *Joint* und der *National Refugee Service* finanzierten die Transportkosten der Kinder, die *Hebrew Immigrant Aid Society* besorgte Plätze auf Schiffen, das im US-Arbeitsministerium untergebrachte *Children's Bureau* überwachte die Fürsorge der Kinder in Amerika, auch die *Young Men's Christian Association* (YMCA) und die Unitarier wirkten unterstützend.[16]

Es ist heute sehr schwierig zu rekonstruieren, wer genau den Anstoß für die Rettung der OSE-Kinder nach Amerika gab. Die französische Historikerin Sabine Zeitoun schreibt, dass Andrée Salomon, eine OSE-Funktionärin, die für die Befreiung der Kinder aus Internierungslagern zuständig war, im Herbst 1940 den entscheidenden Vorschlag machte. Laut der deutschen Historikerin Inge Hansen-Schaberg war es hingegen Ernst Papanek, der Marshall Field III persönlich davon überzeugte, aktiv zu werden. Und die

Amerikanerin Judith Tydor Baumel-Schwartz verortet die Initiative beim USCOM, das gemeinsam mit den Quäkern seine Arbeit nach dem abrupten Ende der britischen Evakuierungen weiterführen wollte.[17]

»All die Organisationen tun so, als wären sie alleine für die Rettung der Kinder verantwortlich gewesen. Aber das stimmt nicht«, betont die amerikanische Historikerin Laura Hobson Faure im Gespräch mit mir. »In Wahrheit war es eine Gemeinschaftsarbeit.«

* * *

Ich sitze in New York im hochmodern ausgestatteten Archiv des *Center for Jewish History* und lese vergilbte Briefe. Schließlich werde ich fündig: Unabhängig davon, wer nun den entscheidenden Vorschlag zur Rettung der OSE-Kinder gemacht hatte, am 8. November 1940 kam es jedenfalls zu einer ersten Kontaktaufnahme zwischen den Quäkern in Marseille und der OSE-Führung in Montpellier. In einem Briefwechsel wurde die »Evakuierung« von 300 Kindern diskutiert.[18] Einige Wochen später, zum Jahresende 1940, versuchte Ernst Papanek persönlich, das öffentliche Interesse in Amerika auf das Schicksal seiner Schützlinge zu lenken. In seinem Nachlass in der *New York Public Library* finde ich eine alte Ausgabe der Tageszeitung *New York Post*. Am 26. Dezember 1940 erschien dort ein Bericht mit der klingenden Überschrift: »Papa Papaneks 500 Kinder – Sie leiden in Europa, aber er hofft, sie zu retten«. Der kitschig anmutende Artikel zeichnete das Bild eines tränenreichen Papaneks, der gemeinsam mit dem USCOM, den Quäkern und dem *Joint* versucht, deutsche, österreichische und polnische Flüchtlingskinder aus Vichy-Frankreich zu retten, bevor diese mit 16 Jahren in ein Konzentrationslager deportiert würden.[19]

Und tatsächlich: Im Januar 1941 nahm die Rettungsaktion konkrete Formen an. Die Quäker ersuchten die OSE nun, eine Liste mit 500 potenziellen Kandidaten zu erstellen. Auch Oswalds Namen finde ich auf dieser Liste, er stand an 35. Stelle.[20] Etwa um dieselbe Zeit schickte Ernst Papanek Liedtexte und Noten der amerikanischen Nationalhymne »The Star-Spangled Banner« sowie von »God Bless America« nach *Montintin*, um die Kinder auf ein Leben in den USA einzustimmen.[21]

Am 21. Januar sandte der OSE-Generalsekretär Lazare Gourwitch eine engere Auswahlliste mit diesmal 250 Kindern an das AMERO-SE-Büro in New York. Auch auf dieser Liste finde ich Oswalds Namen, sein Nachname ist allerdings fälschlicherweise als Kornberg angegeben. Dann ging es Schlag auf Schlag: Schon zwei Monate später, im März 1941, wurden die ersten Visa genehmigt. Am 31. März traf sich Gourwitch persönlich mit den Quäkern in Marseille, um weitere Details zu besprechen. Die Gespräche seien zufriedenstellend verlaufen, lese ich in seinen Briefen nach Amerika. Von hundert genehmigten Visa für den ersten Transport würde die OSE siebzig bekommen.[22]

Während die Organisation der Überfahrt der ersten 100 Kinder anlief, verhandelten die Hilfsorganisationen mit diversen US-Regierungsstellen bereits über weitere Transporte. Dann tauchten jedoch die ersten Probleme auf: Das USCOM und die OSE erfuhren, dass sich in Amerika ausschließlich jüdische Organisationen um jüdische Kinder kümmern durften. Das überkonfessionelle USCOM wäre damit aus dem Rennen gewesen. Die Lösung fand sich in einer Zusammenarbeit zwischen dem USCOM und der jüdischen GJCA. Obwohl sofort Gespräche aufgenommen wurden, sollte es noch bis Juni dauern, bis eine detaillierte Abmachung zwischen den Organisationen getroffen wurde, wie ich in einem Sitzungsprotokoll nachlese.

Dabei entwickelte sich eine heftige Debatte, ob die Kinder weiterhin gemeinsam in Heimen leben sollten, wie es sich die OSE und vor allem Ernst Papanek wünschten, oder ob sie, wie in Amerika üblich, in Pflegefamilien untergebracht werden sollten, wie die GJCA verlangte. Dies war bei Weitem nicht das einzige Mal, dass es bedingt durch die hohe Anzahl an beteiligten – und oftmals ideologisch konkurrierenden – Organisationen zu Streit, Missverständnissen und Komplikationen während der Kindertransporte kam.

Viel Streit gab es auch um die Auswahl der Kinder. Die Quäker und die OSE in Frankreich entschieden gemeinsam, wer auf einen Kindertransport kam, wobei die Quäker das letzte Wort hatten.[23] Die Auswahlkriterien bestimmte aber das USCOM – ausschlaggebend waren Alter, Gesundheit, das Schicksal in Frankreich und erwartete Schwierigkeiten bei der Eingewöhnung in Amerika.[24] Als maximales Alter galt 16, bevorzugt sollten aber Kinder unter zwölf Jahren ausgewählt werden. Ältere Kinder wurden nur mitgenommen, um Geschwister nicht zu trennen. Kinder, die ein persönliches Affidavit oder die Chance auf Emigration mit ihren Eltern hatten, sollten ebenfalls nicht auf die Liste kommen, um nicht anderen den Platz wegzunehmen.

Im Wesentlichen wiederholte sich das Prozedere der französischen Kindertransporte. Es ging darum, möglichst gesunde, problemlose und bevorzugt intelligente Kinder auszuwählen, damit diese einen guten Eindruck in Amerika machen und weitere Transporte genehmigt werden würden. Der Druck, die vermeintlich richtigen Kinder auszuwählen, lastete schwer auf allen Beteiligten. Besonders aber auf den OSE-Mitarbeitern vor Ort, die im Gegensatz zu den Quäkern die Kinder persönlich gut kannten. Immer wieder lese ich interne Briefe, in denen die Quäker über die OSE schimpfen – und umgekehrt. Die Quäker waren bekannt dafür, nie eine Regel zu brechen, und hielten sich ganz genau an die USCOM-Vorgaben. In Amerika wünschte man sich junge Kinder, weil es einfacher war, für diese eine Pflegefamilie zu finden. Die OSE wählte jedoch vor allem ältere Jugendliche, die von Verhaftung und Deportation bedroht waren, sowie Waisenkinder aus.

In internen Dokumenten warfen die Quäker der OSE vor, absichtlich Details über Kinder zu verheimlichen, die als Ausschlusskriterium gelten würden, etwa Eltern in Amerika oder medizinische Probleme. Die OSE wiederum beschwerte sich, die Quäker würden sich ausschließlich hübsche und begabte Kinder aussuchen.[25] Noch Jahrzehnte später klagte eine OSE-Sozialarbeiterin in einem Interview über die Quäker: »Sie haben sich sehr schlecht benommen, die Amerikaner. [...] Sie sind gekommen wie auf dem Viehmarkt. Sie haben den Kindern die Muskeln abgegriffen. Singen und Tanzen lassen, das war grauslich.«[26]

Das größte Problem war jedoch, dass das USCOM als überkonfessionelle Hilfsorganisation unbedingt verhindern wollte, die Kindertransporte als rein jüdische Rettungsaktion darzustellen. In ihrem Auftrag verwendeten die Quäker viel Zeit und Energie darauf, auch nicht-jüdische und nicht-deutsche Kinder für die Transporte zu suchen. Begründet wurde dies damit, dass es in Amerika einfacher sei, Spenden zu sammeln, wenn mehrere Gesellschaftsgruppen angesprochen werden könnten. Daher müsse versucht werden, eine große Bandbreite an Religionen und Nationalitäten abzudecken. Dies lässt sich einerseits als weiteren Hinweis auf antisemitische Tendenzen in der amerikanischen Öffentlichkeit deuten, andererseits zeigt es aber auch, wie völlig naiv und falsch das USCOM die Lage für jüdische Flüchtlingskinder in Vichy-Frankreich einschätzte.

* * *

»Das Bewusstsein für die Gefahr ist sehr unterschiedlich, je nachdem, welche Organisation man sich anschaut«, sagt auch Laura Hobson Faure.

Hobson Faure stammt aus Detroit, ich treffe sie aber in einem beschaulichen Art-déco-Café in Paris in der Nähe der Université Sorbonne Nouvelle, wo sie amerikanische und jüdische Geschichte unterrichtet. Hobson Faure ist eine der wenigen Historikerinnen, die in ihrer Forschung zeigt, dass die Organisation der Kindertransporte eine Unternehmung war, die kontinenteübergreifend erfolgte.

»Die OSE hatte ein viel ausgeprägteres Gespür für die Gefahr. Sie waren selbst als Juden aus Nazideutschland geflohen, sie spürten, dass die Leben der Kinder in Gefahr waren«, erklärt mir Hobson Faure. »Das traf auf keine der anderen Organisationen zu.«

Ebenso wie das USCOM verkannten auch die Quäker den Grad der Bedrohung. »Bevor 1942 die Deportationen von Kindern begannen, sahen die Quäker nicht, dass die jüdischen Kinder tatsächlich in Lebensgefahr schwebten«, so Hobson Faure.

Die Amerikaner erkannten selbst nach Jahren des Naziterrors noch nicht die brisante Situation der jüdischen Kinder in Europa. Das trifft sogar auf die AMEROSE zu, die den amerikanischen Hilfsorganisationen oft näherstand als ihrer Schwesterorganisation OSE in Frankreich. Offensichtlich muss es diesbezüglich innerhalb der AMEROSE zu großen Meinungsverschiedenheiten zwischen Ernst Papanek und dem Generalsekretär Leon Wulman gekommen sein – im April 1941 feuerte die AMEROSE Papanek nämlich!

Während ich Hunderte Briefe und interne Nachrichten rund um die amerikanischen Kindertransporte lese, muss ich immer wieder innehalten. Es ist schlimm zu sehen, wie häufig sich diese Hilfsorganisationen streiten, wie oft sie die andere Seite – eigentlich ja Verbündete im Kampf um die Rettung der Kinder – schlechtreden, wie oft sie aus eigennützigen Gründen versuchen, bestimmte Personen – wie Papanek – von den Rettungsaktionen auszuschließen. Wenn ich dann noch die erheblichen Kommunikationsschwierigkeiten – es dauerte Wochen, bis Briefe ihr Ziel erreichten – und Probleme mit Behörden mit in Betracht ziehe, ist es eigentlich ein Wunder, dass sie es geschafft haben, auch nur ein einziges Kind von Frankreich nach Amerika zu bringen.

»Aber man darf die Geschichte nicht rückwärts lesen«, betonen sowohl Laura Hobson Faure als auch Ron Coleman, als ich sie darauf anspreche. Heute wissen wir vom Holocaust. Heute wissen wir, dass die Vichy-Behörden 1942 anfingen, Kinder aus den Heimen nach Lager in Polen zu deportieren. Damals wusste man es nicht. »Sie sahen nicht, was kommen würde«, sagt mir Hobson Faure.

* * *

Von den Verhandlungen und Problemen im Hintergrund bekamen die Kinder selbst nur wenig mit. Für sie wurde es erst im Frühjahr 1941 konkret, als die Vorbereitungen für die Flucht nach Amerika vor Ort anliefen. Wie auch bei den Transporten nach Frankreich gestaltete sich der gesamte Prozess äußerst bürokratisch. Dossiers, medizinische und psychologische Gutachten, Lebensläufe, Passfotos und Vollmachten mussten für jedes einzelne Kind in zigfacher Ausfertigung erstellt werden. Die Arbeit der OSE ist aus heutiger Sicht eine unvorstellbar eindrucksvolle Leistung: Die Mitarbeiter der OSE fertigten im kriegsgebeutelten Südfrankreich über 1.000 individuelle Dossiers an – ohne zu wissen, wie viele ihrer Kinder tatsächlich ausgewählt werden würden. In Oswalds Akte finde ich alleine sieben getippte Lebensläufe, die für unterschiedliche Zwecke erstellt wurden.

Besonders bei den Familien- und Krankengeschichten bestanden die US-Behörden auf äußerst umfassende Beschreibungen zu jedem Kind, wodurch sich die Planung der Transporte immer wieder verzögerte.[27] Die OSE ließ die Gesundheit der Kinder von ihren eigenen Heimärzten bescheinigen. Und ja, dabei wurde auch geschummelt. »Du brauchtest ein Attest, das besagte, dass mit dem Kind alles in Ordnung sei. Auch wenn es vielleicht gar nicht stimmte«, bestätigte mir die OSE-Historikerin Katy Hazan im Nachhinein den Vorwurf der Quäker, dass die OSE bei den Gutachten zugunsten ihrer Schützlinge Informationen unterschlug.

Das Original von Oswalds Dossier befindet sich heute in Paris im Archiv der OSE. Den ersten Eintrag, den ich dort bezüglich seiner Rettung nach Amerika finde, stammt vom 31. März 1941. Dr. Hirschmann bestätigte in *Montintin* Oswalds Gesundheit: »Das Kind […] ist geistig normal. Sein allgemeiner Gesundheitszustand war während seines Aufenthaltes in unserem Heim zufriedenstellend.« Der zwölfjährige Oswald war 1,47 Meter groß, hatte graue Augen, helle Haare und habe in den letzten sechs Monaten keine Impfungen erhalten, vermerkte der Arzt.[28]

Am 7. April 1941 füllten die Quäker ein Anmeldeformular für Oswald aus, er war nun ganz offiziell ein Kandidat für den Kindertransport nach Amerika. Dieses Dokument enthält neben biografischen Angaben zu Oswald detaillierte medizinische Informationen, die weit über das OSE-Attest hinausgehen. Verzeichnet ist zum Beispiel, dass Oswald 1939 gegen Pocken und 1940 gegen Diphtherie geimpft wurde und dass er bereits die Kinderkrankheiten Scharlach, Masern und Keuchhusten gehabt hatte.

In dem Formular ist außerdem vermerkt, dass für Oswald bereits ein amerikanisches Visum beantragt worden war – von seinen Eltern! Tatsächlich hatte nämlich Hermann Kernberg seine Familie schon am 1. Juni 1938 beim amerikanischen Konsulat in Wien registrieren lassen.

Am Ende des Quäker-Formulars musste ein Elternteil oder der gesetzliche Vormund Oswalds Reise nach Amerika zustimmen. Seit der Schiffstragödie bei der Evakuierung britischer Kinder verlangten die Quäker zusätzlich eine Unterschrift des Vormunds, die sie selbst sowie alle beteiligten Organisationen von »jeglicher Haftung jeglicher Art und zu jeder Zeit« freisprach, falls Oswald auf der Überfahrt oder in Amerika etwas zustoßen würde.

Auf Oswalds Dokument finde ich seine eigene Unterschrift sowie zwei violette Fingerabdrücke von ihm. Ein Erwachsener hat das Formular allerdings nicht unterschrieben. Auch ein Passfoto und ein großer Nummernstempel, wie ich sie auf Vollmachten anderer Kinder sehe, fehlen hier. Stand Oswalds Emigration also auf wackligen Beinen?

In Oswalds OSE-Akte finde ich außerdem – möglicherweise kriegsbedingt – Kommunikationsfehler: Formulare, die teils gleichzeitig ausgefüllt wurden, enthalten oft unterschiedliche Informationen. So wurde die Adresse von Oswalds Eltern alternativ mit Gussenbauergasse 1, Nußdorfer Straße 60 oder Opole in Polen vermerkt, teilweise wurden Adressen auch händisch durchgestrichen und ausgebessert. Verwirrung herrschte allem Anschein nach auch über Oswalds Herkunft; so wird seine Nationalität abwechselnd als polnisch, ex-österreichisch oder österreichisch angegeben. Vor allem die Zuordnung »polnisch« verwundert, schließlich war Oswald von Geburt an österreichischer Staatsbürger. Die falsche Angabe entstand wohl dadurch, dass Oswalds Vater gebürtiger Pole war. Ob es sich bei den unterschiedlichen Nationalitäten um einfache Fehler handelte (schließlich wurden Anträge von Hunderten Kindern gleichzeitig bearbeitet) oder ob die Quäker bewusst nichtdeutsche Kinder mitnehmen wollten, darüber kann nur spekuliert werden. Im letzten von den Quäkern vor seiner Abreise ausgefüllten Formular wurde Oswalds Staatsbürgerschaft jedenfalls mit österreichisch angegeben.

Das Kernstück jedes Dossiers war der Lebenslauf, der die Eigenheiten der einzelnen Kinder hervorheben sollte. Zu Oswald heißt es: »Oswald besuchte 4 Jahre eine öffentliche Schule in Wien und ein Jahr lang ein Gymnasium. In Frankreich ging er 2 Jahre in die Schule im Kinderheim. [...] Der Junge hat eine lebhafte Intelligenz und viel Fantasie. Seine Lehrer waren vollauf zufrieden mit ihm, er gilt als ein interessanter Schüler, der in der Zukunft sicher Erfolg haben wird. Er spricht Deutsch und Französisch.«

In einem weiteren Lebenslauf lese ich: »Oswald ist ein Kind voller Einbildungskraft, spontan, sehr vernünftig, gesellig. Er ist ein begabter Zeichner.«

Gleich hinter diesem Lebenslauf erkenne ich in der Akte auf einem Blatt Papier die rundliche Handschrift Hermann Kernbergs. Von einem großen Kringel eingerahmt prangt das Wort *Bewilligung* am oberen Rand des Dokuments. Trotz aller Kriegswirren versuchte die OSE, wenn irgend möglich, eine Einverständniserklärung der Eltern zu bekommen. Hermann schickte diese am 4. Mai 1941 – also bereits aus Opole! – nach Frankreich: »Ich, Samuel Hersch Kernberg, als ehelicher Vater meines Sohnes ›Oswald Kernberg‹ geboren am 19. Oktober 1928 in Wien, erteile hiermit die ausdrückliche Zustimmung und Einwilligung, dass mein Sohn in die Vereinigten Staaten von Nordamerika einreisen darf und soll.«

Diese Bewilligung ist für mich einer der außergewöhnlichsten Aspekte von Oswalds Rettung. Man muss sich das vorstellen: Oswald lebte als Flüchtling in Vichy-Frankreich, seine gesamte Familie war in ein Ghetto nach Polen deportiert worden. Die Menschen in Opole litten unter lebensbedrohlichem Hunger, weil es quasi keine Versorgung mit Lebensmitteln gab. Aber die Post funktionierte noch! Und zwar so gut, dass Hermann Kernberg die Bewilligung für seinen Sohn in die Schweiz schicken konnte, von wo aus sie ein Bekannter nach Frankreich weiterleitete.

»Hätte mein Vater die Bewilligung nicht unterschrieben, wäre ich nicht aus Frankreich herausgekommen.« In diesem Punkt war sich Arthur sicher. »Die Eltern eines Jungen aus meinem Zimmer in *Montintin* wollten nicht, dass er wegging, und holten ihn nach Paris zurück«, erzählte er mir einmal mit ernstem Gesicht. »Später wurde die ganze Familie nach Auschwitz deportiert.«

Tatsächlich irrte sich Arthur: Gelang es der OSE nicht, die Eltern zu kontaktieren, unterschrieb ein OSE-Mitarbeiter als gesetzlicher Vormund die Bewilligung.

Mitte Mai 1941 war es dann so weit. Der amerikanische Konsul in Marseille erhielt endlich alle benötigten Unterlagen für die ersten hundert Kinder. Wegen eines Missverständnisses in einem Telegramm herrschte allerdings Verwirrung darüber, ob die USCOM-Kinder reguläre Quotenvisa oder spezielle Visa bekommen sollten, sodass es zu einem erneuten Aufschub kam.

Die Visa waren jedoch nicht das einzige Problem: Auch die Organisation der Überfahrt gestaltete sich mehr als schwierig. So erfuhren die Hilfsorganisationen im März, dass es bis Anfang Juli keine freien Plätze mehr auf Schiffen nach Amerika gäbe. Obwohl das Problem mit der Schiffspassage noch nicht endgültig geklärt war, wurden dennoch die ersten 100 Kinder im Mai 1941 nach Marseille geschickt. Wie angekündigt bestand die Gruppe zum Großteil aus OSE-Schützlingen, darunter auch sehr viele Kinder aus *Montintin* und *La Chevrette*.

Nur einer durfte nicht mit: Oswald.

Reise in die Freiheit

»Ich und die fünf Jungen aus meinem Schlafsaal wurden für den ersten Transport nach Amerika ausgewählt«, erzählt mir Arthur im November 2013. Es ist der Tag nach dem Thanksgivukkah-Fest, und wir sitzen in plüschigen Klubsesseln. Arthur hält seinen Kopf leicht geneigt und stützt ihn in seine Hand. Er seufzt leise. Dann richtet er sich auf, nimmt seine altmodische, runde Brille ab, legt sie vor sich auf den Tisch und spricht weiter.

»Ich und die fünf Jungen aus meinem Schlafsaal wurden für den ersten Transport ausgewählt, und am Tag bevor wir fahren sollten, sagten sie mir, dass ich nicht mitdarf.« Arthur schluckt. »Ich war völlig traumatisiert. Ich hab geweint und geweint und geweint. All die anderen Jungen, alle aus meiner Altersklasse, sie fuhren alle weg! Es war, als hätte ich zum zweiten Mal meine Familie verloren. Ich war völlig am Boden zerstört und fühlte mich so furchtbar allein. Du kannst dir gar nicht vorstellen, wie viel ich geweint habe.«

»Hast du je erfahren, warum du nicht mitfahren durftest?«, frage ich Arthur.

»Nein.« Nach einer kurzen Pause fährt er fort. »Aber das Tragische ist, dass ein anderes Mädchen auch von der Liste gestrichen wurde. Ruth Drucker. Und Ruth wurde nie für einen weiteren Transport ausgewählt, weil sie in der Zwischenzeit sechzehn Jahre alt wurde und damit zu alt war. Später wurde sie nach Auschwitz deportiert und dort ermordet.«

* * *

Für den zwölfjährigen Oswald war es ein Schock, dass er nicht gemeinsam mit seinen Freunden nach Amerika reisen durfte. Wie ich bei meiner Archivrecherche herausfinde, war es aber von Anfang an äußerst unsicher, ob er tatsächlich für den ersten Transport ausgewählt werden würde. Auf zwei Listen, die in den AMEROSE-Akten erhalten geblieben sind, wird Oswald jeweils nur als Ersatzkandidat geführt. Auf einer der Listen steht Oswald an fünfter Stelle von insgesamt 25 dieser *candidats remplaçants.* Auf einer zweiten, die nach der Abreise des ersten Transports erstellt wurde, gibt es nur noch sieben Ersatzkandidaten, Oswald wird hier an zweiter Stelle genannt.[1] Auch die bereits erwähnte Vollmacht der Quäker blieb ja ohne Unterschrift, woraus ich schließe, dass Oswald nicht für den ersten Transport vorgesehen war. Dem zwölfjährigen Jungen selbst sagte dies aber offensichtlich niemand, er ging davon aus, seine Freunde begleiten zu können.

Die Trennung war nicht nur für die Zurückgebliebenen, sondern auch für die Kinder, die abreisen durften, ein hochemotionaler und schwieriger Moment. Erich Grünebaum widmete dem Abschied von seinem besten Freund eine ganze Seite in seinen unveröffentlichten Memoiren: »Am Tag vor dem großen Tag saßen Oswald und ich auf dem Hügel vor dem Haupthaus und er weinte wie ein Baby. Er konnte nicht verstehen, warum er zurückgelassen wurde. Es gab sehr wenig, was ich ihm sagen konnte, außer ihm zu versichern, dass er wahrscheinlich auf dem nächsten Transport sein würde.« Es sollte ganze fünfzehn Jahre dauern, bis sich Oswald und Erich, die sich in Montmorency ewige Freundschaft und Blutsbrüderschaft geschworen hatten, wiedersahen.

Ein paar Wochen nach der Abreise der Kinder erhielt Oswald einen Brief von fünf seiner Freunde aus einem Hotel in Marseille, wo diese auf ihre Visa warteten. Hans Singer eröffnete die mit Rechtschreibfehlern gespickte Gruppennachricht: »Lieber Oswald, Wir haben deinen Brief erhalten. Uns tut es sehr leid daß wir uns trennen mussten. Uns geht es sehr gut, daß wir auch von dir hoffen. Da wir nichts anderes zu schreiben haben wissen schreiben wir dir die Reise die dir sicher gefallen wird«, begann er.

»Da der Hans mir die [Reise] weg geschnapt hat schreieb ich dir wie es hier ist«, setzte Werner den Brief fort. »Am Morgen werden wir geweckt wir essen dann langweiligen wir bis zum Mittag. Marseille ist so reich daß man Erdnüsse auf der Straße findet. Vorgestern machten wir einen ausflug im Zoo dort sahen wir eine Maus Vögel 3 Zebra 1 Giraffe 1 Elefant 1 Kamel und ein paar Affen.«

Spaziergänge und Zoobesuche machten Spaß, aber über ihre Unterkunft in Marseille hatten die Jungen nichts Gutes zu berichten: »Es ist wie ein Gefängnis hier vor dem Haus ist ein kleiner Hof der mit Mauern umgeben ist. Sonst nichts Neues, sei vielmals gegrüßt und geküsst, Sigi.«[2]

Während sich die Kinder in Marseille langweilten oder mit Ausflügen vergnügten, war ihre Überfahrt nach Amerika noch immer nicht gesichert. Es kam bei der Beschaffung der Visa zu Problemen. Jedes einzelne Kind benötigte nämlich nicht nur eines, sondern insgesamt vier Visa: eines zur Ausreise aus Frankreich, je eines zur Durchreise durch Spanien und Portugal (von wo aus die Flüchtlingsschiffe ablegten) sowie eines zur Einreise nach Amerika.

Wie ein tragikomischer Brief zeigt, schafften es die Quäker schließlich in nur 48 Stunden, alle vier Visatypen für hundert Kinder zu ergattern – indem sie zwischen dem amerikanischen, spanischen und portugiesischen Konsulat sowie der französischen Polizeistation hin- und herliefen und dazwischen hundert Fotos händisch auf hundert Ersatzpässe aufnähten, weil es im kriegsgebeutelten Marseille keine Heftapparate mehr gab.[3]

Schließlich ging aber alles gut: Die hundert Kinder erreichten am 20. Juni 1941 an Bord der *S. S. Mouzinho* Amerika und wurden in New York von Ernst und Helene Papanek freudig begrüßt.[4] Vom Moment der ersten Kontaktaufnahme zwischen der OSE und dem USCOM bis zur Ankunft des ersten Kindertransportes waren acht Monate vergangen.

Da fast alle Kinder aus *La Chevrette* abgereist waren, wurde das orthodox geführte Nebengebäude von *Montintin* geschlossen. Oswald und der verbliebene Rest der Bewohner wurde in das *Château de Mas-Jambost* etwas außerhalb von Limoges verlegt, jenes religiös geführte OSE-Heim, in das Madame Krakowski bereits zuvor die älteren Mädchen geschickt hatte.

* * *

»Artie war einer meiner besten Freunde«, sagt mir Norbert Rosenblum. »Wir waren mehr als nur Freunde, wir waren Brüder.« Der gebürtige Straßburger kennt Arthur seit ihrer gemeinsamen Zeit in der *Villa La Chesnaie* in Eaubonne und blieb ein Leben lang mit ihm befreundet. Im Sommer 2016 treffe ich Norbert und seine Frau Marion im Haus von Arthurs ältestem Sohn Aaron in Seal Beach in Kalifornien.

»Artie war immer für einen Spaß zu haben«, erinnert sich Norbert und erzählt von einer Party, bei der er neben ihm saß. »Artie nahm seine Brille ab und legte sie vor sich auf den Tisch und fing dann an, mit jemand anderem zu reden. Also nahm ich seine Brille und legte stattdessen meine hin. Und ein paar Minuten später setzte Artie die Brille auf. Und konnte nichts sehen! Wir haben ständig solche Sachen gemacht, *you know*. Solchen Unsinn.«

In Frankreich lebte Norbert Rosenblum in allen OSE-Heimen, in denen auch Arthur war: *Villa La Chesnaie, Château de Montintin*, *La Chevrette* und nach der Abfahrt des ersten Kindertransportes nach Amerika dann *Mas-Jambost.* Obwohl Norbert einige Jahre älter war als Arthur und deswegen nicht im selben Zimmer schlief, erinnert er sich noch gut an ihn. Rosenblum ist es zum Beispiel, der mir von Oswalds Spitznamen »Papakuss« berichtet.

Er ist auch der Einzige, der mir etwas von *Mas-Jambost* erzählen kann. Und von der aufregenden Fahrt dahin. »Ein Junge und ich erhielten die Aufgabe, mit einem Pferdewagen dorthin zu fahren, um die Besitztümer der Kinder zu transportieren«, beginnt Rosenblum. »Und Artie bestand darauf, auch mitzukommen. Wir drei wussten absolut nichts von Pferden! Aber wir fuhren die gesamte Strecke von *Montintin* nach *Mas-Jambost*. Und es war eine ganz schöne Entfernung, zwanzig Kilometer oder so! Wir fuhren am frühen Morgen los und kamen erst spät am Abend an unser Ziel.«

* * *

In *Mas-Jambost* wurde Oswald nicht länger von der OSE selbst unterrichtet, sondern besuchte zum ersten Mal eine öffentliche französische Schule. Eine völlig neue Erfahrung für den Zwölfjährigen. »Ich fühlte mich plötzlich dumm«, erinnerte sich Arthur Jahre später. »Na ja, nicht dumm, aber mir wurde plötzlich klar, wie wenig ich wusste, im Vergleich zu dem, was ich hätte wissen müssen. Wie weit ich hinter den französischen Zwölfjährigen hinterherhinkte. Meine Rechtschreibung war schrecklich, das Rechnen nicht besser.«

Mit seinen Freunden sprach Oswald nach wie vor Deutsch, daher lässt es sich schwer beurteilen, ob seine Schulprobleme an fehlenden Französischkenntnissen lagen, oder ob er tatsächlich so wenig wusste. In der OSE-Schule muss Oswald jedenfalls noch ein guter Schüler gewesen sein, denn sein Vater hatte ihn einige Wochen zuvor in einem Brief gelobt: »Besonders interessant war für uns deine Mitteilung, daß Du so gut u. brav in der Schule lernst u. der 3.te beste Schüler der Klasse bist. Nur so weiter, mein Liebling, unser Dank hierfür wird für Dich nicht ausbleiben.«

Mit seinen französischen Klassenkameraden vertrug sich Oswald in *Mas-Jambost* gut, aber richtige Freundschaften entwickelten sich nicht. »Ich konnte mich nicht wirklich mit ihnen anfreunden, weil ich immer ins Heim zurückmusste«, erzählte er mir.

Viel Zeit, um neue Menschen kennenzulernen, blieb Oswald ohnehin nicht. Denn nach nur einem Monat in *Mas-Jambost* wurde er bereits nach *Montintin* zurückgeschickt. Oswald stand auf der Liste für den zweiten Kindertransport nach Amerika!

Mitte Juli 1941 erhielt das USCOM die Genehmigung für hundert weitere Kinder, die diesmal aufgeteilt in zwei kleinere Gruppen nach Amerika reisen sollten, weil es weiterhin schwierig war, Schiffspassagen zu bekommen. Es war höchste Zeit. Am 22. Juni 1941 hatten die Nationalsozialisten das sogenannte Unternehmen Barbarossa gestartet – den Überfall der Wehrmacht auf die Sowjetunion. Der Krieg drohte zu eskalieren.

Zwei Briefe kündigten Ernst Papanek das Kommen der Kinder an. »Augenblicklich startet ein zweiter Kindertransport, von uns [aus *Montintin*] nur wenige (Norbert Rosenblum, Oswald Kernberg)«, berichtete Leo Brenner. Und der OSE-Generalsekretär Lazare Gourwitch schrieb: »Es fiel uns sehr schwer, uns von diesen Kindern zu trennen, fast alle aus Montmorency waren sie die ersten ›Pioniere‹ unserer Aktivitäten.«[5]

Einige Tage vor der Abreise schickte die Köchin Amalia Kanner Jungen zum Kirschenpflücken und opferte dann etwas von dem streng rationierten Zucker, um ein Dessert zu backen. »Die Kinder, die nach Amerika fuhren, würden bald alle Köstlichkeiten probieren können, von denen sie hier nur träumen konnten«, schrieb sie dazu Jahre später. »Aber ich wollte, dass sie sich auch durch etwas anderes an mich und an die Küche von *La Chevrette* erinnerten als nur den ungenießbaren Topinambur.«[6]

Nachdem das USCOM und die Quäker noch einmal betont hatten, dass ältere Kinder in Amerika schwierig unterzubringen waren, bestand der zweite Transport vor allem aus jüngeren Flüchtlingen unter zwölf Jahren. Der 15-jährige Norbert Rosenblum durfte nur mit, weil seine zwölfjährige Schwester für den Transport ausgewählt worden war und man in der Regel versuchte, Geschwister nicht zu trennen. Auch Amalia Kanners Töchter hatten großes Glück: »Am Tag vor der Abreise des zweiten Transportes erkrankten zwei Kinder aus einem anderen OSE-Heim und verloren ihre Gesundheitsfreigabe«, erzählte Kanners Tochter Eve in der gemeinsam mit ihrer Mutter verfassten Autobiografie *Shattered Crystals*. »Ruth und ich waren die einzigen Kinder, die die kostbaren, frei gewordenen Plätze füllen konnten. Einzig unsere Eltern waren vor Ort und fähig, sofortige Zustimmung zu geben und alle notwendigen Dokumente zu unterzeichnen.«[7]

Ende Juli 1941 war es so weit: Oswald verließ das *Château de Montintin* endgültig. Am Morgen der Abreise drängten und schubsten sich fast 20 Kinder lachend auf den Stufen der *Chevrette*, während ein älterer Junge mit einer Kamera in der Hand versuchte, sie alle auf ein einziges Foto zu kriegen.

»Mama, komm, du auch!«, rief Ruth Kanner, und die Kinder rutschten noch näher zusammen. Amalia stellte sich neben Oswald in die vorletzte Reihe, links neben ihm standen Norbert Rosenblum und dessen Schwester Friedl. Wenn ich mir das Foto heute ansehe, kommt es mir vor, als wäre es im Winter und nicht im Hochsommer aufgenommen: Die Kinder hatten ihre dicken Mäntel angezogen und ihre Mützen aufgesetzt, um Platz in ihren Koffern zu sparen.

Nach dem Foto blickte sich Oswald noch einmal um und versuchte sich *Montintin* und die *Chevrette* genau einzuprägen. Ein Jahr lang war das Schloss mit seinen großen Wäldern sein Zuhause gewesen, aber er hatte hier so viel erlebt, dass es ihm länger vorkam. Dann fuhren die jungen Flüchtlinge zum Bahnhof, um in Marseille ihre Visa abzuholen.

Auf dem Weg nach Marseille hielt der Zug kurz am Bahnsteig von Gurs, wo sich einige der Kinder von ihren internierten Eltern verabschieden konnten – die OSE hatte eine Sondererlaubnis bei der Lagerverwaltung erwirkt. Zeitgenössische Berichte beschreiben tragische Szenen während des dreiminütigen Treffens: Die Kinder hatten extra ihr Frühstück nicht gegessen und reichten ihren ausgehungerten Eltern nun Brot durch die Zugfenster.

Weiter ging es nach Toulouse, wo sich die Kinder im Bahnhofshotel satt essen konnten, bevor sie um kurz vor Mitternacht den Spätzug nach Marseille nahmen. Am nächsten Morgen frühstückten sie am Bahnhofsbuffet und wurden dann in das Hôtel du Levant, eine Unterkunft für jüdische Flüchtlinge, gebracht.

»Wir blieben ein oder zwei Wochen in Marseille«, erzählte mir Arthur. »Und dort kamen dann Kinder aus anderen OSE-Heimen dazu. Aus *Chabannes*, *Masgellier*, *Broût-Vernet* und *Chaumont.*« Eines dieser Kinder war Adolf Löw, ein etwas jüngerer Bub, den Oswald noch aus seiner Zeit in der *Villa La Chesnaie* in Eaubonne kannte. Nach ihrem Wiedertreffen in Marseille sollten sich Oswald und Adolf nie wieder trennen. Als »Arthur« und »Aaron« wurden sie ein Leben lang zu besten Freunden.

An das Hôtel du Levant erinnern sich die Kinder mit Schrecken: Oswalds Freund Sigi hatte es in seinem Brief gar als Gefängnis bezeichnet, Ruth Kanner beschrieb es als Baracke. Die Flüchtlingsunterkunft war völlig überbelegt, und alle Kinder mussten im selben Raum schlafen, oft zu zweit in einem Bett. In der Mitte des Zimmers hing ein großes Bettlaken, um die Mädchen von den Jungen zu trennen.[8]

Auch die hygienischen Zustände ließen zu wünschen übrig. Im Hôtel du Levant gab es Bettwanzen und Kakerlaken, viele Kinder bekamen Läuse. »Sie mussten uns alle entlausen«, beschrieb mir Norbert Rosenblum die Situation. »Sie wuschen unsere Köpfe mit Kerosin. Einigen haben sie sogar die Haare ganz abrasiert, um alle Läuse loszuwerden.«

Unterricht gab es in Marseille keinen, aber die OSE bemühte sich, die Kinder durch Ausflüge bei Laune zu halten. Außerdem musste sich jeder Einzelne von ihnen zum wiederholten Male einer ärztlichen Untersuchung unterziehen und persönlich beim amerikanischen Konsulat vorsprechen. Am 7. August 1941 füllten die Quäker in Marseille erneut ein Antragsformular und eine Vollmacht für Oswald aus – diesmal vollständig mit Passfoto und einer gestempelten Nummer: der 23. Drei Tage später, am 10. August, unterschrieb die OSE-Funktionärin Andrée Salomon das Dokument als gesetzlicher Vormund Oswalds. Die Adresse seiner Eltern war jetzt zutreffend mit Opole angegeben. Da sich nicht exakt rekonstruieren lässt, zu welchem Zeitpunkt Oswald für den zweiten Transport zugelassen wurde, kann ich den Grund nur erahnen. Es ist gut möglich, dass die Deportation seiner Eltern dafür ausschlaggebend war. Jedenfalls zählte er nun zu jenen bedürftigen Kindern, die die USCOM-Transporte retten wollten.

Am 11. August stellte G. McMurtrie Godley, der amerikanische Vizekonsul in Marseille, für Oswald ein *Affidavit in Lieu of Passport* aus, da er wie der Großteil der Kinder keine gültigen Reisedokumente besaß; sein am 9. März 1939 ausgestellter deutscher Pass war abgelaufen. In New York finde ich dieses Ersatzdokument in einer Kiste, die seit fast siebzig Jahren in einem Lagerhaus deponiert war. Neben einem Passfoto wurden hier auch einige Informationen zu Oswalds Aussehen vermerkt, so war er inzwischen 1,50 Meter groß, wog aber nur 35 Kilo und hatte eine große Narbe am rechten Bein. Auf der Rückseite des Affidavits befinden sich Oswalds Visum für die Vereinigten Staaten, ausgestellt am 11. August 1941, sowie sein Transitvisum für Portugal, datiert auf den 12. Seine französische Ausreisegenehmigung und sein Transitvisum für Spanien sind nicht erhalten.

Am 13. August 1941 verließen 45 der jüdischen Flüchtlingskinder gemeinsam mit einer Quäker-Eskorte Marseille. Die restlichen 55 – darunter auch Norbert Rosenblum – blieben noch einige Wochen länger in Marseille, bevor auch sie sich auf den Weg machten.[9]

Während der Reise musste jedes der Kinder eine Karte mit seiner Transportnummer um den Hals tragen. »Meine Nummer war die 23«, erklärte mir Arthur. »Und wir mussten sie wirklich die gesamte Zeit um den Hals tragen – vom Moment, als wir Marseille verließen, bis wir die Vereinigten Staaten erreichten.« Auf der Karte waren auf Englisch und auf Französisch Oswalds Name, der Name des Schiffes sowie eine Nachricht der Quäker aufgedruckt: »Im Falle eines Notfalls, telegrafieren Sie einer der oben genannten Adressen. [...] Geben Sie bitte meinen Namen und meine Nummer an und beschreiben Sie meine Situation. [...] Eine Antwort wird Sie sofort erreichen und Ihre Ausgaben werden vollständig erstattet.«

1 | Lilly Maiers erstes Treffen mit Arthur und Trudie Kern am 30. März 2003 in Wien

SAMSTAG, 3. MAI 2003 LEBEN KURIER 13

Brief an die ermordete Vorbewohnerin

ZEITGESCHICHTE Schüler arbeiten das Schicksal von NS-Opfern auf

VON JOSEF GEBHARD

Sie fuhr gerne nach Marienbad auf Kur. Nur das Kochen war nicht gerade ihre Leidenschaft: Frieda Kernberg. Geboren 1897 im rumänischen Domki, verheiratet mit dem Wiener Textilfabrikanten Samuel Kernberg, Mutter zweier Kinder.

1941 wurde das jüdische Ehepaar samt Sohn Fritz von den Nazis nach Opole (Polen) deportiert. Vermutlich schon bald darauf kam die Familie um. Ein grauenvolles Schicksal, das die Kernbergs mit 65.000 Juden aus Österreich teilen mussten.

Mehr als 60 Jahre später begibt sich die elfjährige Lilly Maier aus Wien auf Spurensuche. Im Rahmen des Projekts „A Letter to the Stars", bei dem österreichweit rund 15.000 Schüler mitmachen, schreibt sie ein ganz persönliches Porträt von Frieda Kernberg.

Lillys Wahl fiel nicht gerade zufällig auf diese Frau. Schließlich lebt die Schülerin heute in jener Wohnung in Wien-Alsergrund, in der bis zu ihrer Zwangsumsiedelung die Kernbergs wohnten.

GERHARD DEUTSCH

Die elfjährige Lilly mit einem Foto von Frieda Kernberg: „Ich werde ihr schreiben, dass ihr Sohn Arthur überlebt hat"

ÜBERLEBT Dass Lilly das heute weiß, verdankt sie Arthur Kern. Der jüngere Sohn von Frieda Kernberg ist das einzige Familienmitglied, das den Holocaust überlebte. Im März 1939, als er ungefähr so alt war wie Lilly heute, gelang ihm über eine Art Kinderlandverschickung die Flucht aus Wien nach Frankreich. Zweieinhalb Jahre später gelangte er in die USA, wo er heute noch lebt.

Vor kurzem kontaktierte Kern Familie Maier, da er einmal noch seine alte Wiener Wohnung besuchen wollte. Dies hatte er schon in den 70er-Jahren versucht, war aber von den damaligen Bewohnern buchstäblich hinaus geworfen worden.

Diesmal kam es aber zu einem Treffen. „Das war ganz nett. Arthur erzählte mir, dass mein Zimmer früher ein Klavierzimmer war und hat mir eine Spieluhr mitgebracht", sagt die Schülerin des Erich-Fried-Realgymnasiums in Wien 9. Weitere Mitbringsel waren Dokumente, die das Schicksal von Kerns Familie nachzeichnen: Geburtsurkunden und „Hunderttausende Meldezettel".

Eine besonders interessante Quelle sind die Briefe der Eltern, die Arthur noch aus dem polnischen Ghetto erreichten. „Darin schrieben sie, dass er brav Französisch lernen soll und dass sie versuchen würden, in die USA auszureisen", erzählt Lilly. Beim Entziffern der altertümlichen Schrift half ihr die Mutter.

Lilly und der heute 75-Jährige sind mittlerweile Freunde geworden und schreiben einander regelmäßig eMails. „Durch Arthur habe ich gelernt, dass man sehr viel Glück haben musste, um damals als Jude zu überleben", sagt die Schülerin.

Derzeit schreibt sie einen Brief an die ermordete Frieda Kernberg, der am Montag (5. Mai) gemeinsam mit Tausenden anderen vom Wiener Heldenplatz aus mit weißen Luftballons in den Himmel geschickt werden soll (siehe Programm). „Ich werde ihr darin erzählen, dass ich in ihrer früheren Wohnung lebe und dass ihr Sohn Arthur überlebt hat."

▸ MEHR IM INTERNET
www.lettertothestars.at

PROGRAMM

Feierlicher Höhepunkt von „A Letter to the Stars" ist eine Veranstaltung am Montag, den 5. Mai (ab 12 Uhr), am Wiener Heldenplatz. Alle am Projekt beteiligten Schüler sind dazu eingeladen. Vertreter von Gruppen, die vom NS-Regime verfolgt wurden (z. B. Juden, Roma und Sinti, Homosexuelle), erzählen aus ihrem Leben.

Am Ende steigen Luftballons mit Briefen an jene Toten auf, deren Schicksal die Schüler erforscht haben.

Geschichte: Rund 80.000 Opfer

Projekt Bei „A Letter to the Stars" machen mehr als 500 österreichische Schulen bzw. 15.000 Schüler mit. Die Kinder und Jugendlichen recherchieren die Lebensgeschichten von NS-Opfern. Die Idee zu diesem Projekt stammt von den beiden Journalisten Andreas Kuba und Josef Neumayr.

Statistik Rund 80.000 Österreicher fielen zwischen 1938 und 1945 dem NS-Terror zum Opfer. Die meisten davon waren Juden.

2 | Nach ihrem Treffen mit Arthur recherchierte Lilly das Leben seiner Mutter Frieda für ein Zeitgeschichteprojekt von Schülern. Zahlreiche Medien wie der *Kurier* berichteten darüber.

3 | In diesem Haus in der Gussenbauergasse 1 wuchs Arthur auf, 60 Jahre später zog Lilly dort mit ihrer Mutter ein.

4 | 5. Mai 2003: 80.000 weiße Luftballons steigen in den Himmel über Wien auf – einer für jeden Österreicher und jede Österreicherin, die während des Holocausts ermordet wurden.

5 | Wien, Mai 2008: Tafeln mit Zitaten von österreichischen Holocaust-Überlebenden erinnern an die Opfer der Nazizeit.

6 | Arthur kam als Oswald Kernberg auf die Welt. Hier mit seinem großen Bruder Fritz, ca. 1929

7 | Oswald mit seinem Großvater Yechaskell Goldfeld

8 | Oswalds Cousin Otto hat sich später als Psychoanalytiker und Psychiater weltweit einen Namen gemacht.

9 | Klassenfoto aus dem Jahr 1937/38. Oswald ist der stehende Bub rechts in der vorletzten Reihe (siehe Pfeil).

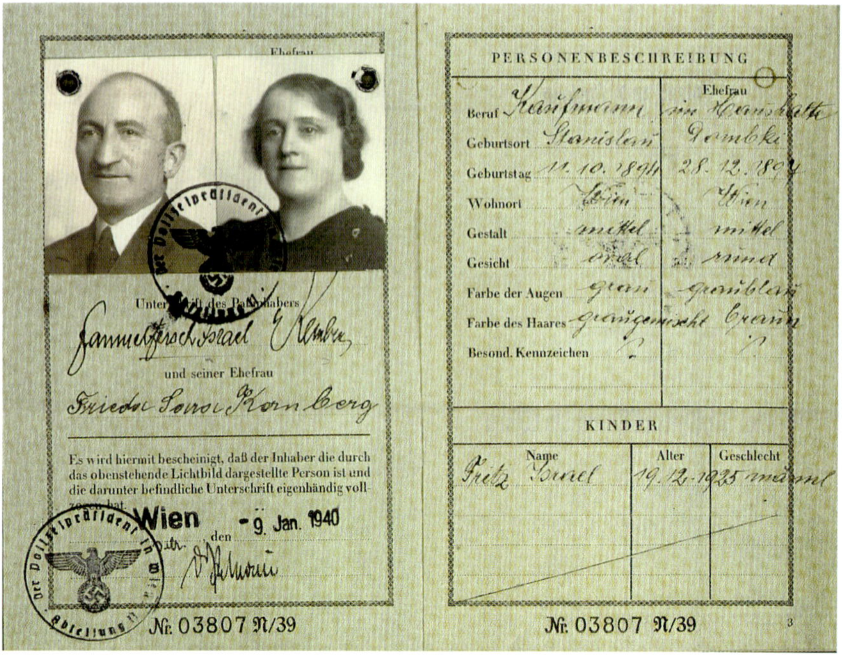

10 | Der Pass von Oswalds Eltern Hermann und Frieda wurde im Januar 1940 von den nationalsozialistischen Behörden ausgestellt.

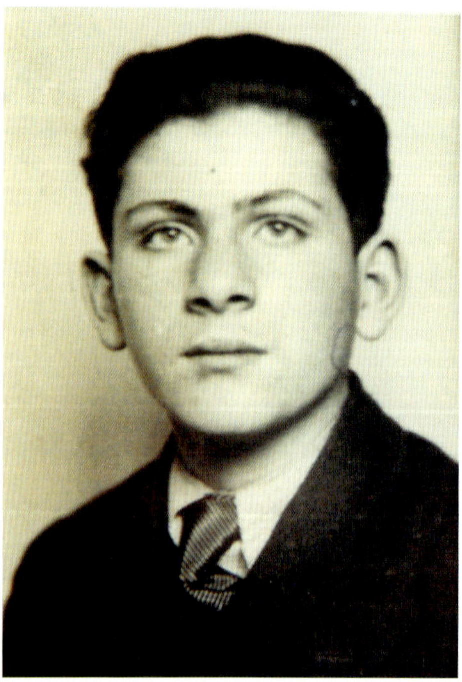

11 | Oswalds Bruder Fritz wurde nicht für den Kindertransport zugelassen. Er blieb mit den Eltern in Wien zurück.

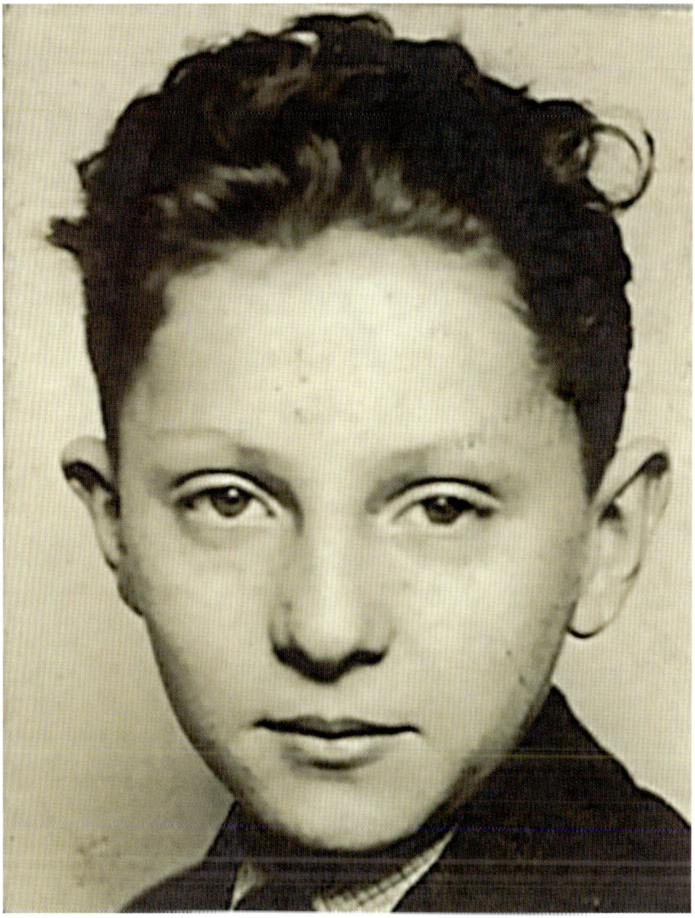

12 | Das Foto wurde 1939 eigens für Oswalds Antrag für den Kindertransport aufgenommen.

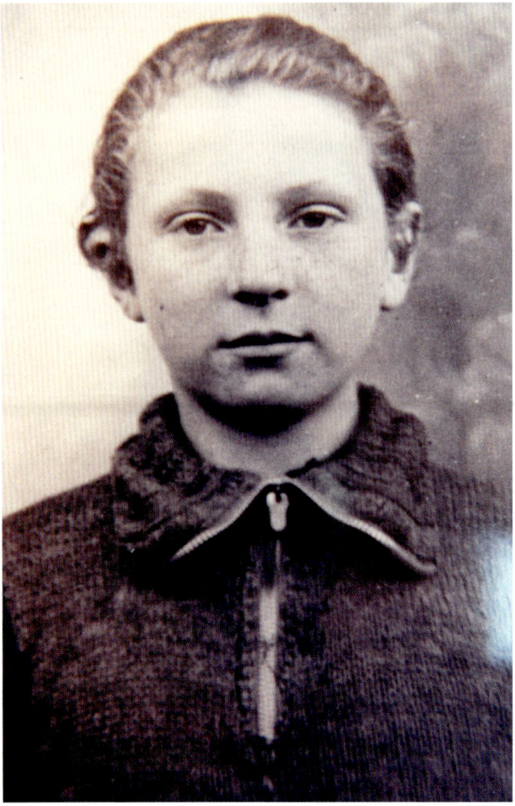

13 | Oswald um 1940 in Frankreich. Zeit seines Lebens war er besonders stolz auf dieses Foto, weil er den Pullover selbst gestrickt hat.

14 | Die jüdischen Flüchtlingskinder auf einer Exkursion nach Paris im Frühjahr 1939

15 | Der OSE-Heimleiter Ernst Papanek und seine Frau Helene in Montmorency

16 | Anlässlich seines 39. Geburtstags organisierten die Kinder eine große Überraschungsfeier für Ernst Papanek.

17 | Heimkinder beim Kartoffelschälen

18 | Eine spannende Partie Schach in der *Villa Helvetia*

19 | Montmorency: Eine Gruppe Mädchen führt den »Tanz der aufgehenden Blüte« auf.

20 | Jugendliche treten bei Sport-Wettkämpfen in Montintin im Speerwurf an.

21 | Bei gutem Wetter unterrichtet die OSE (Organisation zum Schutz der Kinder) die jungen Flüchtlinge gerne im Freien.

22 | Anlässlich des französischen Nationalfeiertags veranstaltet die OSE 1939 einen Zirkus. Für einen Sketch verkleiden sich die Kinder als Schulmaterial: Hefte, Bücher, Kreide und eine Schere.

23 | Zeichnung aus Oswalds Geschichtenheft, das er in Frankreich geführt hat.

24 | In Frankreich erhielten die jungen Flüchtlinge eine handwerkliche Ausbildung, zum Beispiel als Schuster.

25 | Die Tischlerei in Montintin: Auch Oswald lernte hier, Möbel zu bauen.

26 | Die OSE veranstaltete regelmäßig »Olympische Wettkämpfe«, um die Kinder vom Kriegsgeschehen abzulenken.

27 | Bei einem der Sportfeste in Montintin war Oswald in der Disziplinenkommission.

28 | Picknick in den weitläufigen Parkanlagen von Montintin, ca. 1940. Oswald sitzt links neben der Erzieherin (siehe Pfeil).

29 | Von Charlie Chaplin bis zum Indianer: Verkleidete Jugendliche vor dem *Château de Montintin*

30 | Montmorency: Zwei Kinder lesen einen Brief ihrer Eltern.

31 | Oswald (siehe Pfeil) und seine Kameraden bei ihrer Abreise aus Frankreich im Juli 1941

32 | Oswalds Onkel Sigmund und Tante Erna vor ihrer Flucht aus Wien

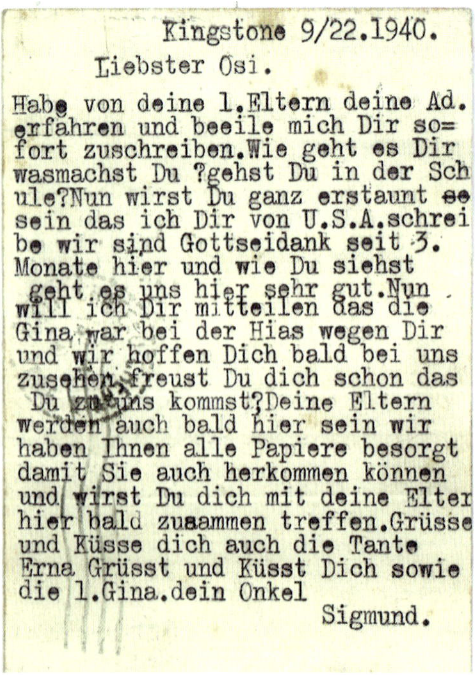

Kingstone 9/22.1940.

Liebster Osi.

Habe von deine l.Eltern deine Ad.
erfahren und beeile mich Dir so=
fort zuschreiben.Wie geht es Dir
wasmachst Du ?gehst Du in der Sch
ule?Nun wirst Du ganz erstaunt se
sein das ich Dir von U.S.A.schrei
be wir sind Gottseidank seit 3.
Monate hier und wie Du siehst
geht es uns hier sehr gut.Nun
will ich Dir mitteilen das die
Gina war bei der Hias wegen Dir
und wir hoffen Dich bald bei uns
zusehen,freust Du dich schon das
Du zu uns kommst?Deine Eltern
werden auch bald hier sein wir
haben Ihnen alle Papiere besorgt
damit Sie auch herkommen können
und wirst Du dich mit deine Elter
hier bald zusammen treffen.Grüsse
und Küsse dich auch die Tante
Erna Grüsst und Küsst Dich sowie
die l.Gina.dein Onkel

Sigmund.

33 | Eine Postkarte, die Oswald während seines Aufenthalts im *Château de Montintin* von seinem Onkel bekam.

34 | Dieser Lebenslauf war Teil von Oswalds Antrag für den Kindertransport nach Amerika.

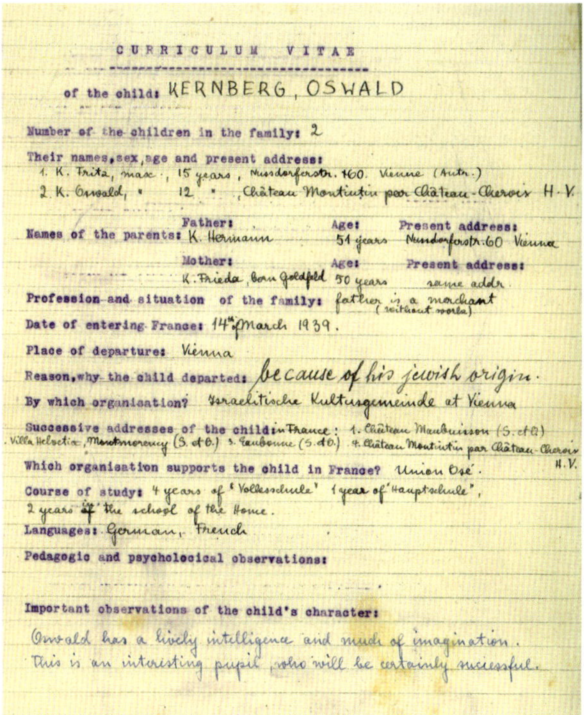

CURRICULUM VITAE

of the child: KERNBERG, OSWALD

Number of the children in the family: 2

Their names, sex, age and present address:
1. K. Fritz, masc., 15 years, Nussdorferstr. 160. Vienne (Autr.)
2. K. Oswald, " 12 " , Château Montintin par Château-Chervix H.V.

Names of the parents: Father: K. Hermann — Age: 51 years — Present address: Nussdorferstr. 60 Vienna
Mother: K. Frieda, born Goldfeld — Age: 50 years — Present address: same addr.

Profession and situation of the family: father is a merchant (without work)

Date of entering France: 14th March 1939.

Place of departure: Vienna

Reason, why the child departed: because of his jewish origin.

By which organisation? Israelitische Kultusgemeinde at Vienna

Successive addresses of the child in France: 1. Château Maubuisson (S. et O.) Villa Helvetia, Montmorency (S. et O.) 3. Eaubonne (S. et O.) 4. Château Montintin par Château-Chervix H.V.

Which organisation supports the child in France? Union Osé.

Course of study: 4 years of "Volksschule" 1 year of "Hauptschule", 2 years of the school of the Home.

Languages: German, French

Pedagogic and psychological observations:

Important observations of the child's character:
Oswald has a lively intelligence and much of imagination. This is an interesting pupil, who will be certainly successful.

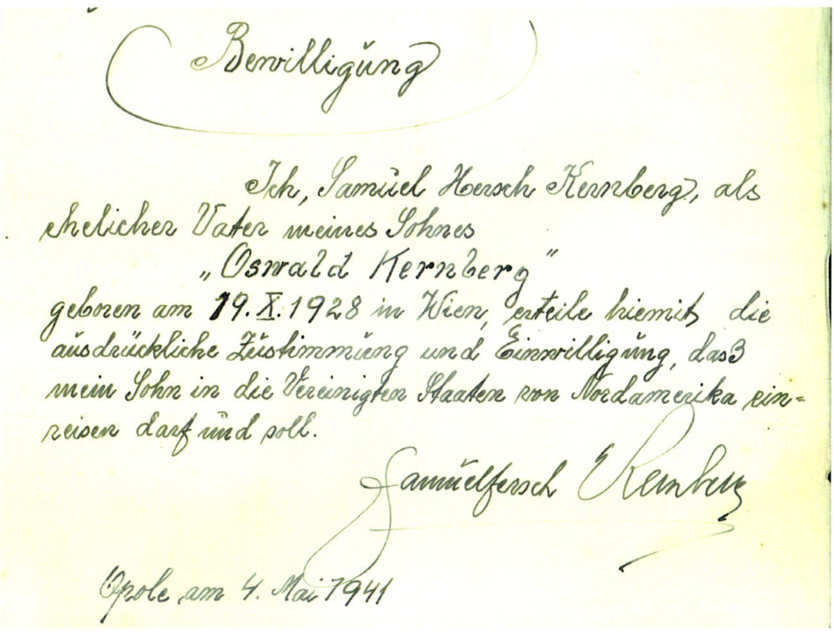

Bewilligung

Ich, Samuel Hersch Kernberg, als ehelicher Vater meines Sohnes „Oswald Kernberg“ geboren am 19. X. 1928 in Wien, erteile hiemit die ausdrückliche Zustimmung und Einwilligung, daß mein Sohn in die Vereinigten Staaten von Nordamerika einreisen darf und soll.

Samuel Hersch Kernberg

Opole, am 4. Mai 1941

35 | Hermann Kernberg schickte die Bewilligung für Oswalds Reise nach Amerika aus dem Ghetto in Opole, Polen.

36 | Oswald (siehe Pfeil) und eine Gruppe OSE-Kinder erreichen Lissabon am 16. August 1941.

37 | Lissabon, 20. August 1941: Oswald (siehe Pfeil) und seine Kameraden warten am Dock, um ihre Schiffsreise nach Amerika anzutreten.

38 | Nach zweiwöchiger Überfahrt erreichen Oswald (siehe Pfeil) und 44 weitere Flüchtlingskinder am 1. September 1941 New York.

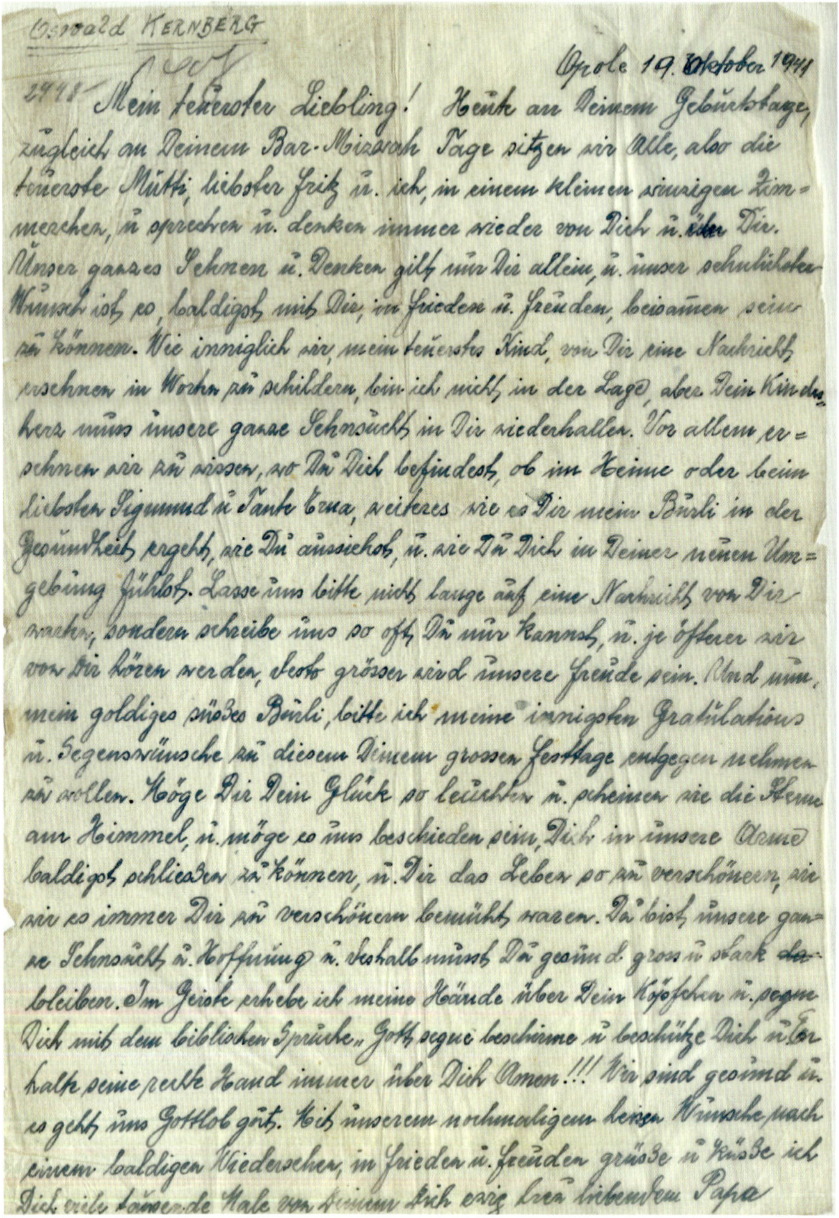

Oswald KERNBERG

2948

Opole 19. Oktober 1941

Mein teuerster Liebling! Heute an Deinem Geburtstage, zugleich an Deinem Bar-Mizwah Tage sitzen wir Alle, also die teuerste Mutti, liebster Fritz u. ich, in einem kleinen einzigen Zimmerchen, u. sprechen u. denken immer wieder von Dich u. über Dir. Unser ganzes Sehnen u. Denken gilt nur Dir allein, u. unser sehnlichster Wunsch ist so baldigst mit Dir, in Frieden u. Freuden, beisammen sein zu können. Wie inniglich wir, mein teuerstes Kind, von Dir eine Nachricht ersehnen in Worten zu schildern, bin ich nicht in der Lage, aber Dein Kinderherz muss unsere ganze Sehnsucht in Dir wiederhallen. Vor allem ersehnen wir zu wissen, wo Du Dich befindest, ob im Heime oder beim liebsten Sigmund u. Tante Erna, weiteres wie es Dir mein Burli in der Gesundheit ergeht, wie Du aussiehst, u. wie Du Dich in Deiner neuen Umgebung fühlst. Lasse uns bitte nicht lange auf eine Nachricht von Dir warten, sondern schreibe uns so oft Du nur kannst, u. je öfterer wir von Dir hören werden, desto grösser wird unsere Freude sein. Und nun, mein goldiges süßes Burli, bitte ich meine innigsten Gratulations u. Segenswünsche zu diesem Deinem grossen Festtage entgegen nehmen zu wollen. Möge Dir Dein Glück so leuchten u. scheinen wie die Sterne am Himmel, u. möge es uns beschieden sein, Dich in unsere Arme baldigst schließen zu können, u. Dir das Leben so zu verschönern, wie wir es immer Dir zu verschönern bemüht waren. Du bist unsere ganze Sehnsucht u. Hoffnung u. deshalb musst Du gesund, gross u. stark bleiben. Im Geiste erhebe ich meine Hände über Dein Köpfchen u. segne Dich mit dem biblischen Spruche „Gott segne beschirme u. beschütze Dich u. Er halte seine rechte Hand immer über Dich Amen!!! Wir sind gesund u. es geht uns Gottlob gut. Mit unserem nochmaligen heissen Wunsche nach einem baldigen Wiedersehen, in Frieden u. Freuden grüsse u. küsse ich Dich viele tausende Male von Deinem Dich ewig treu liebenden Papa

39 | Ende Dezember 1941 erhielt Oswald den letzten Brief seiner Eltern – mit Glückwünschen zu seinem Geburtstag und seiner Bar-Mizwa.

Certificate of
Bar Mitzvah

This is to Certify that
Oswald Kernberg
became בר מצוה on
Sabbath Lech-Lecha the
11th day of Cheshvan 5702 1941
in the presence of Congregation
Temple Zion
at 1925 Grand Concourse Bx.

RABBI
PRESIDENT
SECRETARY
TEACHER

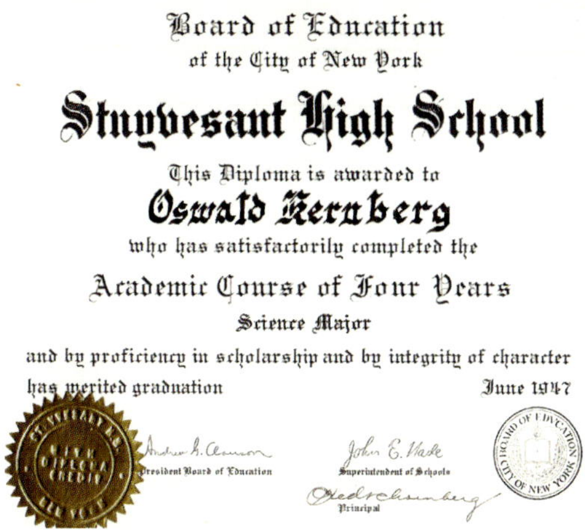

Board of Education
of the City of New York
Stuyvesant High School
This Diploma is awarded to
Oswald Kernberg
who has satisfactorily completed the
Academic Course of Four Years
Science Major
and by proficiency in scholarship and by integrity of character
has merited graduation
June 1947

President Board of Education
Superintendent of Schools
Principal

40 | Oswalds Bar-Mizwa-Urkunde, 1941

41 | 1947 macht Oswald seinen Abschluss an der renommierten *Stuyvesant High School*.

42/43 | 1952: Oswald – nun Arthur – und seine Frau Trudie machen ihren Abschluss am *City College of New York*.

44 | Arthur als junger Mann mit einer Ukulele, ca. 1948

45 | Mehrere Sommer lang arbeiteten Arthur (rechts) und sein bester Freund Aaron Low (2.v.r.) als Kellner in einem Hotel in den Catskills.

46 | Hochzeitsfoto
von Trudie und
Arthur Kern,
9. September 1951

47 | Trudie und Arthur
mit ihren zwei
ältesten Söhnen
Aaron und David
in ihrem Garten in
Kalifornien, 1957

48 | Exergy Power Inc.: Als Ingenieur führte Arthur hier Raketentests durch.

49 | Arthur mit einer Auszeichnung von seinem Arbeitgeber Rockwell International, 1992

The National Aeronautics and Space Administration
presents the
Apollo Achievement Award
to
A.O. KERN

In appreciation of dedicated service to the nation as a member of the team which has advanced the nation's capabilities in aeronautics and space and demonstrated them in many outstanding accomplishments culminating in Apollo 11's successful achievement of man's first landing on the moon, July 20, 1969.

Signed at Washington, D.C.
ADMINISTRATOR, NASA

50 | Arthur war an den Tests der Apollo-Raumkapseln beteiligt und erhielt dafür den *Apollo Achievement Award*.

51 | Arthur und Trudie in späteren Jahren

52 | Arthurs Enkelkinder, v.l.n.r.: Shira, Rachel, Alex und Sami

53 | Lilly bei einem ihrer zahlreichen Besuche in Los Angeles mit Shira

54 | Lilly Maier bei einem Vortrag im Deutschen Haus in New York

55 | Die *Villa Helvetia* beherbergt heute das Polizeikommissariat von Montmorency.

56 | Auf diesem Pier in Staten Island kam Arthur in Amerika an.

57 | Zinkplattenradierung von Rachel Kern. Der aufgebrochene Stacheldraht und die Friedenstaube sollen symbolisieren, dass es trotz Arthurs schwieriger Vergangenheit auch Gutes in seinem Leben gab.

58 | Die Brüder Jakob und Anselm Hirsch mit Oswald (rechts) in Eaubonne, 1939

59 | Bei der *OSE-Reunion* 1989 stellten die drei Freunde das Bild nach.

60 | Arthur und sein bester Freund Aaron Low in Wien, 2008

61 | Arthur und seine Wiener Familie 2006. V.l.n.r.: Trudie, Valerie und Fritz Bartos, Sabine und Lilly Maier, Brigitte und Fritz Kodras

62 | Lilly mit Arthur und Trudie in ihrem neuen Zuhause in der Senior Community in Los Angeles, 2014

63 | Arthurs Großfamilie beim Thanksgiving-Fest 2015 wenige Monate nach seinem Tod. Erste Reihe v.l.n.r.: Leslie, AJ, Trudie, Shira. Zweite Reihe v.l.n.r.: Elise, Danny, Rachel, Alex, Cash, David, Nena, Aaron, Sami

Die anstrengende mehrtägige Reise durch Frankreich, Spanien und Portugal zehrte an den Kräften der jungen Flüchtlinge: Viele wurden krank und litten an Husten oder Durchfall. Eine berührende Beschreibung dieser Zugfahrt lieferte Norbert Rosenblums Schwester Friedl in einem Brief, den sie Jahrzehnte später schrieb: »Arthur wird mir immer in Erinnerung bleiben, seit dem Moment in unserer Kindheit als er mir bei einer schwierigen Zugfahrt von Marseille nach Spanien seinen Mantel zum Schlafen anbot.«

An der französisch-spanischen Grenze hielten die Kinder für einige Stunden an. »Wir mussten den Zug wechseln, weil die Spurweite der Gleise unterschiedlich war«, erinnerte sich Arthur. »Die Züge konnten nicht am selben Gleis fahren.«

Die französischen Grenzbeamten behandelten die Gruppe höflich und ließen sie ohne Probleme weiterziehen. Ihre spanischen Kollegen jedoch traten sehr rau auf und durchsuchten die Kinder nach Wertsachen. Die Begleitpersonen hatten Angst, die Pässe ihrer Schützlinge nicht rechtzeitig zurückzubekommen, weil die Beamten diese so lange behielten.[10]

Durch Spanien fuhren die Kinder in einer äußerst altmodischen Eisenbahn, die so langsam war, dass die älteren Jungen manchmal aus dem fahrenden Zug ausstiegen, Blumen pflückten und dann wieder auf den rollenden Zug aufsprangen. Die jungen Flüchtlinge reisten in der dritten Klasse, die nur mit harten Holzbänken ausgestattet war. Damit Oswald sich beim Schlafen ausstrecken konnte, kletterte er über die Sitze und legte sich in das wackelige Gepäcknetz.[11]

Während ihrer dreitägigen Reise durch Spanien verbrachten die jüdischen Flüchtlingskinder eine Nacht in Madrid. Dort schliefen sie an einem denkbar ungewöhnlichen Ort: dem katholischen Nonnenkloster María Inmaculada.

Die Nonnen kümmerten sich liebevoll um Oswald und seine Kameraden, und die Kinder konnten sich zum ersten Mal seit ihrer Abreise aus Marseille richtig waschen. Dennoch blieb ihnen ihr kurzer Aufenthalt in Spanien negativ in Erinnerung. Das Ende des

Bürgerkriegs lag gerade einmal zwei Jahre zurück, und die Kinder sahen viele zerbombte Ruinen und Häuser mit Einschusslöchern. »Das größte Problem aber war, dass viele Menschen in Spanien Hakenkreuzanstecker trugen«, erklärte mir Arthur. Die Deutschen hatten geholfen, Franco an die Macht zu bringen, weshalb es in Spanien viele Sympathisanten Hitlers gab. Ein schockierender Anblick für die jüdischen Kinder, die gehofft hatten, nationalsozialistischen Symbolen für immer entflohen zu sein.

Kurz vor der Grenzüberquerung nach Portugal kam es zu einem weiteren Problem: Es war Schabbat, der jüdische Ruhetag, an dem es orthodoxen Juden verboten ist, zu reisen. Wie schon bei ihrer Flucht von Paris nach Südfrankreich, als Oswald und die anderen orthodoxen Kinder ausnahmsweise Schweinefleisch gegessen hatten, erkannten sie aber auch diesmal an, dass es sich um eine absolute Notsituation handelte. Sie erklärten sich bereit, den letzten Abschnitt der Reise anzutreten.[12]

Am 16. August 1941 erreichte die Gruppe schließlich Lissabon – die erste Hürde auf ihrer Reise in die Freiheit war gemeistert!

S.S. Mouzinho

»Lissabon war der Flaschenhals Europas, das letzte offene Tor des Konzentrationslagers, das sich über ganz Europa erstreckte«, schrieb der Schriftsteller Arthur Koestler auf seiner Flucht vor dem Nationalsozialismus.[1] Eine passende Analogie.

Portugal war im Jahr 1941 der letzte neutrale Hafen des Kontinents. Der letzte Ort, an dem sich jüdische Flüchtlinge – zumindest für einen begrenzten Zeitraum – relativ sicher aufhalten konnten und von wo aus noch Schiffe nach Übersee abfuhren. (Nord-) Frankreich, die Benelux-Staaten und Dänemark waren seit 1940 von Nazideutschland besetzt, im April 1941 hatte die Wehrmacht auch Griechenland und Jugoslawien erobert. Spanien ließ Flüchtlinge nur zur Durchreise ins Land, Italien war mit dem Deutschen Reich verbündet, und auch Vichy-Frankreich kollaborierte mit den Nationalsozialisten. Übrig blieb einzig Portugal.

Die Ankunft in Lissabon war für Oswald ein großes Erlebnis: Hier herrschte kein Krieg! Besonders nach der Zugfahrt durch das ärmliche, prodeutsche Spanien erschien den OSE-Schützlingen Portugal wie das Licht am Ende des Tunnels. »Von einem Meer des Hasses kamen wir in ein süßes Paradies«, formulierte es Dr. Isaac Chomski, der als Aufsichtsperson den ersten Kindertransport begleitet hatte.[2]

»In Portugal haben sich die Flüchtlinge zum ersten Mal in Sicherheit gefühlt. Hier war zum ersten Mal Ruhe«, betont auch die Historikerin Katrin Sippel. Sie ist die Geschäftsführerin der *Österreichischen Gesellschaft für Exilforschung* und erzählt mir im Gastgarten eines Wiener Kaffeehauses von ihrer Forschung zu Portugal als Transitland für österreichische Emigranten.

Flüchtlinge verbrachten oft Wochen oder sogar Monate in Portugal, während sie auf eine der begehrten Schiffspassagen warteten oder versuchten, auf dem Schwarzmarkt Tickets zu kaufen. »Ferien wider Willen ist ein Schlagwort, mit dem man den Aufenthalt in Lissabon beschreiben kann«, sagt Sippel. »Man ist zwar auf der Flucht, aber es ist auch eine Ruhepause mit Strandaufenthalt.«

Das traf auch für Oswald und seine Kameraden zu, obwohl die Kinder im Vergleich zu anderen Flüchtlingen nur relativ kurz in Portugal weilten. Am 16. August 1941 erreichten sie die Hafenstadt, am 20. bestiegen sie bereits ihr Schiff. Da die Kinder während ihres fünftägigen Aufenthaltes aber zahlreiche Besucher hatten und sehr oft fotografiert wurden, lässt sich ihr kurzer Aufenthalt heute gut rekonstruieren.

»Die Umgebung ist prachtvoll«, teilten die Quäker der OSE-Funktionärin Andrée Salomon mit. »Wir leben hier in einer Villa nicht weit vom Meer entfernt. Am Bahnhof von Lissabon wurden wir zweimal fotografiert, und heute gab es schon einen kurzen Bericht in den Zeitungen.«[3]

Die Kinder waren etwas außerhalb von Lissabon in einer Ferienkolonie untergebracht. Die Quäker hatten lange verzweifelt nach einer Unterkunft gesucht und erst am Tag vor der Ankunft des ersten Transportes eine passende Lösung gefunden, als sie Kontakt mit der portugiesischen Zeitung *O Século* (zu Deutsch: *Das Jahrhundert*) aufnahmen. Die 1880 gegründete Tageszeitung betrieb ein Ferienlager für bedürftige Kinder, das zurzeit aber leer stand und in dem sie nun die jungen Flüchtlinge willkommen hießen. Die Quäker mussten für die Unterkunft der Kinder nichts zahlen, sondern lediglich für deren Verpflegung aufkommen.

Der wohlhabende Besitzer von *O Século* interessierte sich sehr für das Schicksal der jüdischen Kinder und besuchte sie mehrmals. Fast jeden Tag veröffentlichte die Zeitung außerdem – nicht selten sogar auf der Titelseite – Artikel und Fotos über die *crianças refugidas*, »die Flüchtlingskinder«.

»In ihrem weiteren Leben werden sich all diese Kleinen an Portugal als das erste gesegnete Land erinnern, in dem sie ruhig schlafen und lachen konnten«, lese ich in einem der Artikel. »Von ihrer Freude wird auch ein guter Teil zu *O Século* [der Zeitung] zurückkehren, die sich glücklich schätzte, als sie uneigennützig einigen Dutzend Kindern half, die in einer bitteren Stunde ihres gerade erst begonnenen Lebens Hilfe benötigten.«[4]

Die *O Século*-Ferienkolonie war in einer Villa untergebracht, die von einem großen mediterranen Garten umgeben war. Ähnlich wie in der *Villa Helvetia* in Montmorency gab es auch hier eine eindrucksvolle Veranda, die zur Eingangstür führte und auf deren Steintreppen sich die Kinder für Ankündigungen versammelten. Das Innere der Villa war der reinste Luxus für die an Entbehrungen gewöhnten Flüchtlingskinder: Jedes von ihnen hatte ein Einzelzimmer mit einem eigenen Waschbecken.

Die Zeitung *O Século* existiert seit Ende der 1970er-Jahre nicht mehr, aber die von einer Stiftung betriebene Ferienkolonie für bedürftige Kinder gibt es noch immer. Heute ist in dem Gebäude außerdem ein Hostel untergebracht, in dem Touristen preisgünstig wohnen können. Der Nachlass von *O Século* liegt im portugiesischen Nationalarchiv und beinhaltet auch einige Fotos, die Oswald zeigen. Wenn ich mir die Bilder ansehe, muss ich immer lächeln, weil die Kinder mit ihren umgehängten Nummern so drollig wirken. Selbst beim Fangen spielen flatterten die Pappschilder an einer Kordel hinter den Kindern her. Oswalds Nummer 23 kann ich auf den Fotos aber nicht entdecken, weil er die Karte unter seinem Pullover versteckte.

Im großen Garten ihres temporären Zuhauses stand ein Feigenbaum, der Oswald magisch anzog. Überwältigt von der Tatsache, nicht mehr wie in Frankreich hungern zu müssen, aß der Zwölfjährige so viele Feigen, bis ihm schlecht wurde.[5]

Wie die Köchin Amalia Kanner vorausgesehen hatte, konnten die Kinder nun Köstlichkeiten probieren, von denen sie in Frankreich nur hatten träumen können. »Lissabon war der erste Ort, wo wir gutes Essen hatten«, erzählte mir Ernst Valfer. »Plötzlich gab es Berge an Brot und an Fleisch und weiß Gott was.«

Der Besitzer von *O Século* war nicht der Einzige, der den Kindern einen Besuch abstattete. Die jüdische Gemeinde von Lissabon, der *American Joint*, wohlhabende Bürger – sie alle kamen, und sie alle brachten Süßigkeiten und Schokolade mit. Die Körper der unterernährten Kinder waren diese Mengen an reichhaltigem Essen und Süßem allerdings nicht mehr gewohnt, und vielen von ihnen erging es wie Oswald. Sie litten an Durchfall und Übelkeit. Nach einigen Tagen mit viel Sonne und Strandspaziergängen bei frischer Luft erholten sich die Kinder jedoch wieder.[6]

Es gab nicht nur Süßigkeiten für sie, auch sonst wurden die Kinder in Portugal wie Ehrengäste behandelt und mit Aufmerksamkeiten überschüttet. Jüdische Händler kleideten die jungen Flüchtlinge komplett neu ein und schenkten ihnen Schuhe. Die Kinder wurden in teure Hotels ausgeführt, einmal ging es sogar in ein Kino: Sie sahen *Pinocchio*, den zweiten abendfüllenden Zeichentrickfilm von Walt Disney, der im Jahr zuvor in Amerika Premiere gefeiert hatte.

Einer der vielen Besucher der Ferienkolonie war Morris Troper, der europäische Direktor des *Joint*, jener amerikanischen Hilfsorganisation, die für einen Großteil des OSE-Budgets aufkam und auch die Kosten der Kindertransporte trug. In einem öffentlichen Brief, der in zahlreichen Zeitungen abgedruckt wurde, bedankte sich Troper bei der First Lady Eleanor Roosevelt für deren Unterstützung und erzählte ihr von den Kindern.

Tropers melodramatische Beschreibungen waren darauf ausgelegt, in Amerika Mitleid zu erregen und Spendengelder zu akquirieren; er übertrieb dabei aber so dermaßen, dass sein Brief wenig mit der Realität der jungen Flüchtlinge zu tun hatte. Bei ihrer Ankunft in Portugal hätten diese wie »müde, fahle, gebrochene kleine alte Männer und Frauen« ausgesehen, deren Kleider nur noch aus Fetzen bestanden und denen man erst wieder beibringen musste zu spielen, schrieb Troper.[7] Auch wenn sich Tropers Beschreibungen heute wie ein Affront gegen die Erziehungsleistung der OSE lesen – sein Wunsch, möglichst erfolgreich an die Spendierfreudigkeit der amerikanischen Bevölkerung zu appellieren, ist verständlich. Denn die Kindertransporte waren teuer. Allein für die Reise von Marseille durch Spanien nach Lissabon zahlten die Quäker im Sommer 1941 pro Gruppe von hundert Kindern 3.000 Dollar. Das entspricht knapp 51.000 Dollar nach heutigem Geldwert.

Bevor sie Europa verließen, schrieben alle Kinder noch einmal an ihre Eltern. Es dauerte fast vier Wochen, bis es Oswalds Brief von Portugal nach Polen schaffte. »Vom teuersten Oswald erhalten wir soeben aus Lissabon ein Schreiben, daß er in 3 Tagen das Schiff besteigt, um sich nach U.S.A. einzuschiffen«, schrieb Hermann Kernberg Mitte September an Verwandte. »Wie glücklich wir über diese Nachricht sind, werdet Ihr gar nicht ermessen können, wollen nur bemerken, daß wir nach Erhalt dieses Schreibens von unserem teuersten u. goldigsten Jungen stundenlang geweint haben.«

* * *

Die Geschichte von Arthur und mir ist eine Geschichte voller Zufälle. Hätte er nicht das Bedürfnis gehabt, seine alte Wohnung wiederzusehen, dann hätten wir uns niemals kennengelernt. Ich hätte niemals für das Zeitgeschichteprojekt *A Letter To The Stars* die Biografie seiner Mutter recherchiert, und es wäre niemals ein Artikel über unser Treffen in einer Wiener Zeitung erschienen, woraufhin er niemals den verloren geglaubten Nachlass seiner Eltern zurückerhalten hätte. Und ich selbst wäre wahrscheinlich nicht Historikerin geworden.

Ein weiterer Zufall dieser Art ereignet sich im Juli 2016 in Maryland, einem Bundesstaat direkt an der Grenze zur amerikanischen Hauptstadt Washington, D.C. Ich verbringe den Sommer hier, um im Archiv des *United States Holocaust Memorial Museum* mehr über Arthurs Rettung nach Amerika herauszufinden, und wohne währenddessen bei Esther Starobin.

Esther kenne ich gut, seit ich sie vor drei Jahren für meine Bachelorarbeit *Ein Leben nach dem Kindertransport* interviewt habe. Die pensionierte Lehrerin stammt ursprünglich aus Adelsheim im Norden von Baden-Württemberg. 1939 wurde sie gemeinsam mit ihren drei älteren Schwestern auf einem Kindertransport nach England gerettet – damals war sie gerade einmal 26 Monate alt.

Im Juli 2016 sitzen Esther und ich also auf ihrer überdachten Veranda. Es ist ein lauer Sommerabend, und jede von uns hält eine Tasse Darjeeling in der Hand. Während ich Esthers selbst gebackene Cantuccini in meinen Tee tauche, berichte ich ihr von meinem Tag.

»Heute habe ich mir Akten der Quäker und den Nachlass von einem Kindertransportkind angesehen«, zähle ich auf und will eigentlich schon das Thema wechseln, da fällt mir noch ein, dass ich auch die Passagierliste des portugiesischen Dampfers entdeckt habe.

»Und wie hieß das Schiff, auf dem Arthur nach Amerika kam?«, fragt mich Esther.

Ich blättere durch ein paar Papiere, um die richtige Liste zu finden. »Die *S.S. Mouzinho*«, lese ich vor.

»Der Name kommt mir irgendwie bekannt vor«, murmelt Esther, steht auf und verschwindet im Keller. Nach ein paar Minuten kommt sie mit einem großen Umschlag zurück.

»Das sind Fotos von meinem Bruder Herman in Portugal, kurz bevor er im Sommer 1941 ein Schiff nach Amerika bestieg. Er war damals acht Jahre alt und kurz zuvor aus dem französischen Internierungslager *Gurs* gerettet worden«, erklärt Esther. »Und hier … ja genau hier, hier steht es!«, sagt sie und deutet auf ein Wort, das in großen Buchstaben auf die Seite des fotografierten Dampfschiffs gemalt ist: *Mouzinho*.

Esther kann es kaum glauben: Arthur und ihr Bruder kamen auf demselben Schiff nach Amerika! Doch das sollte nicht die einzige

Überraschung bleiben. Als ich die restlichen Fotos durchblättere, entdecke ich ein Bild einer Gruppe Kinder, die am Hafen warten. Und mittendrin: Oswald. Er trägt ein Jackett, eine Krawatte sowie seine obligatorische orthodoxe Kopfbedeckung und lächelt in die Kamera. Neben ihm und um einen Kopf kleiner steht ein Junge mit skeptischem Blick, der im grellen Sonnenlicht die Augen zusammenkneift. Es ist Herman, Esthers Bruder.

* * *

In mehr oder weniger ordentlichen Zweierreihen stellten sich Oswald und seine Kameraden auf dem Pier auf und warteten darauf, ihr Gepäck abzugeben. Stolz trugen sie ihre neuen Kleider und Mäntel zur Schau, viele der Jungen hatten sich eine Krawatte umgebunden. Um ihren Hals trugen die Kinder immer noch die Pappschilder mit den Nummern. »Mo-u-zin-ho«, las Oswald seinem Freund Adolf Löw vor und blickte auf das Schiff neben ihnen. Die *S. S. Mouzinho* lag so tief im Wasser, dass die Kinder durch die Bullaugen ins Innere des Achttausend-Tonnen-Dampfschiffs blicken konnten, während sie aufgeregt miteinander redeten. Endlich war es so weit, nun ging es tatsächlich nach Amerika!

»*Vá em frente*«, rief ein schnurrbärtiger Polizist den Kindern zu. »Macht weiter, auf nach vorne.« Die Reihe bewegte sich vorwärts, bis die Reisenden eine Gruppe Hafenarbeiter erreichten, denen sie ihre Koffer anvertrauten. Danach mussten die jungen Flüchtlinge ihre Ersatzpässe einem Zollbeamten vorzeigen, der ihre Namen mit der Passagierliste abglich.

Die *Mouzinho* ähnelte zwar mehr einem umgebauten Frachter als einem richtigen Kreuzfahrtschiff, aber das Zeremoniell beim Ablegen des Schiffes war dasselbe: Ein Orchester spielte, Konfetti flog durch die Luft, und Menschen schwenkten bunte Fähnchen, während sie den Flüchtlingen zuwinkten, die die Reling hinaufgingen.

Oswald verließ Portugal am 20. August 1941, wie der Ausreisestempel auf seinem Affidavit und eine für die US-Einwanderungs-

Die Kinder warten mit ihrem Gepäck vor der *S.S. Mouzinho.*

behörde bestimmte Passagierliste der *S.S. Mouzinho* zeigen.[8] Am Tag der Abreise schrieb das Quäker-Hauptquartier einen Dankesbrief an seine Marseiller Delegierten, in dem es auch die anstrengende Vorarbeit würdigte: »Lassen Sie mich Ihnen zu der Geschwindigkeit und Effizienz gratulieren, mit der Ihr Büro die Augustgruppe der USCOM-Kinder zusammenbekommen hat. [...] Ich hoffe, wir haben Ihnen mit dieser Aufgabe keine grauen Haare verursacht.«[9] Die Quäker hatten ihre Aufgabe damit erfüllt. Sie hatten die jungen Flüchtlinge sicher von Frankreich nach Portugal gebracht, über zwei Grenzübergänge und allen Widrigkeiten zum Trotz. Heute würde man sie dafür als Schlepper bezeichnen. Von nun an hatte Oswald keinen Kontakt mehr mit den Quäkern, sie spielten eine kurze, dafür aber wesentliche Rolle in seinem Leben.

Insgesamt 625 Flüchtlinge befanden sich an Bord der *S.S. Mouzinho*, darunter 45 USCOM-Kinder und ihre zwei Begleitpersonen. Trotz aller gegenteiligen Vorgaben bestand auch der zweite Kindertransport zum Großteil wieder aus jüdischen Kindern (42, davon 13 orthodox), nur zwei Kinder waren katholisch und eines protestantisch. 26 Jungen und 19 Mädchen im Alter von sieben bis fünfzehn Jahren traten die Reise gemeinsam an.

Die Überfahrt auf der *S.S. Mouzinho* dauerte fast zwei Wochen und war »sehr komfortabel«, wie Arthur später gern scherzte. »Wir hatten Glück. Wir teilten uns eine halbprivate Kabine. Wir teilten sie mit dreihundert anderen Leuten.«

Die *S.S. Mouzinho* war völlig überbelegt, und der Großteil der Flüchtlinge war im Frachtraum untergebracht, wo man behelfsmäßig dreistöckige Betten aufgestellt hatte. Für die Passagiere gab es in den zusammengepferchten Verhältnissen keinerlei Privatsphäre. Einzig die zwei USCOM-Aufsichtspersonen freuten sich, dass sie alle 45 Kinder auf einmal im Blick haben konnten.

Bevor er schlafen ging, überprüfte Oswald jeden Abend den Inhalt seines kleinen Koffers. Die Familienfotos, die er in Wien aus dem Familienalbum hatte mitgehen lassen, die Briefe seiner Eltern sowie ein kleines Schulheft voller selbst geschriebener Geschichten. Vorne zierten ein Zirkel und ein Lineal das Heft, darunter stand *»appartenant à Oswald Kernberg«* – Eigentum von Oswald Kernberg.

* * *

Arthur hat dieses Heft voller Geschichten in den 1990er-Jahren dem *Simon Wiesenthal Center* in Los Angeles gespendet, danach ist es in seiner Familie in Vergessenheit geraten. Auch Arthurs ältester Sohn Aaron, der mich im November 2017 in das nach dem bekannten »Nazijäger« Simon Wiesenthal benannte Holocaust-Forschungszentrum begleitet, wusste nichts von seiner Existenz.

»Ist es nicht einfach bezaubernd?«, fragt mich die Archivarin, als ich das Heft aus seinem Schutzumschlag nehme. Das ist es. Es ist das erste Mal, dass ich ein Stück von Oswalds Kindheit in der Hand halte. Keiner von Oswalds Briefen hat den Krieg überlebt, keine Bastelei, keine Schulaufgaben, keines seiner geliebten Bücher. Nur dieses eine Heft. Ein halbes Dutzend Geschichten hat

Oswald darin aufgeschrieben. Jeden einzelnen Großbuchstaben hat er mit Buntstift gemalt, der Rest ist gut leserlich mit Bleistift notiert. Jede der auf Deutsch verfassten Geschichten zieren hübsche und erstaunlich realitätsgetreue Illustrationen, die Oswald mit Buntstiften gezeichnet hat. Kein Wunder, dass die OSE in Oswalds Anmeldung für den Kindertransport nach Amerika betonte, dass der Junge ein begabter Zeichner sei. Und auch seine Texte sprudeln vor Fantasie – gemischt mit einer traurigen Note Realität.

Da ist als Allererstes die Geschichte von dem Chinesenkönig Sing-fo und seiner Nachtigall, die Ähnlichkeiten mit Christian Andersens Märchen *Des Kaisers Nachtigall* aufweist. In Oswalds Version will der König Sing-fo seine Nachtigall töten lassen, im letzten Moment jedoch schenkt er ihr das Leben und die Freiheit. Als kurz darauf das Land mit Krieg überzogen wird, revanchiert sich der Singvogel. »Die Nachtigall sammelte alle Vögel«, schrieb der damals zwölfjährige Oswald, »und sie bedeckten den Himmel über den Feinden, so dass es ganz finster wurde. Da glaubten die Feinde der Dämon sei gegen sie und zogen ab. So dankt eine Nachtigall.«

Dem folgen die Abenteuer der vier »lustg'en Zwerge« Pick, Pack, Pock und Puck, die um einen Fliegenpilz tanzen, und ein paar Seiten später ein Gedicht über die »Bösen Jungen« Flick, Flack und Flock. Die letzte Geschichte aber ist es, die mich am meisten berührt. Sie erzählt von einem Jungen namens Walter und beginnt mit der Zeichnung einer Klippe. Walter steht am Abgrund, unter ihm fährt eine Lokomotive über eine wacklige Zugbrücke. Walters Blick aber ist nach hinten gerichtet: auf den mit bunten Federn geschmückten Indianer, der mit Kriegsbeilen bewaffnet auf den Jungen zuläuft. Auf der nächsten Seite beginnt dann – in manchmal recht fantasievoller Rechtschreibung – die eigentliche Geschichte: »Im fünften Lebensjahr von Walter fuhr er mit seinen Elter nach Nordamerika. Die Narzisse so hiess das Schiff kenterte. Walters Eltern verloren dabei das Leben. Walter hatte noch so viel Geistesgegenwart sich an einen der Balken festzuhalten und wurde

10 Minuten späte von einem Schiff das nach Nordamerika ging aufgenommen. In Mexiko wurde er abgesetzt. Ein par Tage nährte er sich von Baumfrüchte aber er sah das ging nicht so weiter. Nun wollte er nach New-York. Aber wie? Er ging gerade aus. Nach 2 Tagen wurde er von Indianern überrascht. Walter lief und lief, aber plötzlich stand er vor einem Abgrund. Er sprang und wo war er? Ihr werdet staunen. Unterm Bett. Das war ein komischer Traum.«[10]

Die Eltern sterben, aber das Kind hat so viel Geistesgegenwart, sich selbst zu retten. Es ist nur ein Traum, den Oswald in seiner Geschichte beschreibt, aber er enthält mehr als nur ein Körnchen Wahrheit.

Seit sich Oswald von seinen Eltern und seinem Bruder verabschiedet hatte, waren zweieinhalb Jahre vergangen. Damals war er zehn Jahre alt gewesen, inzwischen war er fast 13. Und Oswalds Familie war nicht länger in Wien, sie befand sich in einem Ghetto in Polen. Hermann Kernberg konnte seinem Sohn in seinen Briefen noch so oft versichern, dass sie sich bald alle wiedersehen würden, Oswald spürte, dass dies nicht stimmte.

Wie fühlt es sich an, wenn die Eltern in größter Gefahr sind, und man ist endlich in Sicherheit? Wie fühlt es sich an, wenn dein Bruder in größter Gefahr ist, und man ist auf der anderen Seite der Welt? Wie geht man als Zwölfjähriger mit dem Wissen um, dass man nichts tun kann, um ihnen zu helfen? Ist es, als würden die Eltern ertrinken, aber man hat die Geistesgegenwart, sich selbst zu retten? Oder ist das alles nur ein komischer Traum?

TEIL 3 – NEW YORK

Ankunft in New York

»Gebt mir eure Müden, eure Armen,
Eure geknechteten Massen, die frei zu atmen begehren,

Den elenden Unrat eurer gedrängten Küsten;
Schickt sie mir, die Heimatlosen, vom Sturme Getriebenen,
Hoch halt' ich mein Licht am gold'nen Tore!«

Emma Lazarus, *The New Colossus* (1883)
Inschrift am Podest der Freiheitsstatue

Am 1. September 1941 erreichte Oswald nach zweiwöchiger Überfahrt den Hafen von New York. Die Kinder hatten sich an der Reling der *S.S. Mouzinho* aufgestellt und jubelten laut, als das Schiff an der Freiheitsstatue vorbeifuhr. Wie Millionen von Immigranten vor ihnen wurden sie von der im Englischen liebevoll als »Lady Liberty« bezeichneten Statute willkommen geheißen. Aus der Entfernung konnten die Kinder zwar das Gedicht der jüdisch-amerikanischen Dichterin Emma Lazarus nicht sehen, das am Podest der Statue angebracht ist, aber sie alle kannten die Geschichte und die Bedeutung der Lady Liberty.

Wien, Paris, Südfrankreich, Madrid, Lissabon und nun New York: Oswalds Flucht fand ihr Ende in Amerika, dem Land der Freiheit, dem Land der unbegrenzten Möglichkeiten.

* * *

Oswald war zwölf Jahre alt, als er New York zum ersten Mal sah, ich bin 15 – und glücklicherweise nicht auf der Flucht. Für Oswald war es die Freiheitsstatue, die er sein Leben lang als den ersten Eindruck in Erinnerung halten sollte, für mich der überlaute und von haushohen Werbetafeln flirrende Times Square bei Nacht.

Es ist der 10. April 2007, und ich bin gemeinsam mit einer österreichischen Schülergruppe nach New York gereist. Als sogenannte »Botschafter der Erinnerung« werden wir eine Woche lang verschiedene Holocaust-Überlebende – gebürtige Österreicher – treffen und mit ihnen über ihre Lebensgeschichten sprechen. Rund dreißig Schüler sind dabei, mit meinen 15 Jahren bin ich die jüngste Teilnehmerin. Das Projekt wird von *A Letter To The Stars* organisiert, jenem Zeitgeschichteprojekt für Schüler, für das ich mit elf Jahren die Geschichte von Frieda Kernberg aufgeschrieben habe.

Matzeknödelsuppe, gefüllte Krautrouladen und Sieben-Schichten-Kuchen – mein erstes koscheres Essen! Kurt Goldberger meint zwar, in New York könne man auch wienerisch Essen gehen, aber er will mir lieber etwas Neues zeigen, und so bringen seine Frau Margaret und er mich zu Ben's, einem jüdischen Deli im Herzen Manhattans. Kurt und Margaret – die sich mir mit dem Kennedy-Zitat »Ick bin ein Berliner« vorstellt – kamen beide auf einem Kindertransport nach England und emigrierten später nach Amerika. Nach Arthur sind sie die ersten Menschen, die ich kennenlerne, die ihr Leben einem Kindertransport verdanken.

In dieser Woche in New York lerne ich auch Johanna Trescher kennen, die als fünfjähriges Mädchen gemeinsam mit ihrer jüdischen Mutter und ihrem Großvater nach New York kam. Ihr christlicher Vater blieb in Wien zurück. Johanna ist eine bezaubernde Dame, die bis heute einem Teddybären nachtrauert, den sie als Kind in Wien zurücklassen musste. Gemeinsam gehen wir in das *Museum of Jewish Heritage* – es ist das erste Mal, dass Johanna dieses Museum betritt. Das Haus beherbergt unterschiedliche

Sammlungen zur jüdischen Geschichte und zum Holocaust. Bis zu diesem Tag hatte sich Johanna nie getraut, hierher zu kommen, mit mir gemeinsam wagt sie es.

Während unserer New-York-Reise finden noch weitere Treffen mit Holocaust-Überlebenden statt, die tiefen Eindruck bei uns österreichischen Schülern hinterlassen. Einmal sind wir in einer Synagoge in Queens, wo die jüdische Organisation *Selfhelp* regelmäßig ein »Wiener Kaffeehaus«, einen Kaffee- und Kuchennachmittag mit Wiener Musik, organisiert. Am meisten beeindruckt mich, wie gut sich viele der ehemaligen Österreicher noch an ihre alte Heimat erinnern. Sie fragen uns sofort über alle möglichen Plätze aus oder wollen wissen, welche von den Kaffeehäusern aus der Vorkriegszeit noch existieren. Noch genauer erinnern sie sich aber an die Wiener Musik; sie wissen immer, welches Lied gerade gespielt wird, und singen laut mit. Gegen Ende des Nachmittags tanze ich mit meinem Tischnachbarn Walzer. Zum Abschied erklärt er mir gerührt: »Ich werde diesen Moment nie vergessen.«

Auch ich werde diesen Moment und die gesamte Reise nach New York nie vergessen. Und ich bin mir sicher: Hier will ich einmal studieren!

Eine Woche nach meiner Rückkehr nach Wien erhalte ich einen Brief von Johanna Trescher: »Liebe Lilly! Es war eine große Freude, dich letztes Wochenende zu treffen. Die Zeit brachte viele Erinnerungen zu mir zurück. Danke für alle die wunderbaren Geschenke, die du mir mitgebracht hast. Das größte Geschenk von allen war eine Verbindung zu meiner Vergangenheit, zu meinem *heritage*. Sogar die traurigen Momente waren eine Erinnerung daran, wer ich bin.«

* * *

Oswald und die restlichen Flüchtlingskinder erreichten New York am 1. September 1941. Da dies in Amerika ein Feiertag war, durften sie das Schiff aber erst am 2. September verlassen. Ernst Papanek, der inzwischen nicht mehr für die AMEROSE arbeitete, kam nicht zum Pier, um Oswald und die anderen OSE-Schützlinge willkommen zu heißen – eine Entscheidung, die er im Nachhinein sehr bereute.[1]

Am Pier wurden die Kinder vom Roten Kreuz mit Keksen und Milch begrüßt und mehrmals fotografiert. Ein Bild von Oswald inmitten einer Gruppe lachender und winkender OSE-Kinder erschien einige Tage später in einer New Yorker Zeitung mit der Bildunterschrift: »Gerettet aus den Internierungslagern Europas, wo viele Eltern noch eingesperrt sind, waren diese Kinder ein Bild der Freude bei ihrer Ankunft an Bord des Dampfers Mouzinho.«

Die *New York Times* veröffentlichte während des Zweiten Weltkriegs eine tägliche Kolumne über die Ankunft von (Flüchtlings-) Schiffen aus Europa. Hier entdeckte ich, dass die *Mouzinho* am Pier 8 in Staten Island, einem der fünf Stadtbezirke New Yorks, anlegte.[2] Das ist überaus spannend, denn in der Regel kamen Immigranten in Ellis Island an, der Insel im Hudson River, die als Hauptanlaufstelle für die Einwanderung diente.

Der Pier 8 existiert heute nicht mehr, aber dank einer überaus hilfsbereiten Archivarin im *Staten Island Museum*, die drei antiquarische Landkarten über einen Kartenauszug von Google Maps legt, kann ich den früheren Standort rekonstruieren. Der ehemalige Pier 8 befindet sich gut zehn Minuten zu Fuß von der Anlegestelle der *Staten Island Ferry* entfernt, die bei Touristen beliebt ist, weil man von dieser Fähre die besten Fotos von der New Yorker Skyline machen kann. Heute ist das Gelände ein heruntergekommenes Hafenstück mit herumliegenden Ölkanistern und einigen alternden Fischerbooten, die im leise plätschernden Wasser aneinanderstoßen, während kreischende Möwen darüber ihre Kreise ziehen. Nichts erinnert mehr daran, dass hier einmal Schiffe mit Hunderten europäischen Flüchtlingen anlegten.

In Staten Island wurden die Kinder von Lotte Marcuse von der *German Jewish Children's Aid* (GJCA) in Empfang genommen, die sie mit zwei Bussen nach Manhattan brachte. Die GJCA war ab dem Moment ihrer Ankunft für die jungen Flüchtlinge verantwortlich, und Lotte Marcuse hatte die ersten Tage in ihrer neuen Heimat generalstabsmäßig durchgeplant. Damit die Kinder sich schrittweise an ihre neue Umgebung gewöhnen konnten, waren sie vorerst in einem jüdischen Waisenhaus an der 1560 Amsterdam Avenue untergebracht. Zum wiederholten Male mussten sich die Kinder umfassenden ärztlichen Untersuchungen unterziehen und wurden von Sozialarbeiterinnen interviewt, die darüber entschieden, wo sie untergebracht wurden.

Am ersten Morgen wurde den jungen Flüchtlingen im Waisenhaus ein typisch amerikanisches Frühstück serviert: *Kellogg's Rice Krispies* mit Erdbeeren, Bananen und Milch. Der gepuffte Reis knirscht beim Essen und ist deswegen bis heute bei Kindern beliebt. »Als wir fertig waren, hat ein Junge aufgezeigt und gefragt, ob wir noch etwas haben können«, erzählte mir Arthur. »Und sie sagten nur: ›Natürlich, es steht am Tisch, nehmt euch, so viel ihr wollt.‹ Du hättest sehen sollen, wie sich alle Kinder auf die Schüsseln stürzten!«

Während hinter verschlossenen Türen über ihre Zukunft entschieden wurde, lernten Oswald und seine Kameraden New York kennen. Ehrenamtliche Helfer gingen mit ihnen in den Central Park, ins Metropolitan Museum und ins Kino. Die Ehrenamtli chen und die GJCA-Sozialarbeiter unterhielten sich auf Deutsch oder Jiddisch mit den Kindern und versuchten ihnen einige englische Wörter beizubringen. Dabei kam es immer wieder zu lustigen Missverständnissen, zum Beispiel dachte ein Mädchen, dass das Wort *juice* (Saft) eigentlich das Wort *Jews* (Juden) sei und dass es sich dabei um ein besonderes Getränk nur für Flüchtlinge handle.

Für Oswald brachte diese erste Woche in Amerika ein völlig neues Gefühl mit sich. »Ich war es gar nicht mehr gewohnt, keine Angst zu haben«, gestand er mir. »Bei der Ausreise aus Frankreich machte ich mir Sorgen, an der Grenze festgehalten zu werden. In Spanien hatte ich Angst wegen der Hakenkreuzleute. Aber in den Vereinigten Staaten sah man so etwas nicht. Und als wir in das

Waisenhaus gebracht wurden, sah ich zum ersten Mal einen jüdischen Polizisten. Wir unterhielten uns auf Jiddisch, und er sagte: ›Du musst dir hier keine Sorgen machen, ob du jüdisch bist oder nicht.‹«

* * *

An einem windigen Dezembertag 2017 wandere ich durch Hamilton Heights, ein Viertel in Harlem, auf der Suche nach der 1560 Amsterdam Avenue. Das jüdische Waisenhaus wurde später vom Militär als *Army Hall* verwendet und sollte viel später noch einmal eine bedeutende Rolle in Oswalds Leben spielen, ehe es schließlich Ende der 1950er-Jahre abgerissen wurde. Vorbei an dominikanischen Bodegas, billigen Waschsalons und Hipster-Cafés, in denen ein Filterkaffee fünf Dollar kostet, komme ich schließlich zur Amsterdam Avenue Ecke 137th Street, der Stelle, wo einst das Waisenhaus stand. Heute befindet sich dort der *Jacob H. Schiff Playground*, ein Spielplatz, der nach einem deutsch-jüdischen Philanthropen benannt ist.

Der Wind wirbelt das Laub auf. Unweit von mir sitzen in dicke Wintermäntel eingepackte Männer und spielen Domino. Am anderen Ende des Parks läuft ein Junge über das gepflegte Fußballfeld, daneben schieben zwei Mütter ihre Kinderwagen. Ich gehe ein paar Schritte zu einem roten Klettergerüst, wo ein afroamerikanischer Parkangestellter gerade Müll aufsammelt, während er aus lila Kopfhörern laut Musik hört. Als ich ihn bitte, ein Foto von mir zu machen, kommen wir ins Gespräch. Zu meiner Überraschung weiß der Mann, dass hier einmal ein jüdisches Waisenhaus stand. »Ich hatte die Aufgabe, ein paar Schilder aufzustellen, und las dabei zufällig die Hintergrundgeschichte des Ortes«, erklärt er mir. Dann fährt er mit stockender Stimme fort: »Wissen Sie, dieses College hier« – er zeigt auf ein Unigebäude des City College of New York auf der gegenüberliegenden Straßenseite – »weckt schlechte Erinnerungen.« Während einer Massenpanik bei einem von Rapper

P. Diddy organisierten Event starben dort 1991 neun junge Menschen. »Darunter auch mein Cousin«, sagt er. »Es ist *bittersweet* für mich, hier zu arbeiten. Aber als ich herausgefunden habe, dass hier ein Waisenhaus war, hat mich das aus den Socken gehauen. Irgendwie ist es beruhigend zu wissen, dass hier nicht nur junge Menschen starben, sondern auch welche gerettet wurden.«

Ich erzähle ihm von Arthurs Geschichte. »Wow. Unglaublich. Man hört nicht viele solcher Geschichten.« Wir verabschieden uns, und der Mann verstaut mit einem breiten Lächeln seine Gartengeräte in einem Schuppen.

* * *

Die jungen Flüchtlinge waren es nach Jahren bei der OSE gewohnt, in Heimen zu leben, und so gingen sie davon aus, dass das jüdische Waisenhaus an der Amsterdam Avenue ihr neues Zuhause sein würde. Doch dem war nicht so.

Seit Beginn der Planungen für einen amerikanischen Kindertransport tobte hinter den Kulissen eine emotionale Debatte bezüglich der Unterbringung der OSE-Kinder: mit Ernst Papanek und der OSE auf der einen und Lotte Marcuse, der GJCA und dem amerikanischen Fürsorgesystem auf der anderen Seite. Die OSE und Ernst Papanek wollten »ihre« Kinder in einem von Papanek geleiteten Heim willkommen heißen und hatten – vielleicht etwas naiv – geglaubt, das Konzept von Montmorency sei auch in Amerika umsetzbar. In den USA war es allerdings nicht üblich, Kinder in Heimen unterzubringen, die (Pflege-)Familie stand hier über allem. Sogenannte *institutions* waren nur für schwer erziehbare Jugendliche gedacht und genossen ein sehr schlechtes Ansehen in der Bevölkerung. Anfang der 1940er-Jahre wurden deswegen viele Waisenhäuser geschlossen, darunter auch jenes an der Amsterdam Avenue.[3]

Lotte Marcuse, die für die Unterbringung und Betreuung aller ankommenden Flüchtlingskinder zuständig war, brachte Oswald und seine Kameraden daher in Pflegefamilien unter – ganz im Sinne der amerikanischen Behörden und ungeachtet des Protests der OSE. Die ehemaligen Heimkinder wurden noch dazu auf das ganze Land verteilt und sollten keinerlei Kontakt mehr zueinander haben. Dies geschah teilweise deshalb, weil die GJCA Angst vor Antisemitismus hatte und eine Ballung jüdischer Kinder an einem Ort verhindern wollte. Der Hauptgrund war allerdings Lotte Marcuses Überzeugung, die Kinder könnten sich nur durch einen vollständigen Bruch mit der Vergangenheit in Amerika assimilieren. Die Flüchtlingskinder sollten nicht nur all ihre (OSE-)Freunde, sondern am besten auch ihre in Deutschland zurückgebliebenen Familien vergessen.[4]

Die OSE sah durch die Trennung der Kinder ihre Werte und das Ergebnis ihrer jahrelangen mühsamen Arbeit bedroht. Die Kinder eben nicht nur physisch, sondern auch emotional zu retten war das erklärte Ziel von Ernst Papanek gewesen. Er und die französische OSE vertraten die sehr fortschrittliche Ansicht, dass Kinder ihre Erlebnisse und das Schicksal ihrer Eltern nicht ignorieren dürften, weil es ihnen sonst unmöglich sei, ihre traumatische Vergangenheit zu bewältigen – eine Einstellung, die sich erst in den 1980er-Jahren in der Kinderpsychologie durchsetzen sollte.[5] Heutzutage gilt Pädagogen und Psychologen das Zusammenleben in der Gruppe als wesentlich bessere Art der Unterbringung für Flüchtlingskinder als das Leben in Pflegefamilien.[6] Dies ist eine wichtige Lehre, die man – gerade in Zeiten der aktuellen Flüchtlingskrise, in der Tausende unbegleitete Minderjährige in Europa angekommen sind – aus den Kindertransporten ziehen kann.

Ernst Papanek kämpfte noch Jahre nach der Ankunft der Kindertransporte in Amerika entschieden für eine Unterbringung in Heimen und vergab Lotte Marcuse auch Jahrzehnte später ihre rigorose Einstellung nicht. In seiner Autobiografie attackierte er sie vehement: »Alles, was wir in Montmorency erreicht hatten, wurde zerstört. Alles.«[7]

Der Streit zwischen der OSE und der GJCA wird in der Forschung oft als Kulturkampf zwischen europäischen und amerikanischen

Systemen und Ansichten bezeichnet.[8] In Frankreich und Österreich war die kollektive Unterbringung von Kindern nicht stigmatisiert gewesen, und es fiel Papanek schwer, das gegensätzliche US-System zu verstehen. Im Streit um die Unterbringung stellte sich die AMEROSE auf die Seite der GJCA und der amerikanischen Behörden, was bei der französischen OSE für viel Unverständnis sorgte. Dies zeigt sich auch an der Entscheidung der AMEROSE, Ernst Papanek zu kündigen.

In Papaneks Augen entzog sich die AMEROSE ihrer moralischen und juristischen Verantwortung, indem sie der Unterbringung der ihnen anvertrauten OSE-Schützlinge in Pflegefamilien zustimmte. Doch die Errichtung eines Heimes in Amerika war wohl von Anfang an reines Wunschdenken gewesen. Die Soziologin Hanna Papanek meinte rückblickend, die OSE hätte versuchen sollen, stattdessen ein Internat für ihre Schützlinge zu gründen, da diese in der amerikanischen Öffentlichkeit akzeptiert waren.

Ernst Papanek quälte sich den Rest seines Lebens damit, nicht mehr für die Kinder getan zu haben. »Es war ein Kampf, den er verlor«, erzählte mir sein Sohn Gus. »Die größte Enttäuschung für ihn aber war, dass er nicht alle Kinder nach Amerika retten konnte.«

Die ehemaligen OSE-Kinder wussten nichts von den Auseinandersetzungen zwischen der GJCA und der OSE und reagierten deswegen meist mit Unverständnis auf die plötzliche und für sie unerwartete Trennung von ihren Freunden. Viele litten sehr unter der Unterbringung in Pflegefamilien und sehnten sich noch jahrelang nach der Gemeinschaft der Heime zurück.

Tatsächlich hätte die Errichtung von Heimen Lotte Marcuse und der GJCA viele Probleme erspart, weil die amerikanischen Auflagen für Pflegefamilien so streng waren, dass es sich sehr schwierig gestaltete, passende zu finden. In den Vereinigten Staaten durften Pflegekinder nur an Familien ihrer eigenen Religion vermittelt werden, die noch dazu einen hohen wirtschaftlichen Standard nachweisen mussten. Viele jüdische – und vor allem orthodoxe – Familien, die gerne junge Flüchtlinge aufnehmen wollten, erfüllten diese Auflagen nicht.[9] (Das war nicht überall so: In England etwa wurden viele der 10.000 Kindertransportkinder in christlichen Familien untergebracht, was ihre Rettung erleichterte.)

Auch Verwandte, die Flüchtlingskinder bei sich aufnehmen wollten, mussten dieselben Auflagen erfüllen wie Pflegefamilien. Da es sich dabei aber meist selbst um Flüchtlinge handelte, die nur ein sehr niedriges Einkommen hatten, erlaubte die GJCA oft nicht, dass sie die Kinder zu sich nahmen – so auch in Oswalds Fall.

Drei von Oswalds Verwandten hatten es bereits ein Jahr zuvor nach Amerika geschafft: Tante Erna, Friedas Schwester; Onkel Sigmund, der Direktor der Strickwarenfabrik in Heidenreichstein, wo Oswald viele Sommer verbrachte hatte; und Oswalds neun Jahre ältere Cousine Gina.

»Nun wirst Du ganz erstaunt sein das ich Dir von U.S.A. schreibe. Wir sind Gottseidank seit 3 Monate hier und wie Du siehst geht es uns hier sehr gut«, teilte Sigmund Lieblich seinem Neffen Oswald bereits im September 1940 mit, als dieser noch in *Montintin* lebte.

Sigmund war derjenige Onkel, der während der Novemberpogrome von den Nationalsozialisten verhaftet und ins KZ Buchenwald deportiert worden war. Nach seiner Freilassung schickte er Tochter Gina sofort auf einem Kindertransport nach England. 1939 konnte sie ihre Eltern nachholen, und gemeinsam emigrierte die Familie dann 1940 nach Amerika, wo sie sich in Kingston, gut 150 Kilometer außerhalb von New York City, niederließ.

Die GJCA wusste von Sigmund und versuchte ihn vor Oswalds Ankunft mehrmals zu erreichen, offensichtlich lag ihnen aber nur eine veraltete Adresse vor.[10] Oswald selbst hatte eine aktuellere, die er einer GJCA-Sozialarbeiterin nach seiner Einreise mitteilte, es dauerte aber über eine Woche, bis die Lieblichs sich meldeten. In der Zwischenzeit begann die GJCA für den Fall, dass man die Verwandten nicht finden könnte, eine Pflegefamilie für Oswald zu suchen.

Die GJCA nahm Kontakt mit orthodoxen Familien in Baltimore, Boston und Rochester auf, Oswald selbst wollte aber unbedingt in

New York bleiben. »Oswald ging abends zu Lotte Marcuse und sagte äußerst trotzig, ›Ich muss in Ny bleiben‹«, vermerkte die zuständige Sozialarbeiterin in seiner Akte. »Er betonte wiederholt, dass er in einem orthodoxen Zuhause leben müsse. Er strahlte dabei solche Angst, aber auch solche Sturheit aus, dass ich fühlte, dass man bei der Wahl seiner Unterbringung vorsichtig verfahren sollte.«

Am 8. September traf die GJCA gerade die Entscheidung, Oswald in eine Pflegefamilie in die Bronx zu schicken, als seine Cousine Gina in ihrem Büro auftauchte. »Miss Lieblich ist ein auffallend hübsches Mädchen, etwas übertrieben aufgeputzt für den Anlass«, urteilte Oswalds Sozialarbeiterin in seiner Akte. Gina ging davon aus, dass sie ihren Cousin einfach nach Hause mitnehmen dürfe, und war überrascht zu erfahren, dass die GJCA erst die Lebensbedingungen ihrer Eltern überprüfen müsse. Gina erklärte, dass ihre Eltern sich als Oswalds »natürlicher Vormund« betrachteten und sich der Junge bei »ihnen zu Hause fühlen« würde, weil sie in Wien ein so enges Verhältnis gehabt hatten und sie selbst auch orthodox waren. Trotzdem wollte die GJCA Oswald nicht zu seinen Verwandten schicken, ohne die Verhältnisse bei einem Hausbesuch zu überprüfen. Da Kingston jedoch wie erwähnt 150 Kilometer von New York City entfernt lag, war dies nicht ohne Weiteres möglich. Zudem befand sich die GJCA unter Zeitdruck, alle Kinder in Familien unterzubringen, bevor der dritte Kindertransport New York erreichte. Man entschied sich also, beim ursprünglichen Plan zu bleiben. Gina durfte Oswald auf ein Eis ausführen, musste aber ohne ihn nach Hause zurückkehren. Noch am selben Tag verließ Oswald das Waisenhaus an der Amsterdam Avenue und kam in eine Pflegefamilie in die Bronx.

Die erste Nacht dort war die wohl schlimmste Nacht seines Lebens. Die Einsamkeit erdrückte ihn fast. »Ich fühlte mich komplett alleine. Alle meine Freunde aus Frankreich waren weg. Ich sprach kein Englisch. Und vor allem waren meine Eltern nicht da«, erinnerte sich Arthur. »Ich ging ins Bett und weinte.«

Das Schicksal von Frieda, Hermann und Fritz Kernberg

Oswald zupfte an seiner Jacke herum und trat nervös von einem Bein auf das andere, während er sich umschaute. Langsam füllte sich an diesem Samstagmorgen die Eingangshalle des Temple Zion, Oswald jedoch stand völlig allein. Etwas entfernt von ihm unterhielten sich seine Pflegeeltern, Mr. und Mrs. Falk, mit dem Rabbi. Am anderen Ende des Raumes sah Oswald zwei Jungen, die von einer großen Gruppe lachender Verwandter umringt waren. Beide Jungen trugen schicke Anzüge – nichts so Altmodisches wie diese Knickerbockerhosen, die ihm eine Sozialarbeiterin ausgesucht hatte. So was trägt man doch schon seit Jahren nicht mehr!, dachte Oswald verzweifelt und hoffte inständig, dass keines der Gemeindemitglieder über seinen lächerlichen Anzug reden würde.

Es war der 1. November 1941, zwei Wochen nach Oswalds 13. Geburtstag, und der Tag seiner Bar-Mizwa. Im Judentum repräsentiert die Bar-Mizwa die religiöse Mündigkeit eines jungen Mannes, er wird ein vollwertiges Gemeindemitglied und muss von nun an alle religiösen Gebote und Verbote einhalten. Als Teil der Zeremonie rezitiert der Junge während des Gottesdienstes auf Hebräisch singend den Thora-Abschnitt des jeweiligen Tages.

Normalerweise dauert das Lernen der oft komplizierten Lesung mehrere Monate, und Oswald lebte ja erst seit wenigen Wochen in Amerika. Dank Madame Krakowskis orthodoxer Erziehung war er jedoch so gut vorbereitet, dass der Rabbi des Temple Zion entschieden hatte, Oswald ohne zusätzlichen Unterricht zuzulassen.

Oswalds Bar-Mizwa fiel auf den *Schabbat Lech-Lecha*, den Samstag, in dem der Thora-Abschnitt *Lech-Lecha* aus dem 1. Buch Mose gelesen wird. Ob Zufall oder Schicksal – vor der versammelten Gemeinde rezitierte Oswald seine eigene Geschichte: »Da sagte der Ewige zu Awram: Verlasse dein Land, deinen Geburtsort und das Haus deines Vaters und zieh in das Land, das ich dir zeigen werde!«

Ihm selbst aber brannte sich eine andere Erinnerung ins Gedächtnis ein. »Niemand kam zu meiner Bar-Mizwa«, erzählte mir Arthur. »Eine Bar-Mizwa soll ein freudiger Anlass sein, für mich war es aber einer der traurigsten Tage meines Lebens.«

Weder Sigmund und Erna Lieblich noch seine Cousine Gina wohnten der Zeremonie bei. Oswalds Pflegeeltern, Mr. und Mrs. Falk, waren zwar da, aber die wären samstags sowieso in ihre Synagoge gegangen. Oswald stand allein in einem Meer aus Fremden. Einzig der zwölfjährige Adolf Löw war gekommen, um diesen Festtag mit seinem Freund zu verbringen.

»Die beiden anderen Jungen hatten Eltern, Verwandte, Freunde, neue Anzüge, Geschenke und Partys«, erinnerte sich Arthur. »Es war ein wundervoller Tag für sie. Aber nicht für mich.«

Frieda und Hermann Kernberg blieb es verwehrt, dem Ehrentag ihres Sohnes beizuwohnen – in Gedanken aber waren sie bei ihm. Bereits am 19. Oktober, Oswalds eigentlichem Geburtstag, schickten sie ihm aus Polen einen emotionalen Brief, der Ende Dezember New York erreichte. »Mein teuerster Liebling! Heute an Deinem Geburtstage, zugleich an Deinem Bar-Mizwah Tage sitzen wir alle, also die teuerste Mutti, liebster Fritz u. ich, in einem kleinen winzigen Zimmerchen, u. sprechen und denken immer wieder von Dir u. über Dich. Unser Ganzes Sehnen u. Denken gilt nur Dir alleine, u. unser sehnlichster Wunsch ist es, baldigst mir Dir, in Frieden und Freuden, beisammen sein zu können«, schrieb Hermann in seiner rundlichen Handschrift. Frieda und Fritz unterschrieben den Brief – entgegen der früheren Bitten von Oswald – nicht, sodass sich der 13-Jährige beim Lesen fragte, ob seine Mutter und sein Bruder überhaupt noch am Leben seien. Hermann fuhr fort: »Und nun mein goldiges süßes Burli, bitte ich meine innigsten Gratulations- und Segenswünsche zu diesem Deinem grossen Festtage entgegen nehmen zu wollen. Möge Dir Dein Glück so leuchten und scheinen wie die Sterne am Himmel, u. möge es uns beschieden sein, Dich in unsere Arme baldigst schließen zu können, u. Dir das Leben so zu verschönern, wie wir es immer dir zu verschönen bemüht waren. Du bist unsere ganze Sehnsucht und Hoffnung u. deshalb musst Du gesund, gross u. stark bleiben. Im Geiste erhebe ich meine Hände über Dein Köpfchen u. segne Dich mit dem biblischen Spruche ›Gott segne, beschirme u. beschütze Dich u. er halte seine rechte Hand immer über Dich Amen!!!‹«

Es war das letzte Mal, dass Oswald von seiner Familie hörte.

* * *

Seit Oswalds Abreise nach Frankreich im März 1939 hatte Hermann alles darangesetzt, auch Fritz, Frieda und sich selbst zu retten. Seine zunehmend verzweifelten Versuche, Österreich (und später Europa) zu entfliehen, lassen sich nur noch bruchstückhaft rekonstruieren – aus den wenigen Briefen, die bis heute erhalten geblieben sind.

Schon am 1. Juni 1938, also noch vor Oswalds Abreise, hatte Hermann beim amerikanischen Konsulat in Wien ein Visum beantragt. Da er aber aufgrund seines Geburtslandes auf der äußerst beschränkten polnischen Quotenliste stand, konnte es Jahre dauern, bis seine Familie an die Reihe kam. Am 4. April 1939 unterschrieb ein amerikanischer Cousin, Martin Fleischmann, ein *Affidavit of Support*, in dem er sich verbürgte, dass die Kernbergs im Fall einer Einwanderung nicht dem Gemeinwesen zur Last fallen würden. Neun Monate später, im Januar 1940, teilte das US-Konsulat Hermann mit, dass noch zwei weitere Dokumente sowie ein

»Freundschaftsbrief« von Fleischmann fehlten, um den Visumsantrag weiterzubearbeiten. Da Oswalds Vater gleichzeitig erfuhr, dass seine Quotennummer kurz davor war, an die Reihe zu kommen, zeigte er sich zuversichtlich, bald nach Amerika emigrieren zu können.

Die Kernbergs waren jedoch längst nicht mehr wählerisch, wohin sie flüchten wollten. »Ich werde aber sofort dorthin ausreisen, wo [s]ich die erste sich mir sicher bietende Gelegenheit darbieten wird«, schrieb Hermann an einen Herrn Reiss, seinen Schweizer Finanzberater, bei dem er Jahre zuvor einen Teil seines Vermögens deponiert hatte und der sich für die Auswanderung der Kernbergs einsetzte. Neben der Einwanderung nach Amerika bemühte sich Hermann auch um Visa für Panama, Schanghai, Japan, Kuba, Russland und »Eretz Israel«, wie er das unter britischer Mandatsmacht stehende Palästina in Briefen nannte. Am 9. Januar 1940 beantragten die Kernbergs einen neuen Familienpass, um für eine etwaige Ausreise jederzeit bereit zu sein. Ein aufgestempeltes rotes J sowie der Namenszusatz »Israel« bei Hermann und Fritz sowie »Sara« bei Frieda zeichneten sie als Juden aus.

Im April 1940 erfuhr Oswalds Familie, dass das Affidavit von Martin Fleischmann nicht gültig war. Sofort bemühten sie sich darum, ein neues zu erhalten. Insgesamt sechs Verwandte aus New York und Los Angeles stellten schließlich Affidavits aus, aber auch mit diesen schien es Probleme zu geben. Allem Anschein nach konnten die Bürgen nicht genügend Vermögen nachweisen, die Affidavits waren zu »schwach«, wie man damals sagte. Schließlich versuchte der Schweizer Reiss direkt beim amerikanischen Konsul zu intervenieren und bot an, mehrere Tausend Dollar als Garantiesumme für die Kernbergs zu hinterlegen. Dies wurde jedoch nicht akzeptiert, solange nicht auch ein Amerikaner für die potenziellen Einwanderer bürgen würde.

Am 1. Juni 1940 reisten Sigmund und Erna Lieblich mit ihrer Tochter Gina in Amerika ein; Hermann und Frieda setzten nun all ihre Hoffnungen darauf, dass diese ihnen ein »starkes« Affidavit besorgen könnten. Doch die Versuche scheiterten, weil die Lieblichs dringend benötigte zusätzliche Dokumente nicht schickten oder es Probleme bei deren Beschaffung gab. Zum ersten Mal klangen die Briefe der Kernbergs nun anklagend und voller Unverständnis, warum ihnen niemand half. »Geschwister u. Schwager, die jahrelang zusammengelebt u. zusammengearbeitet haben, so zu verlassen und sich dann nicht zu kümmern, ist gottlos und unverantwortlich«, schrieb Hermann am 22. Dezember 1940 an die Lieblichs. Frieda wandte sich direkt an Erna: »Hast du uns vergessen? Handelt so eine Schwester in solch einer schweren Zeit?«

Im Dezember 1940 hatte Hermann dreimal einen persönlichen Termin beim amerikanischen Generalkonsul, der seine Papiere aber nach wie vor für zu schwach befand. Ende Januar 1941 teilte der Konsul Oswalds Vater dann endgültig mit, dass »leider nichts zu machen ist, da die Einreise nach U.S.A. praktisch momentan gesperrt sei«. Als letzte Chance sah Hermann nun die Möglichkeit, über einen Cousin ein Visum nach Kuba zu erhalten. Doch so weit sollte es gar nicht kommen: Jegliche Versuche zu emigrieren fanden ihr jähes Ende, als die Kernbergs einen Deportationsbescheid erhielten.

Im Februar und März 1941 deportierten die Nationalsozialisten rund 5.000 Wiener Jüdinnen und Juden in das als »Generalgouvernement« bezeichnete besetzte Polen. Die beschönigend als »Umsiedlung« benannte Aktion sollte Wien »judenfrei« machen und für mehr Wohnraum sorgen.[1] Drei oder vier Tage vor der eigentlichen Deportation mussten sich die Kernbergs in einem jüdischen Schulgebäude in der Castellezgasse 35 einfinden, das als Sammellager diente. Jede Person durfte nur einen Koffer mitnehmen. Wertgegenstände waren verboten, also packte Hermann einen Stapel wichtiger Dokumente und brachte sie davor zu seinem Freund Otto Kürth.

Am 26. Februar 1941 wurden Frieda, Fritz und Hermann vom Wiener Aspangbahnhof aus nach Opole Lubelskie südlich von Lublin deportiert. Wenige Tage nach ihrer Ankunft wurde in der polnischen Kleinstadt offiziell ein Ghetto errichtet. Im Gegensatz zu Ghettos in Großstädten wie Warschau hatte dieses keine Mauern, und die Bewegungsfreiheit der Bewohner war nicht eingeschränkt. Wen man jedoch außerhalb des Ghettos aufgriff, der wurde ohne Gerichtsverfahren erschossen.[2]

Die Kleinstadt Opole blickte auf eine jahrhundertelange jüdische Tradition zurück. Zu Kriegsbeginn 1939 lebten hier etwas über 4.000 Juden, was einem Bevölkerungsanteil von siebzig Prozent entsprach. Durch Zwangsumsiedelungen innerhalb des besetzten Polens und die Deportationen aus Wien verdoppelte sich die jüdische Bevölkerung auf fast 8.000 Menschen.[3]

»Die aus Wien deportierten Juden wurden in kleinen Landstädten angesiedelt, wodurch deren Bevölkerungszahl so sehr anstieg, dass die ohnehin bereits gefährdete Lebensmittelversorgung noch kritischer wurde«, erklärt der Historiker Jonny Moser in seinem Buch zur österreichischen Judenverfolgung. Absicht der Nationalsozialisten war es, eine »Dezimierung der Juden durch Aushungern herbeizuführen«.[4]

Hermann, Frieda, Fritz und die restlichen Neuankömmlinge waren in Opole von Anfang an mit Hunger, einem klirrend kalten Winter, viel zu vielen Menschen auf viel zu wenig Wohnraum und unhaltbaren sanitären Verhältnissen konfrontiert. Heizmaterial, Medikamente und Lebensmittel waren Mangelware, und die Preise explodierten nach der Ankunft der Wiener Juden. Da es in Opole quasi keine Erwerbsmöglichkeiten gab, verkauften die Ghettobewohner ihre wenigen Habseligkeiten und waren darauf angewiesen, dass ihnen Freunde oder Verwandte Lebensmittel schickten. 1941 sahen die offiziellen Lebensmittelrationen im besetzten Polen für Deutsche 2.310 Kalorien pro Tag, für Juden gerade einmal 184 Kalorien vor.[5] Die Kernbergs erhielten Unterstützung von Freunden aus Wien, und auch der Schweizer Reiss schickte drei Pakete, die allerdings monatelang unterwegs waren. Umso erstaunlicher ist es, dass das Postwesen trotz der schrecklichen Zustände noch so gut funktionierte, dass Hermann im Mai 1941 die Bewilligung für Oswalds Teilnahme am Kindertransport nach Amerika an die OSE schicken konnte.

In seinen Briefen versuchte Hermann, seinen jüngsten Sohn vor der Realität zu schützen, und schrieb weiterhin optimistische Nachrichten. Es war aber keineswegs so, dass er sich selbst der schrecklichen Wahrheit nicht stellte. So schrieb Oswalds Vater im Sommer 1941 an seine Schwägerin: »Es geht uns gut, den liebsten Schwiegereltern geht es jedoch besser als uns.« Seine Schwiegereltern waren allerdings schon seit Anfang der 1930er-Jahre tot; Hermann sprach in einem Code, um die nationalsozialistische Briefzensur zu umgehen.

Obwohl es wenig Grund zur Hoffnung gab, versuchten die Kernbergs auch noch von Opole aus, nach Amerika zu emigrieren. Im Sommer 1941 erfuhr Hermann dann, dass alle vor dem 15. Juli 1941 ausgestellten Affidavits nicht länger gültig waren, und flehte Verwandte in den USA an, der Familie irgendwie ein neues zu besorgen. »Wenn du ein wahrer guter Schwager wärest u. die liebste Erna eine Schwester wie es das Gesetz vorschreibt, würden wir nicht im Ghetto sitzen«, klagte Hermann im August in einem Brief an Sigmund und Erna Lieblich. »Aber, mein Gott, Liebe kann und lässt sich nicht erzwingen.«

Friedas und Hermanns einziger Lichtblick war ein Brief von Oswald aus Lissabon, den sie im September 1941 erhielten und in dem er seinen Eltern mitteilte, dass er auf dem Weg nach Amerika sei. Weinend vor Glück schrieben die Kernbergs sofort an die Lieblichs – allen Vorwürfen und Anklagen zum Trotz waren sie sich sicher, dass sich Friedas Schwester gut um Oswald kümmern würde: »Wir vermuten natürlich, daß das Kind bei Dir ist und sollte das der Fall sein, wären wir sehr beruhigt u. froh, da wir überzeugt sind, daß Du unser goldiges Kind in Treue, Liebe und Güte halten wirst, genauso wie die liebste Ginerl.«

Am 19. Oktober, Oswalds Geburtstag, schrieb Hermann aus »einem kleinen winzigen Zimmerchen« an seinen Sohn. Oswalds Sorge, dass Frieda und Fritz zu diesem Zeitpunkt nicht mehr lebten, weil sie den Brief nicht unterschrieben, entsprach nicht der Realität – beide verfassten ein paar Zeilen in einem am selben Tag abgeschickten Brief an Verwandte.

Am 28. Dezember 1941 bedankte sich Hermann bei Herrn Reiss für zwei Lebensmittelpakete – danach gibt es keine weiteren Lebenszeichen mehr.

Wie und wann genau Frieda, Fritz und Hermann Kernberg von den Nationalsozialisten ermordet wurden, lässt sich nicht mehr rekonstruieren. Die Todesrate im Ghetto Opole war extrem hoch: Viele Menschen verhungerten aufgrund der katastrophalen Lebensmittelknappheit oder fielen Seuchen zum Opfer. Im Frühjahr 1942 begannen die Nationalsozialisten dann mit der Liquidation des Ghettos und deportierten alle überlebenden Ghettobewohner in die Vernichtungslager Belzec und Sobibor.

Von den 2.003 Wiener Juden, die nach Opole deportiert wurden, überlebten nur 28.[6]

* * *

65.000 österreichische Juden wurden während des Holocausts von den Nationalsozialisten ermordet. Männer, Frauen, Kinder. Viele von ihnen starben fernab ihrer Heimat; für die allermeisten von ihnen gibt es nicht einmal ein Grab.

Im Jahr 2002, also sechzig Jahre nach der Deportation der Juden aus dem Ghetto Opole, wird im Vorraum der Wiener Hauptsynagoge in der Seitenstettengasse eine Gedenkstätte für die österreichischen Opfer der Shoah enthüllt. Auf drehbaren Schiefertafeln sind hier die Namen aller 65.000 Toten eingraviert – darunter auch Hermann, Frieda und Fritz. Inmitten all der Namen steht eine Inschrift aus den Klageliedern Jeremias: »Um sie weine ich; mein Auge, ach, mein Auge verströmt Tränen, denn fern ist von mir der Tröster, der meine Seele erquickt.«

Vier Jahre später nehme ich an einer anderen Art des Gedenkens für Oswalds Familie teil. Es ist eine vergänglichere, gleichzeitig aber sehr viel öffentlichere Gedenkveranstaltung, und lautet auf den schönen Namen »Blumen der Erinnerung«.

Am 5. Mai 2006 tragen Zehntausende Menschen in ganz Österreich weiße Rosen zu all den Häusern, in denen die Opfer der Shoah vor ihrer Vertreibung gelebt haben. Die Blumen sollen daran erinnern, dass Menschen wie Frieda, Fritz und Hermann mehr als nur namenlose Opfer waren. Sie waren Nachbarn, Bekannte oder Freunde, die gewaltsam aus der Gesellschaft gerissen wurden, bevor sie in der Fremde ermordet wurden.

Ich selbst lege drei weiße Rosen vor der Nußdorfer Straße 60 nieder, der letzten Wohnadresse von Oswalds Familie.

Eine Jugend in New York

»Gab es eigentlich einen konkreten Moment in deinem Leben, wo dir klar wurde, deine Familie ist tot?«, frage ich Arthur einmal.

»Nein«, antwortet er. »Aber das ist etwas Gutes. Mein Verdacht verstärkte sich und verstärkte sich, bis ich irgendwann wusste, sie sind tot. Es war ein sehr langsamer Prozess, also hatte ich auf diese Weise keine Trauerzeit.«

Nur unter einer Sache litt Arthur: »Als ich aufwuchs und mir klar wurde, dass ich keine Eltern hatte, fühlte ich eine gewisse Freiheit. Es gab Dinge, die ich tun konnte, die andere nicht tun konnten, weil sie von ihren Eltern zurückgehalten wurden. Und ich fühlte mich für dieses Gefühl schuldig. Aber das war das einzige Mal, dass ich Schuldgefühle hatte.«

* * *

Nach seiner Bar-Mizwa im Oktober 1941 lebte der 13-jährige Oswald also in New York. Ich wollte es ihm nachtun. Acht Jahre nach meinem ersten Besuch in New York im Rahmen des Zeitgeschichteprojekts *A Letter To The Stars* mache ich mein Vorhaben wahr und ziehe in die Stadt, die niemals schläft. Von Mitte 2015 bis Anfang 2017 lebe ich in Brooklyn und studiere Journalismus an der renommierten New York University (NYU). Es ist eine aufregende Zeit für eine Journalistin in New York, schließlich findet gerade der Präsidentschaftswahlkampf statt, der mit dem unvorhergesehenen Sieg Donald Trumps endet. Eineinhalb Jahre lang verfolge ich den Wahlkampf aus nächster Nähe, interviewe Politiker und Wahlhelfer, treffe Hillary Clinton, schreibe Artikel und drehe Videos – sowohl für die Uni als auch für die *Jewish Daily Forward*, eine alteingesessene jüdische Zeitung. Am Wahlabend produziere ich die Live-Wahlsendung der NYU. Kurz darauf halte ich meinen Master-Abschluss in Händen und kehre wieder nach Europa zurück.

Aber schon Monate später bin ich wieder in New York, als ich mich im Dezember 2017 auf eine Spurensuche nach Oswalds Jugend begebe. Los geht es in der Bronx: am 1925 Grand Concourse. Hier steht der Temple Zion, in dem Oswald 1941 seine Bar-Mizwa feierte. Oder besser gesagt: der ehemalige Temple Zion. Das Gebäude steht zwar noch, eine Synagoge ist es aber nicht mehr – sondern ein katholischer Kindergarten!

Die *New Covenant Christian Day School* ist strahlend hellblau angemalt und fällt zwischen ihren grauen und braunen Nachbarhäusern auf wie ein bunter Eimer im Sandkasten. Das Blau soll den Himmel darstellen; die untere Hälfte des Hauses ist mit einer Landschaftsszene bemalt: Kinder lösen in grünen Wiesen Rechenaufgaben, während neben ihnen Buchstaben wie Blumen aus der Erde wachsen. Erst auf den zweiten oder dritten Blick fällt mir auf, dass sich unter der dick aufgetragenen Farbe jüdische Symbole abzeichnen. Über jedem der acht Fenster im zweiten Stock befindet sich zum Beispiel ein reliefartig hervorstehender Davidstern, der hellblau übermalt wurde, und unter einer überlebensgroßen violetten Biene ist eine hebräische Jahreszahl in den Stein gemeißelt.

»Im Inneren gibt es heute keine jüdischen Spuren mehr«, erzählt mir Ellen Levitt, die Autorin des Buches *The Lost Synagogues of The Bronx and Queens*. »Wo der heilige Schrein der Synagoge sein sollte, ist heute nur ein leerer Raum, der mit einem Vorhang verhängt ist.« Auf ihrer Suche nach verlorenen Synagogen findet Levitt immer wieder umfunktionierte Tempel. »Synagogen sind ideale Gebäude, um Kirchen zu werden, schließlich sind viele der architektonischen Elemente ähnlich«, so Levitt.

Vom Grand Concourse, wo Oswald seine Bar-Mizwa feierte, mache ich mich zu Fuß auf den Weg in die 2075 Morris Avenue, Oswalds erstem Zuhause in New York. Es ist ein kurzer Spaziergang von gerade einmal zehn Minuten, schließlich darf man am Schabbat keine Transportmittel verwenden, also musste die Wohnung von Oswalds Pflegeeltern in der Nähe ihrer Synagoge liegen.

Die 2075 Morris Avenue ist ein fünfstöckiges Haus aus hellbraunem Backstein, einem beliebten Baumaterial in New York. Auf dem Klingelschild zähle ich 48 Wohnungen und sehe fast nur spanisch klingende Familiennamen. Ich habe Glück: Eine junge Frau kommt gerade aus dem Haus und lässt mich hinein. Von einem großen, gekachelten Eingangsbereich führen links und rechts Stiegen in verwinkelte Treppenhäuser. Die Fenster, Treppen und Wohnungstüren sind knallrot lackiert. Es ist ein komisches Gefühl, einfach so durch ein fremdes Haus zu gehen, und obwohl ich einigen Damen begegne, die gerade ihre Türen mit Weihnachtsschmuck dekorieren, spreche ich niemanden an.

* * *

Seit Anfang September 1941 lebte Oswald nun also in der 2075 Morris Avenue bei seinen Pflegeeltern Hannah und Harry Falk.[1] Über die Familie Falk ist nicht viel bekannt. Laut Zensus-daten war Hannah 49 und Harry 55 Jahre alt, als sie Oswald aufnahmen. Als Geburtsland des Paares wird alternativ Österreich oder Galizien angegeben, sie stammten also aus dem nordöstlichen Teil der Habsburgermonarchie. Die Falks lebten seit über zwanzig Jahren in den USA und hatten irgendwann zwischen 1920 und 1940 die amerikanische Staatsbürgerschaft erhalten. Sie sprachen Englisch und Jiddisch, das dem Deutschen ähnlich genug war, dass sich Oswald in der Anfangszeit mit ihnen verständigen konnte. Harry Falk arbeitete als Stoffhändler von Secondhand-Textilien, Hannah war Hausfrau. Außer Oswald lebten auch zwei Söhne der Falks in der Dreizimmerwohnung in der Morris Avenue: der 15-jährige

Averon und Sheldon, sieben Jahre.[2] Alle drei Jungen teilten sich ein Zimmer.

Hannah Falk bürgte gegenüber der GJCA und dem USCOM für das Wohlbefinden Oswalds und unterschrieb als seine offizielle Pflegemutter alle nötigen Dokumente, Harry galt den Behörden »nur« als Ehemann. Arthur selbst beschrieb seine Pflegeeltern später als »nette Menschen«, die aber nicht gerade »die hellsten Leute der Welt« waren. Am ersten Abend zum Beispiel winkte Harry Oswald zu sich und zeigte auf den Lichtschalter. Dann drückte er, und das Licht ging an. Er drückte wieder, das Licht ging aus. Oswald schaute seinem Pflegevater verständnislos zu. »Aber weißt du, er kam aus einem kleinen Schtetl, wo es keine Elektrizität gegeben hatte«, erzählte mir Arthur Jahre später grinsend. »Und er dachte wohl, ich wüsste nicht, was ein Lichtschalter sei. Dabei kam ich ja aus einer Großstadt! Ich kam aus Wien!«

Oswald wurde von den Falks gut behandelt, aber richtig zu Hause fühlte er sich bei ihnen nicht. »Das war nicht unbedingt die Schuld meiner Pflegeeltern«, erklärte mir Arthur. »Bei vielen der OSE-Kinder, die ich kenne und die in Pflegefamilien kamen, hat es nicht wirklich geklappt. Die Falks behandelten mich freundlich – ich wurde nicht missbraucht oder ausgenutzt oder etwas in der Art –, aber sie behandelten mich anders als ihre eigenen Kinder. Es waren kleine Dinge, zum Beispiel durften ihre Kinder zum Kühlschrank gehen, ohne zu fragen, und ich nicht. Nicht dass sie mir nichts zu essen gaben, ich hatte genug. Ich bekam Kost und Logis – aber ich war kein Teil der Familie. Und das konnte ich fühlen.«

Nach einer kurzen Pause ergänzte Arthur: »Aber man überlebt diese Dinge.«

* * *

Man überlebt diese Dinge. Über seine Zeit im kriegsgebeutelten Frankreich, wo er an Hunger und Entbehrungen litt, hat Arthur nie so düster geredet. Bei der Beschreibung seiner ersten Jahre in New

York, wo es ihm zumindest den äußeren Umständen nach besser ging, verwendete er die Formulierung dagegen sehr oft. Seine einsame erste Nacht bei den Falks, die Bar-Mizwa, einer der traurigsten Tage seines Lebens, die Lektüre des letzten Briefes seines Vaters – Arthur erzählte mir davon und schob sofort nach: »Aber man überlebt diese Dinge«.

Ganz grundsätzlich sprach Arthur später nur sehr wenig von seiner Jugend in New York. Auch wenn ich ihn direkt dazu befragte, erzählte er mir immer nur einzelne Details und Anekdoten und wechselte dann das Thema. Es wäre wohl nie viel über Oswalds Teenager-Jahre bekannt geworden, wenn ich nicht seine »geheime« Pflegeakte gefunden hätte. Pflegeakten sind zum Schutz der Persönlichkeit auch noch Jahrzehnte nach dem Tod einer Person gesperrt und dürfen nur mit Zustimmung von nächsten Angehörigen eingesehen werden. Dafür muss man aber erst einmal wissen, wo sich die Akten befinden.

Nach monatelanger Recherche finde ich heraus, dass Oswalds Akte im YIVO-Archiv in New York verwahrt ist. Das *YIVO Institute for Jewish Research* (ehemals *Yidisher Visnshaftlekher Institut*) betreibt gemeinsam mit vier anderen jüdischen Einrichtungen das *Center for Jewish History* in Manhattan, in dem ich im Winter 2017 für dieses Buch forsche. YIVO besitzt auch die öffentlichen Akten der GJCA, die ich schon lange kannte, verrät aber mit keinem Wort, dass es in einem Lagerhaus in New Jersey Hunderte persönliche Akten von früheren GJCA-Schützlingen aufbewahrt. Das Wissen über diese Pflegeakten wird in Überlebendenkreisen wie ein Geheimnis weitergereicht, und so erfahre auch ich schließlich davon. Aber selbst nachdem Arthurs Sohn Aaron mir ganz offiziell die Erlaubnis für die Einsicht in die Akte seines Vaters erteilt hat, dauert es noch Monate, bis YIVO mir eine Kopie aushändigt.

Die 133 Seiten dicke Pflegeakte ist ein Quell an Informationen – für mich, vor allem aber auch für Arthurs Familie, die ebenso wenig über seine Teenagerjahre wusste wie ich. Wie jedes jüdische Pflegekind zu der Zeit wurde Oswald einmal im Monat von einer

Sozialarbeiterin der *Jewish Child Care Association* (Verband zur Fürsorge Jüdischer Kinder) besucht, die vierteljährliche Berichte über seine Entwicklung an die GJCA und das USCOM schickte. Diese Berichte enthalten neben Schulbeurteilungen und Formularen auch medizinische Angaben aus halbjährlichen Routineuntersuchungen. Zum Beispiel erhielt Oswald im Dezember 1942 eine Brille und war 1943 auch nach zwei Jahren amerikanischer Kost immer noch leicht unterernährt. 1944 wurde bei ihm der Eintritt der Pubertät festgestellt, wie ich in der Akte nachlese. Oswald musste sich in Amerika amtlich als Ausländer registrieren und ab seinem 14. Geburtstag Fingerabdrücke hinterlegen. Auch Ausgaben oder finanzielle Belange wurden penibel in der Pflegeakte festgehalten: So erhielten die Falks pro Monat 25 Dollar Unterstützung für Lebensmittel. Oswald selbst bekam ab Mitte 1943 einen Dollar Taschengeld pro Monat von der Pflegebehörde.

In den ersten Monaten waren die Berichte über Oswalds Leben in Amerika recht knapp gehalten, später aber finde ich sehr ausführliche Beschreibungen. Im Dezember 1942 schrieb seine Sozialarbeiterin zum Beispiel an Lotte Marcuse, Oswald hätte sich »gut bei seiner Pflegefamilie eingelebt. [...] Er hat ausgezeichnete Schulfortschritte gemacht. [...] Gegenwärtig ist er in der 7. Klasse und leistet überdurchschnittliche Arbeit. Oswald lernte sehr schnell Englisch und versteht die Sprache vollständig.«

Unmittelbar nach seiner Ankunft in Amerika im September 1941 war Oswald in die fünfte Klasse eingeschult worden, weil die dortige Klassenlehrerin Jiddisch sprach – obwohl er seinem Alter nach in die siebte Klasse gehört hätte. Nachdem er sehr rasch Englisch lernte, wechselte er schon nach wenigen Wochen in die sechste Klasse. Auch später übersprang Oswald immer wieder Schultrimester oder belegte zusätzlichen Unterricht, um höher eingestuft zu werden, sodass er zum Zeitpunkt seines Highschool-Abschlusses nur noch sechs Monate hinter seiner Altersstufe herhinkte.

* * *

»Touchdown«, jubelte ein Nachbarsjunge und lief lachend auf seine Kameraden zu. Oswalds Team lag hinten. Ich wünschte, auch in Amerika würden die Kinder Fußball spielen, dachte sich Oswald zum wiederholten Male, während er sich aufrappelte. Im Fußball war der 13-Jährige schließlich ein Ass, aber was brachte es ihm in New York, dass Kopfbälle seine Spezialität waren? Zuerst hatte er sein Glück mit *Stickball* versucht, der Straßenvariante von Baseball. Aber mit einem Besenstiel einen kleinen Ball zu treffen, der aus fünf Meter Entfernung auf dich zugeworfen wird, das klappte einfach nicht, so oft Oswald es auch probiert hatte. Nun also Football, schnell rennen konnte er ja zumindest.

»He, du blutest ja! Alles o. k.?«, rief ihm ein Junge zu. Oswald blickte an sich herab – und stockte. Das blutende Knie war ihm egal, was ihn beunruhigte, war der zwanzig Zentimeter lange Riss in seiner Stoffhose. Er musste beim Fallen irgendwo hängen geblieben sein, die Hose war ruiniert. Mit hängendem Kopf trottete Oswald nach Hause.

Als Pflegekind besaß Oswald nur sehr wenige Kleidungsstücke, die er mit einem von der *Jewish Child Care Association* festgeschriebenen Budget kaufen konnte. Er hasste diese Shopping-Trips mit seiner Sozialarbeiterin, weil er sich immer wie ein Bettler vorkam, der Almosen erhielt. Nach der Sache mit der zerrissenen Hose musste Oswald sechs Monate warten, bis er eine neue bekam. Er beschloss, nie wieder Football zu spielen.

Während Oswald sich in seinem neuen Zuhause einlebte, neue Sportarten lernte und versuchte neue Freundschaften zu schließen, tobte in Europa nach wie vor der Krieg. Am 7. Dezember 1941, Oswald war gerade drei Monate in Amerika, wurde aus dem Krieg ein Weltkrieg: Völlig überraschend griff das mit Hitlerdeutschland verbündete Japan die in Pearl Harbor vor Hawaii liegende Pazifikflotte der USA an. Am Tag darauf erklärten die USA dem Kaiserreich Japan den Krieg, am 11. Dezember 1941 dann auch Deutschland und Italien. Der 13-jährige Oswald hoffte, dass durch den Kriegseintritt Amerikas das Ende der Nationalsozialisten gekommen sei und vielleicht doch noch Hoffnung für seine Eltern bestünde.

Insgesamt zwei Jahre lang wohnte Oswald bei Hannah und Harry Falk – dabei war es immer der ausdrückliche Wunsch seiner Eltern gewesen, dass er bei Onkel Sigmund und Tante Erna leben sollte. Auch Oswald wollte immer zu seinen Verwandten, und es ist aus heutiger Sicht völlig unverständlich, warum es – zumindest vorerst – nicht dazu kam.

Möglicherweise scheiterte die Unterbringung anfangs wirklich einzig und allein am Zeitdruck der GJCA, alle Flüchtlingskinder möglichst schnell auf Pflegefamilien zu verteilen. Später gab es dann aber keinen triftigen Grund mehr, warum Oswald nicht zu seinen Verwandten ziehen durfte. Der ehemalige Fabrikdirektor Sigmund hatte sein Vermögen zwar nicht nach Amerika retten können, und die Familie war arm, aber auch die Falks erhielten ja eine staatliche Zuwendung für den Jungen.

Ein einziger Satz liefert vielleicht einen Hinweis auf das zögerliche Verhalten der Jugendbehörden, den Lieblichs das Sorgerecht für Oswald zu erteilen. Auf einer getippten Telefonnotiz in Oswalds Pflegeakte finde ich folgenden Vermerk: »Es bestehen immer noch echte Zweifel am Angebot der Verwandten [den Jungen aufzunehmen].«

Die jüdischen Sozialarbeiterinnen waren sich dessen bewusst, dass Oswald von den Falks wegwollte, und schienen sich sehr aufmerksam mit seinem Wunsch auseinandergesetzt zu haben. »Bevor wir einen Umzug von Oswald in Betracht ziehen, halten wir es für notwendig, ihm die Möglichkeit zu geben, über seine Gefühle bezüglich der Trennung von seiner Familie und seine Gefühle über Pflegefamilien generell zu reden«, lese ich in einem Brief an Lotte Marcuse. Ein paar Monate später heißt es: »Oswald ist begierig, bei seinem Onkel und seiner Tante zu leben, aber auch zögerlich, weil dies einen Schulwechsel erfordern würde.«

Im September 1942 zogen Sigmund und Erna von Kingston nach Manhattan, wo Sigmund Teilhaber eines Süßigkeitengeschäfts wurde. Oswald fing an, sie dort regelmäßig zu besuchen und auch die

Feiertage bei ihnen zu verbringen. Gina hatte inzwischen geheiratet und lebte nicht mehr bei ihren Eltern. Die Lieblichs hatten eine Vierzimmerwohnung und genug Platz für Oswald, ihre finanzielle Situation war allerdings nach wie vor prekär. Schließlich stimmte die GJCA zu, die Familie mit 20 Dollar im Monat zu unterstützen – einem Umzug Oswalds stand nun nichts mehr im Weg. Man entschied sich aber, Oswald das Schuljahr bei den Falks beenden zu lassen, damit der Wechsel aus seinem gewohnten Umfeld und der Abschied von seinen neuen Freunden nicht zu schwierig würde. Am 24. September 1943, also zwei Jahre nach seiner Ankunft in Amerika, zog Oswald dann zu Tante Erna und Onkel Sigmund in die 349 Amsterdam Avenue.

* * *

Die Amsterdam Avenue ist dieselbe Straße, in der einst das jüdische Waisenhaus stand, in dem Oswald seine ersten Tage in New York verbracht hatte. Das heißt aber nicht, dass die Wohnung der Lieblichs ums Eck lag. Die schnurgeraden Avenues von Manhattan sind so lang, dass ganze sechs Kilometer zwischen den beiden Adressen liegen – mit der U-Bahn brauche ich während meiner Spurensuche im Dezember 2017 ganze zwanzig Minuten.

Es ist schon Abend, als ich die Nummer 349 erreiche, und der Sonnenuntergang überzieht die ganze Straße mit einem rötlichen Schimmer. Oswalds früheres Zuhause befindet sich in der Upper West Side, heute eines der teuersten Viertel New Yorks, und ist umgeben von hippen Läden, überteuerten Fitnessstudios und kleinen Restaurants. Das fünfstöckige Backsteinhaus präsentiert sich für die Gegend relativ niedrig, links daneben ragt ein Bau um mehr als das Doppelte in die Höhe. Mit seinem rötlichbraunen Stein und der fassadenseitigen Feuertreppe ist die 349 Amsterdam Avenue geradezu der Inbegriff eines typischen New Yorker Hauses.

* * *

Seit seinem 13. Geburtstag arbeitete Oswald nach der Schule und in den Ferien, um sein Taschengeld aufzubessern. Im Lauf seiner Teenagerjahre versah er eine Vielzahl an Gelegenheitsjobs: Er war Zeitungsjunge, Eierverpacker, Hilfsarbeiter in einer Kleidungs- und in einer Papierfabrik, Verkäufer in einem 5-Cent-Laden, Tanzlehrer und im Sommer Hilfskellner in einer Hotelanlage. Von seinem ersten Gehalt kaufte sich Oswald Tennisschuhe, die er allerdings nur drei Monate tragen konnte, weil er einen Wachstumsschub hatte. Außerdem investierte er sein Geld in Kriegsanleihen. »Oswald zeigt Reife im Umgang mit Geld und spart auf eine College-Ausbildung«, lobte seine Sozialarbeiterin in ihrem vierteljährlichen Bericht.

Nach dem Umzug zu den Lieblichs lebte sich Oswald gut in Manhattan ein. Zu Onkel Sigmund und Tante Erna hatte der inzwischen 15-jährige Junge ein enges Verhältnis. In einem Eintrag seiner Pflegeakte aus dem Jahr 1944 lese ich, dass Oswald sie »Mom« und »Pop« nannte, weil zu diesem Zeitpunkt niemand mehr daran glaubte, dass Frieda und Hermann noch am Leben seien. Je älter Oswald wurde, desto kritischer sah er seine Verwandten jedoch. Er empfand Erna und Sigmund als altmodisch und beklagte sich, dass sie an österreichischen Traditionen festhielten, statt sich in Amerika zu integrieren. Und er vermisste schmerzlich die Gemeinschaft seines Lebens in Frankreich.

»Ich war im Kinderheim in Frankreich glücklicher als bei meiner Tante und meinem Onkel oder bei meiner Pflegefamilie«, erzählte Arthur mir. »Ich glaube, es liegt daran, dass wir eine Familie geworden waren. Wir hatten zusammen in einem Raum gelebt. Wir hatten zusammen gegessen. Wir hatten denselben Sport getrieben. Wir waren in dieselbe Schule gegangen. Wir waren eine Familie.«

Eine Familie, zu der Oswald nur noch vereinzelt Kontakt hatte. Lotte Marcuse hatte die früheren OSE-Schützlinge auf das ganze Land verteilt und weigerte sich, den Kindern die Adressen ihrer ehemaligen Freunde zu verraten. Sie vertrat die Meinung, die jungen Flüchtlinge könnten sich nur dann in Amerika assimilieren, wenn sie komplett mit ihrer Vergangenheit brächen. Oswald und der sechs Monate jüngere Adolf Löw schafften es allerdings irgendwie, die Adresse des jeweils anderen zu erhalten, und besuchten sich einmal im Monat. Noch mehr als der Kontakt der Kinder untereinander störte es Marcuse, wenn die OSE versuchte, Einfluss auf ihre ehemaligen Schützlinge zu nehmen. Das extremste Beispiel hierfür ist, dass die GJCA sich weigerte, der OSE oder der AMEROSE die Adressen der Kinder zu geben. Wenn Eltern aus Europa nun versuchten, mithilfe der OSE ihren Kindern zu schreiben, musste diese die Briefe an die GJCA weiterleiten, weil Marcuse ihnen jeglichen Kontakt zu den Kindern verbot. Besonders der in New York lebende Ernst Papanek, der sich von Zeit zu Zeit mit Oswald und anderen OSE-Kindern traf, war Marcuse dabei ein Dorn im Auge. »Es ist wichtig, dass wir ihn loswerden«, schrieb sie in einem internen Memo.

Marcuses Philosophie war es auch, die Kinder nicht dazu zu drängen, Briefe an ihre Familien in Europa zu schreiben. Auf die Kritik, dass sich verzweifelte Eltern in Deutschland oder Frankreich nichts sehnlicher wünschten, als die Handschrift ihres eigenen Kindes zu sehen, ging sie nicht ein. Auch die im *Château de Montintin* zurückgebliebenen OSE-Kinder fühlten sich von ihren Freunden verraten, wie Lazare Gourwitch in einem Brief an Ernst Papanek klagte: »Kinder, die Frankreich nicht verlassen haben und denen ihre kleinen Freunde lange Briefe und Berichte versprochen hatten, sind sehr enttäuscht und haben den Eindruck, sie seien bereits vergessen.«

* * *

Oswald war gerade noch rechtzeitig aus Frankreich rausgekommen. Nach seiner Ankunft in New York gab es nur noch zwei weitere USCOM-Transporte, die es nach Amerika schafften, der letzte im Mai 1942.[3] Die Nationalsozialisten hatten inzwischen die sogenannte Endlösung beschlossen, die Ermordung aller europäischen Juden. Im Sommer 1942 wurde dann bekannt, dass das Vichy-Regime in Kollaboration mit den Nationalsozialisten begonnen hatte, nicht mehr nur Erwachsene, sondern nun auch Tausende Kinder nach Polen zu deportieren. Französische Polizisten stürmten die Kinderheime der OSE und nahmen teilweise sogar Kleinkinder unter zwei Jahren mit.

Schockiert von den Berichten aus Europa, genehmigte die amerikanische Regierung im Sommer 1942 nun endlich 5.000 Notvisa für jüdische Kinder in Frankreich.[4] Auch die Quäker hatten in Anbetracht der Deportationen ihre Einstellung überdacht und standen jetzt voll hinter den Transporten. Ein Schiff für die erste Kindergruppe war bereits auf dem Weg nach Europa, als die Alliierten am 8. November 1942 mit der Invasion von Französisch-Nordwestafrika, das mit den Deutschen kollaborierte, begannen. Als Reaktion auf den mangelnden Widerstand der französischen Truppen in Afrika befahl Hitler, nun ganz Frankreich zu besetzen. Am 11. November 1942 marschierte die deutsche Wehrmacht in Vichy-Frankreich ein und schloss alle Grenzen – einen Tag, bevor die Kinder Marseille hätten verlassen sollen.[5]

»Alles nur wegen schlechtem Timing«, seufzt der Archivar Ron Coleman im Gespräch mit mir. Denn das amerikanische Außenministerium, das die Visa genehmigt hatte, wusste nichts von der bevorstehenden Invasion Nordafrikas. »Die militärische Planung lief völlig unabhängig. Die Armee hatte ihren eigenen Krieg, den sie zu gewinnen versuchte. Dies ist das traurige Beispiel eines Falls einer ›großen‹ Kriegsgeschichte, die das menschliche Schicksal der Einzelnen vollständig überging«, erklärt mir Coleman.

So waren es letztlich »nur« 253 jüdische Kinder aus OSE-Heimen, die auf Kindertransporten nach Amerika kamen. Schätzungen gehen davon aus, dass es zusätzlich 100 weiteren OSE-Kindern gelang, auf anderem Wege (oft mit ihren Eltern) nach Amerika zu emigrieren. Insgesamt brachten die *coroporate affidavits* von GJCA und USCOM vor Kriegsende 1.035 unbegleitete Minderjährige nach Amerika (die Gruppe ist heute unter dem Namen *One Thousand Children* bekannt). Eine schockierend niedrige Zahl in Anbetracht der Größe und Ressourcen der Vereinigten Staaten.

Nach der deutschen Besetzung Südfrankreichs begann die OSE heimlich und illegal mit der Schließung ihrer Heime. Und sie startete eine letzte, große und großartige Rettungsaktion. Mithilfe der *Résistance,* der französischen Widerstandsbewegung, versteckte die OSE rund 2.000 Kinder unter falschem Namen in französischen Familien, auf Bauernhöfen und in Klöstern. Einige der älteren Jugendlichen schlossen sich auch selbst dem Widerstand an. Etwa 1.000 weitere Kinder schmuggelte die OSE über die grüne Grenze in die Schweiz.[6]

Insgesamt 69 Kinder aus OSE-Heimen wurden deportiert (der Großteil von ihnen nach Auschwitz), davon elf aus *Montintin.*[7] Über dreißig OSE-Mitarbeiter wurden bis Kriegsende von den Nationalsozialisten ermordet – darunter auch Leo Brenner, der letzte Verfechter von Papaneks Pädagogik in *Montintin.*

Arthurs Biografie ist die Geschichte einer außergewöhnlichen Rettung. »Tausende Kinder wurden nicht für einen Kindertransport ausgewählt und kamen um. Ich wurde für gleich zwei ausgewählt«, schrieb er dazu Jahrzehnte später in einer Kurzgeschichte, die er *Glück* nannte. Auch wenn es am Ende »nur« knapp 1.000 Kinder waren, die nach Amerika gerettet wurden: Dieser Umstand darf in keiner Weise das unermüdliche Engagement einer großen Gruppe von Menschen auf zwei Kontinenten schmälern, die es allen Widerständen zum Trotz schaffte, jedes einzelne dieser Kinder in Sicherheit zu bringen. Die Quäker wurden 1947 für ihre Hilfeleistungen für Kriegsopfer mit dem Friedensnobelpreis ausgezeichnet.

Ernst Papanek zog in seiner Autobiografie *Out of the Fire* ein schönes Fazit über seine Arbeit für die OSE: »Epische Geschichten werden erst im Nachhinein geboren. Während die Heime in Montmorency in Betrieb waren, waren sie nicht mehr als die bescheidene Geschichte einer Gruppe von Kindern, die überleben wollten und von denen ich dachte, dass ich ihnen helfen könnte zu überleben. Nichts Bemerkenswertes daran. […] Ich tat nicht genug, weil niemand genug tat. Aber einiges geschah doch.«[8]

Aus Oswald wird Arthur

Oswald war ein äußerst begabter Schüler, kaum etwas lese ich öfter in seiner Pflegeakte.[1] Schon 1942, nach nur einem Jahr in Amerika, war sein schulischer Fortschritt »hervorragend«, lobte seine Sozialarbeiterin. In den folgenden Jahren bezeichnete sie Oswald immer wieder als »College-Material« – zu einer Zeit, in der mehr als die Hälfte der amerikanischen Bevölkerung nicht einmal die Highschool abschloss.

Oswalds Begabung lag vor allem im naturwissenschaftlichen und mathematischen Bereich. Seine Liebe zu Zahlen führte er auf seine Algebra-Lehrerin Miss Bowden zurück. »Sie machte ein Spiel aus Algebra«, schrieb Arthur Jahrzehnte später in einer autobiografischen Kurzgeschichte. »Und ich liebte es, dieses Spiel zu spielen – fast so sehr, wie ich es liebte, die Klasse bei jeder Gelegenheit mit absurden Kommentaren zum Lachen zu bringen.«

Im Januar 1945 schloss Oswald die Junior Highschool mit Auszeichnung ab. Im Anschluss sollte er an eine weiterführende Highschool wechseln. Die Frage war nur: welche? Der 17-jährige Oswald war sich sehr unsicher, was genau er mit seinem Leben anfangen wollte. Kurzzeitig überlegte er sogar, auf eine Jeschiwa zu gehen, also eine jüdisch-religiöse Schule, in der sich männliche Schüler dem Thora- und Talmud-Studium widmen. Im Endeffekt entschied sich Oswald dann aber für einen anderen Weg. »Die meisten der klugen Kinder von meiner Junior Highschool wechselten auf eine bestimmte Schule, für die man eine Aufnahmeprüfung brauchte«, erklärte mir Arthur. »Also ging ich auch auf diese Schule – um mit meinen Freunden zusammen zu sein.«

So kam es, dass Oswald von nun an die *Stuyvesant High School* in Manhattan besuchte, eine äußerst renommierte technische Highschool, die bis heute zu den bekanntesten Schulen Amerikas zählt. Zu Oswalds Zeit befand sich der *Stuyvesant*-Campus in der 15th Street in Manhattan, ganz in der Nähe des Union Square, wo ich selbst immer umsteigen musste, um zu meiner Uni zu kommen. Die reine Jungenschule bot 2.600 Schülern Platz.

»In Stuyvesant haben Schüler jedwede Gelegenheit, die Reiche der Mathematik, Physik, Chemie, Biologie und verwandter technischer und wissenschaftlicher Fächer in einem Ausmaß zu erforschen, von der man in normalen Highschools nur träumen kann«, lese ich in dem Jahrbuch von Oswalds Abschlussklasse.[2] Neben theoretischem gab es auch sehr viel praktischen Unterricht – die zahlreichen Chemie-, Physik- und Werksäle waren wesentlich besser ausgestattet als die Werkstätten in den OSE-Heimen, aber vom Ansatz her ähnlich. Oswald galt in *Stuyvesant* dank seiner guten Noten als *honors student*, also als besonders begabter Schüler. Außerdem war er Mitglied des Schwimmteams und des Mathe-Clubs.

In Oswalds erstes Schuljahr an der *Stuyvesant High School* fiel das Ende des Zweiten Weltkriegs. In den USA endete der Krieg – im Gegensatz zu Europa – nicht schon am 8. Mai 1945. Am 6. August warfen die Amerikaner eine Atombombe über Hiroshima ab, am 9. August eine zweite über Nagasaki. Mit der Kapitulation Japans am 2. September 1945 war der Krieg dann nach sechs Jahren und weltweit um die 50 Millionen Toten endgültig vorbei.

Oswalds Onkel Sigmund, bei dem er seit zwei Jahren lebte, sollte das Kriegsende nicht mehr erleben: Er war kurz zuvor, am 12. August 1945, an einer Lungenembolie verstorben. Tante Erna wollte daraufhin, dass Oswald die Schule abbrach, um ihr in Sigmunds Süßigkeitengeschäft zu helfen. »Aber ich wollte etwas aus meinem Leben machen«, erzählte mir Arthur. »Ich wollte keinen Süßigkeitenladen haben.« Die *Jewish Child Care Association* und die GJCA verdoppelten daraufhin die monatlichen Unterstützungszahlungen an Erna Lieblich auf 40 Dollar, sodass Oswald weiterhin bei ihr leben und die Schule besuchen konnte.

Oswald hatte nach wie vor ein gutes Verhältnis zu seiner Tante und zu seiner Cousine Gina. In seiner Pflegeakte wird er ihnen gegenüber als »hingebungsvoll« beschrieben.

1947 machte Oswald seinen Abschluss an der *Stuyvesant High School*, die Zeugnisverleihung feierte die Schule in der berühmten Konzerthalle Carnegie Hall. Im Sommer darauf heiratete Erna den Geschäftspartner ihres verstorbenen Ehemanns – und setzte Oswald vor die Tür.

Der 18-Jährige war schockiert. »Den Sommer über arbeitete ich als Kellner in einem Hotel in den Catskills«, erinnerte sich Arthur. »Und dann sagte sie mir plötzlich, ich könnte nicht zurückkommen, um weiter bei ihr zu leben.«

Oswald suchte sich daraufhin gezwungenermaßen ein Zimmer zur Untermiete. Er zog bei Mrs. Jennie Frank an der 1467 Taylor Avenue ein, die in einem Mietshaus in einer ruhigen Nachbarschaft in der Bronx wohnte. Für 50 Dollar im Monat bekam er ein Zimmer und zwei warme Mahlzeiten am Tag. »Mr. und Mrs. Frank waren sehr nette Menschen«, beschrieb Arthur sie mir. »Ich wünschte, ich hätte sie als meine ersten Pflegeeltern gehabt. Bei ihnen wäre ich geblieben.« Es waren aber nicht nur die Franks, weswegen Oswald das Leben in der Taylor Avenue liebte, das lag vor allem an seinem Nachbarn: Adolf Löw hatte sich im Haus gegenüber ein Zimmer zur Untermiete genommen. Die beiden Freunde verbrachten nun jede freie Minute miteinander.

Im Herbst 1947 fingen Oswald und Adolf zu studieren an – ausgestattet mit einem monatlichen Stipendium der *Jewish Child Care Association*. Die Voraussage von Oswalds Sozialarbeiterin hatte sich erfüllt: Er war College-Material. Doch wieder war er von Zweifeln über seinen Zukunftsweg geplagt. Nach dem Tod seines Onkels und Ernas neuerlicher Hochzeit fragte er sich, ob es überhaupt etwas gab, das ihn in New York hielt. Gemeinsam mit Adolf überlegte er, in das im Aufbau begriffene Israel zu emigrieren. »Mir gefiel die Idee, in einem Kibbuz auf einer Farm zu arbeiten. In *Montintin* hatte ich es immer gemocht, bei den Bauern Zeit zu verbringen«, sagte mir Arthur. »Aber dann erhielten wir beide ein Stipendium und entschieden uns, erst nach unserem Studium nach Israel zu gehen.«

Die Sozialarbeiterinnen der *Jewish Child Care Association* versuchten Oswald aktiv bei seiner Zukunftsplanung zu unterstützen. Unter anderem schickten sie den Teenager zur Berufsberatung zu einem Psychologen, der bei Oswald einen IQ von 121 feststellte und ihm eine »überlegene Intelligenz im allgemeinen Denken sowie eine mechanische Begabung« attestierte. Oswald hätte sehr gerne Medizin studiert, aber dafür hätte sein Stipendium nicht ausgereicht. Am Ende entschied er sich wie beim vorhergehenden Mal. »Ich wollte mit meinen Freunden zusammen sein«, erklärte mir Arthur. Über die Hälfte der *Stuyvesant*-Absolventen schrieb sich für Elektrotechnik ein, und so tat Oswald es ihnen gleich. Nach einer schlechten Note in seinem ersten Physikseminar wechselte er dann aber innerhalb der Ingenieurwissenschaften zu einer anderen Disziplin: Maschinenbau.

Oswald studierte am City College of New York und hatte Vorlesungen in einem Gebäude, das ihm mehr als bekannt vorkam: der 1560 Amsterdam Avenue. Die Universität hatte das ehemalige jüdische Waisenhaus gekauft. Mehrmals die Woche lernte Oswald nun in denselben Räumen, in denen er seine ersten Tage in Amerika verbracht hatte.

Das City College war zum damaligen Zeitpunkt für Studenten kostenlos. Oswald bekam von der *Jewish Child Care Association* ein Stipendium von 500 Dollar im Jahr, mit dem er Miete und Lebensmittel bezahlen konnte; für Fachbücher und andere Ausgaben musste er aber weiterhin Nebenjobs annehmen.

* * *

Offiziell war der 19-Jährige als Oswald Kernberg am City College eingeschrieben, seine Professoren und Kommilitonen kannten ihn aber unter einem anderen Namen: Arthur.

»Oswald war ein sehr ungewöhnlicher Name in Amerika«, erklärte mir Arthur. »Niemand hier hieß so. Und in der Schule haben mich die Kinder deswegen gehänselt. Sie riefen immer: ›Oswald der Hase, Oswald der Hase‹.« Eine Anspielung auf die von Walt Disney erfundene Comicfigur *Oswald the Lucky Rabbit,* die als Vorläufer von Mickey Mouse gilt. »Ständig haben sie sich über meinen Namen lustig gemacht. Ab und zu habe ich mich sogar geprügelt deswegen. Also beschloss ich, mir einen amerikanischen Namen zuzulegen. Als ich noch bei meinen Pflegeeltern lebte, gab es einen Jungen namens Arthur, der in demselben Haus lebte. Er war sehr nett zu mir, und ein paar Mal hat er mich verteidigt, wenn ich gehänselt wurde. Als die USA in den Zweiten Weltkrieg eintraten, meldete er sich freiwillig für die Navy. Er war eine Art Vorbild für mich. Also begann ich einfach, mich Arthur zu nennen.«

Oswald, Ossi, Putzilein, Papakuss – und nun Arthur. Arthur hatte in seinem jungen Leben bereits viele Namen gehabt, beim letzten sollte er nun aber bleiben. Ich selbst kannte Arthur immer nur als Arthur, wobei der Name natürlich englisch ausgesprochen wird. Viele seiner Freunde verwendeten auch die Kurzformen Art oder Artie.

Arthur war nicht der Einzige mit einem neuen Namen. »Wir gingen einmal mit ein paar Freunden von früher bowlen. Und jeder hatte einen anderen Namen! Siegfried war Fred, Julius nannte sich Jay. Artie war nicht mehr Oswald und ich nicht mehr Adolf«, erzählte mir Aaron Low, der nun nicht mehr Adolf Löw hieß. Oft amerikanisierten die früheren Flüchtlingskinder ihre deutschen Namen einfach oder verwendeten von nun an jüdische Namen. Arthur wollte aber nicht, dass man an seinem neuen Namen erkennen könnte, dass er Jude war. Aus demselben Grund verkürzte er später Kernberg auf Kern.

Etwa um dieselbe Zeit herum gab es noch eine weitere grundlegende Veränderung in seinem Leben: Arthur hörte auf, orthodox zu leben. Seine extreme Religiosität war immer wieder ein Thema in seiner Pflegeakte gewesen. So hatte er in den ersten Wochen in Amerika seine Kopfbedeckung nicht einmal zum Schlafen abgenommen. Im Laufe der Jahre setzte aber ein schleichender Prozess bei ihm ein, der dafür sorgte, dass die Religion immer mehr in den Hintergrund rückte. Als der junge Mann bei Tante Erna auszog, hörte er dann auch auf, koscher zu essen.

Arthur war weder in seiner Kindheit in Wien noch später als Erwachsener orthodox. Die – nach der falschen Zuordnung in das religiös geführte OSE-Heim in Eaubonne – aufgenötigte Phase der ausgeprägten Religiosität war also von kurzer Dauer. Auch die ehemaligen Eaubonner Heimkinder Ernst Valfer und Aaron Low leben heute schon lange nicht mehr orthodox. Madame Krakowskis Versuch, die Jungen zu missionieren, war gescheitert.

* * *

1948 reichte es Arthur und Aaron nicht mehr länger, nur Nachbarn zu sein: Sie zogen zusammen. An der 308 94th Street in Manhattan nahmen sie sich eine möblierte Einzimmerwohnung, die nur zwei Minuten vom Hudson River entfernt lag. Miete musste alle fünf Tage bezahlt werden, das Zimmer kostete sie jeweils 9,62 Dollar die Woche.

Als ich selbst 2011 zum Studieren nach München zog, mailte ich Arthur ein Foto meiner kleinen Zwanzig-Quradratmeter-Wohnung. »Wenn du denkst, das sei klein, hättest du den Raum sehen sollen, den Aaron und ich uns geteilt haben«, kam prompt seine Antwort. »Wir hatten ein Zimmer mit 2 Betten, 2 Nachttischen, einem Tisch mit 2 Stühlen, einem Herd und einem Kühlschrank. Es gab noch ein anderes winziges Zimmer mit nur einem Waschbecken. Das war's. Das Badezimmer wurde mit 4 anderen Mietern geteilt.«

Trotz der Enge hatten die zwei Studenten viel Spaß. Arthur ließ sich ständig Streiche einfallen, um Aaron zu veräppeln. Er war nun wieder ganz der unbeschwerte Lausbub aus Wiener Zeiten, der für seine Späße und Albereien bekannt war. So stellte Arthur zum Beispiel einmal eine leere Milchflasche vor die Tür. Dies war eigentlich das geheime Zeichen zwischen den jungen Männern, dass einer von ihnen Damenbesuch hatte. Als Aaron die Flasche sah, fuhr er die ganze Nacht hindurch U-Bahn, um das Zimmer diskret Arthur zu überlassen. Am nächsten Morgen hatte Arthur die Milchflasche wieder weggeräumt und tat unschuldig, als sei nichts gewesen.

Und dennoch: »Es war wunderbar, mit Arthur zusammenzuleben«, erinnerte sich Aaron nostalgisch. »Wir hatten alle möglichen wunderbaren Erlebnisse.«

* * *

Im November 2015 bin ich wieder einmal in Kalifornien, um Thanksgiving bei den Kerns zu feiern. Diesmal mache ich aber auch einen Abstecher zu Aaron Low und seiner Frau Ellie. Aaron kenne ich, seit ich mit 16 Jahren zum ersten Mal in Los Angeles war. Schließlich war es unmöglich, Zeit mit Arthur zu verbringen, ohne über kurz oder lang auch seinen besten Freund kennenzulernen. Zeit ihres Erwachsenenlebens lebten die beiden Männer nie weit voneinander entfernt – egal ob in New York oder später in Los Angeles –, und so braucht es nur eine kurze Autofahrt, bis ich das Haus der Lows erreiche.

Bei Tee und Keksen sitzen wir in ihrer pastellig eingerichteten Wohnküche und schauen Fotos an, während Aaron mir von seinem Leben erzählt und eine schnurrende Katze um unsere Beine streicht. Aarons Hörgerät und sein medizinisches Notfallarmband verraten das Alter des 86-Jährigen, aber jedes Mal, wenn er beginnt, von Arthur zu sprechen, strahlt er so sehr, dass es ein Leichtes ist, ihn sich als jungen Burschen vorzustellen.

Der geborene Berliner war vier Jahre alt, als sein Namensvetter – Adolf Hitler – an die Macht kam. Oswald und Adolf lernten sich in Eaubonne kennen, verbrachten dort aber nicht viel Zeit miteinander, weil Adolf sechs Monate jünger war und somit zu einer anderen Altersgruppe zählte. Oswald lernte tischlern, Adolf stricken. Bei der Evakuierung von Paris kamen sie jeweils in unterschiedliche Heime und trafen erst in Marseille wieder aufeinander: Beide waren für den zweiten Kindertransport nach Amerika nominiert. »Ich hätte eigentlich auf dem ersten Transport sein sollen«, sagt Aaron. »Alle meine Freunde fuhren auf dem ersten. Es war genau wie bei Artie!«

Adolf hatte dasselbe Schicksal ereilt wie Oswald, und durch die geteilten Erfahrungen entwickelte sich rasch eine enge Freundschaft. »Als ich Artie in Marseille traf, war ich so froh, ihn zu sehen«, erinnert sich Aaron. »Wir wurden sofort Freunde. Und wir blieben die besten Freunde seit diesem Tag. 74 Jahre lang.«

Arthur sagte mir einmal, es sei das große Glück seines Lebens gewesen, dass er Aaron fand: »Wir waren des anderen Mutter und Vater, wir trösteten einander und halfen uns – bis zum heutigen Tag.«

Als Aarons Stipendium gestrichen wurde, überredete Arthur seine Sozialarbeiterin, die Entscheidung rückgängig zu machen. Drei Jahre später, als Arthur dasselbe Problem hatte, war es Aaron, der sich für seinen Freund einsetzte. Und Aaron war es auch, der Arthur einen Sommerjob als Kellner in einem Hotel besorgte.

* * *

»Könnte ich bitte noch etwas Brot haben?« – »Und ich etwas Wasser!« – »Sehen Sie nicht, dass mein Glas leer ist?« – »Das hier ist normale Butter, ich hatte salzige bestellt.«

Arthur schwirrte der Kopf von all den Zurufen und Bestellungen. Er kellnerte zwar schon den vierten Sommer in Folge im Alamac Hotel in den Catskills, aber er kam sich dort jedes Mal aufs

Neue wie in einem Irrenhaus vor. Und dabei musste er ja nicht einmal die Essensbestellungen aufnehmen, sondern war nur für Brot, Butter, Getränke und das Abservieren der Teller zuständig. Von wegen nur, dachte sich Arthur und hetzte weiter.

Eineinhalb Stunden später war sein blütenweißes Hemd pitschnass durchgeschwitzt. Dieselbe Szene spielte sich drei Mal täglich bei jeder Mahlzeit ab, und das sieben Tage die Woche, drei Monate lang. Doch so stressig die Arbeit auch war, Arthur genoss die Abwechslung vom Studieren. Zwischen den Mahlzeiten durften Aaron und er alle Hotelanlagen nutzen: den Pool, den Basketballplatz, sogar zum Reiten gingen sie. Und nachts gab es Casino-Abende, wo sich immer Mädchen fanden, die für einen Tanz (oder mehr) zu haben waren.

Außerdem verdiente Arthur inklusive Trinkgeld bis zu tausend Dollar pro Sommer – Geld, mit dem er dann den Rest des Jahres sein Stipendium aufbesserte. Auch während des Semesters arbeitete der junge Mann. Und zwar als Tanzlehrer: Er unterrichtete Rumba, Foxtrott, Samba, Tango, Swing und – wie es sich für jeden geborenen Wiener gehört – Walzer.

Kellnern und Tanzen waren längst nicht die einzigen Jobs, die Arthur annahm, um sich über Wasser zu halten. Manchmal hatte er sogar bis zu fünf Gelegenheitsjobs gleichzeitig. Dabei sollte er ja eigentlich studieren!

»Ich bin froh, dass du dein Studium genießt. Ich kann nur sagen, dass ich die Universität nicht mochte«, mailte mir Arthur nach meinem ersten Jahr an der Uni. »Ich hatte nie Zeit für irgendetwas. Ich war immer entweder im Unterricht, machte Hausaufgaben oder arbeitete.« Das schlug sich auch in seinen Noten nieder. Im Gegensatz zu seiner erfolgreichen Schulzeit glänzte Arthur an der Uni durch mittelmäßige und teilweise sogar schlechte Noten. Zeitweise stand er kurz davor, von der Uni zu fliegen, weil sein Notendurchschnitt zu schlecht war. »Der Ingenieurkurs ist zugegebenermaßen schwierig«, verteidigte Arthurs Sozialarbeiterin ihn gegenüber der GJCA, die sein Stipendium kürzen wollte. Außerdem lebe er auf minimalem Budget und hätte quasi kein Sozialleben. »Arthur ist ein fleißiger und ehrgeiziger junger Mann, der bereit ist, Opfer zu bringen, um seine Ausbildung abzuschließen«, schrieb die Sozialarbeiterin.

Arthur verbesserte seine Noten schließlich so weit, dass er weiter studieren durfte und sein Stipendium behalten konnte. Ein richtig erfolgreicher Student wurde er aber nie. »Als ich meinen Abschluss machte, war ich der Fünfunddreißigste im Ranking aller Maschinenbaustudenten«, erzählte mir Arthur einmal lachend. »Das wäre toll gewesen, wenn fünfhundert von uns ihren Abschluss gemacht hätten. Aber wir waren nur 36.«

* * *

Arthurs Leben war nun fest in Amerika verankert, von einer Emigration nach Israel war keine Rede mehr. Auch mit Österreich hatte Arthur keinen Kontakt mehr – bis er einen Brief aus Wien erhielt.

»Ich wurde im August 1945 seitens des damaligen Staatsamtes für Industrie, Gewerbe, Handel und Verkehr zum öffentlichen Verwalter einer mittleren Strick- und Wirkwarenfabrik Dr. Heribert Zedlacher bestellt, […] die bis 1938 als protokollierte Firma Goldfeld & Kernberg, Wien XIX. Hardtgasse 32, bestand und deren Alleininhaber Ihr Vater war«, schrieb ein Mann namens Egon Col im Frühjahr 1948 an Arthur. »Ich werde meine freiwillig übernommene und zusätzliche Arbeit als Leiter der Fa. Dr. Zedlacher erst dann als beendet ansehen, wenn ich Ihnen, lieber junger Freund, das mir überantwortete Unternehmen übergeben kann.«

Dem Brief war eine jahrelange Suche vonseiten Egon Cols vorangegangen.

Heribert Zedlacher, der »Ariseur« der Familienfabrik der Kernbergs, war 1943 in Stalingrad gefallen. Nach Ende des Zweiten Weltkriegs stellte seine Witwe Ansprüche an die Fabrik, die Behörden entzogen ihr diese jedoch. Stattdessen bestellten sie Egon Col, der selbst Inhaber einer Textilgroßhandelsfirma war und als politischer Gegner der Nationalsozialisten galt, zum öffentlichen Masseverwalter, um den Betrieb zu sanieren, bis Hermann Kernberg oder seine Erben ausfindig gemacht werden konnten.

Die ersten Monate wartete Col vergeblich darauf, dass sich jemand bei ihm meldete. »Wie oft habe ich von meinem Mann gehört, wenn Kernberg zur Tür hereinkommt, falle ich ihm um den Hals, so freudig wäre ich«, beschrieb Cols Ehefrau Friedl die Zeit in einem Brief an Arthur. Doch niemand kam. Und so fingen die Cols eigenständig damit an, Nachforschungen anzustellen.

Als sie von der Deportation der Kernbergs erfuhren, wollte das Paar bereits aufgeben, doch eine langjährige Mitarbeiterin der Fabrik erzählte ihnen, »dass es noch einen Buben gegeben habe, Ossi«. Allerdings glaubte die Dame fälschlicherweise, Oswald sei auf einem Kindertransport nach England gekommen. Die Cols schrieben an jüdische Organisationen in England, wandten sich ans dortige Rote Kreuz – vergeblich. Schließlich fuhr Friedl Col in die Gussenbauergasse 1 und befragte die Nachbarn. Eine alte Dame erzählte ihr, »der kleine Oswald soll nach Frankreich gekommen sein«. Diesmal entpuppte sich der Hinweis als richtige Spur: Vom *Service Européen des Recherches des Juifs Déportés et Dispersés* (Europäischer Suchdienst für deportierte und vertriebene Juden) in Paris erfuhren die Cols, dass Oswald Frankreich auf einem Kindertransport nach Amerika verlassen hatte.

Soweit berichteten es die Cols in ihren Briefen an Arthur, ab diesem Zeitpunkt kann ich ihre Suche dann selbst rekonstruieren: Sowohl in Oswalds Dossier bei der OSE, in seiner Pflegeakte und in einer eigens dafür angelegten Akte der Quäker[3] finde ich zahlreiche Briefe von und über Col, der seit inzwischen »über zwei Jahren eines der vielen unglücklichen Opfer der Nazibarbarei« suchte.

Der *Service Européen des Recherches* schrieb der OSE, die wiederum die AMEROSE kontaktierte, die aber nicht weiterhelfen konnte, weil sie – aufgrund von Lotte Marcuses strikter Richtlinie – keine aktuelle Adresse von Arthur hatte.[4] Zeitgleich kontaktierte Egon

Col persönlich den *Joint* in Amerika, der sich an den *Central Location Index*, einen amerikanischen Suchdienst, wandte. Der *Central Location Index* schrieb daraufhin den Quäkern, die Quäker dem USCOM und das USCOM der GJCA, wobei sie jeweils die vorhergehende Korrespondenz weiterleiteten, sodass ich heute alle Briefe in Oswalds Pflegeakte finden kann. Das Prozedere zog sich über Monate, immer wieder kam es auch zu Verzögerungen, weil sich die Anwälte der Hilfsorganisationen unsicher waren, ob sie Arthurs persönliche Informationen an einen Fremden, noch dazu einen Österreicher, weitergeben durften. Im Mai 1948 schließlich erhielten die Cols dann zu ihrer »maßlosen Freude« Arthurs Adresse.

Die Cols hatten Arthur gerade noch rechtzeitig gefunden – die Frist, eine Rückstellung der Firma zu beantragen, lief am 31. Dezember 1948 ab. In einem fünfseitigen Brief informierte Egon Col Arthur über sein Erbe und die erforderlichen rechtlichen Schritte, um es zurückzubekommen. Friedl Col legte einen eigenen emotionalen Brief bei: »Als Frau möchte ich mich zum Dolmetsch seiner Gefühle machen«, erklärte sie im Hinblick auf die eher sachlich gehaltenen Zeilen ihres Mannes. Es folgten weitere Briefe, in denen die Cols Arthur wiederholt einluden, nach Wien zu kommen.

»Die Cols hatten keine Kinder, und ich hatte ein bisschen das Gefühl, dass sie mich gerne adoptiert hätten«, erzählte mir Arthur Jahrzehnte später. »Aber ich entschied mich, dass ich nicht nach Wien zurückkehren wollte. Ich hatte nichts verloren dort drüben. Ich kannte auch niemanden da. Also teilte ich Col mit, dass ich die Fabrik verkaufen würde, und er sagte, er würde sie kaufen.«

Damit Arthur die Fabrik verkaufen konnte, musste sie ihm aber erst einmal offiziell gehören. Als rechtliche Voraussetzung dafür musste er seine Eltern und seinen älteren Bruder für tot erklären lassen. Im März 1949 reichte Arthur den entsprechenden Antrag beim Wiener Landesgericht ein, dem – nach einer vorgeschriebenen Wartefrist – am 27. Januar 1950 stattgegeben wurde. Da das tatsächliche Todesdatum für Frieda, Fritz und Hermann nicht bekannt ist, wurde in ihren amtlichen Todesscheinen jeweils das

Kriegsende am 8. Mai 1945 »als jener Tag bestimmt, den der Verschollene nicht überlebt hat«.

Am 7. Juni 1950 wurde die Fabrik seines Vaters offiziell an Arthur zurückgegeben und wieder in Goldfeld & Kernberg umbenannt, wie ich in Akten des Wiener Gewerbeamtes nachlese.[5] Für die nächsten vier Jahre gehörte die Fabrik dann zumindest auf dem Papier Arthur, bis alle Formalitäten bezüglich des Verkaufs geklärt waren. Dann wurde die Strick- und Wirkwarenfabrik in Egon Col umbenannt. Sie existierte noch bis 1961, heute gibt es sie nicht mehr. Entgegen ihres lange gehegten Wunsches, traf Arthur die Cols nie persönlich.

Wegen der wirtschaftlich angespannten Lage und Jahren des schlechten Wirtschaftens unter dem »Ariseur« Dr. Zedlacher war der Betrieb bei Weitem nicht mehr so viel wert wie früher. Zu Hermann Kernbergs Zeiten hatten siebzig Mitarbeiter in der Strick- und Wirkwarenfabrik gearbeitet, 1950 waren es nur noch rund zwanzig. Egon Col zahlte Arthur daher den Kaufpreis von 5.000 Dollar, was nach heutigem Geldwert ungefähr 50.000 Dollar entspricht.

* * *

Schon am 19. Oktober 1949 hatte Arthur seinen 21. Geburtstag gefeiert. Nach damals geltendem Recht war er damit volljährig – und acht Jahre nach seiner Ankunft in Amerika kein Mündel des Staates mehr.

Der letzte Eintrag in seiner Pflegeakte ist ein Brief des USCOM an Lotte Marcuse von der GJCA: »Sie werden interessiert sein zu hören, dass das Justizministerium am 28. Oktober 1949 die Freistellung des oben genannten [Oswald Kernberg] erteilt hat. Dies bedeutet, dass Sie, und wir, keine weiteren Verpflichtungen in Verbindung mit diesem jungen Mann haben. Wir sind Ihnen dankbar für alles, was getan wurde, während er unter unserer Fürsorge stand.«

Mit Erreichen der Volljährigkeit konnte Arthur nun auch die amerikanische Staatsbürgerschaft beantragen, die er am 18. Dezember 1950 erhielt.[6] Gleichzeitig änderte er damit offiziell seinen Namen. Seine Einbürgerungsurkunde unterschrieb er bereits als Oswald Arthur Kern.

Ein Wiener Mädchen

Langsam verbesserten sich Arthurs Noten im Studium, aber gerade mit der Mathematik, die ihm in der Schule immer leichtgefallen war, kämpfte er sehr. Ein unverhoffter Glücksfall sollte dies – und sein ganzes Leben – ändern: In einem Seminar zur Differentialgleichung saß eine attraktive junge Frau neben ihm, die in den Prüfungen immer mit der Bestnote A abschnitt, während er selbst ein mickriges C erhielt. In seiner Not fragte Arthur die junge Dame – Trudie – um Hilfe. Zu seiner großen Erleichterung willigte sie ein, gemeinsam mit ihm zu lernen. Am Ende des Semesters bestanden Arthur und Trudie beide mit einem B. Es war die beste Note, die Arthur je in einem Mathematikkurs erhielt – und die schlechteste für Trudie.

Mit einem schelmischen Lächeln erzählte mir Arthur viele Jahre später: »Trudie half mir bei einer Mathematikprüfung, das fand ich so toll, dass ich mich in sie verliebt habe.« Und auch für Trudie gab es trotz schlechter Note ein Happy End: Zwei Jahre später waren die beiden verheiratet.

In einer an Zufällen reichen Biografie war das Treffen mit Trudie wohl einer der größten. Was Arthur anfangs nämlich noch nicht wusste: Zehn Jahre zuvor, in einem anderen Leben, hatte Trudie nur wenige Straßen entfernt von ihm gewohnt – in Wien.

* * *

Gertrude Rebecca Katz war am 2. Juni 1930 in Wien-Floridsdorf auf die Welt gekommen. Zusammen mit ihrer Mutter Anna, ihrem Vater Geza und ihrer Schwester Alice zog das jüdische Mädchen bald darauf in die Nußdorfer Straße 4A im Alsergrund. In ein Haus, das nur zehn Minuten Fußweg von der Gussenbauergasse 1 entfernt lag. Es ist gut möglich, dass sich der kleine Ossi und die kleine Gertie als Kinder – ohne es zu wissen – über den Weg gelaufen sind. Ich zumindest bin die Strecke in ihrem Alter sehr oft gegangen. Gleich ums Eck von der Nußdorfer Straße 4A habe ich vier Jahre lang die Volksschule besucht. Von Oswalds Zuhause zu Gertrudes Elternhaus verlief mein täglicher Schulweg.

Das Haus, in dem die Familie Katz wohnte, war und ist ein imposanter Bau mit einer von Türmchen, Erkern und Zierrat überbordenden Fassade. In Wien ist das Gebäude als Kolosseum bekannt, weil es ab 1925 das berühmte Colosseum-Kino beherbergte. Bis zu seiner Schließung im Jahr 2002 war das Lichtspielhaus mein Lieblingskino in Wien, mit zehn Jahren durfte ich hier zum ersten Mal mit einer Freundin alleine einen Film anschauen.

Die erwachsene Trudie hat absolut keine Erinnerung an ihre Kindheit in Wien. »Ich habe alles verdrängt«, erklärte sie mir oft. Verlässliche Informationen erhalte ich deswegen von ihrer fünf Jahre älteren Schwester, Lisl Terner, die heute im ländlichen Großraum von New York lebt.

Die Eltern der zwei Mädchen waren noch wohlhabender als Frieda und Hermann Kernberg. Wir hatten ein Auto, erzählte mir Lisl stolz. »In Wien gab es damals nicht viele Autos.«

Die Mutter Anna Katz, eine Wienerin der zweiten Generation, war eine bekannte Künstlerin und Absolventin der Kunstgewerbeschule. Sie stellte regelmäßig in Wien aus und galt als avantgardistische Malerin. Geza Katz war gelernter Agraringenieur. Er besaß eine eigene Firma, die Tierfutter herstellte. Als einer der Ersten mischte Geza dem Futter Vitamine bei, sodass die Kühe und Schweine »schön fett« wurden.

Gertrude begann ihre Schullaufbahn in einer normalen Volksschule. Nach wenigen Wochen wechselte sie aber auf eine Montessori-Schule, die sie bis zur dritten Klasse besuchte. Dann fand ihre heile Welt mit einem Schlag ein Ende.

1938 verhafteten die Nationalsozialisten Gertrudes Vater und konfiszierten seinen Betrieb. »Mein Vater war rumänischer Staatsbürger«, sagte mir Lisl. »Später hätten sie ihn wohl einfach in ein Konzentrationslager gesteckt, 1938 waren sie aber noch etwas vorsichtiger mit Ausländern. Aber sie wollten sein Geschäft. Also haben sie falsche Anschuldigungen erfunden, meinen Vater zu einer einjährigen Gefängnisstrafe verurteilt und sich den Betrieb geschnappt.«

Nach der Verhaftung des Familienvaters beschloss Anna Katz zu handeln. Sie brachte ihre Töchter in Sicherheit: Gertie und Lisl verließen Wien im Februar 1939. Sie flüchteten nur einen Monat vor Oswalds Abreise, aber auf gänzlich andere Art und Weise. »Ich reiste viel glamouröser hierher«, erzählte die erwachsene Trudie gerne. »Ich kam auf der *Queen Mary*.«

Anna Katz hätte auch ein Ticket für sich selbst gehabt, aber sie wollte ihren Ehemann nicht zurücklassen. Also reisten die Schwestern alleine auf dem Luxusdampfer zu einem Onkel und einer Tante nach New York. Damals war Gertrude achteinhalb Jahre alt, ihre Schwester Alice dreizehn.

* * *

»Es fühlte sich nicht wie eine Rettung an«, sagt mir Trudie.

Es ist August 2016, und wir sitzen umgeben von Dutzenden Familienfotos und bunten Figurinen in ihrem Arbeitszimmer in Los Angeles. Trudie zieht ein Album hervor, das sie für unser Gespräch vorbereitet hat, und schlägt es auf. Sie zeigt auf eine schwarz-weiße Fotografie von sich selbst und ihrer Schwester, die kurz vor ihrer Abreise aufgenommen wurde. Die Mädchen tragen jeweils ein Kleid mit Spitzenkragen, Lisls ist schwarz, Gerties kariert, und beide lächeln in die Kamera. Wenige Wochen später erreichten sie Amerika.

Die Schwestern Gertie und Lisl Katz kurz vor ihrer Abreise aus Wien

»Es fühlte sich wirklich nicht wie eine Rettung an«, wiederholt Trudie. »Ich war eines dieser Kinder, die dachten, ihre Eltern wollten sie loswerden. Die letzten Worte meiner Mutter, an die ich mich erinnere, waren: ›Benimm dich ja brav, denn deine Tante ist der Teufel.‹«

Anna Katz hasste die Schwester ihres Mannes, zu der sie die Kinder nun schickte. Kein Wunder, dass die junge Gertie dachte, sie sei zur Strafe weggeschickt worden.

* * *

»Gertie war ein Kind«, betonte Lisl mir gegenüber. Ein Kind, das nicht verstand, was los war. »Aus heutiger Sicht war ich selbst auch ein Kind. Wenn ich mir meine Urenkelin ansehe, die genauso alt ist wie ich, als ich nach Amerika kam, kann ich es gar nicht glauben. Ich habe meiner Mutter geholfen, Dokumente und Visa zu bekommen. Meine Güte – ich musste so schnell erwachsen werden. Ich war kein Kind mehr, dieser Teil meines Lebens war vorbei. Aber Gertie durfte ein Kind bleiben. Was sollte sie denn mit acht Jahren auch anderes sein?«

Ein Jahr nach der Abreise seiner Töchter wurde Geza Katz tatsächlich aus dem Gefängnis entlassen. Bis heute kennt Trudie die genauen Umstände nicht: »Er redete nie über seine Internierung.« Anna Katz versuchte nun legal mit ihrem Gatten auszureisen – egal wohin: nach Kuba, Amerika, Italien. Vergeblich. Weil Geza Ungarisch sprach, flohen die Eltern schließlich nach Budapest, wo sie jahrelang versteckt im Untergrund lebten. Es sollte zehn Jahre dauern, bis Gertie und Lisl ihre Eltern wiedersahen.

1939 lebten die beiden Mädchen nun in Manhattan bei ihrer Tante Serena und ihrem Onkel Imre. »Meine Tante meinte immer, ich hätte drei Wochen durchgehend geweint, als ich nach Amerika kam. Und als ich fertig war mit Weinen, sprach ich Englisch«, erinnerte sich Trudie lachend. Entgegen den Befürchtungen ihrer Mutter verstand sich Gertie richtig gut mit ihrer Tante Serena. Ganz im Gegensatz zu ihrer Schwester. Die ältere Lisl eckte oft bei ihrer Tante an und litt später sehr darunter, dass sie nicht studieren durfte, weil sie die Familie finanziell unterstützen musste.

Gertie – die sich von ihren amerikanischen Freunden Trudie rufen ließ – war ein richtiger Wildfang. Sie liebte es, Abenteuer zu erleben, ihrer Tante einen Schrecken einzujagen und Mutproben zu bestehen. Im Englischen gibt es den Begriff *tomboy* für Mädchen, die sich wie Jungen benehmen. »Ich war ein richtiger *tomboy*«, erklärte Trudie mir oft stolz.

Als junge Frau trug Trudie kein Make-up, interessierte sich nicht für Jungen und saß nie damenhaft, was ihre Tante zur Verzweiflung trieb. »Was wird nur deine Mutter denken, wie ich dich erziehe?«, seufzte Serena regelmäßig. Im Sommer nach Trudies 15. Geburtstag schickte sie ihre Nichte deswegen auf eine *finishing school*, wo diese lernen sollte, anständig zu sitzen, anständig zu gehen und sich anständig zu schminken. Zwölf Wochen später konnte sich Trudie benehmen wie die perfekte Lady – sie tat es aber trotzdem nie.

Trudie war eine äußerst fleißige und gute Schülerin mit einer besonderen Begabung für Mathematik. 1947 begann sie an der New York University zu studieren – derselben Universität, an der ich Jahrzehnte später meinen Master in Journalismus machen sollte. »Nie zuvor, und ganz sicher nicht danach, aber zum damaligen Zeitpunkt habe ich es Trudie sehr übel genommen, dass sie studieren durfte und ich nicht«, erzählte mir Lisl.

Trudie wuchs den Großteil ihrer Kindheit und ihre gesamte Jugend bei ihren Verwandten auf – sie nannte sie zwar nicht Mama und Papa, aber Serena und Imre fühlten sich in jederlei Hinsicht wie ihre Eltern an. Das ging so weit, dass sie, als ihre echten Eltern nach New York kamen, nicht zu ihnen ziehen wollte.

Anna und Geza Katz hatten sich bis Kriegsende 1945 in Budapest versteckt. Mehrmals waren sie nur in letzter Minute Bombenangriffen oder einer Verhaftung entkommen. Nach Kriegsende dauerte es dann noch ganze drei Jahre, bis sie im Mai 1948 ihren Töchtern nach Amerika folgen konnten. Seit Februar 1939 hatten Gertrude und Alice ihre Eltern nicht mehr gesehen! Aber immerhin hatten die Eltern die Nazizeit und den Krieg überlebt. Allein in der engeren Familie des Vaters wurden 164 Verwandte im Holocaust ermordet.

Für die inzwischen 18-jährige Trudie war das Wiedersehen mit ihren Eltern ein Schock. »Mein Vater sah aus wie ein Großvater. Er war unglaublich gealtert«, erinnerte sie sich. Auch Geza Katz hatte Probleme, seine erwachsene Tochter zu akzeptieren. »Er erwartete ein kleines Mädchen. Nun war da diese junge Frau, die aufs College ging«, beschrieb mir Lisl die Reaktion ihres Vaters. Zur Begrüßung schenkte Geza seiner Gertie eine Puppe. Es war eine originale Shirley-Temple-Puppe, die er all die Jahre durch den Krieg gerettet hatte. Sie war wunderschön – aber nicht gerade das passende Geschenk für eine Studentin. »Das war kein guter Anfang«, kommentierte Trudie mir gegenüber trocken. Das viel schwerwiegendere Problem war jedoch, dass Trudie kein Deutsch mehr sprach. Sie konnte sich mit ihren Eltern schlicht nicht unterhalten.

Und noch etwas brachte die familiären Strukturen arg ins Wanken. Anna und Geza Katz kamen nicht alleine nach Amerika! Sie brachten einen kleinen Jungen mit: Tommy, fünf Jahre, der Bruder von Gertie und Lisl, war im ungarischen Versteck auf die Welt gekommen.

Trudie wusste nicht, was sie von all den Neuerungen halten sollte, und wäre am liebsten bei Tante Serena und Onkel Imre geblieben. »Aber sie sagten mir: ›Das kannst du nicht machen. Das würde deine Eltern umbringen‹«, erzählte mir Trudie. Also zog sie mit ihren Eltern und dem kleinen Bruder in eine Wohnung ganz in der Nähe von Lisl, die inzwischen verheiratet und selbst Mutter eines kleinen Sohnes war.

Einen Monat nach seiner Ankunft beschloss Geza, seinen Namen zu ändern, weil er Angst hatte, dass ihm das jüdisch klingende Katz in Amerika Probleme bereiten würde. Gemeinsam entschied sich die Familie für den neutral klingenden Namen Karen.

Am Morgen bevor der Vater auf das zuständige Amt für die Namensänderung ging, aß er zum Frühstück Cornflakes. *Kellogg's* Cornflakes, um genau zu sein. In den Augen des Agraringenieurs war *Kellogg's* eine äußerst renommierte Getreideproduktionsfirma – also beschloss er kurzerhand, sich doch nicht Karen zu nennen. »Er kam nach Hause und sagte: ›Jetzt heißen wir Kellogg‹«, erinnerte sich Trudie. »Es ist wohl unnötig zu sagen, dass alle außer meinem Vater den Namen schrecklich fanden.«

Trudies Mutter, nunmehr Anne Kellogg, bemühte sich, rasch Englisch zu lernen, und bestritt den Lebensunterhalt der Familie mit ihrem Beruf als Kunsttherapeutin. Sie arbeitete auch wieder als Künstlerin und begann in Amerika auszustellen. Geza jedoch lernte nie mehr als ein paar Worte Englisch und hatte Probleme, in der neuen Heimat einen Job als Ingenieur zu finden. Zeit seines

Lebens konnte er sich außerdem nicht mehr richtig mit seiner Tochter unterhalten, sodass das Verhältnis zwischen ihm und Trudie distanziert blieb.

Nach einem Jahr an der New York University beschloss Trudie, ihren Schwerpunkt auf Mathematik und Physik zu legen. Zwei Fächer, die die NYU zum damaligen Zeitpunkt nur auf einem entfernt gelegenen Campus anbot. Also wechselte sie auf das City College of New York und schrieb sich für Elektrotechnik ein. Sie war eine der wenigen Frauen, die an dem technischen Institut studierten.

* * *

»Lilly, wir sind sehr stolz auf dich, dass du so eine gute Schülerin bist«, schrieb mir Arthur einmal in einer E-Mail. »Du wirst so wie die Trudie sein. Vielleicht kannst du einen dummen Buben finden, der mit dir studieren möchte.«

Es war Arthurs großes Glück, dass Trudie sich bereit erklärte, mit ihm zu lernen. Für sein späteres Leben, aber eben auch für seine Noten.

»Glaubst du, es ist Zufall, dass du einen österreichischen Jungen geheiratet hast?«, fragte ich Trudie einmal.

»Es war purer Zufall!«, rief Trudie aus. »Ich wollte immer einen echten Amerikaner heiraten. Meine Tante meinte dann lakonisch, sie kenne leider keine Indianer.«

Gut, ein Indianer musste es nicht gerade sein, aber zumindest jemand, der seit einigen Generationen in Amerika lebte. »Ich wollte ganz sicher keinen Europäer heiraten. Aber als ich Artie kennenlernte, hatte er überhaupt keinen Akzent. Ich dachte, er sei ein Amerikaner. Meine Eltern ließen mich damals nirgendwo alleine mit einem Jungen lernen außer bei uns zu Hause. Also kam er zu uns. Und als er meine Eltern Deutsch reden hörte, fing er gleich an, mit ihnen zu plaudern. Und so kam alles raus! Aber bevor er zu uns nach Hause kam, wusste ich nichts von seiner Vergangenheit!«

Kein Wunder, dass sich Trudie von Arthurs fehlendem Akzent hatte in die Irre führen lassen. Sie selbst spricht nämlich bis heute mit einem unglaublich starken deutschen Akzent. Jedes Mal, wenn ich sie für ein paar Monate nicht gesehen habe, bin ich wieder erstaunt, wie »deutsch« Trudie klingt. Man könnte meinen, sie sei vor vier Wochen nach Amerika gekommen und nicht vor über achtzig Jahren. Und das, obwohl sie ja kein einziges deutsches Wort mehr kennt. Arthur hingegen sprach vollkommen akzentfreies Englisch, aber auch als 80-Jähriger noch fließend Deutsch – das Deutsch eines Zehnjährigen, wie er oft scherzte.

Nach ein paar Lernsitzungen fing Arthur an, sich immer weniger für Mathe und immer mehr für Trudie zu interessieren. Eines führte zum anderen, und Trudie und Arthur fingen an auszugehen.

Im äußerst liebevoll gestalteten Familienfotoalbum hat Trudie eine Seite den Anfängen ihrer Beziehung mit Arthur gewidmet. Unter einem sehr biederen Foto von sich selbst und einem Bild des lässig posierenden Arthur schrieb Trudie: »Gegensätze ziehen sich an.« Als Beweis ordnete Trudie sich und Arthur unter den Fotos Eigenschaften zu. Bei Arthur schrieb sie: »extrovertiert, Spaßvogel, schnell, Flirter«. Bei sich selbst: »Wildfang, schüchtern, ernst, naiv«.

Trudie und Arthur waren nun also ein Paar. Von trauter Zweisamkeit konnte aber nicht unbedingt die Rede sein. »Eine Zeit lang wusste Trudie nicht, mit wem sie eigentlich ausging: mit mir oder mit Aaron«, erzählte mir Arthur lachend.

Die besten Freunde Arthur und Aaron waren unzertrennlich – auch wenn Mädchen ins Spiel kamen. Manchmal nahm Aaron eine Freundin mit, oft unternahmen sie aber nur zu dritt etwas. »Ich glaube, ich ging auf kein einziges Date nur mit Artie alleine«, meint Trudie heute.

Tante Serena mochte Arthur nicht und nannte ihn – weil er als Tanzlehrer arbeitete – einen Gigolo. Trudies Eltern hingegen mochten ihren zukünftigen Schwiegersohn von Anfang an gern. Nicht zuletzt, weil er Deutsch sprach.

Als wir einmal alle zusammensaßen, fragte ich Trudie, ob ihre Eltern mit Arthur einverstanden gewesen waren. »Oh, sie liebten ihn«, antwortete Trudie und ergänzte schelmisch: »Ich hab ihn nur geheiratet, weil sie es wollten.«

»Ich wollte sie gar nicht heiraten, ich wollte eigentlich ihre Mutter heiraten«, mischte sich Arthur ein und versuchte, sich ein Lächeln zu verkneifen. »Aber die war schon verheiratet. Also dachte ich mir, o. k., dann nehme ich die Schwester. Aber die war auch schon verheiratet. Also musste ich nehmen, was übrig blieb.«

Den letzten Satz brachte Arthur nur noch mit Mühe heraus, dann brach er in Lachen aus. Auch Trudie fing an zu lachen – und begann sogleich zu planen, wie sie es Arthur heimzahlen konnte.

* * *

Diese zwei verschiedenen Geschichten von Trudie und Arthur, die dann zu einer werden, sind eine unglaubliche Liebesgeschichte: Zwei Menschen, die in Wien quasi Nachbarn waren, so viel Leid erlebten und nach Amerika flüchteten, um sich dort an der Uni kennenzulernen und sich ineinander zu verlieben. In ihrem letzten Studienjahr verlobten sich Trudie und Arthur. Trudies Verlobungsring bestand aus drei Diamanten – die einst Hermann Kernberg gehört hatten.

Im Sommer 1938 war Arthurs Vater ja in die Schweiz gereist und hatte dort einige Wertgegenstände bei Leon Tempelhof, einem entfernten Verwandten, deponiert. 1947 kontaktierte dieser Arthur, um ihm Hermanns Besitztümer zurückzugeben. Unter anderem erhielt Arthur nun einige goldene Uhren, einen Ring, acht Silbermünzen, ein silbernes Zigarettenetui sowie drei diamantene Manschettenknöpfe. Mit den Diamanten aus den Manschettenknöpfen ließ Arthur Trudies Verlobungsring anfertigen – sodass diese immer ein Erinnerungsstück an seinen geliebten Vater bei sich trug.

Die Hochzeit fand am 9. September 1951 in einer kleinen Synagoge in der Bronx statt. Trudies Tante Serena organisierte die Zeremonie und die Feierlichkeiten. »Ich weiß gar nicht, wie wir in unserem letzten Jahr an der Uni Zeit hatten, um zu daten und zu heiraten«, seufzte Arthur einmal.

Die Hochzeit fand in kleinstem Rahmen statt, weil sich das junge Paar keine größeren Feierlichkeiten leisten konnte. Von Arthurs Seite nahmen Tante Erna und ihr neuer Ehemann sowie Gina teil. Und auch Friedas Bruder David und seine Familie hatten den Krieg überlebt und kamen zur Hochzeit. Von Trudies Seite kamen ihre Eltern und Schwester sowie ihre Tante, ihr Onkel und ihr Cousin. Aaron Low durfte natürlich nicht fehlen, und auch Trudie hatte eine Freundin eingeladen. Alles in allem waren es vielleicht zwanzig Menschen.

Aus Rücksicht auf Arthurs Verwandte wurde die Zeremonie orthodox abgehalten und fand in der Synagoge Beth David statt, die heute nicht mehr existiert. Trudie trug ein kurzes silbernes Cocktailkleid mit aufgenähten Stoffblumen, Arthur einen schwarzen Anzug mit einer Blume am Revers.

Während der orthodoxen Zeremonie kam es zu einigen Missverständnissen. Trudie war nicht religiös erzogen und wusste nicht immer, was genau sie eigentlich tun musste. Dabei war sie aber nicht die Einzige. Als Teil des Hochzeitszeremoniells muss die Braut den Bräutigam sieben Mal unter der Chuppa – dem jüdischen Traubaldachin – umrunden. Als Trudie sich auf den Weg machte, stand auch ihr Vater auf und folgte ihr. Dann reihten sich auch Trudies Mutter, Arthurs Tante Erna und ihr Ehemann ein. »Es war ein Zirkus«, erinnerte sich Trudie. »Unnötig zu erwähnen, dass der Rabbi mehr als verwirrt war und dass es viel Gekicher aus den Reihen der Gemeinde gab. Er erklärte uns aber trotzdem zu Mann und Frau.«

Am Ende der Zeremonie wickelte der Rabbi ein Weinglas in eine Serviette, und Arthur zertrat es mit einem kräftigen Tritt. »*Masel tov*!«, rief die versammelte Gemeinde. Glückwunsch!

* * *

Seine Flitterwochen verbrachte das frischgebackene Ehepaar in Atlantic City in New Jersey, danach bezog es seine erste gemeinsame Wohnung. Schon damals war es schwierig, ein Apartment in New York zu ergattern, also schätzten sich Trudie und Arthur äußerst glücklich, in eine Einzimmerwohnung im Keller einer Doppelhaushälfte ziehen zu können. Das Haus stand in einem ruhigen und gemütlichen Teil der Bronx, in der 1048 Stratford Avenue.

Als ich an einem sonnigen Dezembertag 2017 vor dem Reihenhaus aus Backstein stehe, kann ich Kinderlachen von einem Spielplatz hören, und aus einem Fenster ertönt eine italienische Opernarie. Eine angenehme Abwechslung zu dem stetigen Verkehrslärm, der viele Teile New Yorks prägt. Weiß lackierte Fenster und Zäune bilden einen netten Kontrast zum Rotbraun der Backsteine und verleihen der ganzen Häuserreihe ein friedliches Aussehen. Hier lebten Trudie und Arthur die ersten neun Monate ihrer Ehe.

»Es war ein großer Raum, durch den ein Dampfrohr lief«, erklärte mir Trudie. »Wir haben immer Volleyball über das Rohr gespielt.« Das junge Ehepaar teilte sich den einen Raum in mehrere »Zimmer«. Eine Ecke war das Schlafzimmer, eine andere das Büro, der Rest das Wohnzimmer. Das Bad war winzig – wenn Arthur auf der Toilette saß, waren seine Füße in der Dusche. Die Küche war für ihre Verhältnisse recht groß und bot echten Luxus: eine Waschmaschine, die zwar den Besitzern des Hauses gehörte, die Trudie aber benutzen durfte. »Die Hausbesitzer waren wirklich sehr nett. Sie ließen mich auch oben bei sich ein Bad nehmen«, erinnerte sich Trudie.

* * *

Nach fünf Jahren Studium, ein Dreivierteljahr nach ihrer Hochzeit, machten Arthur und Trudie im Juni 1952 ihren Abschluss am City College of New York. Trudie in Elektrotechnik, Arthur in Maschinenbau. Sie waren nun Ingenieure – und bereit, in die Welt zu ziehen.

Während des letzten Semesters kamen immer wieder Headhunter von verschiedenen Technikfirmen an die Uni, um Studenten anzuwerben. Trudie und Arthur wurden Jobs bei Lockheed Aircraft angeboten, einem Luft- und Raumfahrtunternehmen in Kalifornien.

Nur wenige Tage nach der Abschlusszeremonie an der Uni packten die Kerns ihre Besitztümer zusammen und fuhren mit dem Auto viertausend Kilometer ans andere Ende Amerikas. »Wir waren sehr traurig, als sie gingen«, erzählte mir Trudies Schwester Lisl. »Zu der Zeit hatte niemand von uns Geld, um zu reisen. Und wir wussten, dass es lange dauern würde, bis wir sie wiedersehen würden.«

TEIL 4 – LOS ANGELES

Die Kerns

»Es ist schon lange, dass wir einen Teenager im Haus gehabt haben«, schreibt Arthur meiner Mutter in etwas eingerostetem Deutsch, nachdem er mich zum Flughafen in Los Angeles gefahren hat. »Das Ganze war für uns sehr genießbar. Lilly hat unseren *sense of humor* sehr schnell verstanden. Wir haben die ganze Zeit English gesprochen und Lilly hat fast meine ganze Familie kennen gelernt und auch ein paar von unseren Freunden. Die waren alle sehr mit Lilly beeindruckt.«

Es ist Ende März 2008. Ich bin 16 Jahre alt und kenne Arthur und Trudie seit nunmehr fünf Jahren. Zwei Mal haben sie uns seitdem in Wien besucht, dazwischen haben wir uns gegenseitig Geburtstagskarten, Weihnachtskuchen und E-Mails über den Ozean geschickt. Anfangs war es meine Mutter, die den Kontakt hielt, inzwischen schreibe ich den Kerns meistens selbst. Schon längst sind wir weit mehr als nur einfache Freunde. »Die liebe Karte die du geschrieben hast wird uns immer im Herz bleiben«, beantworten sie einmal einen Brief von mir. »Wir haben 3 Enkelinnen und da wir 4 wollten, bist du jetzt die vierte.«

Mit 16 habe ich – in den Augen meiner Eltern – endlich das magische Alter erreicht, ganz alleine nach Amerika fliegen zu dürfen. Es wird mein erster Besuch von vielen. Und gleichzeitig der, an den ich mich auch Jahre später noch am besten erinnern kann. Das liegt vor allem an einem beigefarbenen Ordner, den Trudie mir gegeben hat: Eintrittskarten, Prospekte, Postkarten, ausgedruckte Wegbeschreibungen; alles fein säuberlich beschriftet und zusammengeheftet. Trudie hat meinen zweiwöchigen Besuch so generalstabsmäßig durchgeplant wie Lotte Marcuse die Ankunft der jungen Flüchtlinge in New York.

Gleich am ersten Tag fahren wir in den *San Diego Wild Animal Park*, den meistbesuchten Zoo Amerikas. Das Haus von Arthur und Trudie befindet sich in der 15900 Liggett Street in North Hills, einem Außenbezirk von Los Angeles. Bis nach San Diego sind es gut drei Stunden Autofahrt – eine beachtliche Strecke für eine Europäerin, aber für einen Kalifornier nicht mehr als ein Nachmittagsausflug. Insgesamt verbringen wir an diesem Tag fast sieben Stunden im Auto, bei guter Verkehrslage könnte man in derselben Zeit einmal ganz Österreich durchqueren.

Eine Tour durch die berühmten Universal Studios, flanieren am Venice Beach, posieren mit Jack Sparrow am Hollywood Boulevard, das Kodak Theatre, in dem die Oscars vergeben werden – in den nächsten Tagen absolviere ich mit Arthur das typische Touristenprogramm. Wer von uns der Teenager ist, kann man nicht immer so leicht feststellen: Obwohl er Trudie versprochen hat, es ruhig anzugehen, lässt der 80-Jährige keine einzige Achterbahnfahrt in den Universal Studios aus. »Sag meiner Frau nichts davon«, schmunzelt Arthur und stellt sich gleich noch einmal an.

Weiter geht es mit einem Besuch des Uni-Campus der UCLA, dem Planetarium im Griffith Observatorium und einem Shopping-Trip mit Trudie. Meine liebste Erinnerung aber ist, wie wir alle nachmittags aneinandergekuschelt auf dem Sofa sitzen und fernsehen. Ganz wie bei den Großeltern eben. »Das ist unsere *Austrian granddaughter*«, stellt mich Arthur bei unseren Unternehmungen allen Menschen vor. Unsere österreichische Enkeltochter.

Seit fünfzig Jahren leben Trudie und Arthur schon in dem einstöckigen Einfamilienhaus in der Liggett Street. Der weitläufige, typisch amerikanische Bungalow ist an manchen Wänden mit großen Natursteinen verkleidet und von einem gepflegten Garten umgeben, den Arthur angelegt hat. Im Wohnzimmer bewundere ich Nippes und Dutzende Andenken, die die beiden Rentner von ihren zahlreichen Reisen mitgebracht haben; an den Wänden hängen Gemälde von Anne Kellogg. Ich schlafe im Gästezimmer auf der linken Seite des Hauses, früher war hier einmal eines der Kinderzimmer. Direkt ans Haus grenzt eine große Garage, in der zwei auffällige Pappkartons mit der Aufschrift *Future Home* stehen. Zukünftiges Zuhause. »Da sind unsere Urnen drinnen!«, erklärt mir Arthur lachend.

Mitte der Woche ist St. Patrick's Day, und in typisch amerikanischer Manier gibt es grün gefärbte Bagels zum Frühstück. Danach nehmen mich Arthurs Enkeltochter Sami und ihre Freunde mit in den Vergnügungspark Magic Mountain – es ist das erste Mal, dass ich ein jüngeres Mitglied der Kerns kennenlerne. Und wie schon beim ersten Treffen mit Trudie und Arthur fühle ich mich sofort herzlich aufgenommen.

Sami – eigentlich Samantha – ist drei Jahre älter als ich und Studentin. Ihre Mutter ist gebürtige Mexikanerin, und so wird in Samis Freundeskreis ein wilder Mix aus Englisch und Spanisch gesprochen, dem ich mit meinen zwei Jahren Schulspanisch mehr schlecht als recht folgen kann. Ihre Freunde müssen sehr lachen, als sie mich ihnen vorstellt. »Das ist eine Freundin meiner Großeltern«, sagt Sami. »Aber sie ist jünger als ich.«

In den nächsten Tagen lerne ich auch Arthurs drei Söhne kennen. Alle haben schon viel von mir gehört, ich kann ihnen kaum etwas Neues über mich erzählen. Zur Begrüßung werde ich herzlich umarmt, danach beginnen die Späße. Egal in welcher Zusammensetzung: Es wird immer viel gelacht bei den Kerns. Sarkasmus ist an der Tagesordnung, und wer nicht mithalten kann, muss einiges einstecken. Zum Glück lerne ich schnell. »Du passt perfekt in unsere Familie «, meint Arthurs ältester Sohn Aaron.

* * *

Es war der Juni 1952, sieben Jahre nach Kriegsende. Arthur und Trudie waren jung und Ingenieure in Amerika heiß begehrt. »Solange du atmen konntest, erhieltst du mehrere Jobangebote von

Firmen im ganzen Land«, erzählte mir Arthur später. Er und Trudie hatten sich für Lockheed Aircraft, ein Luft- und Raumfahrtunternehmen in Burbank, Kalifornien, entschieden. Die viertausend Kilometer lange Autofahrt dorthin wurde zum ersten richtigen Urlaub für Trudie und Arthur. »Wir reisten durch die Badlands mit ihren prachtvollen Landschaften, durch Grasebenen mit umherziehenden Rindern, genossen den Duft der windgepeitschten Weizen- und Blumenfelder«, erinnerte sich Arthur. »All die Dinge, die wir in über zehn Jahren in New York nie gesehen hatten.«

Angekommen in Burbank, einem Vorort von Los Angeles, mieteten sich Arthur und Trudie eine Wohnung in der Nähe von Lockheed. Zum ersten Mal seit sehr langer Zeit lebte Arthur nun nicht mehr in derselben Stadt wie sein bester Freund. Zwar wäre Aaron Low gerne mit nach Kalifornien gekommen – aber er wurde zum Militär eingezogen.

1952 befanden sich die Vereinigten Staaten seit zwei Jahren im Koreakrieg. Als Studenten waren Arthur und Aaron der Wehrpflicht entgangen, doch nun mussten sie sich beim sogenannten *Draft Board* registrieren. Arthur hatte Glück: Als Ingenieur bei einem Luft- und Raumfahrtunternehmen galt er als »unentbehrlich« und musste nicht in den Krieg ziehen. Aaron jedoch war Buchhalter und wurde zwangsverpflichtet.

Für die nächsten eineinhalb Jahre arbeiteten Trudie und Arthur bei Lockheed. Er in der Abteilung für Flugsitze, sie in der Steuerungstechnik. Arthur gefiel seine Tätigkeit nicht wirklich, er wollte aber aus Angst, doch noch in den Krieg ziehen zu müssen, vorerst nicht kündigen. Erst als Trudie schwanger wurde, konnte sich der junge Ingenieur unbesorgt eine neue Stelle suchen, da junge Väter von der Wehrpflicht befreit waren.

1953 kündigten beide Kerns bei Lockheed: Arthur fing in einer Klimaanlagenfirma an, Trudie blieb die nächsten Jahre daheim bei den Kindern. Nach den Klimaanlagen hatte Arthur noch zwei weitere Jobs, 1956 begann er dann bei Rocketdyne zu arbeiten, wo er an der Entwicklung von Raketentriebwerken beteiligt war. »Ich hatte großes Glück«, berichtete mir Arthur. »Ich kam in eine sehr neue Branche, die gerade im Wachsen begriffen war. Ich habe die Arbeit sehr genossen. Und ich blieb die meiste Zeit meines Lebens bei dieser Firma.« Mit einer kurzen Unterbrechung von drei Jahren arbeitete Arthur bis zu seiner Pensionierung 1994 bei Rocketdyne.

Als Arthur seine Stelle antrat, war Rocketdyne Teil von North American Aviation, einem bedeutenden Flugzeug- und Raketenhersteller, der heute zu Boeing gehört. Zu seinen Glanzzeiten entwickelte und baute Rocketdyne Raketen für die Army, die Navy, die Air Force und die NASA. Arthur selbst arbeitete als Testingenieur: Anfangs überprüfte er einzelne Bauteile auf Herz und Nieren, später führte er dann Raketentests durch. Die Tests fanden in den Santa-Susana-Bergen im San Fernando Valley statt, einem Talkessel an den Außenrändern von Los Angeles – nicht weit von dem Haus in der Liggett Street, das die Kerns 1959 kauften. »Wenn sie die Raketen oben in Santa Susana getestet haben, hat das ganze Tal gewackelt«, erzählte mir Arthurs ältester Sohn Aaron. »Man konnte es nicht überhören.«

Schon nach wenigen Jahren hatte sich Arthur zum leitenden Ingenieur hochgearbeitet. Im Frühling 1959 erschien ein Foto von ihm in der firmeninternen Zeitung *Valley Skywriter* mit der Bildunterschrift: »Beispiellos: 109 Tests ohne Fehlfunktion der Anlage waren der neue Testleistungsrekord, der diese Woche im *Propulsion Field Laboratory* erreicht wurde.«[1]

Arthurs Vorgesetzter bei Rocketdyne war Dale Carpenter, mit dem er und Trudie auch privat gut befreundet waren. Da Carpenter inzwischen 100 Jahre alt und blind ist und sein Haus nicht mehr verlässt, hat ihn seine Frau Dell im Sommer 2016 für mich befragt und mir seine Erinnerungen gemailt. »Dale hat mir erzählt, dass Art immer Witze machte und sehr kontaktfreudig und klug war«, schrieb sie mir. »Art war sehr qualifiziert und arbeitete stets detailgetreu. Wenn Dale ihn bat, etwas zu erledigen, wusste er, dass Art die Aufgaben perfekt lösen würde. Art hatte es unter Kontrolle.«

Arthur (2.v.l.) als Raketeningenieur während Dreharbeiten zu einer TV-Dokumentation 1958

»Art war für drei Teststände und dreihundert Mitarbeiter in drei Schichten verantwortlich«, fuhr Dell Carpenter fort. »Die meisten in diesen Bereichen getesteten Raketenantriebe waren Atlas, Thor und J-2. Einige der ballistischen Interkontinentalraketen wurden für die Weltraumforschung eingesetzt, um Satelliten in den Weltraum zu bringen, andere für offensive und defensive Waffen.«

Anfang der 1990er-Jahre, zum Höhepunkt seiner Karriere, war Arthur für über vierhundert Angestellte zuständig. Die aufregendste Zeit in seinem Berufsleben waren jedoch die 1960er-Jahre. Arthur wechselte in die *Downey Space Division* – hier wurden die Apollo-Raumkapseln gebaut.

»Dies ist ein kleiner Schritt für einen Menschen, aber ein gewaltiger Sprung für die Menschheit«, sagte Neil Armstrong am 21. Juli 1969, als er als erster Mensch seinen Fuß auf den Mond setzte. Die Apollo-11-Mission erfüllte das 1961 von Präsident John F. Kennedy verkündete Ziel, noch vor Ende des Jahrzehnts einen Menschen auf den Mond zu bringen. Um diese Herkules-Aufgabe zu bewältigen, beschäftigte das Apollo-Programm 400.000 Amerikaner und arbeitete mit 20.000 Firmen und Universitäten zusammen.[2] Die Ingenieure von Rocketdyne (nun: Rockwell) bauten und testeten die Apollo-Raumkapseln für die NASA. »Ich leitete die Abteilung von Ingenieuren, die für die Tests während der Endabnahme der Raumkapseln zuständig war«, erklärte mir Arthur. Der kleine Junge aus der Gussenbauergasse in Wien hatte es weit gebracht – fast bis zum Mond.

»Es war eine sehr aufregende Zeit für Bob und für Art«, erinnerte sich Janet Taylor, deren Ehemann Bob mit Arthur für das Raumprogramm gearbeitet hatte. »Sie waren beide sehr stolz auf und begeistert von ihrer Arbeit. Es war eine gute Zeit, um dort zu arbeiten, an der Schwelle zu etwas Neuem.«

Auch für Arthurs drei Söhne war es mehr als aufregend, dass ihr Vater am Bau der Apollo-Raumkapseln beteiligt war. »Es gab Familienabende, wo wir Raketentests sehen und Astronauten treffen konnten«, erzählte mir Arthurs Sohn David begeistert. »Dahinter steckte die Idee, ein Gemeinschaftsgefühl zu schaffen. Die Astronauten sahen, dass echte Menschen ihre Raumkapsel gebaut hatten. Und die Ingenieure sahen, wer ihre Kreation fliegen würde. Ja, und so haben wir echte Astronauten getroffen«, schloss David seine Erzählungen. »Es war verdammt cool.«

In Arthurs Nachlass entdecke ich Jahrzehnte später eine große Urkunde der NASA: den *Apollo Achievement Award.* Arthur wurde ausgezeichnet »in Anerkennung des engagierten Dienstes für die Nation« und als »Mitglied des Teams, das die nationalen Fähigkeiten in Aeronautik und im Weltraum vorangebracht und dies in vielen herausragenden Leistungen gezeigt hat, die in der erfolgreichen ersten Mondlandung gipfelten«. Auch ein Foto von der Verleihung finde ich: Arthur lächelt breit in die Kamera, trägt bereits die große runde Brille, die auch dreißig Jahre später noch sein Markenzeichen sein sollte, und hat – ganz der Ingenieur – einen kleinen Schraubenzieher in seiner Brusttasche stecken.

Nach seiner Arbeit an den Apollo-Raumkapseln war Arthur noch in den unterschiedlichsten Abteilungen von Rocketdyne tätig. 1994 ging er nach 35 Jahren bei der Firma in Pension. Tatsächlich wäre seine Karriere aber ohne die Hilfe von einer Person nicht möglich gewesen: Trudie. »Ich hatte das Glück, die Unterstützung meiner Frau zu haben, die sich um den Haushalt und unsere drei Kinder kümmerte«, sagte mir Arthur.

1952 hatte Trudie ja gemeinsam mit ihrem Ehemann als Ingenieurin bei Lockheed begonnen und dort 1953 gekündigt, als sie mit ihrem ersten Sohn schwanger war. Die nächsten sechzehn Jahre blieb Trudie zu Hause und arbeitete nur hin und wieder halbtags. Als Danny, der jüngste Kern, 13 Jahre alt war, begann Trudie wieder Vollzeit zu arbeiten. Nun allerdings nicht mehr als Ingenieurin, sondern im Finanzwesen. Die Mathematikerin wurde schließlich Vizedirektorin eines großen Bankhauses und leitete zweihundert Angestellte.

»Ich habe es nie bereut, so lange zu Hause geblieben zu sein«, beteuerte Trudie. »Ich hatte das Beste von beiden Welten: Ich hatte eine Karriere, und ich war bei meinen Kindern.«

* * *

Alle Söhne der Kerns wurden im Mai geboren: Aaron am 11. Mai 1953, David am 20. Mai 1956 und Daniel (Danny) am 6. Mai 1958. Seinen ältesten Sohn benannte Arthur nach seinem besten Freund. »Ich sage Aaron immer, er soll froh sein, dass er erst nach meiner Einbürgerung auf die Welt kam«, erzählte mir Aaron Low lachend. »Sonst wäre sein Name schließlich Adolf gewesen!« Um den Erwachsenen von dem Kind zu unterscheiden, hieß Aaron Low von nun an Big Aaron und Arthurs Sohn Little Aaron.

»Ich liebte es, Vater zu sein«, verkündete Arthur stolz. Besonders am Sonntag, der immer mit einem besonderen Ritual begann. »Meine früheste Kindheitserinnerung ist die Folterstunde sonntagmorgens«, verriet mir der inzwischen erwachsene Little Aaron.

»Wir sprangen alle ins Bett zu Dad, und während Mom Frühstück machte, spielte er alle möglichen Spiele mit uns.« – »Er tat so, als würde er schlafen«, ergänzte Danny. »Er lag auf dem Rücken, die Augen geschlossen. Dann berührte einer von uns seine Stirn mit einem Finger. Und: ARRRRRGGGHH!! Plötzlich wurde er zu einem Monster und kitzelte und jagte uns. Dann berührte wieder jemand seine Stirn, und er schlief ein.«

Wenn alle prustend und außer Atem im Bett lagen, fragten die drei jungen Kerns ihren Vater gerne, woher die Narbe an seinem Bein stammte. »Jahrelang hatte er jeden Sonntag eine andere Geschichte parat«, erinnerte sich Danny. »Einmal war es ein Motorradunfall, einmal eine Haiattacke. Eigentlich fanden wir nie die Wahrheit heraus.«

Wie schon als kleiner Junge überlegte sich Arthur ausgeklügelte Streiche, um seine Söhne reinzulegen. Als er zum Beispiel entdeckte, dass David als Teenager heimlich *Playboy* las, besorgte er kurzerhand ein Kartenset, auf dessen Verpackung eine leicht bekleidete Dame prangte, und ließ es halb versteckt im Wohnzimmer liegen. Wie er erwartet hatte, konnte David nicht widerstehen und öffnete die Box – woraufhin er einen elektrischen Schlag erlitt! Arthur hatte im Inneren zwei Elektroden versteckt.

Sobald Aaron, David und Danny alt genug waren, verbündete sich der Familienvater gerne mit seinen Söhnen, um Trudie zu ärgern. »Sie machten so viel Unfug«, erzählte mir Trudie halb lachend, halb seufzend. »Die Jungen kamen zu hundert Prozent nach ihrem Vater. Aber das ist gut so. Ich wollte wie ein Mädchen. Ich war ja selbst ein *tomboy*.«

Beim Einkaufen wurde Trudie einmal vor dem Toastbrotregal von einer Dame angesprochen. »Entschuldigen Sie bitte«, sagte die Frau, »aber Ihre vier Söhne führen sich furchtbar auf!« Worauf Trudie antwortete: »Das kann nicht sein, ich habe nur drei Söhne.« Die Frau zeigte zur Obsttheke: »Also sind das nicht Ihre?« – Dort standen Aaron, David, Danny – und Arthur – und jonglierten mit Bananen.

»Ich wusste nicht, ob ich mich mehr schämen sollte, weil sie sich so aufführten, oder weil die Dame mich für alt genug hielt, um Arthurs Mutter zu sein«, klagte Trudie Jahrzehnte später.

In einem Haus voller halbstarker Jungen kam es oft zu kleineren und größeren Tragödien: ausgeschlagene Zähne, gebrochene Arme, Blutvergiftungen. »In der Notaufnahme kannten sie mich schon beim Namen!«, erklärte mir Trudie resigniert.

Unsinn stand bei den Kerns auf der Tagesordnung. Und auch wenn sie sich sicher war, dass sie von all dem Klamauk graue Haare kriegen würde – in Wahrheit liebte Trudie ihre Familie genau dafür. »Bei uns wurde immer viel gelacht«, sagte sie mir. »Ich habe meinen Schwiegervater nie kennengelernt, aber Artie hat mir erzählt, dass sein Vater genauso war wie er selbst. Ständig am Streichespielen.«

In einer Hinsicht aber kam Arthur ganz nach seiner Mutter: in der Erziehung.

Es wäre falsch, aufgrund all der Spielereien und Streiche anzunehmen, dass der Familienvater seine Söhne lasch erzog. »Dad war sehr autoritär«, beklagte sich Aaron. »Sein Credo war ›Mein Haus, meine Regeln‹, und wenn man wissen wollte, warum man etwas tun oder nicht tun durfte, hieß es immer nur: ›Weil ich es gesagt habe.‹« Sein Bruder Danny erklärte es folgendermaßen: »Mein Vater war so streng, dass die anderen Eltern in unserer Nachbarschaft ihre Kinder warnten: ›Wenn du dich nicht benimmst, musst du einen Nachmittag bei den Kerns verbringen.‹«

Aaron galt als der Vernünftige, aber die jüngeren Brüder David und Danny waren ständig in Schwierigkeiten. »Für uns hieß es täglich: ›Wartet nur, bis euer Vater nach Hause kommt‹«, erinnerte sich David. Und Danny ergänzte: »In der Highschool hatte ich wahrscheinlich jede dritte Woche Hausarrest.«

Mein Haus, meine Regeln – und Regeln gab es für wirklich alles: Iss auf, was auf dem Teller liegt. Räum dein Zimmer auf. Mach dein Bett. Du darfst nicht spielen, solange deine Hausaufgaben nicht gemacht sind. Wenn du Werkzeug aus der Garage verwendest, musst du es an exakt denselben Platz zurücklegen. Du musst um Mitternacht zu Hause sein – keine Minute später. Wenn deine Freunde bei uns im Haus fluchen, dürfen sie nicht mehr zu Besuch kommen. Wenn du mit deinem Taschengeld nicht zufrieden bist, kannst du dir einen Nebenjob suchen. Wenn du ein Auto willst, kaufen wir dir eines, aber Benzin und Reparaturen musst du selbst bezahlen. Wenn du Probleme in der Schule hast, musst du es uns sagen. Wenn du eine schlechtere Note als ein B hast, musst du dich mir gegenüber verantworten. Solange du in meinem Haus lebst, folgst du meinen Regeln.

Die Strafe für jede noch so kleine Regelübertretung war immer dieselbe: Hausarrest. Die Leidtragenden waren dabei jedoch oft nicht die Jungen selbst – sondern Trudie.

»Das Einzige, was ich an Arthur nicht mochte, waren seine Strafen für die Kinder«, gestand mir Trudie. »Denn ich war diejenige, die Hausarrest hatte, wenn sie welchen hatten! Schließlich musste ich zu Hause bleiben, um sicherzustellen, dass sie auch da waren.«

Seine Regeln nahm Arthur äußerst ernst, aber wenn etwas wirklich Schlimmes passierte, blieb er überraschend gelassen. »Wenn es eine Katastrophe gab, dann war das kein Problem«, erzählte mir Aaron. »Zum Beispiel hat Danny mich einmal gepiesackt und einfach nicht aufgehört. Also warf ich eine hölzerne Kugel in seine Richtung. Sie flog über seinen Kopf und zerbrach das Glasfenster in der Schiebetür. Ich war in absoluter Panik, wie Dad reagieren würde. Aber er war gar nicht wütend. Er war nur besorgt, dass ich Danny hätte wehtun können. Wenn ich hingegen einmal zu spät nach Hause kam, o mein Gott, dann gab es einen Mordsstress.«

* * *

Jedes Abenteuer und jeder Streich von Arthur und seinen drei wilden Söhnen bildete ein neues Kapitel in der Familiengeschichte der Kerns. Aber auch die Vergangenheit wurde nicht vergessen. Zu Arthurs großer Freude hatten nämlich mehr Verwandte den Holocaust überlebt, als er ursprünglich angenommen hatte.

Da waren natürlich Tante Erna, der inzwischen verstorbene Sigmund und ihre Tochter Gina. Auch Friedas Bruder Onkel David, seine Frau Helen und deren Tochter Renee waren bei Arthurs Hochzeit in New York dabei gewesen. Dazu kamen zwei weitere Cousins: Detta war wie Gina auf einem Kindertransport nach England gerettet worden, ihr Bruder Albert, der fünfzehn Jahre älter war als Arthur, hatte schon vor Kriegsbeginn in Italien gelebt. Anfang der 1950er emigrierten beide nach New York. Von einem Teil der Familie fehlte aber auch noch ein Jahrzehnt nach Kriegsende jede Spur: Arthurs »moderne« Tante Paula, Onkel Leo und Otto, sein liebster Spielkamerad aus Kindertagen, blieben verschwunden.

Ende 1939 hatte Arthur in Frankreich eine Postkarte erhalten, die er all die Jahre über aufgehoben hatte: »Wir sind jetzt in Genua und reisen so Gott will am 2/12 nach Chile.« Es gab also allen Grund zu der Annahme, dass die Kernbergs in Südamerika waren. Doch wie findet man – vor der Erfindung des Internets – jemanden in einem 9.000 Kilometer entfernten Land, dessen Sprache man nicht spricht?

Durch einen Zufall! »Es gab da einen entfernten Cousin meiner Mutter, der Geschäftsbeziehungen in Chile hatte«, resümierte Arthur. »Ich traf ihn einmal und erzählte ihm von meinem Onkel und meiner Tante. Und dann stellte sich heraus, dass sein Kontaktmann in Chile ein Freund meines Onkels war!«

Im November 1958 erhielt Arthur tatsächlich einen Brief aus Santiago de Chile: »Seit langer Zeit versuchten wir mit Dir in Kontakt zu kommen«, schrieb Leo Kernberg. Und Paula ergänzte: »Freudig überrascht und spät, aber nicht zu spät erhielten wir endlich ein Lebenszeichen von Dir. […] Es war ja nicht so einfach, was hinter einem so daliegt, diese Geschehnisse laßen sich nicht in ein paar trockene Wörter ausdrücken. Daß Du lieber Ossi Deinen

Weg so allein durchs Leben gemacht hast, und heute ein verheirateter Mann bist und Vater von 3 Kindern bist, darauf bin ich ganz stolz und so habe ich Dich immer in Erinnerung gehabt, als einen tüchtigen, intelligenten Jungen, der sich im Leben auch richtig bewährt hat.«

Arthur war überglücklich, den verlorenen Teil seiner Familie wiedergefunden zu haben. Es sollte aber noch einige Jahre dauern, bis sie sich auch persönlich wieder gegenüberstanden. 1962 kam erst einmal der »kleine Otto« zu Besuch. Otto Kernberg hatte in Chile Medizin studiert und sich zum Psychoanalytiker ausbilden lassen, 1961 emigrierte er dann mit seiner Frau Paulina, einer Kinderpsychoanalytikerin, und ihren zwei Kindern nach Amerika. Im Jahr darauf besuchte Otto mit seiner Familie die Kerns in Kalifornien.

»Ossi war noch ganz der alte«, erzählte mir Dr. Kernberg bei unserem Gespräch in seiner Praxis in New York. »Er hatte dieselbe Persönlichkeit. Er war eine sehr offene und herzliche Person, direkt, intelligent, sehr nachdenklich. Wenn wir in derselben Stadt gelebt hätten, wären wir sicher wieder enge Freunde gewesen. Daran habe ich nicht den leisesten Zweifel.«

1964 reisten dann auch Paula und Leo Kernberg von Chile nach Amerika, um Arthur zu besuchen. Ein Vierteljahrhundert war vergangen, seit er sie zum letzten Mal gesehen hatte. »Meine Mutter war außer sich vor Freude!«, erinnerte sich Otto Kernberg. »Beide meine Eltern liebten Ossi sehr.«

* * *

Tante Paula und Onkel Leo besuchten die Kerns in den folgenden Jahren immer wieder. Eine noch bedeutendere Rolle im Familienleben von Trudie und Arthur nahm nun aber Anne Kellogg ein. Trudies Vater Geza war bereits 1961 in New York gestorben. 1972 zog Anne dann nach Kalifornien, um näher bei ihrer jüngsten Tochter zu sein. Anne – die auch von ihren Englisch sprechenden Enkelkindern »Mutti« gerufen wurde – mietete sich ein kleines Apartment ganz in der Nähe vom Haus der Kerns in der Liggett Street. Sie malte weiterhin und stellte regelmäßig aus. Heute hängen viele ihrer Bilder in den Häusern der Kern-Söhne. Auch sonst war Anne ganz die Künstlerin: Sie galt selbst im liberalen Kalifornien als Hippie.

»Mutti war ultraliberal. Sie stand links von links. Sie war richtig progressiv«, beschrieb mir David seine Großmutter. Was Politik und Kindererziehung anging, waren sich Anne und ihr Schwiegersohn Arthur deswegen oft uneins. Mutti hätte ihre Enkelkinder freigeistiger erzogen. Aber abgesehen davon passte die rüstige Rentnerin perfekt in die Familie: Zu seinem 13. Geburtstag schenkte sie David zum Beispiel – anonym – ein *Playboy*-Abo, das dieser dann stammelnd seinen Eltern erklären musste.

»Wir alle liebten Mutti«, sagte mir Arthur Jahre nach dem Tod seiner Schwiegermutter. »Wir denken jedes Halloween an sie, wie sie irgendwo auf ihrem Besen herumfliegt und uns immer noch Ratschläge erteilt.«

Bis auf Mutti – nach ihrem Umzug – lebten alle leiblichen Verwandten von Trudie und Arthur weit entfernt: in New York oder in Chile. Das heißt aber nicht, dass die Kerns kein reges Familienleben hatten. Ganz im Gegenteil!

Fast jedes Wochenende unternahmen Trudie und Arthur etwas mit »ihrer« Familie. An erster Stelle stand natürlich Aaron Low, der schon lange wie ein Bruder für Arthur war. Nach dem Ende seiner Wehrpflicht war Aaron 1954 Arthur und Trudie nach Kalifornien gefolgt. Das Trio war wieder vereint! Die ersten Monate lebte Aaron sogar bei seinen Freunden, im Jahr darauf heiratete er Ellie und gründete seine eigene Familie. Nach der zweijährigen kriegsbedingten Unterbrechung lebten Arthur und Aaron für den Rest ihres Lebens immer in nächster Nähe zueinander und sahen sich mindestens einmal die Woche.

Auch Eric Greene – ehemals Erich Grünebaum – war Anfang der 1950er-Jahre nach Kalifornien gezogen. 1958 war Arthur Trauzeuge bei der Hochzeit seines ehemaligen Blutsbruders und besten

Freundes aus Eaubonner Tagen. Ganz in der Nähe von Trudie und Arthur lebten außerdem noch Norbert Rosenblum und seine Frau Marion sowie Renee Eisenberg, eine ehemalige Wienerin, die in Montmorency gewesen war, und ihr Mann Morris.

»Am Wochenende und an den Feiertagen sahen wir immer unsere OSE-Familie«, erzählte mir der jüngste Kern, Danny. »Sie waren unsere Onkel und unsere Tanten.«

Die engen familienartigen Bande, die Arthur – seinerzeit noch als Oswald – und seine OSE-Kameraden in Frankreich geknüpft hatten, überdauerten die Jahrzehnte. »Wir betrachten uns als Familie, nicht als Freunde«, betonte Norbert Rosenblum mir gegenüber. »Wir sind eine Familie.«

Man spielte Karten, fuhr auf Campingausflüge und brachte den Kindern absurde Lieder bei – wie jenes über den chinesischen Menschenfresser, das Arthur und Aaron ständig sangen, bevor es zum offiziellen *Kern Family Song* wurde. Regelmäßig luden Trudie und Arthur auch zu Cocktailpartys oder Sommerfesten zu sich nach Hause ein. »Mom hat immer alle Vorbereitungen erledigt«, erinnerte sich der »kleine« Aaron. »Außer das Vorkosten. Das war Dads Aufgabe. Was normalerweise bedeutete, dass du eine zweite Ladung kochen musstest.«

Auch Geburtstage, das traditionell amerikanische Thanksgiving und die großen jüdischen Feiertage wie Pessach oder Chanukka feierten die Kerns mit ihrer OSE-Familie.

»Die Verbindung, die Artie zu meinem Vater hatte, war unbeschreiblich«, lese ich in einem Brief von Aaron Lows Sohn Steve an Trudie, den ich im Nachlass von Arthur finde. »Ich liebte unsere zahlreichen gemeinsamen Pessach-Sederabende. Wenn Artie und mein Dad zusammen sangen, war es, als könnte man allein am Klang ihrer Stimmen hören, dass sie so viele Lebenserfahrungen geteilt hatten und so wundervolle Freunde gewesen waren!«

Der Großteil von Arthurs und Trudies Freundeskreis setzte sich aus ihrer OSE-Familie zusammen. Dazu kamen einige Arbeitskollegen, wie Bob und Janet Taylor von Rocketdyne, oder Bekannte, die sie in der Synagoge kennengelernt hatten. Während die Kinder klein waren, gingen Trudie und Arthur mit ihnen wöchentlich in die Synagoge – ihnen war wichtig, dass ihre Söhne über das Judentum Bescheid wussten. Später sollten sie dann selbst entscheiden können, wie religiös sie sein wollten.

»Wir erzogen sie kulturell jüdisch«, erklärte mir Trudie. »Aber religiös waren wir nicht.« Aaron, David und Danny fuhren auf jüdische Ferienlager und gingen sonntags in die *Hebrew School*, um sich auf ihre Bar-Mizwas vorzubereiten. An religiöse Vorschriften oder Speisegesetze hielt sich bei den Kerns aber niemand. Und auch bei den Besuchen in der Synagoge ging es mehr um den sozialen Aspekt als um Religion. »Wir haben die Gebete zusammen gesungen, auch wenn wir nicht wirklich wussten, was genau sie bedeuteten«, erinnerte sich Danny. »Die Leute lachten, und nach dem Gottesdienst gab es Kuchen im hinteren Teil der Synagoge.«

Beim gemütlichen Zusammensein in der Synagoge freundeten sich die Kerns mit Fred und Barbara Weiss an. Auch die Kinder vertrugen sich gut: Als Teenager ging Aaron für eine Zeit lang mit ihrer Tochter Dana aus.

* * *

Ich treffe Fred und seine zweite Ehefrau Ileene Weiss im Sommer 2016 in ihrem Haus in Porter Ranch, gut fünfzehn Minuten mit dem Auto von Arthur und Trudies Haus entfernt. Fred und Ileenes Haus ist komplett japanisch dekoriert: mit Bildern von Geishas, kleinen Statuetten, japanischen Schriftzeichen, glänzenden Vorhangstoffen und einem perfekt gestalteten japanischen Garten.

Über der grünen Couch im Wohnzimmer hängen zwei Gemälde, die mir seltsam bekannt vorkommen. Bevor mir einfällt, woran mich die Bilder erinnern, klärt mich Fred auf: »Die sind von Anne Kellogg! Trudies Mutter.«

»Wie würdet ihr Arthur jemandem beschreiben, der ihn nicht kennt?«, frage ich das Ehepaar Weiss, nachdem wir es uns gemütlich gemacht haben.

»Er war sehr extrovertiert«, beginnt Ileene. »Er hat immer gelächelt. Immer Späße gemacht.«

»Ein richtiger Schelm«, ergänzt Fred. »Er und Trudie haben sich ständig gegenseitig Streiche gespielt. Trudie versuchte immer, ihn zu übertreffen, aber es gelang ihr nie.«

»Ich fand das immer so entzückend für ein Paar, das so viele Jahre verheiratet war«, kommentiert Ileene mit einem breiten Lächeln im Gesicht. Die pensionierte Familientherapeutin hat sich im Lauf der Jahre viele Rezepte von Trudie geben lassen. »Sie war eine wunderbare Köchin.«

»Und Arthur«, beginnt Ileene noch einmal. »Arthur hat immer alle zum Lachen gebracht.«

* * *

Egal mit wem ich im Sommer 2016 spreche, ob Freunde, Bekannte oder Arbeitskollegen, alle beschreiben Arthur ähnlich. »Artie war einfach ein wunderbarer Mensch«, erzählt mir zum Beispiel die Familienfreundin Susie Katz. »Er war der fröhlichste Mensch überhaupt. Man musste ihn einfach lieben.«

Auch Dell Carpenter, die Frau von Arthurs Vorgesetztem Dale, kannte Arthur gut. »Ich hatte immer das Gefühl, dass Artie Humor verwendete, um mit seiner Vergangenheit klarzukommen«, sagt sie mir. »Ich wusste, darunter verbirgt sich etwas. Andere Überlebende waren wütend, manche verloren ihre Fähigkeit, Dinge positiv zu sehen, und manche waren auf ewig deprimiert. Aber Artie war anders.«

In seiner Nachbarschaft und in seinem Freundeskreis war Arthur als *Mr. Fix It* bekannt. Ein Auto, das nicht mehr anspringen wollte, ein Toaster, der nicht mehr toastete, oder ein Zaun, der wacklig stand – Arthur reparierte alles. Nach seiner Pensionierung widmete er sich dann wieder einer Leidenschaft aus seinen Jugendtagen und wurde Tanzlehrer. Diesmal ehrenamtlich in einem jüdischen Altersheim.

* * *

Am 1. Juni 1980 fand die erste Hochzeit im Kern-Haushalt statt: Der Medizinstudent Aaron heiratete eine junge ambitionierte Krankenschwester namens Leslie. Im selben Jahr machte Aaron seinen Abschluss an der UCLA und arbeitete von nun an als Doktor für Innere Medizin. Auch Leslie machte Karriere: Sie promovierte in Pflegewissenschaften.

1987 war der zweitälteste Kern-Sohn an der Reihe. Der Versicherungsmakler David heiratete Nena, eine Latina. »Bevor ich Davids Eltern kennenlernte, war ich sehr nervös«, gestand mir die gläubige Katholikin. »Ich hatte Angst, dass sie mich nicht akzeptieren würden, weil ich nicht jüdisch bin. Und David hatte mir alle möglichen Geschichten über seine verrückte Familie und deren Streiche erzählt. Aber ich hätte mir keine Sorgen machen müssen: Sie haben mich vom ersten Tag an herzlich in die Familie aufgenommen.«

Danny machte es seinen Eltern nach und studierte Maschinenbau an der renommierten Stanford Universität. Einen weiteren Kern-Ingenieur gab es damit aber nicht – Danny studierte weiter und wurde Anwalt. Mit dem Heiraten ließ sich der jüngste Kern allerdings Zeit: Erst 2009 feierte er gemeinsam mit seiner langjährige Lebensgefährtin Elise, einer Anwältin, eine Hawaii-Motto-Hochzeit.

Im von Trudie liebevoll gestalteten Familienfotoalbum zähle ich Mitte der 1980er-Jahre sieben Kerns. 2012 sollten es bereits vierzehn sein.

* * *

Im Herbst 2017 bin ich wieder zu Besuch in Los Angeles. Diesmal wohne ich bei Arthurs Sohn Aaron – Anfang 2014 haben Trudie und Arthur schweren Herzens ihr Haus in North Hills verkauft und sind in eine sogenannte Senior Community gezogen. In der luxuriösen Wohnanlage für Pensionisten leben alle Bewohner in ihren eigenen Wohnungen, können aber jederzeit auf jegliche Art der Unterstützung, sei es im Haushalt oder medizinisch, zurückgreifen.

Jedes Mal, wenn wir hier zum Brunch vorbeikommen, reserviert Trudie extra einen großen Tisch genau in der Mitte des hauseigenen Restaurants – damit uns auch ja jeder sieht. Nur die allerwenigsten Bewohner hier werden regelmäßig besucht und schon gar nicht von so vielen Menschen auf einmal.

Weil ich am seltensten da bin, darf ich direkt neben Grandma Trudie Platz nehmen. Links und rechts von uns sitzen die Enkelinnen Shira, Sami und Rachel. Am anderen Ende des Tisches beweisen die Urenkel AJ und Cash, dass sie genauso rabaukenhaft sind wie der Rest der Kern-Männer, lassen sich dann aber von ihrem Vater Alex und ihrer Großmutter Nena besänftigen. Aaron, Leslie, David, Danny, Elise – wohin das Auge blickt: lauter lachende Kerns.

Trudies Plan geht auf: Wochenlang wird ihre große Familie das Gesprächsthema Nummer Eins in der Senior Community sein. Zumindest bis zu unserem nächsten Besuch.

Das große Wiedersehen

»Siebzig Menschen, die den Holocaust als Kinder überlebt haben, trafen sich nach fast fünfzig Jahren zum ersten Mal«, begrüßte die Nachrichtensprecherin eines kalifornischen Lokalsenders ihre Zuschauer am 25. März 1989. Hinter ihr schimmerte die Skyline von Los Angeles violett in der untergehenden Sonne, dann schaltete das Bild um. Zu sehen waren Dutzende Männer und Frauen – darunter auch Arthur und Aaron –, die Hors d'œuvres aßen und sich angeregt unterhielten. Die Kamera zoomte auf großformatige Fotos von Montmorency, Montintin und Eaubonne, während die Moderatorin aus dem Off weitersprach: »Auf den ersten Blick könnte das eine beliebige Gruppe sein, die sich nach langer Zeit mit Familie und Freunden wieder trifft – aber für diese Gruppe erzählen die Fotos eine Geschichte. Die Geschichte von Kindern, die nach Frankreich geschickt wurden, um dem bevorstehenden Holocaust zu entkommen. Später wurden sie in alle Welt verstreut – und trafen sich heute Abend zum ersten Mal wieder.«[1]

Der 25. März 1989: Fast auf den Tag genau vor fünfzig Jahren hatten die jüdischen Flüchtlingskinder ihre deutsche oder österreichische Heimat verlassen und Zuflucht in Frankreich gefunden. Anlass genug für ein großes Fest: die *50th OSE Reunion*.

* * *

Siebzig ehemalige OSE-Schützlinge nahmen an der *Reunion* teil. Das entspricht etwa einem Drittel der 250 Flüchtlingskinder, die aus OSE-Heimen nach Amerika gerettet werden konnten. Eine beachtliche Anzahl: Schließlich hatten die amerikanischen Fürsorgeorganisationen – allen voran Lotte Marcuse – alles darangesetzt, den Kontakt zwischen den Kindern zu unterbinden. Doch auf Dauer konnte niemand die ehemaligen Freunde voneinander fernhalten. Im Lauf der Jahre fanden sich viele von ihnen wieder und nahmen auch Kontakt mit Ernst Papanek auf.

Wieder einmal hatte der Zufall seine Finger im Spiel: Renee Eisenberg zum Beispiel war Mitglied im selben Buchclub wie Arthur und Trudie. Bei den monatlichen Diskussionen fiel Arthur ihr deutscher Akzent auf. Also sprach er sie an, und es stellte sich heraus, dass die geborene Wienerin einst im Heim in Montmorency gelebt hatte.

Ein anderes Mal freundete sich Trudie in einem Coffee Shop mit einer Afroamerikanerin an. Sie verabredeten sich zum Donut-Essen, sie gingen spazieren – und einmal erwähnte die Frau, dass ihr Mann in der Tschechoslowakei geboren wurde. Trudie stutzte und fragte, seit wann der Mann in Amerika lebte. »Sie nannte das Datum«, erzählte mir Trudie. »Und ich dachte mir, oh, das kommt mir bekannt vor.«

Bald war klar: Tom Mertens war mit demselben Schiff wie Arthur nach Amerika gekommen und hatte seit vielen Jahren ganz in der Nähe vom Haus der Kerns gelebt, ohne dass sie voneinander wussten.

Bei Eric Greene war es Aaron Low, der während seiner Ausbildungszeit beim Militär in einem jüdischen Deli irgendwo im Mittleren Westen aß und den Kellner erkannte. Es war Ernie Marx, Erics Cousin, der gerne Erics Adresse weitergab. Eric war so glücklich, seinen ehemaligen besten Freund Arthur wiedergefunden zu haben, dass er sich einen Job in Kalifornien suchte und fortan ebenfalls in der Nähe der Kerns wohnte.

»Langsam, aber sicher fanden wir mehr und mehr Menschen«, erzählte mir Arthur. »Und jedes Mal, wenn wir jemanden trafen, war das wie ein positiver Schock für diese Leute.«

Das Bedürfnis, sich wiederzufinden, ist eine bemerkenswerte Gemeinsamkeit bei allen ehemaligen Kindertransportkindern, unabhängig davon, in welches Land sie gerettet wurden. Bei den OSE-Kindern begann dies schon sehr früh, die britischen *Kinder* suchten sich erst ab den frühen 1990er-Jahren.

1979 feierte eine kleine OSE-Gruppe in Kalifornien im privaten Rahmen das 40. Jubiläum ihrer Rettung. In rascher Abfolge fanden drei *Mini-Reunions* statt: eine bei den Kerns, eine bei den Lows und eine im Haus von Henry und Anita Schuster, die Arthur nun neu kennenlernte. Auch Ernst Valfer – der ehemalige Heimsprecher von Eaubonne – nahm an diesen kleinen Feierlichkeiten teil und gehörte von nun an zum größeren Freundeskreis von Arthur und Trudie.

Die OSE-Familie wuchs. Man traf sich zum Grillen, zum Kartenspielen oder einfach zum Reden. Im Februar 1988 lud Norbert Rosenblum dann wieder einmal fünf befreundete OSE-Paare zu sich nach Hause ein. Arthur erinnerte sich gut an dieses Treffen. »Henry Schuster sagte plötzlich: ›Wir sollten versuchen, ein großes Fünfzig-Jahr-Treffen zu machen.‹ Alle waren begeistert. Und dann zeigte Henry auf mich und sagte: ›Und Art sollte das Organisationskomitee leiten.‹«

Arthur war Feuer und Flamme und übernahm gerne die Hauptorganisation der *Reunion* – mit tatkräftiger Unterstützung von Trudie, die zu diesem Zeitpunkt schon in Rente war. Dreizehn Monate blieben ihnen, um möglichst viele frühere OSE-Kinder zu finden.

Als ersten Anhaltspunkt erkundigte sich Arthur bei den Quäkern nach den Transportlisten der Kindertransporte nach Amerika. Aber mit den Namen allein konnte man noch nicht viel anfangen. Schließlich hieß Arthur selbst ja schon lange nicht mehr Oswald, Aaron nicht mehr Adolf, und verheiratete Frauen trugen nicht mehr ihre Mädchennamen. Alles nicht so einfach. Heute würden man die Recherche ganz einfach mit Google erledigen – die Suchmaschine wurde aber erst knapp ein Jahrzehnt später erfunden. Arthur blieb also nichts anderes übrig, als sich auf altmodische Art und Weise an die Arbeit zu machen.

»Montmorency! Tourelles! Eaubonne! Das Schiff *Saint Louis*! Montintin/Chevrette! Brout-Vernet! Magellier! Wenn diese Orte in Frankreich für Sie eine Bedeutung haben, sind Sie einer von uns«, stand in einem Brief, den Arthur im Sommer 1988 an Dutzende Menschen schickte – mit der Bitte, ihn an weitere OSE-Schützlinge weiterzuleiten. Zusätzlich veröffentlichte das *Simon Wiesenthal Center* weltweit über fünfzig Suchanzeigen in lokalen und jüdischen Zeitungen. Auch die Kinder des inzwischen verstorbenen Ernst Papanek waren eine große Hilfe, da ihr Vater selbst aktiv nach seinen früheren Schützlingen gesucht hatte. Nach und nach fanden Arthur und seine Mitstreiter eine Vielzahl ihrer früheren Kameraden.

»Als die Antworten für die *Reunion* eintrafen, war ich so aufgeregt, dass ich mich nicht konzentrieren und nichts essen konnte«, beschrieb Henry Schuster seine Gefühle. »Ich hatte mich so lange danach gesehnt, meine Vergangenheit zu finden – jetzt musste ich mich nicht mehr alleine erinnern.«[2]

Briefe trudelten aus Deutschland, Frankreich, Österreich, der Schweiz, England, Kanada, Australien, Südafrika, Israel, Mexiko, Ecuador und allen Ecken Amerikas ein. »119 Menschen haben geantwortet!«, erzählte mir Arthur später. »Der Enthusiasmus in den Antworten war einfach großartig.«

* * *

»Ich freue mich sehr, euch heute Abend im wunderschönen Südkalifornien begrüßen zu dürfen, zu unserem fünfzigjährigen Wiedersehen der OSE-Kinder«, eröffnete Aaron Low die *50th OSE Reunion*. Der 60-Jährige stand auf einer holzvertäfelten Bühne in einem Gemeinschaftsraum der B'nai David-Judea Synagoge in Los Angeles und ließ seinen Blick schweifen: »Es ist einfach wunderbar, so viele von euch zu sehen. Das übertrifft alle unseren Erwartungen.«

Über 150 Menschen waren gekommen: 70 frühere OSE-Schützlinge, zwei ehemalige OSE-Mitarbeiter sowie Ehepartner, Kinder und Enkelkinder. Der Raum hatte die Größe eines Ballsaals, sieben bis zehn Menschen saßen jeweils um einen runden Tisch, der mit kleinen Kinderfiguren auf Schiffchen, goldenen Fünfzigern und dem OSE-Logo dekoriert war. Die Tische waren nach den unterschiedlichen Heimen – Eaubonne, *Montintin*, Broût-Vernet – oder der *St. Louis* benannt, sodass immer Menschen beieinandersaßen, die als Kinder zusammengelebt hatten.

»Ich habe euch vorhin ein bisschen beobachtet«, fuhr Aaron Low fort. »Und einen Satz habe ich immer wieder gehört: ›Du kommst mir bekannt vor, aber wer bist du?‹« Aaron stellte das Programm des Abends vor und kündigte dann Arthur als nächsten Redner an.

Wie alle Anwesenden im Raum trug Arthur ein Namenschild mit zwei Namen: seinem alten und seinem neuen. »Aaron und ich hatten großes Glück, dass wir seit unser Ankunft in New York immer Kontakt halten konnten«, begann er. »Und langsam haben wir im Laufe der Jahre andere Leute gefunden, die ich heute meine Familie nenne.«

Eines nach dem anderen betrat nun jedes der *Kinder* die Bühne und stellte sich kurz vor. Einige hatten ihre Quäker-Nummernkarten aus Pappe mit, andere hielten vergilbte Fotografien oder Poesiealben in die Höhe. »*Le plus grand directeur de cirque*«, sang Ernst Valfer plötzlich in akzentfreiem Französisch, als er die Bühne betrat. Es war eines jener Lieder, die die jungen Flüchtlinge für den großen Zirkus in Montmorency gedichtet hatten. Als er fertig war, zeigte Valfer ins Publikum: »Ich sehe hier ein paar Bären und auch einige Tänzer und natürlich waren viele von uns im Orchester.« Als das Gelächter verklang, wurde der Psychologe ernster: »*Le plus grand directeur* – das war Ernst Papanek. Ich glaube, ohne Ernst Papanek wären nur wenige von uns am Leben. Und denjenigen, die am Leben wären, ginge es wahrscheinlich mental viel schlechter, als es uns heute geht. Aber es gibt noch eine weitere Gruppe, die ich hervorheben will, weil sie uns half, psychisch ge-

Arthur und seine Familie präsentieren bei der *Reunion* eine Fototafel.
V.l.n.r.: Aaron, Leslie, Danny, Trudie, Arthur, David, Nena

sund zu bleiben. Und das seid ihr alle. Wir haben nie den Mut verloren. Wir stützten uns gegenseitig. Wir ermutigten uns gegenseitig. Wir ließen uns nicht verzweifeln. Und das, denke ich, hat uns gerettet. Und dafür hat jeder von uns und jeder von euch« – er zeigte in den Raum – »eine Runde Applaus verdient.«

In den Pausen zwischen den Reden gab es großes Gedränge bei den Fototafeln, die an drei Wänden des Raums aufgebaut waren. Das Organisationskomitee rund um Arthur hatte Dutzende Fotos aus ihrer Zeit in Frankreich zusammengetragen, und nun versuchte jeder, sich selbst auf einem der Fotos zu entdecken. Auf einer der Tafeln hing ein Bild einer Dreijährigen auf der Überfahrt nach Amerika und darüber in großen Buchstaben die Frage: »Kennt irgendjemand dieses Mädchen?« Was auf den ersten Blick wie die Suche nach einer alten Freundin wirkte, entpuppte sich als viel gewichtigere und ungleich emotionalere Bitte: Sie stammte von dem nun erwachsenen Mädchen selbst – das nichts über sich wusste, außer, dass sie als Kleinkind gemeinsam mit anderen OSE-Kindern nach Amerika gekommen war.

Immer wieder zeigte irgendjemand auf ein Foto und glaubte jemanden zu erkennen. Dann drehte er sich um – und die Person stand vor ihm! Eine besondere Überraschung für viele der ehemaligen OSE-Schützlinge war ein Auftritt der Köchin und Topinambur-Virtuosin Amalia Kanner. Arthur half der fragilen 84-Jährigen auf die Bühne, dann las sie mit starkem deutschen Akzent eine kurze Botschaft vor: »Ich kannte euch alle als Kinder. Als ihr nach Amerika gingt, wusste niemand, wie die Zukunft für euch aussehen würde. Und nun sehe ich euch – und die kleinen Kinder, die ich einmal kannte, sind glücklich und erfolgreich geworden. Und ihr habt das alles ganz alleine gemacht. Aber heute seid ihr alle meine Kinder«, sagte Kanner zu lautem Applaus. »Und ich liebe euch alle sehr.«

Amalia und ihr Ehemann Salomon – der zu diesem Zeitpunkt 91-Jährige hatte während des Krieges ebenfalls für die OSE gearbeitet – wohnten während der *Reunion* bei Arthur und Trudie. In Frankreich hatte Arthur ein inniges Verhältnis zu Amalia entwickelt, nun erklärte er glücklich: »Es ist, als hätte ich meine Eltern wiedergefunden.«

Auch Rabbi Abraham Cooper, der stellvertretende Direktor des *Simon Wiesenthal Center*, sprach zu der versammelten Gruppe. »Dieser Abend ist ein Zeugnis für den Triumph und die Kraft der Liebe und der Hoffnung«, sagte er. »Jeder, der heute Nacht hier sitzt, ist ein Wunder.«

Am Ende des Abends versammelten sich alle 70 dieser »Wunder« für ein Gruppenfoto auf der Bühne. Dann hielten sie sich an den Händen und sangen gemeinsam einen bekannten hebräischen Kanon: *Hineh mah-tov u'mah-na'im schevet akhim gam yachad*, was übersetzt heißt: »Schau, wie gut und angenehm es ist, als Geschwister zusammenzusitzen«. Mit einem lauten »Juchhu!« beendeten sie den Gesang – und für einen Moment war es wieder ganz wie früher. Für einen Moment waren sie wieder fünf- und zehn- und elfjährige Buben und Mädchen, die in Frankreich auf der großen Treppe der Veranda saßen und gemeinsam sangen. Für einen Moment waren sie wieder Kinder.

* * *

»Es war eine großartige Sache. Die Leute haben sich umarmt, und sie haben sich ihre Geschichten erzählt, und sie waren so glücklich, sich alle zu sehen. Viele Freundschaften sind dort entstanden«, erzählte mir Arthur Jahre später. »Es war einer der absoluten Höhepunkte meines Lebens.«

Das Familiengefühl, das Arthur, Aaron und einige ihrer engsten Freunde schon lang verband, zog jetzt weite Kreise. »Es war wie in alten Zeiten«, erklärte Siegfried »Siggy« Knop mir gegenüber. »Wenn deine gesamte Familie im Holocaust getötet wurde, dann klammerst du dich an Erinnerungen, die dich in deine jüngeren Jahre zurückbringen. Und diese Kinder, mit denen ich zusammen gewesen bin – das ist wirklich wie eine Familie.«

Das Gefühl der Zusammengehörigkeit stellte sich auch ein, wenn man selbst keine Erinnerungen an Frankreich mehr hatte. »Die *Reunion* von OSE-Kindern 1989 in Los Angeles war eine überwältigende, emotionale Erfahrung für jeden von uns«, schrieb Eve Kugler, Amalia Kanners Tochter, in ihrer Autobiografie. »Ich fühlte mich eingehüllt in Freundschaft und Liebe, vollkommen entspannt bei Menschen, an die ich mich nicht erinnern konnte oder die ich nie getroffen hatte.«[3]

Nun, da sich so viele von ihnen wieder gefunden hatten, sorgten sie dafür, dass der Kontakt nie wieder abriss. Auch hier spielten Arthur und Trudie eine Schlüsselrolle: Jeden Sommer veranstalteten sie eine OSE-Gartenparty, bei der um die 70 Besucher kamen. Trudie kochte, Arthur naschte und stellte Stühle auf. »Und dann sprachen wir über Europa«, blickte Trudie zurück. »Das Thema war immer Europa.«

Ein jährlicher Gast war Gerry Watkins, dessen Geburtsname Gerhard Herbert Mahler seine entfernte Verwandtschaft zum

Komponisten Gustav Mahler verrät. »Artie pflegte zu sagen: ›Geht es uns nicht gut? Ist es nicht wunderbar, dass wir diese große Familie haben?‹«, erzählte mir Watkins. Ohne Arthur wäre diese »Familie« nicht möglich gewesen, ist er sich sicher: »Artie wurde sozusagen zum Historiker der Gruppe. Er kannte jedermanns Geschichte, wusste alle Geburtstage und wer in welchem Heim gewesen war.«

Im Lauf der Jahre wurde Arthur deswegen auch zur Anlaufstelle für Historiker, die zum Kindertransport forschten, sowie für Holocaust-Gruppen, die selbst *Reunions* organisieren wollten. Kurz nach der *Reunion* 1989 gründeten einige der Teilnehmer den Verein *Friends and Alumni of OSE-USA*, in dem Arthur Mitglied wurde. Bei den jährlichen Gartenpartys sammelten sie fortan Spendengelder und schickten sie an die OSE nach Frankreich – um andere Kinder zu unterstützen, so wie einst ihnen geholfen worden war.[4]

* * *

Auch nach der *Reunion* hörte Arthur nicht auf, nach früheren OSE-Kindern zu suchen – oder sie durch Zufälle zu entdecken. Dazu zählte auch Gunther Katz, ein Bekannter von Fred und Barbara Weiss. Im August 2016 treffe ich seine Witwe Susie in ihrem Haus in Los Angeles.

»Heute wäre Gunthers Geburtstag gewesen«, beginnt Susie. Dann steht sie auf, holt ein Foto von ihm und stellt es auf den Küchentisch. »Ich finde, Gunther muss bei unserem Gespräch mit dabei sein.«

Susie wollte unbedingt, dass ich sie für dieses Buch interviewe, weil Arthur, wie sie sagt, das Leben ihres Mannes verändert hat. »Das Treffen mit Artie war ein großer Einschnitt für Gunther. Endlich fing er an, über seine Vergangenheit zu reden!«

1940 war Gunther mit seinen Eltern in das französische Internierungslager *Gurs* deportiert worden, von wo aus ihn die OSE befreite und im *Château de Montintin* unterbrachte. Nach seiner Emigration nach Amerika schwieg Gunther jahrzehntelang und erzählte selbst seiner Frau nichts von seiner Kindheit. Doch all das änderte sich, als er Arthur – und durch ihn weitere OSE-Kinder – kennenlernte. Im Jahr 2000 fing Gunther sogar an, als Dozent im *Museum of Tolerance* und in Schulen öffentlich über seine Vergangenheit zu sprechen.

Wie schon so viele vor ihm wurde Gunther Teil der OSE-Familie. Viele Jahre lang sah er die Kerns regelmäßig und nahm natürlich an den großen Sommer-Gartenpartys teil. »Trudie und Arthur waren der Kleber«, erklärt mir Susie Katz. »Das ist das Wort, das ich immer benutzt habe. Sie waren der Klebstoff, der die ganze Gruppe zusammenhielt.«

Mit zunehmendem Alter wurde es Trudie dann zu viel, so viele Menschen auf einmal zu bewirten. 2003 fand – nach über zwanzig Jahren – die letzte OSE-Gartenparty statt. Seitdem trafen sich die ehemaligen OSE-Schützlinge seltener, aber der Kern von Arthurs OSE-Familie blieb bestehen.

Ein Leben nach dem Kindertransport

Im Dezember 2013 sitze ich in einem Haus in Hicksville auf Long Island, etwas außerhalb von New York City, und warte auf Schnee. Es ist das erste Mal in meinem Leben, dass ich Weihnachten nicht mit meinen Eltern verbringe. Vor wenigen Tagen habe ich ein Auslandssemester an der American University in Washington, D.C. abgeschlossen, und in den nächsten zwei Monaten werde ich durchs Land reisen, um erwachsene Kindertransportkinder für meine Bachelorarbeit zu interviewen.

Das Haus in Hicksville gehört Margaret und Kurt Goldberger, zwei Überlebende, die ich kenne, seit ich mit der *A Letter To The Stars*-Schülergruppe zum ersten Mal nach New York kam. In der Zwischenzeit sind wir gute Freunde geworden, und als Margaret vor einigen Monaten hörte, dass ich Weihnachten in Amerika sein werde, lud sie mich kurzerhand ein. Und gleich noch ein paar Freunde mit dazu. So kommt es, dass neun 80- und 90-jährige Juden für mich eine Christmas-Party auf die Beine stellen – obwohl sie selbst Weihnachten ja gar nicht feiern.

Weiße Weihnachten bleiben mir verwehrt, aber es wird trotzdem ein unvergessliches Fest. Wir hören deutsche Weihnachtslieder, und am Kamin hängt ein roter, prall mit Schokolade gefüllter Strumpf für mich. »Der ist von Santa Claus«, sagt Kurt zwinkernd. Anita Weisbord – eine gebürtige Wienerin, die mit 92 Jahren noch Stöckelschuhe trägt und sich gerade ein neues Auto gekauft hat –

bringt sogar selbst gebackene Plätzchen mit. »*Austrian style*«, verrät sie mit funkelnden Augen. »Das Geheimnis ist, bei allen amerikanischen Rezepten einfach die Zuckermenge zu halbieren.« Anita und die anderen freuen sich diebisch, auch einmal Weihnachten zu feiern. Zu den Keksen serviert Margaret dann aber Bagel mit *Schmear* (jiddisch für »Frischkäse«). »Ganz ohne etwas Jüdisches geht es schließlich nicht«, meint sie.

Fast alle Anwesenden kamen mit einem Kindertransport nach England und sind als Erwachsene nach Amerika emigriert. Die einzige Ausnahme bildet eine der »jüngeren« Besucherinnen, die mir einen selbst gebastelten Schmuckanhänger in Form eines Christbaumes mitgebracht hat. Da sie keine Kindertransportvergangenheit hat, stellt sie viele Fragen zu meiner Forschung. »Warum wusste man eigentlich so lange nichts von den Kindertransporten?«, lautet ihre erste.

* * *

In der Forschung blieben die Kindertransporte lange Zeit unbeachtet. Generell rückte die gesamte Flüchtlings- und Exilgeschichte erst sehr spät in das Interesse der Holocaust-Forschung, und dann stand erst einmal die Erwachsenengeneration im Vordergrund.[1] Jahrzehntelang wusste kaum jemand etwas von der außergewöhnlichen Rettungsaktion Tausender Kinder durch die Kindertransporte. Tatsächlich waren sich viele der jungen Flüchtlinge selbst nicht darüber im Klaren, dass sie Teil einer größeren Geschichte waren. Das Bewusstsein dafür fehlte umso mehr, weil die Nachkriegsgesellschaft kaum Interesse daran hatte, über den Holocaust und den Zweiten Weltkrieg zu reden. Erst die amerikanische Fernsehserie *Holocaust* mit Meryl Streep rückte Ende der 1970er-Jahre die Shoah ins Zentrum der Aufmerksamkeit – und erstmals begannen KZ-Überlebende nun von ihrer Leidensgeschichte zu erzählen. Für die meisten Kindertransportkinder dauerte es aber noch weitere zehn Jahre, bis auch sie bereit waren, öffentlich über ihre Geschichte zu sprechen. Ende der 1980er-Jahre war der Großteil der ehemaligen KZ-Häftlinge bereits verstorben, was es den Kindertransportkindern erleichterte, ihr Schweigen zu brechen. Die deutsche Historikerin Rebekka Göpfert bezeichnet dies sehr treffend als das »Heraustreten aus dem Schatten der Auschwitz-Überlebenden«.[2]

Im selben Jahr wie die *50th OSE Reunion* fand 1989 in London die erste *Reunion of the Kindertransport* statt, für Kinder, die nach England gerettet wurden. Diese fiel jedoch wesentlich größer aus als jene in Los Angeles: Über 1.200 Menschen nahmen an dem Treffen teil. Quasi über Nacht standen die Kindertransporte nun im Fokus der Medien, der Forschung – und der Holocaust-Überlebenden selbst.

Die hohe Anzahl der auf einem englischen Kindertransport geretteten Kinder führte zur Gründung von Überlebendenorganisationen auf mehreren Kontinenten: in Amerika, Israel und England. Im Gegensatz zu Arthurs und Trudies informellen OSE-Gartenpartys waren dies richtige Vereine mit gewählten Ämtern und klaren Strukturen. Mit dem nordamerikanischen Ableger hatte ich im Lauf der Jahre schon viel zu tun: Kurt Goldberger war jahrzehntelang der Präsident der *Kindertransport Association* (KTA), seine Frau Margaret sowie Anita Weisbord sind aktive Vorstandsmitglieder. Die KTA zählt heute Hunderte Mitglieder, betreibt mehrere Ortsverbände und veranstaltet jährliche Konferenzen. 2015 sprach ich wie erwähnt bei jener in Detroit.

Abgesehen von der deutlich größeren Zahl gibt es noch einen entscheidenden Unterschied zwischen den britischen Kindertransportkindern und den einstigen OSE-Schützlingen: Die Holocaust-Überlebenden, die durch die britischen Kindertransporte gerettet wurden, bezeichnen sich heute selbst als »Kinder« – auch wenn sie Englisch sprechen. »*I am a* Kind« heißt es dann oder »*We are the* Kinder«. Arthur und seine Freunde hingegen haben sich nie so bezeichnet. »Wir haben uns die French Connection genannt«, verriet mir Arthur einmal lachend. »Nach einem Gangsterfilm mit Drogen und allem Drum und Dran. Ein sehr erfolgreicher Film. Das gefiel uns.«

Zu den britischen Kindertransporten sind inzwischen einige umfassende Studien erschienen, die kleineren Kindertransporte nach Frankreich sind aber auch heute noch äußerst unbekannt. »Das Vergessenwollen verlängert das Exil, und das Geheimnis der Erlösung heißt Erinnerung«, besagt ein vielzitiertes jüdisches Sprichwort. Auch Arthur fing nach der *Reunion* 1989 an, sich intensiv mit seiner Vergangenheit zu beschäftigen. Als ersten Schritt kontaktierte er das Archiv der OSE, das ihm eine Kopie seines Dossiers zuschickte. Vor allem aber war es Trudie, die Nachforschungen anstellte. Nach ihrer Pensionierung hatte sie viel Zeit, sich ihrem neuen Hobby, der Genealogie, zu widmen. »Ich wollte so viel wie möglich über unsere Familien herausfinden«, sagte sie mir. Mithilfe der Israelitischen Kultusgemeinde in Wien und der genealogischen Datenbank der Mormonen (aus Glaubensgründen betreiben die Mormonen weltweit Familienarchive) gelang es Trudie, die Kernbergs bis ins Jahr 1780 zurückzuverfolgen.

* * *

Zwei Monate nach dem jüdisch angehauchten Weihnachtsfest fliege ich zurück nach München, wo ich an der Ludwig-Maximilians-Universität Geschichte studiere. Nun geht es darum, die Interviews und Archivrecherchen auszuwerten und meine Bachelorarbeit zu schreiben. Mein Thema lautet *Ein Leben nach dem Kindertransport* und geht der Frage nach, wie die Rettung durch einen Kindertransport die *Kinder* in ihrem Erwachsenenleben beeinflusste.

Denn mit dem Ende des Zweiten Weltkriegs war die Geschichte für Arthur, Aaron, Margaret und Kurt noch nicht vorbei! Ihre Rettung blieb für die Flüchtlingskinder nicht ohne Folgen. Spannenderweise gibt es einige auffällige Parallelen in den Lebensgeschichten der erwachsenen *Kinder* – angefangen mit ihrem großen beruflichen Erfolg bis hin zu ihrem Sinn für soziales Engagement.

»Es ist wirklich außergewöhnlich. Manche von uns sind Ärzte, andere Anwälte, wieder andere Buchhalter. Mindestens drei oder vier sind Millionäre. Das sind lauter erfolgsorientierte Leute«, erzählte mir Arthur, selbst ein erfolgreicher Raketeningenieur, mehr als einmal. »Ich bin immer wieder erstaunt, wie Kinder, die mit nichts anfingen, so etwas aus ihrem Leben gemacht haben.«

Eric Greene beschrieb es ähnlich: »Wir haben viele Gemeinsamkeiten in unseren Leben. Wir gehören alle einer überdurchschnittlich hohen Einkommensklasse an. Wir schicken alle unsere Kinder auf Universitäten. Uns ist niemand mit unserer Vergangenheit bekannt, der mittellos ist oder Sozialhilfe bezieht.«[3]

Als die europäischen Flüchtlingskinder nach Amerika kamen, hätte wohl niemand mit so einer Entwicklung gerechnet. Aber allen Widerständen zum Trotz überwand fast jeder von ihnen nicht nur seine traumatischen Erfahrungen, sondern wurde auch äußerst erfolgreich.

Unter den rund 2.500 Menschen, die mit einem britischen, französischen oder amerikanischen Kindertransport gerettet wurden und heute in den USA leben, befinden sich zum Beispiel allein drei Nobelpreisträger: Walter Kohn (Chemie), Arno Penzias und Jack Steinberger (beide Physik).

* * *

»Sie waren ungeheuer erfolgreich«, sagt auch der Soziologe Gerhard Sonnert, als ich ihn im Winter 2017 interviewe. »In Anbetracht ihrer Situation bei ihrer Ankunft ist diese kollektive Leistung einfach nur erstaunlich.«

Sonnert und sein Kollege Gerald Holton sind Wissenschaftler an der renommierten Harvard University. Im Jahr 2006 präsentierten sie die Ergebnisse einer fünfjährigen Studie, für die sie Zehntausende Zensusdatensätze auswerteten und so den beruflichen Erfolg der früheren Flüchtlingskinder erstmals auch statistisch belegen konnten.[4]

»Das Grundkonzept hier ist Resilienz, die erstaunliche Fähigkeit des Menschen, nach einer Katastrophe über sich selbst hinauszuwachsen«, erklärt mir Gerhard Sonnert in unserem Gespräch. Wie ein Phönix, der aus der Asche wiedergeboren wird, haben Arthur und die anderen jungen Flüchtlinge nach dem Holocaust erfolgreiche Leben aufgebaut.

Die Harvard-Studie beweist, dass fast die Hälfte der männlichen Überlebenden studierte – im Vergleich zu nur 15,3 Prozent der Durchschnittsamerikaner derselben Altersklasse. Im Durchschnitt verdienten die ehemaligen Flüchtlingskinder außerdem fast doppelt so viel Geld (185 Prozent) wie in Amerika geborene Gleichaltrige.

Ähnlich zu sehen ist die bereits erwähnte überdurchschnittlich hohe Chance für deutsche und österreichische Flüchtlingskinder, einen Nobelpreis zu gewinnen. Die Wahrscheinlichkeit liegt laut Sonnert und Holton bei 1:5.500 im Vergleich zu 1:650.000 für gebürtige Amerikaner.

Bemerkenswert ist auch, dass die ehemaligen Kindertransportkinder als Gruppe nicht nur wesentlich gebildeter und erfolgreicher als die Durchschnittsamerikaner sind – sondern auch als die jüdisch-amerikanische Bevölkerung. »Jüdische Herkunft allein reicht nicht aus, um ihre Errungenschaften zu erklären«, betont der Harvard-Wissenschaftler Sonnert mir gegenüber.

* * *

Eine Vielzahl von Gründen trug zu dieser außergewöhnlichen Erfolgsgeschichte bei. Viele der Kindertransportkinder hatten ihren Eltern beim Abschied versprochen, fleißig zu sein und etwas aus ihrem Leben zu machen. Oft verspürten sie auch ein Gefühl der Verantwortung, erfolgreiche Leben zu gestalten, weil sie überlebt hatten.

Es wäre leicht vorstellbar gewesen, dass die Flüchtlingskinder an diesem Druck zerbrechen, aber in den meisten Fällen trat das Gegenteil ein. Die Überlebenden hatten nur eine kurze unbeschwerte Kindheit, bevor sie frühzeitig zu Erwachsenen werden und Verantwortung für Dinge übernehmen mussten, für die sie eigentlich zu jung waren. Aber: So traumatisch ihre Erfahrungen gewesen waren, gerade die Tatsache, dass sie schon früh Verantwortung hatten übernehmen müssen, verschaffte ihnen in ihrem späteren Berufsleben oft einen Vorteil.

Ein weiterer Erfolgsgrund war das Zusammenspiel von europäischer Erziehung und kulturellen Werten und den Möglichkeiten, die ihnen Amerika bot. Vor Beginn des Zweiten Weltkriegs waren europäische Schulen den amerikanischen – vor allem in den naturwissenschaftlichen Fächern – weit überlegen. So kam es, dass die jungen Flüchtlinge in Amerika trotz der Sprachbarriere schnell zu Klassenbesten wurden und Universitätsstipendien erhielten. »Mehrere ehemalige Flüchtlinge in unserer Studie merkten an, dass Hitler ihnen auf grausam ironische Weise einen Gefallen getan hat, indem er sie vertrieb«, erklärte mir Sonnert.

Die Kindheit der Überlebenden war durch zahlreiche traumatische Erfahrungen und Entbehrungen gekennzeichnet, als Erwachsene versuchten sie, dies durch Ehrgeiz und Fleiß zu kompensieren. »Sie wurden Workaholics und hatten Erfolg«, fasst die Psychotherapeutin Ruth Barnett zusammen.[5]

Der außergewöhnliche berufliche Erfolg der erwachsenen Kindertransportkinder bedeutet aber nicht, dass sie den Holocaust psychologisch unbeschadet überstanden haben. Gerade das Streben nach Erfolg ist in der Psychologie eine bekannte Bewältigungsstrategie, um sich Traumata nicht stellen zu müssen. »Es ist also keine gänzlich positive Geschichte, doch sie zeigt, wie Menschen unter den richtigen Bedingungen trotz erlittener Tragödien über sich hinauswachsen können«, schreiben Sonnert und Holton im Schlusswort ihrer groß angelegten Studie.[6]

* * *

Bei den OSE-Kindern in Amerika bietet sich ein ähnliches Bild, wie ich dank eines Erinnerungsbuches über die *50th OSE Reunion* feststelle, das Trudie und Arthur angefertigt haben und das Kurzbiografien von insgesamt 89 Menschen enthält.[7]

Allein 50 dieser 89 Menschen haben einen Uniabschluss, das ist sogar ein höherer Schnitt als in der Harvard-Studie. Wenn ich durch die vergilbten Seiten blättere, finde ich sieben Universitätsprofessoren – davon drei Frauen –, fünf Ingenieure, mehrere Anwälte, Ärzte, Psychologen, Architekten und einen Rabbiner. 17 Menschen haben ihr eigenes Unternehmen besessen, darunter ein Tischler, der seine im OSE-Heim erlernten Fähigkeiten in die Praxis umsetzte.

Neben dem außergewöhnlichen Erfolg im Beruf gibt es ein weiteres gemeinsames Phänomen im Leben der erwachsenen Kindertransportkinder: Ein auffallend hoher Prozentsatz von ihnen arbeitete im sozialen Bereich.[8] Das Wissen um ihre Rettung erzeugte bei vielen das Bedürfnis zu helfen – genauso wie ihnen als Flüchtlingskindern von fremden Menschen geholfen worden war.

Anita Weisbord, die Keksbäckerin vom Weihnachtsfest in Hicksville, kümmerte sich zum Beispiel ein Jahrzehnt lang um behinderte Kinder. »Ich habe mich gefragt: Warum sind eineinhalb Millionen Kinder umgekommen und ich bin am Leben? Dafür muss es einen Grund geben. Ich hatte das Gefühl, dass ich der Gesellschaft etwas zurückgeben muss«, begründete sie mir gegenüber ihr Engagement. Esther Starobin, deren Bruder mit demselben Schiff nach Amerika gekommen ist wie Arthur, half ihre Kindertransporterfahrung bei ihrer Arbeit als Lehrerin. »Ich konnte immer sehr gut mit den Außenseitern umgehen«, sagte sie mir.

Seit ihrer Pensionierung hat sich das soziale Engagement vieler Überlebender noch verstärkt. Etliche von ihnen sind ehrenamtlich tätig – genau wie Arthur. Von 1995 bis 2014, also fast zwanzig Jahre lang, half er zwei Mal die Woche im *Jewish Home for the Aging*, einem jüdischen Altersheim in Los Angeles, aus. »Ich habe mit 65 dort angefangen, und der Großteil der Bewohner war um die 90«, erzählte Arthur. »Für sie war ich immer nur ›das Kind‹.« Jeden

Dienstag zwischen neun und zwölf Uhr fuhr er die Ladys zum Arzt, zum Schönheitssalon oder zum Einkaufen. Und jeden Donnerstag bot er sich als Tanzpartner an, da das Altersheim unter einem eklatanten Männermangel litt. Arthur liebte es, mit den »kleinen, alten Damen«, wie er sie nannte, zu tanzen, auch wenn manche von ihnen zwei linke Füße hatten.

* * *

In meinen Interviews mit Überlebenden tauchte eine Thematik immer wieder auf: Die Frage, ob sich die Kindertransportkinder selbst als Holocaust-Überlebende sehen. Um diese Diskussion besser zu verstehen, muss man wissen, dass es nach Ende des Zweiten Weltkriegs Jahrzehnte dauerte, bis die Forschung erkannte, dass Kinder ein Leben lang unter traumatischen Erlebnissen leiden können. Sehr lange ging man einfach davon aus, dass sie zu jung gewesen seien, um Leid bewusst wahrzunehmen. Noch in den 1960ern lehnten westdeutsche Gerichte Entschädigungsanträge mit der Begründung ab, dass sich die Betroffenen nicht an das an ihnen begangene Unrecht erinnern könnten, weil sie zur Zeit des Nationalsozialismus Kinder waren. All das änderte sich erst in den 1980er-Jahren, als auch erstmals der Begriff *Child Survivors* in der Holocaust-Forschung verwendet wurde.[9]

Genau wie man allen *Child Survivors* kollektiv unterstellt hatte, sie könnten sich an erlebtes Leid nicht erinnern, gestand man den Kindertransport-Kindern lange nicht zu, »vollwertige« Holocaust-Überlebende zu sein. So schlimm es klingt: Eine Zeit lang sprach die Forschung von einer Art »Hierarchie« unter Überlebenden. Das erlebte Leid wurde verglichen, und nach dieser Logik war ein KZ-Überlebender »mehr wert« als ein Kindertransportkind, weil er mehr gelitten hatte. »Während unserer *Reunion* wurde ein Mann unglaublich wütend, weil wir uns Überlebende nannten«, berichtete mir auch Arthur. Der Mann war in einem OSE-Heim von der französischen Polizei verhaftet und deportiert worden und überlebte Auschwitz – er sah sich selbst als Holocaust-Überlebenden, den Rest der OSE-Kinder aber nicht.

Seit den 1990er-Jahren hat sich die Erkenntnis durchgesetzt, dass Leid nicht verglichen werden kann. International anerkannte Institutionen wie *Yad Vashem* in Israel oder das *United States Holocaust Memorial Museum* in Washington, D.C. bezeichnen heute all jene Menschen als Holocaust-Überlebende, die zwischen 1933 und 1945 unter Naziherrschaft lebten, verfolgt wurden und überlebt haben – und zwar völlig unabhängig davon, ob sie in Auschwitz waren oder 1933 mit der *Queen Mary* nach Amerika flüchten konnten.[10]

Die Tatsache, dass diese Diskussion überhaupt stattfand, führte jedoch dazu, dass viele ehemalige Flüchtlingskinder ein Problem damit haben, sich selbst als Holocaust-Überlebende zu sehen. Arthur selbst hatte vor der *Reunion* 1989 wenig über den Begriff nachgedacht, aber nie gezögert, ihn für sich zu verwenden. »Ich sage immer: Wir sind alle Holocaust-Überlebende«, erklärte er mir.

Nachdem Steven Spielberg den oscargekrönten Film *Schindlers Liste* gedreht hatte, gründete er 1994 die *Shoah Foundation*, die weltweit 52.000 Videointerviews mit Holocaust-Überlebenden führte, um ihre Geschichten für die Nachwelt zu bewahren. Das Interview war ein einschneidender Moment für viele Überlebende. »Gunther hat sich selbst nie für einen Überlebenden gehalten«, schilderte mir seine Witwe Susie Katz bei meinem Besuch. »Erst als die *Spielberg Shoah Foundation* darüber sprach, wen sie interviewen wollten, hat es bei ihm auf einmal klick gemacht.«

Arthur wurde 1995 interviewt, Trudie aber wollte nicht mit der *Shoah Foundation* sprechen. »Ich finde nicht, dass ich eine Überlebende bin«, betonte sie.

Die Frage, ob sie sich selbst als Holocaust-Überlebende sehen, beantwortete nur die Hälfte der von mir interviewten Kindertransportkinder ohne Nachzudenken mit einem klaren Ja. Die anderen bezeichnen sich zwar auch als Überlebende, aber sie haben

Vorbehalte und fühlen sich mit diesem Begriff nicht ganz wohl. Viele der *Kinder* »tendieren dazu, ihr Leid zu relativieren«, erläutert die Wiener Psychotherapeutin Anna Wexberg-Kubesch. »Sie meinen, nichts ›derart Schlimmes‹ erlebt zu haben, weil es sich in Anbetracht der Vernichtungslager ›geringer‹ ausnimmt.«[11]

Vielfach wollen sich die *Kinder* nicht als Überlebende bezeichnen, weil sie sich schuldig fühlen. Einerseits, weil sie das Gefühl haben, KZ-Überlebende hätten schlimmeres Leid erfahren als sie selbst, vor allem aber, weil sie im Gegensatz zu Millionen an Ermordeten überlebt haben. Ein großer Aspekt dieser sogenannten *survivor guilt* (Überlebensschuldsyndrom) ist auch das Gefühl, andere hätten das Überleben mehr verdient als sie selbst.[12]

* * *

Anfang Dezember 2014, fast ein Jahr nach meinem Weihnachten in Hicksville, zeichnet die Universität München meine Bachelorarbeit mit dem Forscherpreis für exzellente Studierende aus. Es ist das erste Mal, dass die historische Fakultät diesen Preis gewinnt. Für Arthur und die zwölf weiteren Überlebenden, die ich für *Ein Leben nach dem Kindertransport* interviewt habe, hat diese Auszeichnung einen besonderen Wert. »Es bedeutet mir so viel, dass München, das einstige Zentrum des Nationalsozialismus, die Hauptstadt der Bewegung, eine Arbeit über die Kindertransporte würdigt«, schreibt mir Freddie Traum aus Maryland.

Arthur und seine Familie

Um sechs Uhr morgens steige ich zu Aaron ins Auto. Wir sind zum Brunch bei Trudie verabredet und wollen dem Berufsverkehr entgehen – da heißt es früh aufstehen. Von Seal Beach, wo der älteste Sohn der Kerns mit seiner Familie lebt, sind es gut neunzig Kilometer zu Trudie, aber selbst in der Morgendämmerung kann man in und um Los Angeles dem Stau nicht gänzlich entkommen. Eineinhalb Stunden brauchen wir am Ende für die Fahrt. Immerhin kann ich die Zeit nutzen, um Aaron für dieses Buch zu interviewen.

»Findest du, dass du deinem Vater ähnlich bist?«, frage ich, während wir durch West L. A. fahren.

»O ja, absolut.« Aaron kann sich ein Lachen nicht verkneifen. »Ich habe dieselben Werte wie er. Dieselben moralischen und ethischen Maßstäbe. Seinen Sinn für Humor. Dass ich anderen Menschen gerne Streiche spiele – das habe ich von ihm.« Tatsächlich, fällt mir dabei ein, bin ich im Lauf der Jahre Opfer der exakt gleichen Streiche von Vater und Sohn geworden.

»Auch mein Bedürfnis, meine Zeit in ehrenamtliche Aufgaben zu investieren, das fast schon an Pflichtbewusstsein grenzt, habe ich von Dad.«

»Und was meinst du, welchen Einfluss hatte die Vergangenheit deiner Eltern auf dein heutiges Leben?« In der Ferne kann ich den Ozean in der aufgehenden Sonne glitzern sehen.

»Ich glaube, sie hat mich sehr geprägt. Mein Antrieb, zu lernen und erfolgreich zu sein, kommt daher, denke ich. Hätten mich meine Eltern nicht ständig ermutigt und unterstützt, wäre ich heute kein Arzt. Mom und Dad mussten beide sehr hart arbeiten, um dahin zu kommen, wo sie sind, und sie ermutigten mich, hart zu arbeiten, um dahin zu kommen, wo *ich* heute bin. Wenn du durch eine Zeit der Entbehrung gegangen bist, dann verschwendest du später nichts. Mein Dad zum Beispiel hat immer alles aufgegessen. Wenn er einen Apfel aß, dann hat er auch das ganze Kerngehäuse gleich mitgegessen. So etwas wird weitergereicht. Und du beginnst wertzuschätzen, was du hast.«

* * *

Ihre Familie war für Arthur und Trudie ungeheuer wichtig. Und nicht nur ihnen ging es so: Viele der erwachsenen Kindertransportkinder bezeichnen die Gründung einer Familie als ihre größte Lebensleistung.[1] »Für viele war die fundamentalste Antwort [auf den Holocaust], zu heiraten und eine Familie zu haben, wodurch ein Zuhause geschaffen wurde, das das zerstörte ersetzen sollte«, schreibt die Psychologin Sarah Moskovitz in ihrem Aufsatz »Making Sense of Survival«.[2]

Unterschiedlichen Untersuchungen von Überlebendenverbänden zufolge bekamen 84 bis 93 Prozent der *Kinder* eigene Kinder.[3] Das zeigt auch meine Lieblingsstatistik: Zählt man alle Kinder, Enkelkinder und Urenkelkinder mit, verdanken heute 60.000 Menschen den britischen Kindertransporten ihr Leben.[4]

Elternsein war eine Aufgabe von großer Bedeutung, die für die Überlebenden mit vielen Erfolgserlebnissen verbunden war. Gleichzeitig bestand aber auch immer »die Möglichkeit, dass ihre Fähigkeit, Kinder großzuziehen, durch die Trennung von ihren eigenen Eltern in Mitleidenschaft gezogen worden sein könnte«, schildert die Psychotherapeutin Ruth Barnett. Selbst wenn es die *Kinder* nicht wahrhaben wollten: Ihre Erfahrungen während des Kindertransports wirkten sich auch auf die zweite Generation aus.[5]

Emotional wurde es für viele der Überlebenden, als ihre Kinder jenes Alter erreichten, in dem sie selbst auf einem Kindertransport ihr Zuhause verlassen mussten. Zum ersten Mal verstanden sie nun wahrhaftig, was für ein Opfer ihre eigenen Eltern gebracht hatten. »Als meine Kinder zehn Jahre alt waren, war das für mich eine aufwühlende Zeit«, vertraute mir Arthur an. »Besonders beim Ältesten, Aaron. Als er zehn Jahre alt war, fragte ich mich: Mein Gott, wie könnte ich mein Kind wegschicken? Und was wäre mit ihm passiert, wie könnte er überleben?«

Im Frühjahr 2015 hielt ich das erste Mal einen Vortrag über die Kindertransporte und ihre Nachwirkungen – in Starnberg für den Freundeskreis der Evangelischen Akademie Tutzing. Seitdem habe ich in zahlreichen Schulen und jüdischen Museen in Deutschland und bei Konferenzen sowie im Deutschen Haus in Amerika über das Thema gesprochen. Meist ist der Großteil der Zuhörer bei meinen Vorträgen in ihren Fünfzigern und Sechzigern, also im Alter von Arthurs Söhnen. Entsprechend groß ist das Interesse, wenn ich über die Nachwirkungen auf die zweite Generation spreche.

Häufig kam es nämlich zu einer emotionalen Traumaübertragung auf die zweite Generation, die vielen Eltern gar nicht bewusst war. Aus dem Wunsch heraus, ihre Kinder zu beschützen, erzählten viele der Überlebenden nichts von ihren Erfahrungen. Ruth Barnett nennt dies eine »Mauer des Schweigens«. Wird ein so bedeutender Aspekt des Lebens verheimlicht, erschwert das dann auch »den normalen Gesprächsfluss zwischen den beiden Generationen«.[6]

Von all den Überlebenden, die ich kenne, erzählten nur sehr wenige – darunter Arthur – ihren Kindern schon früh von der eigenen Vergangenheit. Viele andere schwiegen. Nur weil nicht darüber gesprochen wurde, bedeutete das aber nicht, dass den Kindern nicht klar war, dass in der Vergangenheit ihrer Eltern etwas Tragisches vorgefallen war.

Während der *OSE Reunion* 1989 hielt auch eine Vertreterin der zweiten Generation eine Rede. »Ich kenne einige dieser OSE-Kinder schon mein gesamtes Leben lang, und für mich sind sie alle Helden«, begann Sharon Mullowney, die Tochter von Renee und Morris Eisenberg. »Und mit all diesen Helden aufzuwachsen war in gewisser Weise eine Herausforderung. Egal, wie oft meine Mutter mir versichert hat, dass ich meine Träume, Entscheidungen und Wünsche selbst in der Hand habe, ist es schwer, mich nicht mit ihr zu messen. Die Schwierigkeiten und Nöte meines Lebens scheinen im Vergleich zu ihrer Holocaust-Erfahrung oft zu verblassen. Dem Gefühl, etwas Außergewöhnliches mit meinem Leben tun zu müssen, um dem Überleben meiner Mutter einen Sinn zu geben, ist manchmal nur schwer zu entkommen. Aber es gibt auch ein sehr wichtiges und positives Nebenprodukt von all dem – und das ist der Glaube, dass ich, wenn ich den Wunsch und den Willen habe, alles mit meinem Leben tun kann.«

Wie Sharon Mullowney im letzten Satz ihrer Rede betonte, wirkten sich die Kindheitserfahrungen der Überlebenden auch positiv auf die zweite Generation aus. »Die Werte, die mir Mom und Dad vermittelt haben, sind wie ein Quell, der nie versiegt. Und dafür bin ich ihnen unendlich dankbar«, bestätigte mir Danny. »Dad wollte immer, dass wir für uns selbst sorgen können«, ergänzte sein Bruder David. »Du musst für das arbeiten, was du willst, und du musst der Gesellschaft etwas zurückgeben Das sind die zwei Dinge, die mein Dad mir beigebracht hat. Und nach diesen Prinzipien lebe ich bis heute.«

Der außerordentliche Erfolg der *Kinder* setzte sich auch in der zweiten Generation fort. Tatsächlich übertrafen diese ihre Eltern sogar noch, was Bildung und beruflichen Erfolg betrifft, wie Sonnert und Holton in ihrer Harvard-Studie feststellten.[7] Erst bei der dritten Generation lässt sich kein Unterschied zu gleichaltrigen Amerikanern mehr feststellen, die Enkelkinder sind vollständig amerikanisiert.

Bei allen Gesprächen, die ich im Lauf der Jahre mit Angehörigen der zweiten Generation geführt habe, war ein Umstand besonders auffallend: Je mehr die Kinder beim Aufwachsen wussten und je mehr ihnen ihre Eltern von ihrer Vergangenheit erzählt hatten, desto eher konnten sie sich davon lösen. Aaron, David und Danny kannten zum Beispiel die Geschichte ihrer Eltern schon als Kinder – sie sind zwar nach wie vor daran interessiert, aber beschäftigen sich nicht weiter damit und sind auch nicht in Überlebendenorganisationen aktiv.

Ganz anders verhält es sich bei den Kindern, die erst im Erwachsenenalter von den Kriegs- und Fluchterfahrungen ihrer Eltern erfuhren. Viele von ihnen entwickelten ein fast schon manisches Bedürfnis, ihre Familiengeschichte aufzuarbeiten und sich mit dem Holocaust zu beschäftigen. Die ersten Filme über die Kindertransporte sind zum Beispiel von Frauen produziert worden, deren Eltern erst sehr spät oder gar nichts von ihrer Vergangenheit erzählten. So zum Beispiel *My Knees Were Jumping* und die Oscargekrönte Dokumentation *Into the Arms of Strangers*.[8]

Arthurs Söhne wissen viel von ihrer Familiengeschichte, noch besser kennen sich jedoch seine Schwiegertöchter aus. »Wir saßen stundenlang zusammen, und Dad erzählte mir viele seiner Geschichten«, erinnerte sich Nena. (Wie von Nena ließen sich Trudie und Arthur von all ihren Schwiegertöchtern mit »Mom« und »Dad« ansprechen.) »Also wusste ich dann viele Dinge, von denen mein Mann David nichts wusste. Für ihn ist das seine Familiengeschichte – er hat das alles schon so oft gehört, dass er nicht wirklich nachhakt. Aber wenn du von außen kommst, dann stellst du Fragen. Genau wie du, Lilly. Wir kommen beide von außen, also stellen wir Fragen.«

Auch wenn sie vielleicht weniger über ihre Geschichte wissen als ihre Ehefrauen, alle drei Kern-Söhne empfinden es als Verantwortung, Holocaust-Überlebende der zweiten Generation zu sein. »Es ist ein Wunder, dass ich überhaupt existiere«, erklärte mir Aaron. »Ich denke, das beeinflusst meine Sicht auf das Leben und mein Interesse daran, das Judentum zu bewahren und mich in der Synagoge zu engagieren. Der Holocaust ist ein Teil der Geschichte, der untrennbar mit mir verbunden ist.«

David sieht es ähnlich: »Ich bin nur hier, weil Amerika seine Türen geöffnet hat, um Menschen aufzunehmen, die vernichtet worden wären. Hätte es das nicht getan, dann gäbe es mich nicht.«

Aaron und Danny besuchten gemeinsam mit ihren Ehefrauen die *Villa La Chesnaie* in Eaubonne, über die sie als Kinder schon so viel gehört hatten. Ihr Bruder David ist jedoch der einzige der drei Kern-Söhne, der schon einmal in Österreich war. 1975 reiste er als 19-Jähriger durch Europa – und versuchte dabei, Arthurs alte Wohnung in Wien zu besuchen. »Ich fuhr zu dem Haus und klopfte an die Tür. Ich weiß gar nicht, was ich gesagt hätte«, erinnerte er sich. »Aber es hat sowieso niemand geöffnet.« So blieb es bei einem Foto.

Seine Rundreise führte David auch nach München, wo er die nahe gelegene KZ-Gedenkstätte Dachau besichtigte. »Vor meiner Abfahrt hatte ich den Brief gelesen, den mein Großvater meinem Dad zur Bar-Mizwa geschrieben hatte«, erzählte er mir. »Ich fand, es war ein netter Brief, weißt du, mehr aber auch nicht. Und dann fuhr ich nach Dachau. Ich weiß nicht, wie ich es beschreiben soll, aber es war, als hänge ein böser Geist in der Luft. Es war einfach unbegreiflich, sich diesen Ort anzuschauen. Und als ich aus Europa nach Hause kam, las ich den Brief noch einmal. Diesmal brach ich in Tränen aus. Denn nun konnte ich mir – soweit man das überhaupt kann – vorstellen, wie es meinem Großvater ergangen war. Er wurde gefoltert, gedemütigt, er war fast am Verhungern. Und wie er es schaffte, in solch einer ausweglosen Situation einen so positiven Brief zu schreiben, um seinen Sohn zum Überleben zu ermutigen – das ist einfach unvorstellbar!«

* * *

Zwanzig Jahre später machte auch Davids Sohn Alex eine berührende Erfahrung mit der Vergangenheit seines Großvaters. Als 14-Jähriger besuchte er im Schulunterricht das *Museum of Tolerance* in Los Angeles. In dem Holocaust-Museum erhält jeder Besucher beim Betreten eine Karte mit dem Bild und dem Namen eines jüdischen Kindes. Es gibt Tausende unterschiedliche Karten – welche man bekommt, ist komplett willkürlich. Doch wieder einmal schlug der Zufall zu: Alex zog die Karte seines Großvaters!

»Es war ziemlich verrückt«, erzählt mir der heute 36-jährige Alex bei einem Gespräch in Trudies Arbeitszimmer.»Niemand wollte mir glauben, dass das tatsächlich mein Grandpa war.« Die Reaktion seiner Klassenkameraden war verständlich: Wer würde schon erwarten, dass ein 14-jähriger Latino, der jeden Sonntag in die Kirche geht, der Enkelsohn eines jüdischen Holocaust-Überlebenden ist? »Es war ein sehr spezielles Gefühl, ›mit‹ meinem Grandpa durchs Museum zu gehen und zu sehen, was meine Urgroßeltern und mein Großonkel durchmachen mussten«, sagt mir Alex.

Alex war als Berufssoldat zwei Mal im Irak. Er ist damit neben Arthur der einzige Kern, der Krieg erlebt hat. »Das war etwas, worüber wir gesprochen haben, er und ich«, vertraut Alex mir an. »Niemand in unserer Familie weiß, was es heißt, im Krieg zu sein. Ich habe den Krieg als Soldat im Kampf erlebt, er als kleiner Junge auf der Flucht. Und das war etwas, worüber nur wir zwei uns unterhalten haben. Es war eine spezielle Verbindung, die ich mit Grandpa hatte. Aber gleichzeitig fängst du dann an, darüber nachzudenken, dass kein Kind so etwas durchmachen sollte.«

Alex sitzt nachdenklich da und blickt still in die Ferne. Dann steckt plötzlich sein kichernder vierjähriger Sohn den Kopf in das Zimmer – und Alex lächelt.

* * *

Alle Enkelkinder von Arthur – außer Alex gibt es noch seine Schwester Sami sowie seine Cousinen Rachel und Shira – haben sich auf die eine oder andere Art mit dem Schicksal ihrer Großeltern beschäftigt. Sami hielt als Zehnjährige ein Referat über ihre Großmutter im Englischunterricht. »Hallo, mein Name ist Samantha Kern, und ich erzähle euch heute etwas über meine Grammy

Trudie«, begann sie ihren Vortrag, den Trudie ins Familienalbum geklebt hat. Auch heute denkt die Marketingkoordinatorin noch oft über ihre Familiengeschichte nach. »Wenn ich einen Film sehe oder etwas lese, berührt mich das immer sehr. Ich stelle mir dann vor, was mein Opa oder meine Oma durchgemacht haben«, erzählte sie mir bei einem meiner Besuche.

Shira, eine weitere Enkelin Arthurs, promoviert gerade in Klinischer Psychologie. »Die Geschichte meines Großvaters zu kennen hat mich beim Aufwachsen auf jeden Fall beeinflusst«, sagte sie mir. »Sie hat mir geholfen, jüdische Kultur und Geschichte wertzuschätzen. Wenn ich mir dann denke, wie er all dem entkommen ist, nach Amerika kam, studierte und eine Familie gründete – jedes Mal, wenn ich selbst Probleme habe, dann denke ich mir: Weißt du was? Wenn er all das überlebt hat, und am Ende ging alles gut aus, dann wird auch für mich alles gut ausgehen.«

Shiras ältere Schwester Rachel hat sich ihrer Familiengeschichte ganz praktisch angenähert: durch ihre Kunst.

* * *

Die Grafikdesignerin Rachel hat am California College of the Art in San Francisco studiert und lebt noch heute in der Stadt. Ihre Wohnung ist unverkennbar die einer Künstlerin: An den Wänden hängen Drucke, auf dem Couchtisch steht eine alte Schreibmaschine, ein ganzes Regal ist voll mit Papieren, Farben und Stempeln, die darauf warten, verarbeitet zu werden.

Nach ihrer Urgroßmutter Anne Kellogg ist Rachel bereits die zweite Künstlerin in der Familie. »Muttis Kunst war immer eine große Inspiration für mich«, verrät mir die Dreißigjährige, als ich sie im Herbst 2016 besuche. Wir haben es uns auf ihrem großen Bett gemütlich gemacht. Rachel sitzt im Schneidersitz, ich mit ausgestreckten Beinen, und zwischen uns liegt eine kleine weiße Katze.

»Grandpa war immer so dankbar für seine Familie«, beginnt Rachel. »Ich erinnere mich, dass er immer sagte, wie glücklich er sich schätzte, eine so wundervolle Familie zu haben. Dadurch wurde mir selbst eigentlich erst klar, was für ein Segen unsere Familie ist und wie einfach es ist, sie als selbstverständlich zu betrachten.«

In ihrem ersten Jahr an der Kunstuni setzte sich Rachel sehr intensiv mit Arthurs Vergangenheit auseinander. »Ich hatte das Gefühl, dass es immer noch Leute gibt, die den Holocaust leugnen, und solche, die diese Geschichte nicht kennen«, sagt sie. »Es war mir wichtig, sie zu erzählen.«

Rachel beugt sich unter ihr Bett und zieht eine große Kiste hervor. Sie legt ein paar Blöcke und Mappen zur Seite, dann hat sie gefunden, wonach sie sucht: Ein Buch mit fünf Holzschnitten, von denen jeder einen Wendepunkt in Arthurs Leben darstellt.

Der erste ist das Bild einer Fabrik, von der man aber nur wenige Details erkennen kann. Wie eine Erinnerung, die über die Jahre verblasst ist. »Das Projekt war auch ein Weg für mich, mehr über Grandpa zu erfahren. Ich habe ihm viele Fragen gestellt und viele Nachforschungen durchgeführt«, erklärt mir Rachel. Der zweite Holzschnitt zeigt ein zerbrochenes Fenster und soll die »Kristallnacht« symbolisieren; der dritte Arthur umgeben von den Gesichtern seiner Eltern und seines Bruders, die aber im Dunkel verschwinden. »Das soll die Trennung von seiner Familie darstellen«, sagt Rachel und blättert weiter. Das vorletzte Bild ist die geschnitzte Kopie eines Briefes von Hermann Kernberg aus dem Ghetto in Opole, und das letzte zeigt schließlich ein Boot, das gerade Amerika erreicht: Arthurs Rettung.

»Und dann habe ich noch ein großes Bild gemacht, eine Zinkplattenradierung. Ich hab ein Foto von Grandpa als kleiner Junge genommen, und sein Gesicht schwebt in der Mitte. Links von ihm ist ein Judenstern, und man sieht Stacheldraht und Feuer, das stellt dar, was er durchmachen musste. Aber dann gibt es auch Hoffnung und eine Friedenstaube, die den Stacheldraht durchbricht. Es war mir wichtig zu zeigen, dass es trotz dieser schwierigen Vergangenheit auch Gutes in seinem Leben gab. Und je länger sein Leben dauerte, desto mehr konnte er dies wertschätzen.«

Arthur hat sich den Druck gerahmt. Bis heute hängt er in seinem und Trudies Schlafzimmer.

* * *

Ganze vier Generationen von Kerns gibt es inzwischen. 2010 und 2012 kamen mit AJ und Cash die ersten Urenkel auf die Welt. Die Jungen nennen Trudie und Arthur auf Deutsch Oma und Opa, um sie von Grandma und Grandpa zu unterscheiden. Bei der Geburt von Cash überlegte sich Alex eine besondere Überraschung für Arthur.

»Wir gaben ihm den versiegelten Umschlag mit der Geburtsurkunde«, erzählte mir Alex. »Und als er ihn öffnete, las er: Cash James *Fritz* Kern. Der Name seines Bruders. Grandpa wurde sehr emotional, schaute zu Cash und sagte: ›Nun ist er ein echter Kern.‹«

Ein Päckchen aus der Vergangenheit

»Ich hatte ein wunderbares Leben«, hat Arthur mir mehr als einmal gesagt. »Ja, ich hatte einige schwere Zeiten, aber jeder geht durch schwere Zeiten in seinem Leben. Und mein Glück war, dass ich diese schon sehr früh erlebte. Heute haben Trudie und ich drei Kinder, drei Schwiegertöchter, vier Enkelkinder, zwei Urenkel und dazu noch meine ganze OSE-Familie. Es geht uns wirklich gut.«

Arthurs grundlegend positive Lebenseinstellung überraschte viele. »Wenn du darüber nachdenkst, was er alles durchgemacht hat, den Holocaust, den Verlust seiner Familie – er hätte ein Recht darauf gehabt, wütend und verbittert und deprimiert zu sein«, erzählte mir Arthurs Schwiegertochter Leslie. »Aber er war nichts dergleichen. Dad genoss sein Leben immer in vollen Zügen. Ich finde das ziemlich beeindruckend.«

Schon als junger Mann hatte Arthur ganz bewusst die Entscheidung gefällt, Frieden mit seiner schrecklichen Vergangenheit zu schließen. »Du musst den Hass im Herzen besiegen«, sagte er mir, als wir uns kennenlernten. »Ich habe schon früh erkannt, dass Hass niemandem etwas bringt. Hass zerstört nur dich selbst.«

Für Arthur bedeutete Frieden mit seiner Vergangenheit zu schließen auch, Österreich und den Österreichern zu vergeben. In dieser Einstellung ähnelt er der Auschwitz-Überlebenden Eva Mozes Kor. Mozes Kor machte vor einigen Jahren weltweit Schlagzeilen, als sie dem früheren SS-Wachmann Oskar Gröning, der wegen Beihilfe zum Massenmord angeklagt war, während seines Prozesses die Hand reichte. Bei der Lektüre ihres Buches *Die Macht des Vergebens* muss ich oft an Arthur denken.

»Das größte Opfer des Hasses ist derjenige, der ihn in sich trägt«, schreibt Mozes Kor. »Ein Opfer hat das Recht, frei zu sein, aber man kann nicht frei sein, wenn man diese tägliche Last aus Schmerz und Wut nicht abschüttelt.« Als Elfjährige überlebte Mozes Kor die Zwillingsexperimente von Josef Mengele in Auschwitz. Als sie ihm Jahrzehnte später vergab, nannte sie dies ein »Geschenk an sich selbst«. »Diese Vorstellung, dass ich irgendwie die Oberhand über Josef Mengele gewinne, war eine unglaubliche Erfahrung für mich. Ich war nicht mehr das Opfer, passiv und hilflos, sondern die handelnde Person. Ich merkte, dass Vergebung befreit – und zwar nicht den Täter, sondern das Opfer«, schreibt sie.[1]

Mozes Kor wurde von anderen Überlebenden oft für ihre Einstellung kritisiert. Und auch Arthur bildete innerhalb der Gruppe ehemaliger OSE-Kinder eine Ausnahme. »Von allen Teilnehmern der *Reunion* gab es vielleicht drei oder vier wie Artie«, vertraute mir Trudie an. »Artie war einer der wenigen, der nicht hasste.«

* * *

Anstatt an dem Grauen seiner Vergangenheit festzuhalten, genoss Arthur sein Leben. Als die Kinder aus dem Haus waren, fingen er und Trudie an, in großem Stil die Welt zu bereisen. Wenn ich durch ihre Fotoalben blättere, entdecke ich ab den 1970er-Jahren unzählige Fotos aus allen Ecken der Welt: Puerto Rico, der Panamakanal, Hawaii, Neuseeland, Israel, Ägypten und Alaska waren nur einige ihrer Reiseziele. Im Jahr 1979 beschlossen die Kerns zum ersten Mal seit ihrer Flucht, wieder nach Europa zu fahren. Trudie hatte den »alten Kontinent« seit vierzig Jahren nicht mehr betreten, Arthur seit 38. »Es war ein sehr nostalgischer Trip«, sagte mir Arthur. »Wir besichtigten viele Plätze meiner Kindheit.«

Als Erstes ging es nach Frankreich – wo es gleich einmal eine große Überraschung für Trudie gab. »Da waren wir achtundzwanzig Jahre verheiratet, und nun fand ich heraus, dass Artie Französisch sprach! Nach all der Zeit!«, erzählte mir Trudie.

Arthurs überraschend wieder aufgetauchte Sprachkenntnisse sollten sich als überaus nützlich herausstellen: In Montmorency wurde das Paar nämlich fast verhaftet, weil es Fotos von der *Villa Helvetia* machte – in der sich ja inzwischen eine Polizeistation befand. Die Polizisten sprachen kein Englisch, aber Arthur konnte ihnen auf Französisch erklären, warum er sich für das Kommissariat interessierte. Am Ende verbrachten Trudie und er fast eine Stunde mit den Beamten, die Arthur begierig über seine Zeit in dem früheren Kinderheim ausfragten.

Arthur und Trudie nahmen auf ihrer Reise in die Vergangenheit dieselbe Strecke, der ich selbst Jahrzehnte später während der Recherchen für dieses Buch folgte. Nach dem Kommissariat in Montmorency besichtigten sie die *Villa La Chesnaie* in Eaubonne, die damals noch ihren ursprünglichen Besitzern gehörte. Am nächsten Tag ging es mit dem Zug nach Südfrankreich. »In Limoges mieteten wir uns ein Auto und fuhren über geschotterte Feldwege zum *Château de Montintin*«, erinnerte sich Trudie. »Ich kam mir vor wie in ein früheres Jahrhundert zurückversetzt! Die Frauen waren in lange schwarze Röcke gekleidet und trugen Körbe auf ihren Köpfen. Es war wie in einer anderen Zeit.«

Eine Kurve noch, dann hielten sie vor *Montintin* mit all seinen steinernen Mauern und hohen Türmen. Zu der Zeit wurde das Schloss als Sommerlager für jüdische Kinder verwendet und stand den Rest des Jahres leer. Also klopfte Arthur an einem der Nebengebäude. »*Que voulez-vous?*«, herrschte ihn eine grimmig anmutende Bauersfrau an – »Was wollen Sie?« Arthur begann zu erklären – und schon nach wenigen Worten fing die Frau an zu strahlen. Es stellte sich heraus, dass sie selbst als 18-jähriges Mädchen für die OSE gearbeitet hatte und sich nun um das *Château de Montintin* kümmerte. Kurzerhand führte die Bäuerin Arthur und Trudie durch das gesamte Schloss und auch in das Zimmer in der *Chevrette*, das sich Arthur einst mit Eric Greene und Norbert Rosenblum geteilt hatte. Auf dem Weg zurück »stahl« Arthur – wie einst als kleiner Junge – einen Apfel von einem Baum. Der 51-Jährige fühlte sich in die Vergangenheit zurückversetzt. »Nirgendwo sonst schmecken die Äpfel wie in *Montintin*«, erzählte er mir träumerisch. »Der ganze Besuch war ein kathartisches Erlebnis. Nach all der Zeit konnte ich endlich ein Kapitel meines Lebens schließen.«

Ein weiteres Kapitel wartete aber noch auf ihn: Wien.

* * *

Die erstmalige Rückkehr in den Geburtsort ist ein wichtiger Meilenstein in der Vergangenheitsaufarbeitung aller erwachsenen Kindertransportkinder. Bis sie so weit waren, dass sie ihren Heimatort nicht nur besuchen wollten, sondern sich dazu auch emotional in der Lage fühlten, dauerte es aber oft mehrere Jahrzehnte. David Kern glaubt, dass sein eigener Wien-Besuch Auslöser dafür war, dass sein Vater 1979 nach Österreich reiste: »Als ich nach Europa fuhr und ein Foto von seinem Elternhaus machte, öffnete das eine Tür. Es löste etwas in ihm aus, dem er sich stellen musste.«

Trudie fasste ihr erstes Wiedersehen mit Wien später knapp zusammen: »Artie erinnerte sich an alles, ich erinnerte mich an gar nichts. Trotzdem war es eine schöne Reise.«

Die Kerns erreichten Wien um zehn Uhr abends, Arthur war jedoch zu aufgeregt, um gleich schlafen zu gehen. Er ließ Trudie im Hotel zurück und machte sich auf den Weg. »Kennst du dich denn aus, *honey*?«, rief Trudie noch, da war er schon aus der Tür. Fast intuitiv fand Arthur den Weg zu seiner alten Wohnung. Vom Donaukanal kommend, bog er in die Gussenbauergasse ein. Rechts vor ihm lag ein großer Gemeindebau – im schummrigen Licht der Straßenlaternen entzifferte er die Aufschrift Sigmund-Freud-Hof –, dann noch eine kleine Querstraße, und er war da. Vierzig Jahre nach seiner Flucht stand Arthur wieder vor der Gussenbauergasse 1. Sein Elternhaus war im Krieg von Bomben verschont geblieben und sah noch genauso aus, wie er es in Erinnerung hatte: die steinernen Verzierungen, die Frauengesichter über jedem der hohen Fenster, die schmiedeeiserne Eingangstür. Nur kleiner als früher kam Arthur alles vor. Aber er war ja schließlich um einiges gewachsen, seit er Wien im Jahr 1939 als zehnjähriger Bub verlassen hatte. Arthur versuchte nicht, das Haus zu betreten – schließlich war es mitten in der Nacht –, doch er blickte lange zum Fenster seines alten Kinderzimmers hoch. Dann raffte er sich auf und ging weiter. Seine alte Volksschule konnte er nicht mehr finden, aber das Haus in Döbling, wo sich einst die Strick- und Wirkwarenfabrik Goldfeld & Kernberg befunden hatte, stand noch.

»Als er wiederkam, war er so aufgeregt!«, schilderte mir Trudie. »Er konnte gar nicht mehr aufhören zu reden, er sprudelte geradezu über. Ich habe mich so für ihn gefreut.«

Am nächsten Morgen versuchte Arthur dann, seine Wohnung zu besuchen. »Ich läutete und erklärte, dass ich vor langer Zeit einmal hier gewohnt hatte, aber die damaligen Bewohner ließen mich nicht hinein«, beschrieb mir Arthur später die enttäuschende Situation. »Sie sagten nur, dass sie kein Interesse hätten.«

Gemeinsam mit Trudie ging er dann die acht Minuten zur Nußdorfer Straße 4A. Der Besuch in ihrer alten Heimat änderte nichts an Trudies verdrängten Kindheitserinnerungen: Selbst als sie direkt vor ihrem Elternhaus stand, erkannte sie es nicht! »Das war auch das erste Mal, dass mir klar wurde, wie nah Artie und ich als Kinder gelebt hatten«, sagte mir Trudie.

Die nächsten Tage verbrachten die Kerns mit Sightseeing und dem Wiederentdecken Wiens. Sie aßen Schnitzel und Apfelstrudel, sie fuhren im Riesenrad, und Arthur kaufte sich eine Ausgabe von *Struwwelpeter.* »Als wir wieder zu Hause waren, wollten sich alle meine österreichischen und deutschen Freunde den *Struwwelpeter* ausborgen«, erzählte mir Arthur. »Ich weiß nicht, warum uns dieses Buch alle so rührt, aber wahrscheinlich, weil es uns an unsere Kindheit erinnert.«

»Das einzige Seltsame an dieser Reise«, vertraute Trudie mir an, »war, dass Arthur ein Problem mit jüngeren Menschen hatte.« Fast alle Überlebenden, die ich kenne, haben dagegen ein großes Problem, mit älteren Menschen in Österreich oder Deutschland zu reden. Es ist ein weitverbreitetes Phänomen, dass Überlebende Angst haben, Menschen ab einem gewissen Alter könnten Nazis gewesen sein. Bei Arthur war es das genaue Gegenteil. »Ich fühlte mich bei meiner ersten Wien-Reise irgendwie in das Alter zurückversetzt, als ich ein Kind war«, erklärte er mir Jahre später. »Ich sah Leute in ihren Dreißigern und dachte mir: Der muss ein Nazi gewesen sein. Dabei waren die ja viel zu jung. Aber wenn ich ihre Großeltern sah – also die eigentliche Nazigeneration –, dann erinnerten mich diese Menschen an meine eigenen Großeltern! Und denen gegenüber konnte ich doch keine schlechten Gefühle haben. Später wurde mir auch klar, dass das unlogisch ist. Aber so zwiespältig fühlte ich eben. Aber das war das einzige Mal, bei späteren Besuchen habe ich mich in Österreich immer sehr wohlgefühlt.«

* * *

Nach ihrer Rückkehr aus Frankreich und Österreich war die Reise der Kerns in ihre Vergangenheit ein großes Thema im Freundeskreis. Immer wieder musste Arthur erzählen, wie es war, wieder im *Château de Montintin* zu stehen oder durch Wien zu wandern. Seine Ausgabe des *Struwwelpeters* sah er oft wochenlang nicht, weil Aaron, Norbert und Eric das Kinderbuch nicht mehr hergeben wollten. (Heute steht Arthurs *Struwwelpeter* in meinem eigenen Bücherregal, Aaron hat ihn mir nach Arthurs Tod geschenkt.) Nur eine Sache bedauerte Arthur sehr: dass es ihm nicht gelungen war, seine alte Wohnung wiederzusehen.

Zwanzig Jahre später rückte er diesem brennenden Wunsch ein gehöriges Stück näher. Im Jahr 1999 unternahmen die Kerns wieder einmal eine längere Reise, diesmal ging es in die Türkei. An einem Pool in den anatolischen Bergen lernten sie zufällig ein Wiener Ehepaar kennen: Brigitte und Fritz Kodras.

»Arthur hat sich ja immer gefreut, wenn er Deutsch reden konnte«, erinnerte sich Fritz Kodras, als ich ihn im Herbst 2017 in seiner Dachgeschosswohnung in Wien besuche. »So habe ich Arthur kennengelernt, und so entstand eine Freundschaft.« Der pensionierte Bauingenieur ist der Einzige, den ich kenne, der Arthurs Namen deutsch und nicht englisch ausspricht.

Drei Jahre nach ihrem Türkei-Urlaub besuchten Brigitte und Fritz ihre neuen Freunde in Los Angeles. Dabei kam das Gespräch auch auf eine Wien-Reise, die die Kerns planten. »Und da hab ich zu ihm gesagt: ›Du, Arthur, ich werde dir helfen, dass du diesmal deine Wohnung besuchen kannst‹«, erzählte mir Fritz Kodras.

So kam es, dass im Herbst 2002 das Ehepaar Kodras an die Tür unserer Wohnung in der Gussenbauergasse klopfte. Ich war damals zehn Jahre alt und ging in die erste Klasse Gymnasium. Mit meiner Mutter Sabine, einer Journalistin, lebte ich seit drei Jahren in der großzügigen Altbauwohnung im Mezzanin der Gussenbauergasse. Der Abend versprach ein ganz normaler, ruhiger Herbstabend zu werden. Stattdessen wurde es der Abend, an dem ich zum ersten Mal den Namen Arthur Kern hörte.

»Wir haben gerade gekocht, weißt du noch?«, erinnerte sich meine Mutter, als wir später über den Besuch sprachen. »Dann stand ein älteres Ehepaar vor der Tür und druckste herum. Als ich auch nach mehrfachen Nachfragen keine Antwort bekam, hielt ich sie schon für Zeugen Jehovas und wollte sie abwimmeln. Sie haben einfach nicht gesagt, was sie wollten!«

Schließlich schaffte es das Ehepaar dann aber, Arthurs Wunsch vorzutragen. »›Das kommt nicht infrage‹ – so eine Antwort hätte ich erwartet, von Leuten, die dafür kein Verständnis hätten«, gestand mir Fritz Kodras. »Aber Ihre Mutter hat zum Glück Verständnis gehabt und gesagt: ›Das ist ohne Weiteres möglich.‹«

»Ich brauchte nicht viel nachzudenken«, bestätigte mir auch meine Mutter, als ich sie vor Kurzem danach fragte. »Mir war natürlich sofort klar, dass ich diesen Wunsch erfüllen würde. Außerdem bin ich als Journalistin notorisch neugierig. Ich habe das alles sehr spannend gefunden.« Nur eine Sache bereitete ihr Sorgen: »Wir wussten nun, dass wir in einer Wohnung lebten, in der bis auf einen kleinen Jungen alle Bewohner im Holocaust umgebracht worden waren. Das ist natürlich eine unglaublich beklemmende Vorstellung. Zwei Tage später erhielt ich dann in dem Zeitschriftenverlag, in dem ich damals arbeitete, die Mail eines Kollegen. Er kündigte an, ein Zeitgeschichteprojekt für Schüler zu starten: *A Letter To The Stars*. Und in dem Moment wusste ich, wie wir emotional mit der Situation umgehen konnten. Wenn Arthur mit seinem Besuch seine Vergangenheit in unsere Wohnung und unser Leben bringen würde, müsste er sich dafür bereit erklären, mit dir an *A Letter To The Stars* mitzuarbeiten.«

* * *

Am 30. März 2003 flogen Trudie und Arthur nun also zum zweiten Mal nach Wien. Die Reise erfolgte diesmal auf Einladung des *Jewish Welcome Service*. Der *Jewish Welcome Service* lädt seit den 1980ern vertriebene Österreicher und Österreicherinnen in ihre alte Heimat ein und wird von der Stadt Wien, dem Bundeskanzleramt sowie mehreren Unternehmen finanziert. Ähnliche Programme gibt es auch in vielen deutschen Städten.

Gemeinsam mit Arthur und Trudie kamen über 80 weitere »Altösterreicher« nach Wien – darunter die Hollywood-Legende Leon Askin sowie Margaret und Kurt Goldberger, die mir einige Jahre später ein Weihnachtsfest ausrichten sollten. Während des einwöchigen Besuches wurden die Überlebenden von Bundespräsident Thomas Klestil in der Hofburg empfangen und von Bürgermeister Michael Häupl auf eine »Wiener Jause im Rathaus« eingeladen. Beides empfanden Arthur und Trudie als äußerst versöhnende Geste. Der Höhepunkt ihres Wien-Besuchs fand jedoch gleich am ersten Tag statt: Nach 64 Jahren setzte Arthur endlich wieder einen Fuß in die Wohnung seiner Kindheit.

»Es war, als würde ich Arthur schon ganz lange kennen«, erinnerte sich meine Mutter. »Er ist in die Wohnung gestürmt, als hätte er uns schon 30 Mal besucht. Gleich als Allerertes ist er in dein Zimmer gelaufen und hat erklärt: ›Das war das Klavierzimmer.‹«

Arthur ging mit kräftigen Schritten und leuchtenden Augen durch unsere Wohnung. Den langen Flur entlang, den er einst zum Fahrradfahren verwendet hatte, durch das damalige Esszimmer, das inzwischen das Büro meiner Mutter war, in das Schlafzimmer seiner Eltern, für uns das Wohnzimmer, bis hin zu dem kleinen Raum ganz am Ende der Wohnung, den er sich gemeinsam mit seinem Bruder Fritz geteilt hatte. »Erstaunlich für mich war, wie sicher er sich in unserer Wohnung bewegte«, meinte meine Mutter später. »Er wusste den Weg, er musste über nichts nachdenken. Es war, als wäre er nie ausgezogen.«

Mit jedem Schritt, den Arthur machte, wurde das Strahlen in seinem Gesicht größer. »Hier stand das Bett meiner Eltern, da drüben war ein Ofen und hier das Klavier.« Kurzerhand hatte sich Arthur zum Reiseführer in unserer eigenen Wohnung erkoren. Er erinnerte sich an jeden Türstock und jeden Fenstergriff und erweckte mit seinen Beschreibungen die Räume seiner Kindheit zum Leben. Arthurs unbändige Freude war ansteckend – wir kannten ihn und Trudie vielleicht eine halbe Stunde und hatten sie schon ins Herz geschlossen. Niemand von uns konnte damals wissen, wie sehr diese Begegnung unser aller Leben beeinflussen würde, aber wir spürten, dass dieser Moment etwas Besonderes war.

Nachdem wir zwei Mal die ganze Wohnung durchschritten hatten, setzten wir uns ins Wohnzimmer, und meine Mutter schnitt einen Marmorkuchen an. Seit Fritz und Brigitte Kodras an unsere Tür geklopft hatten, waren gut sechs Monate vergangen. In der Zwischenzeit hatte meine Mutter ein paar Mal mit Arthur telefoniert und ihm von *A Letter To The Stars* erzählt. Arthur freute sich, dass ich – ein junges Mädchen aus seiner alten Heimat – die Geschichte seiner Mutter recherchieren wollte. Nun, da wir am Tisch saßen und Marmorkuchen aßen, holte er einige Dokumente und

Fotos aus seiner Tasche: Frieda Kernberg in einem dunklen Kleid und mit breitem Grinsen, Frieda mit ihren zwei Söhnen in einem Fotostudio, die ganze Familie beim Baden in Heidenreichstein. Die Bilder waren Kopien der Fotos, die Arthur – in einer anderen Zeit, als er noch einen anderen Namen trug – aus dem Familienalbum seiner Eltern gestohlen hatte. Damals war er zehn Jahre alt gewesen, also nur einige Monate jünger, als ich an diesem Tag war.

»Ich war *so* aufgeregt, in die Wohnung zurückzugehen und euch zu treffen«, erzählte mir Arthur Jahre später. »Es war einer der absoluten Höhepunkte meines Lebens.«

* * *

»Ich wohne heute in ihrer damaligen Wohnung« – so heißt der Text, den ich in den folgenden Wochen über Arthurs Mutter Frieda schrieb und der schließlich in der *A Letter To The Stars*-Anthologie *Schüler schreiben Geschichte* erschien.[2] Im Mai 2003 wurde dann im Rahmen des Projekts eine große Schülergedenkaktion am Heldenplatz in Wien veranstaltet. Und weil die Tatsache, dass Arthur und ich in derselben Wohnung gelebt hatten, eine berührende Geschichte war, erzählten die Initiatoren des Projekts auf einer Pressekonferenz davon. »Seither läutet bei uns dauernd das Telefon«, schrieb meine Mutter den Kerns in einer E-Mail. In den folgenden Tagen gab ich einige Interviews, zum Beispiel einer Journalistin der *Associated Press*, deren Text in über fünfzig amerikanischen Zeitungen gedruckt wurde. Viel wichtiger für den weiteren Verlauf der Geschichte wurde aber ein Artikel, der in der Wiener Tageszeitung *Kurier* erschien.[3]

»Es ist nicht alltäglich, dass man einen Text schreibt, der solche Auswirkungen hat«, betonte der *Kurier*-Journalist Josef Gebhard, als ich ihn im Herbst 2017 auf einen Kaffee treffe. Man merkt sich nicht oft Artikel, die man vor fünfzehn Jahren geschrieben hat, aber dieser blieb Gebhard lebhaft in Erinnerung. Noch wichtiger als der Text war in diesem Fall jedoch das Foto: Es zeigt mich als elfjähriges Mädchen (mit damals obligatorischen *Wendy*-Freundschaftsanhänger), wie ich ein sepiafarbenes Bild von Frieda Kernberg in die Kamera halte.

Der Artikel erschien an einem Sonntag und wurde von vielen Wienern beim Frühstück gelesen. Eine von ihnen war Valerie Bartos. Die 83-Jährige war schockiert, als sie das Foto sah. Die Frau auf dem Foto kannte sie!

Sofort am nächsten Morgen rief Valerie Bartos beim *Kurier* an und verlangte die Kontaktdaten meiner Mutter, die ihr jedoch verweigert wurden. Fau Bartos ließ nicht locker. Wieder und wieder rief sie beim *Kurier* an, bis Gebhard als Kompromiss meiner Mutter die Telefonnummer der hartnäckigen Leserin gab, mit der Bitte, diese zu kontaktieren. So trat Valerie Bartos in unser Leben – und brachte für Arthur ein Päckchen aus der Vergangenheit mit.

Im Jahr 1941, kurz vor seiner Deportation nach Polen, hatte Hermann Kernberg alle wichtigen Familien- und Firmenunterlagen einem Freund zur Aufbewahrung gegeben. In der Hoffnung, dass er und seine Familie aus dem Ghetto in Polen zurückkehren könnten, hätten diese Dokumente den Kernbergs einen Neuanfang in Wien ermöglicht. »Er war von seiner Rückkehr fest überzeugt«, erzählte Bartos Jahre später. »Für den Fall wollte er vorsorgen.«[4]

Hermann Kernberg hatte das Kuvert mit Dokumenten seinem Freund Otto Kürth gegeben, der ein Textilgeschäft in der Kalvarienberggasse betrieb. Kürth jedoch war – wie es damals hieß – »Halbjude« und hatte Angst, selbst deportiert zu werden. Also reichte er das kostbare Kuvert an seine Cousine weiter: Valerie Bartos.

Bartos kannte die Kernbergs flüchtig, da ihr Vater ein Gasthaus betrieb, in dem auch Frieda und Hermann von Zeit zu Zeit aßen. »Herr Kernberg war ein richtiger Herr, seine Frau ein gutes Mütterchen«, erinnerte sie sich. Die damals 20-Jährige erklärte sich bereit, die Dokumente anzunehmen, und versteckte sie in ihrer Wohnung. Sie klebte das Kuvert an die Unterseite einer Holzkommode, in der Hoffnung, dass es bei einer etwaigen Hausdurchsuchung durch die Gestapo nicht entdeckt würde.

Im März 1941 schickten Hermann und Frieda Kernberg eine Postkarte aus Opole an Otto Kürth, um sich für die Unterstützung zu bedanken – es war das letzte Mal, dass jemand in Wien von den Kernbergs hörte. Aber da gab es ja noch Oswald! Valerie Bartos wusste von dem jüngsten Kernberg-Sohn, der nach Frankreich geschickt worden war. Als der Krieg zu Ende war, versuchte sie immer wieder Oswald zu finden. Anders als Egon Col, dem Masseverwalter der Familienfabrik, gelang ihr dies jedoch nicht. Schließlich gab Frau Bartos ihre Suche auf – die Dokumente aber behielt sie.

Valerie Bartos starb im Frühjahr 2018 im Alter von 98 Jahren. Davor wollte sie schon länger keine Besucher mehr empfangen, sodass ich sie nicht persönlich für dieses Buch interviewen konnte. Stattdessen hat ihr Sohn Fritz ihr für mich einige Fragen gestellt.

»Liebe Frau Lilly!«, schrieb mir Fritz Bartos in typisch wienerischer Manier im November 2017. »Meine Mutter war sehr überrascht, als sie im *Kurier* den Artikel las. Eigentlich hat den Artikel mein Vater gefunden, meine Mutter hat am Sonntag immer nur die *Kronen Zeitung* gelesen. Da mein Vater auch über die Dokumente Bescheid wusste, rief er meiner Mutter in der Küche zu: ›Du, ich glaub, im *Kurier* steht etwas, was du hast.‹ Meine Mutter war dann sehr froh, dass diese Sache nach den vielen Jahren ein glückliches Ende nahm.«

* * *

»Als Arthur von der Existenz der Dokumente erfuhr, reagierte er erst einmal sehr zurückhaltend«, erinnerte sich meine Mutter. Dass er nach über sechzig Jahren ein Paket aus einer für immer verloren geglaubten Zeit von seinen Eltern erhielt, war ein Schock für den 75-Jährigen. Wir schickten die Dokumente mit einem Kurierdienst nach Amerika: Reisepässe von Frieda und Hermann, Geschäftsunterlagen bezüglich der »Arisierung« der Fabrik, Versicherungspolicen, Briefe, eine Bestätigung über den Versand einiger Möbel nach England, Fotos. Die Dokumente waren in einem erstaunlich guten Zustand. Da sie sechzig Jahre in einem lichtdichten Umschlag aufbewahrt worden waren, war das Papier kaum verblasst oder vergilbt. Valerie Bartos hat ihre Aufgabe als Hüterin der Dokumente sehr ernst genommen, selbst Lebensmittel- und Tabakmarken lagen unberührt zwischen den Papieren.

Für Arthur war es ein unbeschreibliches Gefühl, die Dokumente seiner Eltern nach so langer Zeit in Händen zu halten. In seinem Freundeskreis war diese Schicksalsfügung über Monate hinweg das Gesprächsthema Nummer Eins. »Wir waren alle überglücklich, als der Umschlag mit Papieren endlich zu ihm zurückgebracht wurde«, erzählte mir Gerry Watkins Jahre später.

»Ich weiß schon, es klingt komisch, aber ich hatte immer das Gefühl, da hatte Frieda ihre Finger im Spiel«, meinte meine Mutter später oft. Und der *Kurier*-Journalist Josef Gebhard gestand mir: »Das war auch für mich bewegend, muss ich sagen. Dass ich ein bisschen dazu beitragen konnte, dass die beiden zusammengekommen sind, freut mich sehr. Und auch wenn es nur etwas Symbolisches war, diese Dokumente zu übergeben – ich glaube für den Herrn Kern und auch für die Frau Bartos war das sehr, sehr wichtig.«

Der emotionale Wert, den diese Botschaften seiner Familie für Arthur hatten, lässt sich nicht beziffern. Wie sich herausstellen sollte, hatte das Paket aus der Vergangenheit aber mehr als rein symbolischen Wert. »Als ich die Dokumente von Frau Bartos erhielt, waren auch einige Versicherungspolicen dabei, von denen ich nichts gewusst hatte«, erklärte mir Arthur später. »Also habe ich einen Antrag gestellt. Zwei davon wurden ausbezahlt, und ich habe ungefähr 30.000 Dollar bekommen.« Ein spätes Erbe seiner Eltern.

* * *

Innerhalb von nur zwei Monaten hatte Arthur zum ersten Mal seit seiner Flucht die Wohnung seiner Kindheit wieder betreten und ein Paket seiner Eltern erhalten, von dessen Existenz er nicht einmal gewusst hatte. Unsere Freundschaft stand von Anfang an unter einem guten Stern.

Von nun an schickten wir uns regelmäßig E-Mails oder Postkarten. Die ersten Jahre schrieb Arthur meiner Mutter und mir in manchmal etwas holprigem Deutsch, als ich älter wurde, wechselten wir ins Englische. »Arthur hat auch immer zu den lustigsten Uhrzeiten angerufen«, erinnerte sich meine Mutter. »Er meldete sich zu Zeiten, wo man wegen der Zeitverschiebung eigentlich nicht mit Telefonaten aus Los Angeles rechnet. Aber immer wenn er nicht schlafen konnte, dann hat er in Wien angerufen.«

Arthur – für den Freundschaft Familie bedeutete – war es besonders wichtig, den Kontakt nicht abreißen zu lassen. »Bitte lasse von dir und Lilly hören«, klagte er, als wir uns einmal länger nicht gemeldet hatten. »Es hat so lange gedauert, euch zu finden, und wir wollen euch nicht verlieren.«

Im Juni 2004 wurden Arthur und meine Mutter für einen weiteren Artikel über *A Letter To The Stars* interviewt, der diesmal in der israelischen Zeitung *Haaretz* erschien. »Die Kerns und Maiers werden Welt berühmt!!!«, lese ich in einer E-Mail von Arthur, die er mit den sympathischen Worten beendete: »aber genug getratscht für heute«.

Arthur empfand nach wie vor eine starke Verbundenheit zu Österreich. »Es ist schließlich meine Heimat«, betonte er, als ich ihn später einmal danach fragte. »Ich habe mich immer als Österreicher gefühlt. Als ich in Frankreich war und auch in Amerika habe ich mich noch sehr lange als Österreicher gefühlt. Erst seit ich mit der Uni fertig bin, habe ich angefangen, mich als Amerikaner zu fühlen. Und auch heute denke ich oft noch an meine erste Heimat. Trudie und ich bekommen beide auch eine monatliche Pension aus Österreich.«[5]

»Uns wurde auch angeboten, wieder die österreichische Staatsbürgerschaft anzunehmen«, erklärte Arthur. »Aber das wollte ich nicht. Es hätte sich wie ein Gewinn für das ›alte‹ Österreich angefühlt.« Trudie sah es ähnlich: »Warum wollen sie mich zurückhaben, nachdem sie mich rausgeschmissen haben? Aber das war das einzige Mal, dass Artie und ich so über Österreich dachten.«

Da Arthur – dank des Pakets von Frau Bartos – nun eine ganze Reihe an Dokumenten zu seiner Familiengeschichte besaß, wollte er diese mit seinen Kindern und Enkelkindern teilen. Das Jahr 2005 verbrachten Trudie und er mit dem Anfertigen von Kopien, dem Übersetzen der Dokumente und dem Schreiben von kleinen Erläuterungstexten. Am Ende hatten sie zweihundert Seiten zusammen, die sie professionell binden ließen. Das Ergebnis nannte Arthur *The Plunder, the Destruction and the Dispersion of the Hermann Kernberg Family during the Holocaust Years* (»Die Plünderung, die Zerstörung und die Vertreibung der Hermann-Kernberg-Familie während der Holocaust-Jahre«). Auch meiner Mutter und mir schickte er ein Exemplar: »Wir haben das Buch gemacht für unsere Familie, von der ihr jetzt ein Teil seid.«

* * *

Im Frühling 2006 planten Trudie und Arthur eine weitere Wien-Reise. Es war ihr dritter Besuch Österreichs und für mich unsere zweite Begegnung überhaupt. Diesmal kamen sie nicht am Flughafen an, sondern im Hafen, denn sie unternahmen eine Donau-Flusskreuzfahrt von Rumänien über Ungarn bis nach Wien. Als die *M.S. River Odyssee* am Handelskai anlegte, wurden Arthur und Trudie von einer Unbekannten empfangen, mit der sie trotzdem viel verband: Frau Bartos.

»Endlich konnte ich Valerie Bartos umarmen und in Person danken«, sagte Arthur lächelnd. Am selben Abend kam er wieder zu uns in die Gussenbauergasse. Seit unserem ersten Treffen waren drei Jahre vergangen, aber mir kam es vor, als wäre Arthur die Woche davor zum letzten Mal da gewesen. »Ich wurde von euch wie ein Familienmitglied empfangen«, erzählte auch er noch Jahre später gerne.

Am Ende ihres Besuchs lud Arthur alle seine Wiener Freunde zu einem gemeinsamen Essen ein. Wir trafen uns im Grünspan, einem schicken Biergarten an den Ausläufern des Wienerwalds. »Endlich hatte ich alle Menschen versammelt, die für die Rückgabe der Papiere meiner Eltern verantwortlich waren«, beschrieb er im Schlusswort von *The Plunder.*

Nach dem Essen bat Arthur einen Kellner, ein Foto von uns zu machen: Trudie saß ganz links, neben ihr die zarte Valerie Bartos und deren schnauzbärtiger Mann Fritz. Dann kamen meine Mutter und ich und am anderen Ende des runden Tisches Brigitte und Fritz Kodras. Arthur stand hinter dem Tisch und hatte meiner Mutter und mir je eine Hand auf die Schulter gelegt. Dann drehte sich Arthur zu uns allen um und erklärte mit einem breiten Lächeln: »Ihr alle seid meine Wiener Familie.«

Briefe in den Himmel

Am 5. Mai 2003, dem österreichischen Gedenktag gegen Gewalt und Rassismus im Gedenken an die Opfer des Nationalsozialismus, stehe ich in inmitten einer riesigen Menschenmenge am Heldenplatz in Wien. 1938 jubelten hier Hunderttausende Österreicher Adolf Hitler zu, als er den »Anschluss« »seiner Heimat« an Nazideutschland verkündete. Heute, 65 Jahre später, sind 15.000 Schüler und Schülerinnen aus ganz Österreich angereist, um an einer sehr besonderen Gedenkveranstaltung teilzunehmen.

In den letzten Wochen haben wir im Zuge von *A Letter To The Stars* die Lebensgeschichten von Tausenden Opfern des NS-Regimes recherchiert. Dann haben wir Briefe an diese Personen geschrieben und sie heute mit zum Heldenplatz genommen. Meiner ist im kindlichen Tonfall einer Elfjährigen formuliert und an Frieda Kernberg adressiert:

Liebe Frieda, ich wohne in der Wohnung, in der du damals gewohnt hast. Mein Zimmer ist das Klavierzimmer. Ich habe deinen Sohn Oswald Arthur kennengelernt. Er hat überlebt und ist ein sehr lieber Mensch. Er hat geheiratet und drei Kinder bekommen. Seine Frau ist ebenfalls sehr nett. Er hat sie kennengelernt, als sie ihm eine Mathematikarbeit auf der Uni geschrieben hat. Das fand er so toll, dass er sich in sie verliebt hat. Ich hoffe, dass es dir im Himmel gefällt. Deine Lilly

Der Heldenplatz ist der Vorplatz der Hofburg, dem einstigen Stadtpalast der Habsburger und heutigen Sitz des Bundespräsidenten. Wenn ich mich umsehe, könnte man meinen, ich sei auf einem Festival: Teenager sitzen auf der Wiese, dazwischen sehe ich vereinzelt Lehrer und Eltern. Eine Jugendliche schwenkt eine große Regenbogenfahne, auf der »Friede« steht. Der heutige Tag soll keine Trauerveranstaltung sein, sondern ein bewegtes, lebendiges Gedenken. Der Schauspieler Harald Krassnitzer (bekannt für seine Rolle als *Tatort*-Kommissar) führt durch den Vormittag, musikalisch folgt das berührende Geigensolo aus *Schindlers Liste* auf einen Auftritt von Teilnehmern der Castingshow *Starmania.*

»Liebe Schülerinnen und Schüler aus ganz Österreich«, begrüßt uns Leon Zelman, der Direktor des *Jewish Welcome Service.* Am 5. Mai 1945, heute vor 58 Jahren, wurde Zelman aus dem KZ Mauthausen befreit. Damals war er 17 Jahre alt und wog nur noch 38 Kilo. »Mit dem heutigen Tag habt ihr meinen Traum erfüllt«, erklärt Zelman. »Den Traum von einer Jugend, die aus dem Schatten der Vergangenheit heraustritt und gemeinsam für ein Österreich und eine Welt eintritt, in der Antisemitismus und Rassismus keinen Platz mehr haben. Ein sichtbareres Signal wie heute kann es nicht geben! Auf euch – auf dieses Österreich bin ich stolz!«[1]

Nach Zelmans Ansprache legen einige Schüler gemeinsam mit Holocaust-Überlebenden Steine im Gedenken an deren ermordete Familienmitglieder auf dem Balkon der Hofburg ab – ebenjenem Balkon, auf dem einst Hitler stand. Dann betritt der österreichische Bundespräsident Thomas Klestil die Bühne. »Ihr, liebe Schülerinnen und Schüler«, beginnt Klestil, »seid Detektive der Menschlichkeit und des Erinnerns – ihr gebt den Opfern des Holocaust wieder einen lebendigen Platz im Gedächtnis der Nachwelt. Und so drehen wir die Geschichte der damaligen Zeit in gewissem Sinne um: Wurden während des Nationalsozialismus Namen durch Nummern ersetzt und auf die Sträflingskleidung geschrieben, so geben wir – so gebt ihr – heute den Opfern ihre Namen und damit ihre Identität zurück.«

Es ist zwölf Uhr dreißig. In ganz Österreich – in jeder Stadt und jedem Dorf – haben gerade zum Gedenken alle Kirchenglocken geläutet. Eine Minute später lassen wir am Heldenplatz gemeinsam 80.000 übergroße weiße Luftballons aufsteigen. 80.000 weiße Luftballons – einen für jeden Österreicher und jede Österreicherin, die während des Holocaust von den Nazis ermordet wurden.[2] Die Ballons steigen in Wolken in den Himmel auf und schweben vom Wind getragen davon. Manche fliegen Hunderte Kilometer bis nach Niederösterreich, Tschechien, in die Slowakei, nach Ungarn und sogar Polen. Ein Ballon landet einige Tage später in Opole, ganz in der Nähe des ehemaligen Ghettos, in dem Arthurs Familie interniert war.

80.000 Ballons. Es sind so viele, dass sich der Himmel über Wien für einige Minuten weiß färbt und der ganze Luftraum über Wien blockiert ist. An den Ballons hängen Briefe, Abertausende handgeschriebene »Briefe aus der Gegenwart an die Vergangenheit für die Zukunft«. Und darunter auch jener, den ich an Frieda Kernberg geschrieben habe – mein ganz persönlicher *Brief in den Himmel.*

* * *

A Letter To The Stars war das größte schulische Forschungsprojekt zum Thema Zeitgeschichte in Österreich. Bis heute haben über 50.000 Schüler daran teilgenommen und die Lebensgeschichten von Holocaust-Opfern sowie Überlebenden recherchiert. Es war jedoch nicht nur das größte, sondern auch das erste Projekt seiner Art in Österreich – und das im Jahr 2003, knapp 60 Jahre nach Ende des Zweiten Weltkriegs.

Jahrzehntelang sah sich Österreich als das »erste Opfer« der Nationalsozialisten. Der sogenannte österreichische Opfermythos geht auf die Moskauer Deklaration 1943 zurück, in der die Alliierten Österreich als »das erste freie Land, das der typischen Angriffspolitik Hitlers zum Opfer« fiel, bezeichneten.[3] In dem Dokument heißt es zwar auch, dass Österreich für »die Teilnahme am Kriege an der Seite Hitler-Deutschlands eine Verantwortung trägt, der es nicht entrinnen kann«, der Satz wurde in der öffentlichen Wahrnehmung und Diskussion aber gerne verschwiegen.

In der Vergangenheitsbewältigung hinkte Österreich Deutschland jahrzehntelang hinterher. »Die Deutschen mochten mehr oder weniger beharrlich über ihre persönlichen Befindlichkeiten schweigen: Politisch wurden sie zur Verantwortung gezwungen. Die Österreicher hingegen brachten es fertig, sich von den Deutschen und der NS-Erbschaft abzusetzen«, schreibt die Historikerin Helene Maimann in ihrem Aufsatz »Über das Beschweigen der Verbrechen«.[4]

Meine Mutter ging in den 1970er-Jahren zur Schule. »Jedes Mal, wenn der Zweite Weltkrieg und der Nationalsozialismus im Unterricht dran gewesen wären, standen leider – ganz zufällig – immer gerade die Sommerferien an«, erzählte sie mir oft. »Weiter als bis in die 1930er-Jahre sind wir nie gekommen.« Eine Änderung setzte erst ab Ende der 1980er-Jahre während der Waldheim-Affäre ein.[5] Nachdem Journalisten aufgedeckt hatten, dass Kurt Waldheim – Kandidat für das Amt des Bundespräsidenten und früherer UN-Generalsekretär – seine Kriegsvergangenheit und Mitgliedschaft in der SA verschwiegen hatte, diskutierte plötzlich die ganze Welt über die Opferrolle Österreichs. Waldheim wurde zwar von einer Mehrheit der Österreicher zum Bundespräsidenten gewählt, stand aber international völlig isoliert da. Die USA verweigerten ihm sogar die Einreise.

Im Sommer 1991 gestand der Bundeskanzler Franz Vranitzky schließlich zum ersten Mal offiziell die Mitschuld Österreichs ein: »Es gibt eine Mitverantwortung für das Leid, das zwar nicht Österreich als Staat, wohl aber Bürger dieses Landes über andere Menschen und Völker gebracht haben«, sagte er während einer Ansprache im Nationalrat. »Wir bekennen uns zu allen Taten unserer Geschichte und zu den Taten aller Teile unseres Volkes, zu den guten wie zu den bösen; und so wie wir die guten für uns in Anspruch nehmen, haben wir uns für die bösen zu entschuldigen – bei den Überlebenden und bei den Nachkommen der Toten.«[6]

Ein Jahr nach Vranitzkys Rede beauftragte die Republik Österreich das *Dokumentationsarchiv des Österreichischen Widerstands* (DÖW) mit der namentlichen Erfassung der österreichischen Holocaust-Opfer. Fast zehn Jahre lang arbeiteten mehrere Historiker an dem Projekt, dann hatten sie eine Datenbank mit Namen, Adressen, Geburtsdaten und den Zielorten der Deportation von 62.000 Menschen zusammengetragen.

2002 verschickte das *Dokumentationsarchiv* eine CD-ROM mit der Datenbank an Journalisten – darunter auch an Andreas Kuba (damals beim Nachrichtenmagazin *NEWS*) und Josef Neumayr, dem Chefredakteur der Branchenzeitung *Extradienst*. »Dann haben wir uns gleich am selben Tag diese CD angeschaut«, erzählte mir Josef Neumayr bei einem Gespräch in seiner Wiener Wohnung im Herbst 2017. »Und es war so wahnsinnig beeindruckend. Es war eine nicht enden wollende Liste mit Namen. Über 62.000 Namen, Namen, Namen.«

»Von Anna Abel bis Sender Zysmanowicz, das weiß ich noch«, ergänzte Andreas Kuba. Die Namen ließen die zwei Journalisten nicht mehr los, und sie spürten beide das Bedürfnis, diese »nüchterne« Liste mit Leben zu füllen. »Wir können all diese Menschen nicht wieder lebendig machen, aber wir können ihnen ihre Namen, ihr Gesicht, ihre Würde zurückgeben«, so war ihr Gedanke. Und wäre es nicht am schönsten, dafür die Jugend dieses Landes, das so lange weggeschaut hatte, zu begeistern?

Kurzerhand kündigten Neumayr und Kuba ihre Redaktionsjobs und stellten innerhalb von nur wenigen Monaten *A Letter To The Stars* auf die Beine. Sie schufen eine Homepage, die mit der Datenbank vernetzt war, und luden Schulen in ganz Österreich ein, an dem Projekt teilzunehmen. Über die Suchmaske konnten die Schüler nach Menschen suchen, die vielleicht denselben Vornamen trugen wie sie, die in dieselbe Schule gegangen waren oder die – wie in meinem Fall – in derselben Wohnung gewohnt hatten.

In vielerlei Hinsicht war *A Letter To The Stars* tatsächlich das erste Mal, dass in einem so großen Ausmaß über die österreichische NS-Vergangenheit geredet wurde. Lehrer sprachen mit ihren Schülern und Schülerinnen, diese sprachen mit ihren Eltern – die Diskussion war in der Mitte der Gesellschaft angelangt. Nicht alle waren jedoch der Meinung, dass das Land dazu bereit war. »Wir hatten wirklich interessante Gespräche auf allerhöchstem Niveau«, erinnerte sich Neumayr. »Und ich will bei Gott nicht die Leute verunglimpfen, mit denen wir gesprochen haben. Aber es war von ganz wesentlichen Menschen dieser Republik die klare Aussage: ›Um Gottes willen, lasst's das in Ruhe. Macht das nicht. Macht den Deckel nicht auf.‹ Für die war das einfach nicht denkbar, dass sich eine junge Generation mit dem Holocaust auseinandersetzt.«

Unterstützung bekam das Projekt von Alfred Worm. Dem bekannten Journalisten und bestens vernetzten Chefredakteur von *NEWS* gelang es, hochrangige Unterstützer und Geldgeber für *A Letter To The Stars* zu finden. Bundespräsident Thomas Klestil übernahm die Schirmherrschaft des Projekts, bekannte Holocaust-Überlebende wie Simon Wiesenthal und Leon Zelman sowie Größen aus Politik und Kirche schlossen sich dem Unterstützungskomitee an. Österreichische Banken und Versicherungen spendeten große Summen, auch Firmen wie Siemens oder das Ölunternehmen OMV finanzierten das Projekt. »Das hat sicher auch damit zu tun gehabt, dass die Unternehmen zu diesem Zeitpunkt gerade damit anfingen, ihre eigene Geschichte aufzuarbeiten«, glaubt Andreas Kuba. »Das hat halt alles irgendwie zusammengepasst.« Auch die Stadt Wien und die deutsche Botschaft unterstützten *A Letter To The Stars* finanziell.

In den Schulen selbst war das Interesse am Projekt unglaublich groß. Bereits im ersten Jahr nahmen über 400 Schulen mit 550 Klassen teil. Kuba und Neumayr waren von dem großen Ansturm überwältigt. Also holten sie einige der Historiker, die in der Historikerkommission und im *Dokumentationsarchiv* an der Erstellung der Datenbank gearbeitet hatten, mit ins Boot. »Die sind dann wirklich fast im 24-Stunden-Schichtbetrieb bei uns im Büro gesessen, um die ganzen Anfragen von den Schulen zu beantworten«, erzählte mir Kuba. Einer dieser Historiker war Markus Priller.

* * *

Im Herbst 2017 treffe ich Markus Priller in seinem Büro in der Zentrale des österreichischen Roten Kreuzes, wo er heute *projectXchange* leitet, ein Nachfolgeprojekt von *A Letter To The Stars*. Ich kenne Priller, seit wir im April 2007 gemeinsam in New York waren; zehn Jahre später sieht er noch genauso aus wie damals.

Neben Kuba und Neumayr wurde Priller zum wichtigsten Mitarbeiter von *A Letter To The Stars*. Anfangs musste sich der Historiker aber erst einmal an die Arbeit mit Journalisten gewöhnen. »Das war eine gewisse Herausforderung, dieser journalistische Zugang vom Andi und vom Josef«, vertraut mir Priller an. »Und dann die große Aktion mit den Luftballons, wo die Stars von *Starmania* aufgetreten sind. Da hab ich mich schon ein bisschen unwohl gefühlt. Aber ich hab dann verstanden, dass das auch die besondere Qualität von dem Projekt war. Dass es eben beide Elemente gab: den wissenschaftlichen und den journalistischen Zugang. Auch für die Überlebenden war es einfach wichtig, dass es diese wunderbaren Bilder gibt, von den Luftballons zum Beispiel.«

Vor allem aber schätzte der Historiker den Effekt, den die Auseinandersetzung mit dem Holocaust auf die Schüler hatte. »Es gab Schüler, die beschäftigen sich zum Beispiel mit einer Person mit dem Geburtsdatum 1925«, sagt er mir. »Das heißt, diese Person war 1940 fünfzehn Jahre alt. Und da wird einem dann bewusst: Der Ermordete war damals gleich alt wie ich heute. Der Horror, dieses Unfassbare der Vernichtung, das wird Schülern so viel stärker klar, als wenn man allgemein über Nazis spricht. Das sind dann Momente, wo ich glaube, dass es möglich ist, in eine Haltung der Verantwortung einzutreten. Die dann auch längerfristig wirkt, im Umgang mit dieser Geschichte.«

* * *

Ich selbst war elf Jahre alt, als ich an *A Letter To The Stars* teilnahm und eine kurze Biografie von Frieda Kernberg schrieb. Geschichte als Unterrichtsfach hat man in österreichischen Schulen allerdings erst ab der zweiten Klasse Gymnasium, und so durfte ich nur an dem Projekt teilnehmen, weil meine Eltern Kuba und Neumayr kannten. Eine glückliche Fügung: Hätte mich meine Mutter nicht für *A Letter To The Stars* angemeldet, dann wäre der *Kurier*-Artikel nicht geschrieben worden und Frau Bartos hätte Arthur nie gefunden. »Arthur Kern bekommt – durch die Arbeit einer elfjährigen Schülerin – das Einzige zurück, das vom Leben seiner Familie übrig geblieben ist. Und das ist für ihn heute viel, sehr viel«, schrieben Neumayr und Kuba im Begleittext der Anthologie *Briefe in den Himmel – Schüler schreiben Geschichte.*[7] Auch mein Text über Frieda erschien in dem Buch. »Das ganze Buch rührt mich am Herzen«, mailte mir Arthur, »ich lese, was alle diese Kinder geschrieben haben, und denke, wie anders es gewesen wäre, wenn die Österreicher 1938 so gedacht hätten wie die Schüler heute. Trudie und ich sind sehr stolz auf dich, Lilly, wie gut du es gemacht hast. Von den 15.000 Schülern, die bei diesem Projekt mitgemacht haben, sind doch nur ungefähr 100 Geschichten im Buch, und dein Werk ist eine davon. Ich habe viele von diesen Geschichten mit Tränen in den Augen gelesen.«

* * *

Ursprünglich war *A Letter To The Stars* als einmalige Aktion geplant gewesen. »Es ging uns gerade nicht darum, etwas Mahnendes, Großes, Steinernes in den öffentlichen Raum zu stellen«, betonte Josef Neumayr. »Sondern es ging darum, dass man etwas entwirft, das einen berührt, und dass dieser berührende Moment sich in der Erinnerung festklammert. Mögen andere steinerne Denkmäler bauen, wir tun das nicht.«

Das Projekt sollte also eine einmalige Aktion sein – dass es danach weiterging, lag an Begegnungen zwischen Schülern und Holocaust-Überlebenden, die zufällig entstanden waren. Wie dem Treffen zwischen Arthur und mir.

»Ich habe Arthur nie persönlich kennengelernt, aber eure Geschichte war trotzdem eine der schönsten und inspirierendsten für mich in der *A Letter To The Stars*-Zeit«, verriet mir Markus Priller bei unserem Gespräch. »Und dieser Schritt, der Beschluss weiterzumachen, da war deine Geschichte mitentscheidend.«

Ab 2004 arbeitete das Zeitgeschichteprojekt dann daran, den Austausch zwischen Schülern und Überlebenden zu ermöglichen. Vom *Jewish Welcome Service* erhielten die Initiatoren eine Liste von 2.469 »Altösterreichern«, die in der ganzen Welt verstreut lebten und die ihre Geschichte mit der österreichischen Jugend teilen wollten. Schulklassen konnten nun Kontakt zu Überlebenden aufnehmen, Briefe und E-Mails schreiben, und sie vielleicht sogar persönlich kennenlernen.

»Ein ganz wichtiger Punkt, warum das alles so gut funktioniert hat, war, dass es Kinder und Jugendliche waren, die sich für die Überlebenden interessierten«, erklärte mir Andi Kuba. »Die Überlebenden hätten vielleicht einem Erwachsenen aus Österreich nicht ihre Geschichte erzählt, aber Kinder sind unschuldig. Und da ist ein Prozess in Gang gekommen, wo man sagt: Unbedingt! Ich möchte mein Vermächtnis weitergeben.«

Auch ich nahm an diesem zweiten Projekt teil und schrieb diesmal eine Doppelbiografie von Arthur und Trudie. Im Frühling 2004 schickten mir die beiden einen dicken Umschlag voller Dokumente adressiert an das »Fräulein Lilly Maier«. Mithilfe der Dokumente und E-Mail-Interviews, die ich mit Trudie und Arthur führte, schrieb ich den Text »Eine große Liebesgeschichte inmitten der Leidensgeschichte«, der wieder in einer *A Letter To The Stars*-Anthologie erschien.[8]

Im selben Jahr richtete *A Letter To The Stars* die offizielle Befreiungsfeier des Konzentrationslagers Mauthausen aus. Rund 20.000 Menschen – darunter viele Überlebende – nahmen an der Feier teil, an deren Ende Hunderte Friedenstauben über dem ehemaligen Konzentrationslager aufstiegen.

Im Jahr 2006 war ich inzwischen 14 Jahre alt und besuchte die vierte Klasse Gymnasium. Zum ersten Mal lernte ich nun in der Schule etwas über den Nationalsozialismus und nahm auch erstmals im Rahmen des Schulunterrichts an einem *A Letter To The Stars*-Projekt teil: Blumen der Erinnerung.

»Das war das schönste Projekt, das wir gemacht haben.« In diesem Punkt sind sich Kuba, Neumayr und Priller einig. Am Stephansdom installierte die Universität für angewandte Kunst über einem Teppich aus 100.000 weißen Rosen eine Rosenleinwand, auf die eine Nacht lang die Namen der österreichischen NS-Opfer projiziert wurden. Am Tag darauf versammelten sich dann 25.000 Menschen – viele Schüler, aber auch interessierte Erwachsene – am Stephansplatz, um sich Rosen abzuholen und diese ins ganze Land zu tragen: zu all den Häusern, in denen die Opfer der Shoah vor ihrer Vertreibung gelebt hatten. Da die letzte Wohnadresse von Frieda, Hermann und Fritz Kernberg das »Judenhaus« in der Nußdorfer Straße 60 war, lege ich dort drei weiße Rosen nieder.

»Vor allem in Wien war dann auf vielen Haustüren das erste Mal erkennbar, wie viele Menschen betroffen waren. Wie viele Menschen ermordet oder deportiert worden sind«, erinnerte sich Andreas Kuba. »Und wir haben danach viele Rückmeldungen bekommen, dass dann jemand aus dem betreffenden Haus, ausgelöst durch diese Blumen, begonnen hat, sich mit der Geschichte seines Hauses zu beschäftigen.«

Nicht alle Reaktionen waren jedoch positiv. Kritiker warfen den Initiatoren vor, das Projekt überfordere die Schüler und trivialisiere das Gedenken an den Holocaust. »Uns wurde sogar vorgeworfen, dass bei der Aktion am Heldenplatz die Luftballons mit Gas gefüllt waren«, sagte mir Kuba. Vor allem auf dem Land regte sich Widerstand gegen die Aufarbeitung der Geschichte. »Es gab eine Gemeinde, wo eine Bewohnerin eine weiße Rose niedergelegt hat«, erzählte mir Markus Priller. »Eine Friseurin war das. Und die ist dann wirklich boykottiert worden. Von einem Großteil der Bevölkerung in dem Ort, weil sie diese Geschichte einfach wieder aufleben hat lassen.« Insgesamt haben dic positiven Rückmeldungen jedoch weit überwogen.

Am Rosenprojekt nahmen auch einige Überlebende teil, die extra aus Amerika angereist waren. »Dieser symbolische Akt, gemeinsam mit Schülern Rosen niederzulegen, das hat die Menschen unglaublich tief berührt«, erinnerte sich Priller. »Nachher hat mich eine Therapeutin aus San Francisco angerufen, die Überlebende betreut, und die hat mich gefragt: ›Was habt ihr mit denen gemacht? Das ist unglaublich, die sind völlig verändert wiedergekommen, mit einem völlig neuen Lebensgefühl. Die haben positiv von Österreich gesprochen, die haben einen völlig neuen Umgang mit diesem Thema gehabt.‹«

Aus dem Wunsch, möglichst vielen Überlebenden und Schülern solche Begegnungen zu ermöglichen, entstand dann das Projekt »Botschafter der Erinnerung«. Im April 2007 war ich Teil der ersten Schülergruppe, die dafür nach New York reiste. Gemeinsam trafen wir in einer Woche in New York über 100 österreichische Holocaust-Überlebende, mit vielen von ihnen sind wir heute noch in Kontakt. Auch nach London und Israel flogen Gruppen, um dort ehemalige Österreicher zu treffen. Ein Jahr später kamen viele von ihnen – darunter Kurt und Margaret Goldberger, Johanna Trescher und Arthur – dann selbst nach Österreich.

* * *

2008 plante *A Letter To The Stars* seine bisher größte Aktion anlässlich des 70-jährigen Gedenkens an den »Anschluss« Österreichs an Nazideutschland. Anfang Mai luden die Organisatoren zweihundert ehemalige Österreicher für eine Woche nach Wien ein.

Damals war ich 16 Jahre alt und hatte Arthur erst wenige Wochen zuvor in Los Angeles gesehen. Sein Besuch in Wien sollte das letzte Mal sein, dass er nach Österreich kam. Trudie selbst waren die langen Flüge inzwischen zu anstrengend, sodass sie zu Hause blieb. An ihrer statt begleitete Aaron Low seinen Freund Arthur.

»Ihre gemeinsame Reise nach Wien war ein wunderbarer Nachklang der Zeit, die sie als Kinder gemeinsam in Frankreich verbracht hatten«, erklärte Aarons Sohn Steve später. »Es war eine ganz besondere Zeit für meinen Vater.«

Arthur, Aaron, die Goldbergers, Johanna Trescher – zum ersten Mal hatte ich alle »meine« Überlebenden an einem Ort. Damit auch mein Vater sie kennenlernen konnte, lud er uns alle am 1. Mai zu einem gemeinsamen Essen ein. Die nächsten Tage war ich dann ständig mit Arthur oder einem der anderen unterwegs oder half im imperialen Parkhotel Schönbrunn aus, wo ein Großteil der Überlebenden untergebracht war.

»Bis du Arthurs Lilly?« – »Oh, du bist Kurts Lilly?«, hörte ich immer wieder, wenn ich jemandem den Weg erklärte oder einen Programmflyer für den Tag gab. Es schien, dass jeder, den ich traf, schon von mir gehört hatte – sei es von Arthur oder von Kurt. Die beiden 80-Jährigen waren wie immer zu Späßen aufgelegt und überlegten sich unterschiedliche Wetten, bei denen es darum ging, wen von ihnen ich als Nächstes besuchen würde.

Den Anfang der Woche verbrachte Arthur damit, seinem besten Freund Aaron seine Heimatstadt zu zeigen und ihm alle Mitglieder seiner »Wiener Familie« vorzustellen: Brigitte und Fritz Kodras, Valerie und Fritz Bartos, meine Mutter – und jemand Neues: Ernst Lindner.

1938 hatte Ernst Lindner gemeinsam mit Arthur die vierte Klasse der Volksschule in der D'Orsaygasse besucht. Arthur und Ernst Lindner hatten fast siebzig Jahre lang keinen Kontakt, bis Lindner – ähnlich wie Valerie Bartos – einen Artikel über Arthur und mich in der Zeitung las.

»Als Kind war ich drei oder vier Mal oben in der Wohnung in der Gussenbauergasse bei Arthur und Fritz«, erzählte mir der 90-jährige Ernst Lindner zehn Jahre später, als ich ihn in einem Wiener Kaffeehaus treffe. »Seine Mama hat nicht kochen können, das weiß ich noch«, ergänzte er lachend. Zwei Jahre lang hatten sich Arthur und Lindner Briefe geschickt, nun trafen sie sich nach all den Jahren wieder. »Ich war sehr aufgeregt«, gestand mir Arthur später.

Als Teil des Besuches organisierte *A Letter To The Stars*, dass alle Überlebenden zu Schulklassen sprachen. Arthur wäre gerne mit in meine Schule gekommen, doch die hatte an diesem Tag geschlossen. Stattdessen fuhr er gemeinsam mit Aaron nach Innsbruck.

»Wir sprachen zu zwei Gruppen«, erzählte mir Aaron später. »Einmal in einer Schule und dann am Abend zu einer Erwachsenengruppe.« Arthur war von den Fragen der Schüler sehr berührt. »Eine der interessantesten Fragen kam von einem jungen Mann: ›Fühlen Sie sich eher wie ein Amerikaner oder eher wie ein Österreicher?‹ Und ich sagte zu ihm: ›Nun, ich habe den größten Teil meines Lebens in Amerika verbracht, und ich fühle mich sehr amerikanisch. Aber es gibt ein Sprichwort auf Deutsch: Die Heimat ruft. Und das gilt auch für mich: Die Heimat ruft noch immer.‹«

In Wien begleitete ich Arthur zu einer Gedenkveranstaltung im Parlament, bei der die nach Österreich eingeladenen Holocaust-Überlebenden die Ehrengäste waren. Es ist eine »Frage der Gerechtigkeit, der Geschehnisse von damals zu gedenken und den Menschen beizustehen, die mit der Erinnerung an ihre schrecklichen Erfahrungen leben müssen«, sagte der Bundesratspräsident Helmut Kritzinger. Zeitgleich begann am Heldenplatz eine von *A Letter To The Stars* organisierte Gedenkveranstaltung für Schüler. Um halb eins gingen wir dann gemeinsam vom Parlament die 500 Meter durch den Volksgarten zum Heldenplatz. Arthur, Aaron, Kurt, Margaret, Johanna und die anderen Überlebenden wurden dort von Tausenden Schülern mit tosendem Applaus empfangen. Mehr als einer von ihnen musste sich Tränen aus den Augen wischen.

Rund um den Heldenplatz waren große Tafeln mit Porträtfotos und Zitaten der eingeladenen Holocaust-Überlebenden aufgestellt. »Wenn die damaligen (1939) Österreicher so gewesen wären, wie die heutigen (2008) Österreicher sind, wäre ich nie eine Waise geworden und wäre heute noch Österreicher!«, stand auf Arthurs Tafel.

* * *

Die Einladungen 2008 waren das letzte große Projekt, das *A Letter To The Stars* organisierte. Schon im Vorfeld war es zu sehr heftigen – und für das Projektteam völlig unerwarteten – öffentlichen Angriffen gekommen. Und zwar von Institutionen, die sie einst unterstützt hatten, wie dem *Dokumentationsarchiv des Österreichischen Widerstands* oder dem *Jewish Welcome Service.*

»Der *Jewish Welcome Service* hasst uns«, erklärte mir Josef Neumayr bei einem Gespräch 2017. »Leon Zelman hat uns immer geliebt, aber nach seinem Tod hatte der *Jewish Welcome Service* ein großes Problem mit uns.«

Auch Andi Kuba meinte: »Im Nachhinein gesehen haben die sich wohl bedroht gefühlt von uns. Weil sie wahrscheinlich angenommen haben, wir machen das jetzt nicht einmalig, sondern öfter – dass wir Überlebende einladen. Und damit wäre sozusagen ihre Geschäftsbasis entzogen gewesen.«

Ausgelöst vom *Jewish Welcome Service* und dem *Dokumentationsarchiv* begann eine monatelange Pressekampagne gegen *A Letter To The Stars*, bei der Psychologen und Historiker dem Projekt vorwarfen, Holocaust-Überlebende durch die Einladung nach Österreich zu retraumatisieren und sie für medienwirksame Spektakel auszunutzen.[9] Kritisiert wurde auch, dass *A Letter To The Stars* Spenden von »schuldigen« Unternehmen annahm, die während des Nationalsozialismus KZ-Häftlinge beschäftigt hatten, mit dem Argument, dass diese nun das Projekt für Imagepflege »missbrauchen« würden.[10] Die öffentliche Aufregung wurde so groß, dass einige Unternehmen ihre Spenden von dem Projekt zurückzogen.

»Viele der eingeladenen Überlebenden haben dann die Rolle übernommen, uns zu verteidigen«, schilderte mir Kuba. »Sie erklärten: ›Wir sind erwachsen, wir wissen, was wir tun. Wir wissen, dass wir nicht retraumatisiert werden.‹ Und langsam hat sich die Stimmung dann wieder gedreht. Am Ende war es dann eine sehr schöne Veranstaltung, aber ich persönlich bin bis heute sehr enttäuscht, wie sich da Menschen – die im selben Bereich arbeiten wie wir – aufgeführt haben.«

* * *

Trotz aller Querelen am Ende: *A Letter To The Stars* hat die Erinnerungskultur in Österreich nachhaltig verändert. »Diese jungen Leute und die Projektorganisatoren haben etwas erreicht, das zuvor auf einer so breiten Basis noch nicht da war«, betonte Betsy Anthony vom *United States Holocaust Memorial Museum*. »Und für die Überlebenden erzeugt diese Erinnerungsarbeit eine innere Ruhe und einen Frieden.«[11]

Neumayr, Kuba und Priller betonen auch, wie schnell sich der Blick der Menschen auf die Geschichte verändert hat. »Wenn du heute noch so deppert bist und den Holocaust leugnest, dann stehst du komplett im Dunkelschatteneck der Gesellschaft. Und ich denke, das ist gut so. Dort gehören die Leute hin«, meint Josef Neumayr. »Und das war eine rasante Entwicklung – *A Letter To The Stars* haben wir ja erst vor 15 Jahren gestartet.«

Arthur selbst sagte mir oft, dass *A Letter To The Stars* »ein wunderbares Projekt« war. Für ihn – und für die Dutzenden anderen Holocaust-Überlebenden, die ich im Lauf der Jahre kennenlernte – war es eine unglaublich berührende und persönliche Erfahrung, dass die Jugend ihrer alten Heimat auf sie zuging und von ihnen hören wollte.

Und auch in uns – den inzwischen erwachsenen Jugendlichen – wirkte das Projekt noch lange nach. Von den dreißig Schülern, die mit mir in New York waren, wurden drei Historikerinnen. Für mich selbst hat sich nie wirklich die Frage gestellt, was ich studieren soll, schließlich interessiere ich mich für Zeitgeschichte, seit ich elf Jahre alt war. Die schicksalhafte Begegnung mit Arthur weckte mein Interesse dafür, aber es war die Teilnahme an *A Letter To The Stars*, die mir zeigte, was es heißt, historisch zu arbeiten. Mit elf recherchierte ich die Lebensgeschichte von Frieda Kernberg, mit zwölf jene von Arthur und Trudie, mit 15 war ich – in Vorbereitung der New-York-Reise – das erste Mal im Archiv. Ich lernte durch das Projekt viele weitere Überlebende kennen – von denen zufälligerweise sehr viele auf einem Kindertransport waren. So kam es, dass ich mich Jahre später dazu entschloss, meine Bachelorarbeit über die Nachwirkungen der Kindertransporte zu schreiben. In meiner Masterarbeit beschäftigte ich mich dann mit den französischen Kindertransporten und schrieb eine biografische Studie am Beispiel von Arthur. Und nun, da ich dieses Buch fast fertig geschrieben habe, werde ich meine Promotion in jüdischer Geschichte beginnen.

Viele Schüler klagen heutzutage, dass der Nationalsozialismus und der Holocaust zu ausführlich unterrichtet werden. Gleichzeitig haben Studien der letzten Jahre gezeigt, dass vierzig Prozent aller deutschen und zwei Drittel aller amerikanischen Jugendlichen nicht wissen, was Auschwitz ist.[12] Es ist also keineswegs so, dass im Unterricht zu viel über den Holocaust gesprochen wird – das Problem ist eher, dass das Thema die Schüler nicht richtig erreicht. Genau deswegen sind Projekte wie *A Letter To The Stars* oder Zeitzeugenbesuche in Schulen so wichtig. Ich selbst habe aus diesem Grund 2012 eine Ausbildung zur Referentin in der KZ-Gedenkstätte Dachau absolviert und führe seitdem jährlich Dutzende Schulklassen durch das Gelände. Für viele von ihnen ist es das erste Mal, dass sie sich außerhalb des Klassenzimmers mit dem Nationalsozialismus beschäftigen.

* * *

Im Mai 2005 erschien ein Ausschnitt des Textes, den ich für *A Letter To The Stars* über Arthur und Trudie geschrieben hatte, in dem Nachrichtenmagazin *NEWS*.[13] Wenige Tage später erreichte *A Letter To The Stars* die E-Mail einer jungen Frau.

»Soeben las ich die Geschichte von Arthur Kern, die in *NEWS* veröffentlicht wurde, und entschied mich, Ihnen zu schreiben«, begann die Nachricht. »Ich komme aus Bosnien und bin 24 Jahre alt. Ich habe auch den Krieg erlebt und weiß, welches Unglück und Leid er mit sich bringt. Umso mehr war ich gerührt, als ich die Geschichten dieser Menschen las. Geschichten, die das festhalten, was heute viele vielleicht verdrängt und vergessen haben oder gar nicht wahrhaben wollen, da ja der Krieg ihnen nie passieren kann. Das dachte ich auch. Doch heute, 10 Jahre nach Kriegsende in meinem Land, frage ich mich, ob ich meinen inneren Krieg gegen das Erlebte je beenden werde … Denn jeder, der einmal das wahre Gesicht des Krieges kennengelernt hat, weiß, dass man ihn sein ganzes Leben lang in sich trägt. Der Krieg zerstört nicht nur Städte und Dörfer und nimmt unzählige Menschenleben. Nein, er nimmt auch die Träume, die Unschuld und die Unbeschwertheit derjenigen, die ihn überlebt haben. Und was nach ihm bleibt, sind Menschenseelen voller Narben … Wieso ich Ihnen schreibe? Weil mich Ihre Aktion sehr gerührt hat und mir vielleicht die Hoffnung gegeben hat, dass wir doch noch eines Tages in einer Welt ohne Hass und Zerstörung leben werden. Wenn wir uns alle das zu Herzen nehmen, was uns die Überlebenden eines jeden Krieges zu sagen haben. Und das habt Ihr durch diese Aktion ermöglicht. Dafür möchte ich Euch danken!«

Epilog

»Das war's!«, verkünde ich gegen vier Uhr nachmittags. »Das waren alle meine Fragen.«

Es ist der Tag nach dem Thanksgivukkah-Fest im November 2013, und wir sitzen noch immer in der weihnachtlich geschmückten Hotellobby. Seit dem Beginn meines Interviews mit Arthur sind sechs Stunden vergangen – dazwischen waren wir zur Stärkung im Katella Deli, einem für seine übergroßen Reuben-Sandwiches berühmten jüdischen Restaurant.

»Wie? Ihr seid wirklich durchgekommen?«, ruft Trudie erstaunt herüber. »Mit Arties ganzem Leben?«

»Ja!« Ich werfe sicherheitshalber noch einen letzten Blick auf meinen Fragezettel, aber es stimmt. »Oder möchtest du noch etwas ergänzen, Arthur?«

»Nur eine Sache«, antwortet der 85-Jährige. »Es ist wunderbar für Trudie und mich, zu sehen, wie du von einem Kind zu einer beeindruckenden jungen Lady herangewachsen bist.« Dann lacht er, steht auf und umarmt mich.

* * *

Im Sommer 2011, drei Jahre nachdem Arthur zum letzten Mal in Wien war, ziehe ich nach München und beginne mein Geschichtsstudium. Zwei Jahre später erkrankt Arthur schwer. Nach mehreren Operationen erholt er sich aber fast vollständig. Auch mit 85 lässt er sich nicht unterkriegen und ist im Krankenhaus schon bald für seine Streiche und Scherze bekannt. Im November 2013 sehe ich Arthur zum Thanksgivukkah-Fest, und im Februar 2014 besuche ich ihn in seiner neuen Wohnung in der Senior Community, in die Trudie und er einige Tage zuvor gezogen sind.

Für Arthur ist die Trennung von seinem Haus in North Hills – in dem er 55 Jahre gelebt hatte – sehr schwer. »Es war hart für Dad«, erzählt mir sein Sohn Aaron später. »Für jemanden mit seiner Kindheit und seinen Erfahrungen stand Stabilität immer an erster Stelle.« Trudie gefällt es von Anfang an gut in ihrem neuen Zuhause, aber Arthur braucht einige Monate, um sich einzugewöhnen. Dann blüht er jedoch auf und findet viele neue Freunde, die ihn und seinen verrückten Humor schnell lieben lernen.

Im Frühsommer 2015 treten bei Arthur erneut gesundheitliche Probleme auf. Anfang Juli muss der inzwischen 86-Jährige wieder ins Krankenhaus. Ich selbst bereite gerade meinen Umzug nach New York vor, wo ich ab August Journalismus studieren werde. »Dad ist inzwischen in einem Rehakrankenhaus, und es geht ihm wieder gut«, schreibt mir Aaron am 15. Juli. Doch nur wenige Tage später wird bei Arthur eine unheilbare Form von Leukämie diagnostiziert. Die Ärzte geben ihm nur noch wenige Wochen.

Arthur ist sich seiner Situation sehr bewusst: Er macht eine Liste, von wem er sich persönlich verabschieden will, und ist ständig bemüht, seine Umgebung mit Scherzen aufzuheitern. »Dad ist mit sich und dem Ende seines Lebens im Reinen«, schreibt mir Aaron. Dutzende Menschen kommen in den folgenden Tagen ins Krankenhaus: Arthurs Freunde, ehemalige Arbeitskollegen und natürlich seine OSE-Familie. Auf einem Video, das Danny im Krankenhaus filmt, hält Arthur Trudies Hand und singt mit lauter Stimme den *Kern Family Song*. Beim »Ching Chong, Ching Chong Boomkilly-vitsky«-Refrain stimmen dann alle mit ein.

Am 3. August wird Arthur mit Hospizpflege nach Hause entlassen, um im Kreis seiner Familie sein zu können. Zwei Tage später buche ich einen Flug, um Arthur ein letztes Mal zu sehen. Zu spät. Am 6. August stirbt er.

Ich bin gerade am Attersee bei meinen Großeltern, als Aaron anruft, um uns die traurige Nachricht zu überbringen. »Lilly?«, fragt er, als ich abhebe. Im ersten Moment glaube ich, Arthur ist am Apparat. Aarons Stimme klingt genau wie die seines Vaters.

Wenige Tage zuvor haben meine Mutter und ich zum letzten Mal mit Arthur telefoniert. Seit Jahren unterhalten Arthur und ich uns nur noch auf Englisch. Diesmal aber ist es anders. Einmal noch will Arthur Deutsch sprechen, die Sprache seiner Kindheit. »Du bist eines der besten Dinge, die in meinem Leben passiert sind, Lilly«, sagt Arthur. Ich weine, er aber ist gefasst. »Falls ich es nicht mehr bis zu deiner Ankunft schaffe und wir uns nicht mehr sehen, will ich dir sagen: Servus. Ich liebe dich über alles. *Bye-bye*!«

* * *

Drei Wochen nach Arthurs Tod fliege ich nach Los Angeles, um bei Trudie, Aaron, David, Danny und all den anderen zu sein. Ganz wie Arthur es sich gewünscht hätte, ist es kein trauriger Besuch. Wir sitzen beisammen, erzählen uns Geschichten, erinnern uns daran, wie Arthurs Liedblatt damals bei Chanukka Feuer fing, weil er zu nah an der Kerze saß, und an seine unzähligen Versuche, Trudie reinzulegen, und lachen viel.

Ich würde gerne Arthurs Grab besuchen, doch es gibt keines. »Beide meine Eltern wollten eingeäschert werden, und nachdem beide verstorben sind, sollen wir die Asche gemeinsam über dem Meer verstreuen«, erklärt mir Aaron. Arthur wollte auch kein Begräbnis, stattdessen hat er sich ein Fest gewünscht. Einige Monate nach seinem Tod veranstalten die Kerns deswegen eine große *Celebration of Life*.

Über 80 Menschen versammeln sich am 25. Oktober 2015 in einem Gemeinschaftsraum in der Senior Community. Aaron und Ellie Low sind hier, Norbert und Marion Rosenblum, Dale und Dell Carpenter, Morris und Renee Eisenberg, Fred und Ileene Weiss, Susie Katz und ihr Sohn. Schwarz trägt heute niemand, alle

Gäste kommen bunt gekleidet. An den Wänden hängen Fotos aus Arthurs langem Leben, und wie immer bei jüdischen Feierlichkeiten gibt es sehr viel zu essen. Nacheinander stehen Freunde und Verwandte auf und erzählen, was für einen Einfluss Arthur auf sie hatte.

»Leben, lieben, lachen – das war das Motto unseres Vaters«, sagt Danny, der jüngste Kern-Sohn. »Anderen helfen und ihnen ein Lächeln ins Gesicht zaubern, das war seine Begabung und seine Leidenschaft. Aber es war seine besondere Liebe für Mom, die seinem Leben eine wahre Bedeutung verlieh. Sie war sein Fels, sein *perfect match* – und was auch immer er vollbrachte, sie vollbrachten es zusammen.« Danny blickt zu Trudie, die wie alle im Raum lächelt.

»Obwohl wir nicht das Glück hatten, Dads Eltern – unsere Großeltern Hermann und Frieda – sowie seinen älteren Bruder Fritz zu kennen, wissen wir, dass sie stolz auf Pops und sein Vermächtnis der Freundlichkeit, Großzügigkeit und des Lachens herabschauen«, fährt Danny fort. »Eine Sache noch: Wie die meisten von euch wissen, hat Dad zusammen mit Mom im Laufe ihres Lebens viele Freunde gefunden. Ich würde gerne eine Geschichte von solchen Freundschaften erzählen. Eine Geschichte mit einigen kuriosen und unerwarteten Wendungen.«

Im Lauf der nächsten zwanzig Minuten schildert Danny, wie Arthur durch eine Verkettung von zufälligen Treffen – von zufällig entstandenen Freundschaften – das Paket mit Dokumenten seiner Eltern erhielt. »Dad hätte nicht glücklicher sein können, als Lilly einen Brief an seine Mutter Frieda schrieb«, sagt Danny, als er in seiner Erzählung bei *A Letter To The Stars* angekommen ist. »Aber die Geschichte ging weiter.« Als Danny beschreibt, wie Valerie Bartos das Foto im *Kurier* erkannte, geht ein Raunen durch den Raum. »Ein zufälliges Treffen in der Türkei, das zu einem zufälligen Besuch im Elternhaus meines Vaters in Wien führt, wodurch eine Frau zufälligerweise Friedas Foto sieht und von meinem Vater liest, der zufälligerweise den Holocaust überlebt hat. Das ist der

Stoff, aus dem das Leben ist! Das Leben meines Vaters!«, schließt Danny. »Eines Mannes, der immer auf andere zuging und überall Freunde fand.«

* * *

Es ist Frühling, und die Kastanien blühen im Grünspan, jenem Biergarten in Wien, wohin Arthur einst seine »Wiener Familie« eingeladen hat. Ganz in der Nähe liegt der Ottakringer Friedhof. Im Mai 2018, während ich die letzten Seiten dieses Buches schreibe, will ich dort das Grab meiner Wiener Großeltern besuchen. Auf dem hügeligen Friedhof mit seinen vielen kleinen Abzweigungen verlaufe ich mich – und stehe plötzlich vor dem Grab einer Familie Kern. Es sieht verlassen aus, offensichtlich hat hier schon länger niemand mehr vorbeigeschaut. Aus einem Gefühl heraus beschließe ich, meine Blumen hierhin zu legen. Meine Großeltern würden es verstehen, und da Arthur ja selbst kein Grab hat, kann ich »ihm« nun zum ersten Mal Blumen bringen. Ich schaue in die Sonne, und es ist, als würde ich Arthur in der Ferne lachen hören. Vom Grab hinab hat man einen wunderbaren Blick auf Wien. Ich glaube, es hätte ihm hier gefallen.

Arthur wusste, dass ich dieses Buch über ihn schreiben werde. »Versprich mir nur eines«, bat er mich kurz vor seinem Tod, »und zwar, dass du das Buch ins Englische übersetzen wirst.« Es war ihm wichtig, dass auch seine Kinder und Enkelkinder seine Geschichte lesen können.

Ich bin unendlich traurig, dass Arthur selbst dieses Buch nicht mehr lesen kann. Dass er nicht erfahren wird, was ich über seine Zeit in Frankreich herausgefunden habe. Dass er seine New Yorker Pflegeakte nicht durchblättern kann, von deren Existenz er nicht einmal wusste. Dass er nicht lesen wird, was seine Freunde und Weggefährten über ihn zu sagen hatten.

Während der Arbeit an seiner Biografie habe ich mich Arthur unglaublich nah gefühlt. Auf eine gewisse Weise fühlte es sich so an, als wäre er immer noch lebendig. Jetzt, da ich mit diesem Buch fertig bin, hoffe ich, dass viele andere Menschen seine Geschichte lesen werden – und sie so weiterhin lebendig bleibt.

Arthur hätte es viel bedeutet, dass in diesem Buch nicht nur er selbst, sondern auch zahlreiche Mitglieder seiner OSE-Familie vorkommen. Allen voran Aaron Low, sein »Bruder«, der drei Jahre nach ihm verstarb. Die Geschichte von Arthur, die Geschichte der französischen Kindertransportkinder, ist die Geschichte einer außergewöhnlichen Rettung. Im Nachhinein betrachtet mutet es geradezu unfassbar an, wie viele Menschen, Organisationen und unermüdliches Engagement nötig waren, um Arthur und die anderen jüdischen Flüchtlingskinder zu retten. Als Erwachsene wurden die ehemaligen OSE-Schützlinge dann zu erfolgreichen Amerikanern, Familienvätern und lebenslangen Freunden.

Nach all dem Terror und der Ermordung seiner Familie wuchs Arthur trotzdem zu einem glücklichen Mann heran. Einem Mann voller Optimismus und der Fähigkeit zu vergeben. Denn obwohl Arthur schon in frühester Kindheit erlebte hatte, wie brutal und unmenschlich Menschen sein können, hat er – in den OSE-Heimen – auch erfahren dürfen, wie großzügig und selbstlos sie sein können. »Trotz Nationalsozialismus und grausamer Diktatur haben wir nie aufgegeben, an die Menschlichkeit zu glauben«, schrieb Ernst Papanek 1965 in einem Brief an seine ehemaligen Schützlinge. »Ihr wart und ihr seid der Beweis für diesen Glauben.«[1]

* * *

Am 25. November 2016 liegen Rachel, Shira und ich auf einem gemütlichen Sofa im Wohnzimmer ihrer Eltern in Seal Beach. Es ist Black Friday, der Tag nach Thanksgiving. Obwohl schon früher Nachmittag ist, haben wir alle noch unsere Pyjamas an und teilen uns zwei große Decken. Inzwischen sind wir bei Folge zwei des *Gilmore Girls Thanksgiving Special* angelangt und streiten uns über unsere Lieblingsfiguren. Ab und zu kommt Aaron vorbei und schüttelt den Kopf ob unserer Obsession.

Vor dem Start der dritten Folge stehe ich auf und hole uns Reste vom gestrigen Festmahl aus dem Kühlschrank. Es ist bereits mein drittes Thanksgiving im Kern-Haushalt – nachdem ich im Jahr zuvor nur Gemüse schnippeln durfte, haben sie mir diesmal immerhin schon das Backen des komplizierten Kürbiskuchens anvertraut. »Kalt schmeckt Truthahn sowieso am Besten«, murmelt Shira, als ich mit einem großen Teller wiederkomme. Dann gesellt sich ihre Mutter Leslie zu uns, und wir basteln Feiertagsschmuck aus Wolle.

Am nächsten Tag fahren wir zum Brunch zu Trudie, wo wir auch den Rest der Kerns treffen. Wieder einmal hat Trudie den Tisch ganz in der Mitte des Restaurants in der Senior Community reserviert, damit alle sehen, wie groß ihre Familie ist. Bevor wir bestellen, schenkt Trudie allen anwesenden Frauen selbst bemalte Seidenschals – seit Kurzem tritt sie in die künstlerischen Fußstapfen von »Mutti«.

Shira und ich erzählen von unserem Studium, Rachel von ihrem neuen Job bei einem Start-up in San Francisco. Sami zeigt Fotos, die sie vor einem halben Jahr gemacht hat, als wir gemeinsam in den Universal Studios waren. »Wisst ihr noch, was Grandpa immer für verrückte Geschichten erfunden hat, woher seine Narbe am Bein kam?«, fragt Alex, und wir fangen an zu lachen. Die Kleinen zappeln mal wieder herum, lassen sich aber durch Kakao bestechen, am Tisch zu bleiben.

»Kommst du nächstes Jahr wieder zu Thanksgiving?«, fragt mich der kleine AJ. Das tue ich. Und im Jahr darauf. Und im Jahr darauf.

Anmerkungen

Arthur Kerns Nachlass besteht aus zwei Teilen: Einerseits ein für seine Familie angefertigtes Buch (*The Plunder, the Destruction and the Dispersion of the Hermann Kernberg Family during the Holocaust Years*), das eine Sammlung von Briefen und Dokumenten beinhaltet, die er übersetzt hat. (Einige dieser Dokumente hat er an das *Simon Wiesenthal Center* in Los Angeles gespendet, wo sie öffentlich einsehbar sind.) Der zweite Teil des Nachlasses sind unsortierte Briefe, Dokumente, Urkunden, Fotoalben und autobiografische Kurzgeschichten, die Arthurs Witwe Trudie sowie sein ältester Sohn Aaron aufbewahren. Ich habe den gesamten Nachlass bei Besuchen im November 2015 sowie im August und November 2016 gesichtet und ausgewertet. (In den Endnoten sind die Dokumente aus dem Nachlass nicht extra erwähnt, da sie nicht öffentlich einsehbar sind. Kopien befinden sich in meinem Besitz.) Einige Dokumente im Nachlass (hauptsächlich Fotos und Briefe) hat Arthur selbst als Zwölfjähriger mit nach Amerika gebracht. Den Großteil hat er erst Jahrzehnte später durch eigene Recherchen von unterschiedlichen Organisationen erhalten, unter anderem von der OSE, der IKG, den Quäkern und der Wiener Stadtverwaltung. Briefe seiner Eltern an bereits emigrierte Verwandte erhielt Kern von eben jenen.

Zwischen Herbst 2013 und Frühjahr 2018 habe ich Dutzende Interviews mit Familienmitgliedern und Freunden von Arthur sowie Historikern und Archivaren geführt. Soweit nicht anders angegeben, sind alle Zitate in diesem Buch aus eben jenen Interviews. Kopien und Transkripte der Interviews befinden sich in meinem Privatbesitz.

Im *United States Holocaust Memorial Museum* (USHMM) konnte ich Akten zur OSE, der Israelitischen Kultusgemeinde Wien (IKG) und den Quäkern (*American Friends Service Committee*) einsehen, die Originale dieser Dokumente befinden sich auch in den Archiven der Organisationen selbst. Informationen über die Fabrik der Kernbergs erhielt ich vom Wiener Gewerbeamt (Magistratsabteilung 63). Der Nachlass von Ernst Papanek liegt in der *New York Public Library*, im dortigen Archivsystem findet man ihn unter *Ernst Papanek Papers. Manuscripts and Archives. The New York Public Library. Astor, Lenox and Tilden Foundations* (im Folgenden EPP genannt). Im *YIVO Institute for Jewish Research* in New York befinden sich die Akten der amerikanischen Zweigstelle der OSE (die AMEROSE) sowie der *German Jewish Children's Aid* (GJCA). Arthurs 130 Seiten umfassende GJCA-Pflegeakte ist nicht öffentlich einsehbar, eine Kopie befindet sich in meinem Privatbesitz. In den folgenden Endnoten verwende ich die Kürzel der Archive sowie deren Systematik, um Material zuzuordnen. Alle Werke und Aktensätze sind bei der ersten Nennung vollständig angegeben, danach nur noch mit Kurztiteln.

Alle Zitate aus dem Französischen, Englischen und Portugiesischen habe ich selbst übersetzt.

Endnoten

»Wir hatten ein tolles Leben!«

1 Statistik Austria: Jahresdurchschnittsbevölkerung 1870-2016, http://www.statistik.at/web_de/statistiken/menschen_und_gesellschaft/bevoelkerung/bevoelkerungsstand_und_veraenderung/bevoelkerung_im_jahresdurchschnitt/022311.html (abgerufen am 23.05.2017).
2 Vocelka, Karl: Geschichte Österreichs. Graz [u.a.] 2000, S. 279–285.
3 Zweig, Stefan: Die Welt von Gestern. Erinnerungen eines Europäers. Frankfurt am Main 1985, S. 58.
4 Habres, Christof: Jüdisches Wien. Entdeckungsreisen. Wien 2011, S. 35.
5 Malleier, Elisabeth: Jüdische Frauen in Wien 1816 - 1938. Wien 2003, S. 15. Das orthodoxe Judentum war in Österreich stärker vertreten als in Deutschland. Zwischen 1900 und 1934 waren 20–30 Prozent aller Wiener Juden orthodox.
6 Generalkatasterblatt Samuel Hersch Kernberg. Wien 1928–1961. MA 63, Archiv der GISA-Servicestelle.
7 Schubert, Kurt: Die Geschichte des österreichischen Judentums. Wien 2008, S. 118.
8 Botz, Gerhard: Nationalsozialismus in Wien: Machtübernahme, Herrschaftssicherung, Radikalisierung. 1938/39. Wien 2008, S. 58 u. S. 99–105.
9 Der »Erlass über die Vereidigung der Beamten des Landes Österreichs« vom 15. März 1938 entsprach dem deutschen »Gesetz zur Wiederherstellung des Berufsbeamtentums« vom 7. April 1933. Auch die Nürnberger Gesetze galten ab Mai in Österreich, zur Überprüfung wurde in Wien ein »Gauamt für Sippenforschung« eröffnet. Siehe: Schubert: Die Geschichte, S. 118.
10 Ebd., S. 115–117; Botz: Nationalsozialismus in Wien, S.126–136. Tatsächlich nahmen Gewalt und sogenannte »wilde«, also nicht genehmigte, Arisierungen von »Normalbürgern« so überhand, dass die SS von der NS-Führung in Wien am 14. März 1938 angewiesen wurde, dagegen vorzugehen.
11 Habres: Jüdisches Wien, S. 35.
12 Botz: Nationalsozialismus in Wien, S. 502–523.

Die Kinder rausholen

1 Die Auswanderungsfragebögen befinden sich im Archiv der IKG sowie digitalisiert im USHMM. Zur Familie Kernberg gibt es zwei Bögen mit der Kennnummer 27361 sowie 28670.
2 Katasterblatt Kernberg, MA 63.

3 Gesetz über die Bestellung von kommissarischen Verwaltern und kommissarischen Überwachungspersonen. In: Gesetzblatt für das Land Österreich (Ostmark), 13. April 1938. Historische Rechts- und Gesetzestexte Online, Österreichische Nationalbibliothek.

4 Schutzhaft oder Vorbeugehaft waren euphemistische Begriffe, die die Nationalsozialisten für Personen verwendeten, die ohne richterlichen Beschluss verhaftet worden waren.

5 Vollmacht Samuel Kernberg an Comité Israélite pour les Enfants, 22.2.1939. RG-43.113M, 28, USHMM.

6 IKG: Liste der dringenden Fälle nach Frankreich, 1939. A/W 1986, RG-17.017M, USHMM.

7 Sofern nicht anders angegeben, stammen alle folgenden Informationen in diesem Kapitel aus der Korrespondenz der Wiener IKG, Aktensatz A/W 1986, RG-17.017M, USMM.

8 Schmidt, Claudio: Certificat Médical 1.3.1939. RG-43.113M, Reel 28, USHMM.

9 Interview Arthur Kern, 12.7.1995, Los Angeles, Kalifornien/USA, USC Shoah Foundation.

10 Maier, Lilly: Frieda Kernberg – »Ich wohne heute in ihrer damaligen Wohnung«, in: A Letter To The Stars (Hrsg.): Briefe in den Himmel – Schüler schreiben Geschichte. Wien, S. 122–124, hier S. 123.

Abschied von Wien

1 Lindenbaum, Walter: Von Sehnsucht wird man hier nicht fett. Texte aus einem jüdischen Leben, hrsg. v. Herbert Exenberger. Wien 1998, S. 78ff.

2 Sofern nicht anders angegeben, stammen alle folgenden Informationen in diesem Kapitel aus der Korrespondenz der Wiener IKG, Aktensatz A/W 1959 und A/W 1986, RG-17.017M, USMM.

3 Göpfert, Rebekka: Der jüdische Kindertransport von Deutschland nach England 1938/39. Geschichte und Erinnerung. Frankfurt/Main 1999, S. 76f.

4 Becker, Hanna: Martha Wertheimer und ihr Wirken nach der »Kristallnacht«, in: Kingreen, Monica (Hrsg.): »Nach der Kristallnacht«: Jüdisches Leben und antijüdische Politik in Frankfurt am Main 1938–1945. Frankfurt/Main 1999, S. 87–211, hier S. 199.

Die Kindertransporte

1 Baumel-Schwartz, Judith Tydor: Never Look Back: The Jewish Refugee Children in Great Britain, 1938–1945. West Lafayette 2012, S. 5; Dies.: Unfulfilled Promise. Rescue & Resettlement of Jewish Refugee Children in the United States 1934–1945. Alaska 1990, S. 15; Göpfert: Kindertransport nach England, S. 60f.

2 Rundschreiben von Himmler, 31.12.1938. BArch R 58/276 Bl. 289. Zitiert nach: Göpfert: Kindertransport, S. 66. Hervorhebung im Original

3 Zu Pflegefamilien siehe: Ebd., S. 114–123; Zu Exilschulen: Feidel-Mertz, Hildegard: Identitätsbildung und Integration. Exilschulen in Großbritannien, in: Benz, Wolfgang (Hrsg.): Die Kindertransporte 1938/39, S. 102–119.

4 Curio, Claudia: »Unsichtbare« Kinder. Auswahl- und Eingliederungsstrategien der Hilfsorganisationen, in: Benz, Wolfgang und Hammel, Andrea (Hrsg.): Die

Kindertransporte 1938/39. Rettung und Integration, S. 60–81, hier S. 63; Göpfert: Kindertransport nach England, S. 91f.
5 Baumel-Schwartz: Never Look Back, S. 4.
6 Aufstellung über alle durch die IKG vom 10.12.1938 – 22.08.1939 abgefertigten Kindertransporte. A/W 1964-1, Film 878. RG-17.017M, USHMM.
7 IKG: Die Frage der jüdischen Kinder und Jugendlichen in Wien [Frühjahr 1939]. 100044, Film 252, RG-17.007M. USHMM, S. 4; Society of Friends: Report of the Children's Department of the Friends Centre, Vienna. Nov. 38–Sept. 39. RG-59.027M, USHMM, S. 1; Hofreiter, Gerda: Allein in die Fremde: Kindertransporte von Österreich nach Frankreich, Großbritannien und in die USA 1939–1941. Innsbruck 2010, S. 40–44.
8 Curio: »Unsichtbare« Kinder, S. 65.
9 Schwarz, Rosa Rachel: Aus der Sozialarbeit der Gemeinde Wien unter Hitler 1940. 0.1/73, Bad-Kaduri-Collection, Yad Vashem, S. 6.
10 Interview mit Franzi Danneberg-Löw, Dokumentationsarchiv des Österreichischen Widerstands Interviewsammlung. Siehe auch: DÖW (Hrsg.): Erzählte Geschichte. Band 3: Jüdische Schicksale. Wien 1993.
11 Hofreiter: Allein in die Fremde, S. 108.
12 Curio: »Unsichtbare« Kinder, S. 72.
13 Ebd., S. 78.
14 Decker, Kerstin: Heinrich Heine: Narr des Glücks. Berlin 2005, S. 291.
15 Sofern nicht anders angegeben, stammen alle folgenden Informationen in diesem Kapitel aus der Korrespondenz der Wiener IKG, Aktensatz A/W 1985 und A/W 1986, RG-17.017M, USMM.
16 Hofreiter: Allein in die Fremde, S. 82.
17 Ebd., S. 83.
18 Der Transport war ursprünglich für den 21. geplant und ist in vielen Unterlagen der IKG fälschlicherweise mit diesem Datum vermerkt.
19 Das Stück gibt es auch in Buchform: Mona Golabek: Die Pianistin von Wien. Wien 2017.

Ankunft in Paris

1 Comité an Jugendfürsorge IKG, Paris, 6.3.1939, A/W 1986, USHMM.
2 Der absolute Großteil der Bücher über die OSE wurde von der OSE selbst geschrieben, was es manchmal erschwert, Aussagen objektiv zu verifizieren. Zum Ausgleich seien deshalb Biografien einzelner OSE-Mitarbeiter empfohlen, die von unabhängigen Historikern geschrieben wurden. Zum Beispiel: Göbetzberger, Claudia: Dr. Ernst Papanek – Widerstand im Dritten Reich. Leben, Werk und Exil eines österreichischen Sozialdemokraten, Phil. Diss. Universität Wien 2005.
3 Hazan, Katy: Rire le jour, pleurer la nuit. Les enfants juifs cachés dans la Creuse pendant la guerre, 1939 – 1944. Paris 2014, S. 11–13.
4 In der Forschungsliteratur herrscht manchmal Verwirrung, wofür genau die Abkürzung OSE in Frankreich steht. Alternativ wird auch »Union des Sociétés pour la protection de la santé des populations juives« angegeben, dies ist aber der franz. Name der *Union OSE* und nicht der Name des franz. Ablegers der OSE. Zur Arbeit in Frankreich siehe: Hazan, Katy und Klarsfeld, Serge: Le sauvetage des enfants juifs pendant l'Occupation, dans les maisons de l'OSE,

1938 – 1945 / Rescuing Jewish children during the Nazi occupation: OSE children's homes, 1938 – 1945. Paris 2009.

5 Hazan: Rire le jour, S. 11–14.

6 Hazan/Klarsfeld: Le sauvetage 1938–1945, S. 13 u. 71.

7 Göbetzberger: Dr. Papanek, S. 113.

8 Pogranova, Slavka: Ernst Papanek und die Kinder von Montmorency. Sorbonne Paris 2002, S. 21.

9 Papanek, Ernst: mit Edward Linn: Out of the Fire. New York 1975, S. 45f.

10 Ders.: Die Kinder von Montmorency. Frankfurt am Main 1983, S. 49.

11 Comité: Institutions qui recoivent les enfants venus de Vienne, 22.3.1939. A/W 1986, RG-17.017M, USHMM.

12 OPEJ, http://www.opej.org/fr/Pages/histoire-et-Mémoire.aspx (abgerufen am 08.07.2017).

13 Alle Zitate von Erich Grünebaum/Eric Greene im gesamten Buch sind aus: The Loneliest Boy. Durango 2000. Das Buch ist unveröffentlicht und hat keine Seitenzahlen.

Villa Helvetia

1 Comité an Fürsorge IKG, Paris, 6. April 1939, A/W 1985, USHMM.

2 Bericht Trude Frankl, April 1939. A/W 1985, RG-17.017M, USHMM, S. 3f.

3 Göbetzberger: Dr. Papanek, S. 110f.

4 Interview A. Kern, 1995, USC.

5 Papanek, Ernst: One Year Children's Houses of the OSÉ, Montmorency 1940. EPP, Box 41. Der Bericht ist auf Englisch verfasst. Da es sich um ein Fotoalbum handelt, gibt es keine Seitenzahlen.

6 Ebd.

7 Things seen in Paris. How Hope and Encouragement are brought to the Refugees. In: The World's Children. The Official Organ of the Save the Children Fund and of the declaration of Geneva. Vol. 19. London, Juni 1939.

8 Bericht Frankl, USHMM, S. 3f.

Ernst Papanek: Mehr als nur ein Lehrer

1 Göbetzberger: Dr. Papanek, S. 8 u. 20.

2 Hansen-Schaberg, Inge und Papanek, Hanna (Hrsg.): Ernst Papanek. Pädagogische und therapeutische Arbeit. Kinder mit Verfolgungs-, Flucht und Exilerfahrungen während der NS-Zeit. Wien 2015, S. 7.

3 H. Papanek: Als Jugendliche in den OSE Heimen: Geschichte und Geschichten zu Ernst Papanek, in: Hansen-Schaberg, Inge u. a. (Hrsg.): Ernst Papanek. Wien 2015, S. 173–270, hier S. 234 u. 242.

4 Göbetzberger: Dr. Papanek, S. 83ff.

5 Hazan: Rire le jour, S. 100f.

6 Papanek: Kinder von Montmorency, S. 41–47.

7 Hazan/Klarsfeld: Le sauvetage 1938–1945, S. 74.

8 Ebd., S. 71.

9 Hammel, Andrea: Familienbilder im Spannungsfeld. Autobiographische Texte ehemaliger Kindertransport-Teilnehmer, in: Benz, Wolfgang und Curio, Claudia (Hrsg.): Die Kindertransporte 1938/39. Rettung und Integration. Frankfurt am

Main 2003, S. 168–200, hier S. 191; Feidel-Mertz: Identitätsbildung und Integration. Exilschulen in Großbritannien, S. 104; Wexberg-Kubesch: Vergiss nie, S. 59.
10 Hazan: Rire le jour, S. 100f. Und: Papanek: Kinder von Montmorency, S. 98.
11 Göbetzberger: Dr. Papanek, S. 126.
12 Pogranova: Papanek und die Kinder, S. 57. Papanek, Ernst: Jüdische Jugend in einer Welt des Krieges und der Verfolgung (Juni 1944), in: Hansen-Schaberg, Inge u.a. (Hrsg.): Ernst Papanek. Wien 2015, S. 61–79.
13 Göbetzberger: Dr. Papanek, S. 20f; Hansen-Schaberg, Inge: »Sie waren unentbehrlich« – Ernst Papanek und die Rettung traumatisierter Kinder, in: Bildung und Erziehung 62 (2009), S. 105–122, hier S. S.111–116.
14 Papanek: Fire, S. 48. *Out of the Fire* wurde nach Papaneks Tod von dem Ghostwriter Edward Linn und Papaneks Familie beendet, dabei kam es leider zu Verfälschungen einiger Quellen. So wurden wörtliche Zitate von Ernst Valfer oder Hanna Papanek mehreren unterschiedlichen Personen zugeordnet. Auch wurden teils Pseudonyme verwendet, ohne darauf hinzuweisen. Dennoch ist *Out of the Fire* eine bedeutende Quelle, da es Papaneks Ansichten und vor allem seine Erziehungsmethoden sehr ausführlich vorstellt.
15 Göbetzberger: Dr. Papanek, S. 146; Pogranova: Papanek und die Kinder, S. 58.
16 Rühl-Nawabi, Gabriele: Pädagogische und therapeutische Grundlagen: Die Rezeption des individualpsychologischen Ansatzes Alfred Adlers durch Ernst Papanek, in: Hansen-Schaberg, Inge u. a. (Hrsg.): Ernst Papanek. Wien 2015, S. 34–39, hier S. 38.
17 Papanek, Ernst: Die Kinderfürsorge der OSE. 500 Refugeekinder aus Frankreich nach den Vereinigten Staaten. New York 1940, S. 3.
18 H. Papanek: Als Jugendliche, S. 213.
19 Rühl-Nawabi: Papaneks Adler-Rezeption, S. 36.
20 Papanek: Fire, S. 126–28.
21 Ebd., S. 64.
22 Hazan/Klarsfeld: Le sauvetage 1938–1945, S. 74. Und: Pogranova: Papanek und die Kinder, S. 54f.
23 Ivanov, Alexander: ORT, in: Diner, Dan (Hrsg.): Enzyklopädie jüdischer Geschichte und Kultur 4 (Ly-Po). Darmstadt 2013, S. 444–449. Die OSE und ORT waren schon seit ihrer jeweiligen Gründungszeit in Russland eng miteinander verbunden und verlegten nach der Russischen Revolution beide ihre Büros nach Berlin.
24 One Year OSÉ, EPP, Box 41.
25 Göbetzberger: Dr. Papanek, S. 136.
26 Der Nachlass wurde von seiner Familie auf zwei Archive aufgeteilt: Ein Bestand liegt in der *New York Public Library*, ein weiterer im Internationalen Institut für Sozialgeschichte in Amsterdam. Innerhalb der Forschung zu Papanek und der OSE bin ich die einzige Wissenschaftlerin, die den New Yorker Nachlass ausgewertet hat, alle anderen Werke beziehen sich auf Dokumente in Amsterdam.
27 Papanek: Fire, S. 107f.
28 Göbetzberger: Dr. Papanek, S. 196.
29 Bericht Frankl, USHMM, S. 4.
30 Papanek: Kinder von Montmorency, S. 105.
31 Abdruck der Heimordnung siehe: Hansen-Schaberg (Hrsg.): Ernst Papanek, S. 50–52.
32 One Year OSÉ, EPP, Box 41.

33 H. Papanek: Als Jugendliche, S. 180; Papanek: Fire, S. 140.
34 Papanek: Fire, S. 116f; Göbetzberger: Dr. Papanek, S. 134f.
35 Pogranova: Papanek und die Kinder, S. 3.

Die Villa La Chesnaie in Eaubonne

1 Comité an IKG, Paris, 13.3.1939. A/W 1986, USHMM.
2 Krohn, Helga: »Holt sie raus, bevor es zu spät ist!« Hilfsaktionen zur Rettung jüdischer Kinder zwischen 1938 und 1940., in: Kingreen, Monica (Hrsg.): »Nach der Kristallnacht«: jüdisches Leben und antijüdische Politik in Frankfurt am Main 1938 - 1945. Frankfurt/Main 1999, S. 91–118.
3 Bericht Frankl, USHMM, S. 3.
4 Kanner, Mia Amalia. Mit: Eve Rosenzweig Kugler: Shattered Crystals. Lakewood 2009, S. 103.
5 Interview A. Kern, 1995, USC.
6 Papanek: Fire, S. 54–56.
7 Göbetzberger: Dr. Papanek, S. 128f; H. Papanek: Als Jugendliche, S. 257.
8 Papanek: Fire, S. 63.
9 Zu Krakowski siehe: H. Papanek: Als Jugendliche, S. 254–60.
10 Papanek: Fire, S. 58.
11 Ebd., S. 59–61.
12 H. Papanek: Als Jugendliche, S. 251.

Der Sommer 1939

1 Herlin, Hans: Die Tragödie der »St. Louis«. München 2001; Mautner Markhof, Georg J. E.: Das St. Louis-Drama. Graz-Stuttgart 2001.
2 Schröder, Gustav: Heimatlos auf hoher See. Berlin 1949.
3 Papanek: Fire, S. 64.
4 Mautner Markhof: St. Louis, S. 128; und: Die Passagiere der »Saint-Louis« erzählen..., In: Pariser Tageszeitung, 23.6.1939.
5 Papanek: Fire, S. 79.
6 Abschriften von Briefen von Kindern in Heimen, Frankreich, 1939–1940. EPP, Box 5.
7 Alle folgenden Beschreibungen basieren auf: Fotos OSE-Kinderheime, Montmorency. EPP, Box 41.
8 Papanek: Kinder von Montmorency, S. 77.
9 Ebd.
10 Aus der Pariser Emigrantenkolonie. In: Pariser Tageszeitung. Paris, 15.6.1939.
11 Brief eines anonymen 13-jährigen Eaubonner Mädchens, EPP, Box 5.
12 W., E.: Montmorency-Gedicht 1939, EPP, Box 8.

Kriegsbeginn

1 Friedemann, Bedürftig u.a.: Chronik des Zweiten Weltkriegs. Gütersloh/München 2009, S. 14–17.
2 Papanek: Kinder von Montmorency, S. 25.
3 Papanek: Fire, S. 15–17.
4 Interview A. Kern, 1995, USC.

5 Corazza, Stephanie: The Routine of Rescue: Child Welfare Workers and the Holocaust in France, Phil. Diss. University of Toronto 2017, S. 21.
6 Papanek, Hanna: Elly und Alexander: Revolution, Rotes Berlin, Flucht, Exil – eine sozialistische Familiengeschichte. Berlin 2006, S. 119.
7 Hazan/Klarsfeld: Le sauvetage 1938–1945, S. 73.
8 Papanek: Fire, S. 28.
9 Vgl. Heimsoeth, Hans-Jürgen: Der Zusammenbruch der Dritten Französischen Republik: Frankreich während der »drôle de guerre« 1939/1940. Bonn 1990.
10 One Year OSÉ, EPP, Box 41.
11 Vormeier, Barbara: Frankreich, in: Krohn, Claus-Dieter (Hrsg.): Handbuch der deutschsprachigen Emigration 1933–1945. Darmstadt 1998, S. 213–250, hier S. 232f.
12 Maierhof, Gudrun u.a. (Hrsg.): Aus Kindern wurden Briefe – Die Rettung jüdischer Kinder aus Nazi-Deutschland. Berlin 2004.
13 Papanek: Fire, S. 14.
14 Interview A. Kern, 1995, USC.
15 Bourrel: Eaubonne, 23.4.2010, S. 10.
16 Friedemann u.a.: Chronik des Zweiten Weltkriegs, S. 50–62.
17 Göbetzberger: Dr. Papanek, S. 147–149.
18 Papanek: Fire, S. 169.

Flucht in den Süden

1 Stand 1. Januar 2017: Names of Righteous by Country, in: Yad Vashem, www.yadvashem.org/righteous/statistics.html (abgerufen am 06.05.2018).
2 Corazza: Routine of Rescue, S. 23.
3 Papanek: Fire, S. 170.
4 Ebd., S. 173.
5 Göbetzberger: Dr. Papanek, S. 151.
6 Kanner: Shattered Crystals, S. 104.
7 Papanek: Fire, S. 178f.
8 Ebd., S. 182–185; Über Jean-Louis de Neuville ist nicht viel bekannt, er wird als Patriot und gläubiger Katholik beschrieben. 1944 fiel er als einfacher Soldat, während er für die Befreiung Frankreichs kämpfte. Siehe: Kiener, Michael C. und Plas, Pascal (Hrsg.): Enfances Juives: Limousin-Dordogne-Berry. Terres de refuge 1939–1945. Saint-Paul 2006, S. 373f.
9 Interview A. Kern, 1995, USC.
10 Göbetzberger: Dr. Papanek, S. 153.
11 Kanner: Shattered Crystals, S. 105.
12 Gourwitch an Papanek, Vichy, 14.6.1940. EPP, Box 5.

Château de Montintin

1 Papanek: Kinder von Montmorency, S. 132.
2 Dokumente über den Waffenstillstand mit Frankreich, in: Max-Planck-Institut für Ausländisches Öffentliches Recht und Völkerrecht (Hrsg.): Zeitschrift für ausländisches öffentliches Recht und Völkerrecht. Band 10. Berlin, Leipzig 1940, S. 851–856, hier S. 855f; Wetzel, Juliane: Frankreich, in: Benz, Wolfgang (Hrsg.): Lexikon des Holocaust. München 2002, S. 75f, hier S. 75f.

3 Papanek: Fire, S. 138f u. 196f.
4 Krohn, Claus-Dieter: Vereinigte Staaten von Amerika, in: ders. (Hrsg.): Handbuch der deutschsprachigen Emigration 1933–1945. Darmstadt 1998, S. 446–466, hier S. 454.
5 Für die Beschreibung der Flucht siehe: Papanek: Fire, S. 204–211.
6 Zu der berühmten Fluchtroute siehe: Lackner, Herbert: Die Flucht der Dichter und Denker. Wie Europas Künstler und Wissenschaftler den Nazis entkamen. Wien 2017, S. 119–127.
7 Für eine Liste aller 320 Kinder, die zu irgendeinem Zeitpunkt im OSE-Heim in Montintin lebten, siehe Kiener/Plas (Hrsg.): Enfances Juives, S. 430–441.
8 Ebd., S. 351.
9 Kanner: Shattered Crystals, S. 288.
10 Kiener/Plas (Hrsg.): Enfances Juives, S. 404.
11 Papanek: Fire, S. 198f. Wie vielen der Erwachsenen gab er auch Asta in seiner Autobiografie ein Pseudonym, sie wird als »Lucia« bezeichnet.
12 Wetzel, Juliane: Gurs, in: Benz, Wolfgang (Hrsg.): Lexikon des Holocaust. München 2002, S. 94, hier S. 94.
13 Alle Briefe von Kindern in diesem Kapitel: EPP, Box 5.
14 Hazan/Klarsfeld: Le sauvetage 1938–1945, S. 103.
15 Hazan, Katy und Allali, Michèle: Une mémoire pour le futur – 90 ans de l'OSE. A Legacy for the Future – 90 Years of OSE. Paris 2003, S. 33; Hansen-Schaberg, Inge: Kindheit und Jugend, in: Krohn, Claus-Dieter (Hrsg.): Handbuch der deutschsprachigen Emigration 1933–1945. Darmstadt 1998, S. 81–94, hier S. 84.

»Es ist *vraiment* zum Kotzen«

1 Kiener, Michael C. und Plas, Pascal (Hrsg.): Enfances Juives: Limousin-Dordogne-Berry. Terres de refuge 1939–1945. Saint-Paul 2006.
2 Kanner: Shattered Crystals, S. 128.
3 Hazan/Klarsfeld: Le sauvetage 1938–1945, S. 104.
4 Alle in diesem Kapitel zitierten Briefe an und von Papanek: EPP, Box 5.
5 H. Papanek: Als Jugendliche, S. 257.
6 Papanek: Fire, S. 189.
7 Hazan/Klarsfeld: Le sauvetage 1938–1945, S. 20.
8 Kiener/Plas (Hrsg.): Enfances Juives, S. 356.
9 Hazan/Klarsfeld: Le sauvetage 1938–1945, S. 24.
10 Kanner: Shattered Crystals, S. 119.
11 Miki: Im Montintiner Heime (Sylvester 1941). Acc. 2000.187, USHHM.
12 Sigmund Freud Museum: Freuds verschwundene Nachbarn. Wien 2003, S. 15.
13 DÖW: Opole, http://ausstellung.de.doew.at/b207.html (abgerufen am 04.04.2018).
14 Wetzel: Frankreich, S. 75; und: Marrus, Michael Robert Paxton: Vichy France & The Jews. New York 1981.
15 Corazza: Routine of Rescue, S. 24.
16 Wetzel: Gurs, S. 94.
17 Hazan, Katy: Le sauvetage des enfants juifs de France vers les Amériques, 1933–1947, in: Harter, Hélène u. a. (Hrsg.): Terres promises: mélanges offerts à André Kaspi 2008, S. 481–493, hier S. 19.

18 Siehe dazu ihre mitreißende Autobiographie: Samuel, Vivette: Rescuing the Children. A Holocaust Memoir. Madison 2002.
19 Hazan/Allali: 90 Years OSE, S. 35.

Amerika als letzte Hoffnung

1 Rotholz, Horst: Purimgedicht. Acc. 2000.187, USHMM.
2 Göbetzberger: Dr. Papanek, S. 159.
3 Gründungsmitteilung AMEROSE, 31.12.1940; GJCA; RG 249; MKM 8.11/187; YIVO. Zur Übernahme der weltweiten Agenden verschickte die AMEROSE ein Gründungsdokument. In der Literatur wird deswegen. oft fälschlicherweise 1940 und nicht 1929 als Gründungsdatum der amerikanischen OSE genannt.
4 Siehe dazu: Graham, Otis L. Jr.: Unguarded Gates: A History of America's Immigration Crisis. Lanham 2003.
5 Baumel-Schwartz: Unfulfilled Promise, S. 27–31.
6 Zucker, Bat-Ami: Frances Perkins und die amerikanische Flüchtlingspolitik 1933 bis 1940, in: Maierhof, Gudrun u.a. (Hrsg.): Aus Kindern wurden Briefe – Die Rettung jüdischer Kinder aus Nazi-Deutschland. Berlin 2004, S. 165–185, hier S. 172f.
7 Zur GJCA siehe: Hartig, Christine: Zwischen Emigrationshilfe und Amerikanisierungserwartung – Die Arbeit der German Jewish Children's Aid, in: Feustel, Adriane und Hansen-Schaberg (Hrsg.): Die Vertreibung des Sozialen. München 2009, S. 130–151; und: Ostrovsky, Michal: »Children Knocking at Our Gates«: »German Jewish Children's Aid« and the Rescue Activity of the American Jewish Community during World War Two. Phil. Diss. Bar Illan, Israel 2012; Ab 1942 Umbenennung in European Jewish Children's Aid.
8 Number of Admitted Children per Year, 1.1.1942; GJCA; RG 249; MKM 8.1/10; YIVO.
9 Ostrovsky, Michal: «We Are Standing By«: Rescue Operations of the United States Committee for the Care of European Children, in: Holocaust and Genocide Studies 29 (2015), S. 230–250, hier S. 232.
10 Für USCOM gibt es keine einheitliche Abkürzung, sie selbst bezeichneten sich oft als »US Committee«, die Quäker verwendeten USCOM. Baumel-Schwartz kürzt mit USC ab, was verwirrend ist, weil dies die offizielle Abkürzung für Unitarian Service Committee ist. Ich orientiere mich an Ron Coleman und verwende USCOM.
11 Ostrovsky: Standing By, S. 237f.
12 Allen Bonnel an James G. Vail, Marseille, 18.6.1941. ASFC, USHMM.
13 Baumel-Schwartz: Unfulfilled Promise, S. 59; Corazza: Routine of Rescue, S. 51; Hobson Faure, Laura: Attentes européennes, réalités américaines: l'émigration des enfants de l'Œuvre de Secours aux Enfants de la France occupée vers les États-Unis, 1941–1942, in: Hazan, Katy u. a. (Hrsg.): L' Œuvre de secours. Paris 2014, S. 166–183, hier S. 170.
14 Baumel-Schwartz: Unfulfilled Promise, S. 51; Hartig: Arbeit GJCA, S. 134f.
15 Memo about arrival of SS Mouzinho children, 27.8.1941; GJCA; RG 249; MKM 8.27/481; YIVO.
16 Ostrovsky: Standing By, S. 239.
17 Zeitoun, Sabine: L' Œuvre de Secours aux Enfants (O.S.E.) sous l'occupation en France – Du légalisme à la résistance, 1940 – 1944. Paris 1990, S. 139; Han-

sen-Schaberg, Inge: Lebensgeschichtliche Hintergründe zur pädagogisch-politischen Arbeit Ernst Papaneks und Anmerkungen zu seinem Werk, in: Dies. und H. Papanek (Hrsg.): Ernst Papanek. Wien 2015, S. 11–31, hier S. 15; Baumel-Schwartz: Unfulfilled Promise, S. 83f.

18 Papanek an AFSC, New York, 15.1.1941. AMEROSE; RG 494; 549.2/62; YIVO.

19 Bussang, Marion: Papa Papanek's 500 Children. They Suffer in Europe but He Hopes to Save Them. In: New York Post, 26.12.1940.

20 Diese Liste war in den Akten nicht zu finden, aber eine spätere Liste für den Zweiten Transport verweist auf die Nummern, die die jeweiligen Kinder auf der Liste der 500 hatten, daher lässt sich die Nr. 35 für Oswald rekonstruieren. Vgl.: Liste of children, candidates for emigration to the United States. 2nd Transport, 10.7.1941; AMEROSE; RG 494; 549.2/27; YIVO, S. 4.

21 Sofern nicht anders angegeben, sind alle folgenden Informationen in diesem Kapitel aus Briefen von Papanek, OSE, AMEROSE und GJCA. Siehe: EPP, Box 5 und 6 sowie AMEROSE; RG 494; 549. 1/1 und 8/104 und 2/27; YIVO sowie GJCA; RG 249; MKM 8.1/12 und 8.16/290; YIVO, S. 4.

22 Die OSE war nicht die einzige Organisation, die versuchte ihre Schützlinge nach Amerika zu schicken. Kinder kamen außerdem aus Heimen der Rothschilds, der Unitarier und der Secours Suisse, manche sogar direkt aus den französischen Internierungslagern.

23 Hazan/Klarsfeld: Le sauvetage 1938–1945, S. 26.

24 Corazza: Routine of Rescue, S. 55.

25 Ebd., S. 78; Hazan, Katy und Weill, Georges: The OSE and the Rescue of Jewish Children, from the Postwar to the Prewar Period, In: Jacques Semelin, u. a, (Hrsg.): Resisting Genocide. The Multiple Forms of Rescue. New York [u.a.] 2011, S. 245–263, hier S. 255.

26 Interview mit Anna Fiedler, 19. Juni 1984, DÖW Interviewsammlung.

27 Göbetzberger: Dr. Papanek, S. 161–163.

28 Alle Informationen zu Oswald stammen im Folgenden aus dem Dossier Oswald Kernberg im Archiv der OSE bzw. USHMM (RG-43.113M, Reel 28).

Reise in die Freiheit

1 List des 100 enfants envoyés aux Etats-Unis Juni 1941; und: Union OSE an AMEROSE, Montpellier [1941], beide: AMEROSE; RG 494; 549.2/27; YIVO.

2 Hans Singer u.a. an Oswald Kernberg, Marseille, 25.5.1941. Poststempel vom 26.6.1941. Arthur Kern Collection, Simon Wiesenthal Center, 90-123A / 18.

3 Allen Bonnel an James G. Vail, Marseille, 18.6.1941. ASFC, USHMM.

4 Hazan: Rire le jour, S. 72.

5 Briefe an Papanek, EPP, Box 5 und 6.

6 Kanner: Shattered Crystals, S. 128.

7 Ebd., u. S. 237.

8 Ebd., S. 133.

9 Ireny Lowy an Lotte Marcuse, 15.8.1941; GJCA; RG 249; MKM 8.27/481; YIVO.

10 Chomski, Isaac: Memoirs. RG-10.206.01.12, USHMM.

11 Gumpert, Laura: Humble Heroes: How the American Friends Service Committee struggled to save Oswald Kernberg and three hundred other Jewish children from Nazi Europe. Senior Thesis, Haverford College 2002, S. 22f.

12 Kanner: Shattered Crystals, S. 135.

S.S. Mouzinho

1 Zitiert nach Lackner: Flucht der Dichter und Denker, S. 129.
2 Chomski, RG-10.206.01.12.
3 Sofern nicht anders angegeben, stammen die Informationen in diesem Kapitel aus Briefen der Quäker. Siehe: Acc. 1995.A.0368.1, USHMM. Sowie: AMEROSE RG 494; 549.1/1; YIVO.
4 A camino da Colonia, Juni 1941. in: O Século. Acc. 2015.365.1, USHMM.
5 Gumpert: Humble Heroes, S. 22.
6 Kanner: Shattered Crystals, S. 135; Baumel-Schwartz, Judith Tydor: Jewish Refugee Children in the USA (1934–1945): Flight, Resettlement, Absorption, in: Gigliotti, Simone und Tempian, Monica (Hrsg.): Young Victims of the Nazi Regime; Migration, the Holocaust, and Postwar Displacement. London, New York 2016, S. 12–37, hier S. 26.
7 Morris Troper an Eleanor Roosevelt, Lissabon, 7.6.1941. RG 249, MKM 8.27/482. GJCA, YIYO.
8 Affidavit in Lieu of passport for Oswald Kernberg; GJCA; RG 249; MKM 8.28/498; YIVO 1941; New York Passenger Lists, 1820-1957, Records of the U.S. Customs Service, Record Group 36. National Archives at Washington, D.C. Mikrofilm 6574, S. 125. Aufgerufen via Ancestry.com.
9 Lillian Traugott an Lindsley Noble, Philadelphia, 20.8.1941; Zitiert nach Gumpert: Humble Heroes, S. 12.
10 Cahier de Dessin. Arthur Kern Collection, Simon Wiesenthal Center, 90 - 123 A/12.

Ankunft in New York

1 Sofern nicht anders angegeben, stammen die folgenden Informationen in diesem Kapitel aus Korrespondenz der OSE und der GJCA. Siehe: EPP, Box 5 und 6. Sowie: AMEROSE; RG 494; 549.1/4; YIVO. Sowie: GJCA; RG 249; MKM 8.5/85 und 8.27/481; YIVO.
2 45 Exiled Children Arrive on Liner. In: New York Times, 3.9.1941.
3 Hansen-Schaberg: Hintergründe Papanek, S. 16.
4 Hobson Faure: Attentes européennes, S. 178f.
5 Wexberg-Kubesch: Vergiss nie, S. 13.
6 Hansen-Schaberg: Sie waren unentbehrlich, S. 106.
7 Papanek: Fire, S. 241.
8 Baumel-Schwartz: Unfulfilled Promise, S. 64.
9 Baumel-Schwartz: Jewish refugee children USA, S. 29.
10 Alle folgenden Informationen über die GJCA und Oswald entstammen der nicht öffentlich einsehbaren »Akte Oswald Kernberg«; GJCA; RG 249; YIVO.

Das Schicksal von Frieda, Hermann und Fritz Kernberg

1 DÖW: Deportationen Wien – Opole, Februar 1941: »... in diesem elenden Nest«, https://www.doew.at/erinnern/fotos-und-dokumente/1938-1945/deportationen-wien-opole-februar-1941-in-diesem-elenden-nest (abgerufen am 04.04.2018).
2 DÖW: Opole; Götz, Aly u.a.: Die Verfolgung und Ermordung der europäischen Juden durch das nationalsozialistische Deutschland 1933–1945. Band 9: Polen. Generalgouvernement August 1941 – 1945. München, Oldenburg 2014, S. 15.
3 Spector, Shmuel (Hrsg.): The Encyclopedia of Jewish Life Before and During the Holocaust: K-Sered. New York 2001, S. 939.
4 Moser, Jonny: Die Judenverfolgung in Österreich 1938–1945. Wien 1966 (Schriftenreihe des DÖW), S. 23.
5 Götz u.a.: Polen 1941–1945, S. 17.
6 DÖW: Opole.

Eine Jugend in New York

1 Soweit nicht anders angegeben, entstammen alle Informationen über Oswald in diesem Kapitel der nicht öffentlich einsehbaren Akte Oswald Kernberg; GJCA; RG 249; YIVO. Allgemeine Hinweise zu OSE und GJCA aus der Korrespondenz: AMEROSE; RG 494; 549.5/65; YIVO. GJCA; Und: RG 249; MKM 8.27/480; YIVO. Sowie: EPP, Box 5 und 6.
2 US Bureau of the Census: Sixteenth Census of the United States, 1940, T627, Seite 8A; Enumeration District: 3-1446. National Archives and Records Administration, Washington, D.C.
3 Hazan/Weill: OSE Rescue, S. 245–263.
4 Hobson Faure: Attentes européennes, S. 174.
5 Hazan/Weill: OSE Rescue, S. 255.
6 Hazan/Klarsfeld: Le sauvetage 1938–1945, S. 32–36; Hazan/Weill: OSE Rescue, S. 256.
7 Siehe die von H. Papanek zusammengestellte Liste: Als Jugendliche, S. 267–69.
8 Papanek: Fire, S. 31.

Aus Oswald wird Arthur

1 Soweit nicht anders angegeben, entstammen alle Informationen über Oswald in diesem Kapitel der nicht öffentlich einsehbaren Akte Oswald Kernberg; GJCA; RG 249; YIVO
2 Indicator 1947. Jahrbuch Stuyvesant High School, S. 14.
3 AFSC: Refugee Case File 20274, Oswald Kernberg. Acc. 2002.296, USHMM.
4 Service Européen des Recherches an OSE, Paris, 20.2.1948.; Wulman an J. Eisenstaedt, New York, 24.3.1948. RG-43.113M, 28, USHMM.
5 Katasterblatt Kernberg, MA 63.
6 Einbürgerungsurkunde Oswald Arthur Kern, 18.12.1950. Soundex Index to Petitions for Naturalization filed in Federal, State, and Local Courts located in New York City, 1792-1989, The National Archives at New York City.

Die Kerns

1 109 Consecutive Engine Tests Run at Santa Susana, 3.4.1959, in: Valley Skywriter Nr. 13, 3.4.1959.
2 NASA Langley Research Center's Contributions to the Apollo Program, https://www.nasa.gov/centers/langley/news/factsheets/Apollo.html (abgerufen am 28.04.2018).

Das große Wiedersehen

1 Alle Informationen im folgenden Kapitel stammen aus einem Videomittschnitt und zwei Erinnerungsbüchern über die »50th OSE-St. Louis Reunion«, die an alle Teilnehmer verschickt wurden.
2 Henry Schuster zitiert nach: Kaplan, Gabriella: Children of Special Blessing. 200 youngsters were taken from Nazi Germany and reunited 50 years later. In: The Jewish Journal. 12.5.1989. S. 31f, hier S. 32.
3 Kanner: Shattered Crystals, S. 238.
4 Die OSE existiert bis heute und ist vor allem in Frankreich nach wie vor aktiv. 2017 wurde das jüdische Hilfswerk mit dem *Grand Prix Humanitaire* des renommierten *Institut de France* ausgezeichnet.

Ein Leben nach dem Kindertransport

1 Hansen-Schaberg: Kindheit und Jugend, S. 82.
2 Göpfert: Kindertransport nach England, S. 13.
3 Brief von E. Greene, März 1981. Zitiert aus: Baumel-Schwartz: Unfulfilled Promise, S. 140.
4 Die hochspannenden Ergebnisse präsentierten Sonnert und Holton in dem Buch: What Happened to the Children Who Fled Nazi Persecution. New York 2006. Der Fokus liegt auf Kindern, die in den 1930er- und 1940er-Jahren aus Nazideutschland oder Österreich nach Amerika emigrieren konnten, darunter ein Großteil mithilfe der Kindertransporte. Für die im Folgenden beschriebenen Informationen vgl. das Kapitel »Socioeconomic Achievements«, S. 65–92.
5 Barnett, Ruth: Familiengedächtnis. Erste und zweite Generation in der therapeutischen Praxis, in: Benz, Wolfgang, u. a. (Hrsg.): Die Kindertransporte 1938/39. Rettung und Integration. Frankfurt am Main 2003, S. 156–170, hier S. 165.
6 Sonnert/Holton: What Happened, S. 187–193; Sowie: Barnett, Ruth: Therapeutic Aspects of Working Through the Trauma of the Kindertransport Experience, in: Hammel, Andrea u. a. (Hrsg.): The Kindertransport to Britain 1938/39. New Perspectives. Amsterdam, New York 2012, S. 157–171, hier S. 157.
7 Eine Auswertung des Erinnerungsbuches findet sich auch auf der Homepage: OSE Children In Foster Homes: Statistical Survey, in: Shattered Crystals, http://www.shatteredcrystals.net/sc_ose4.htm (abgerufen am 06.05.2018).
8 Whiteman, Dorit Bader: The Uprooted: A Hitler Legacy: Voices of Those Who Escaped Before the »Final Solution«. Cambridge, Mass. 2001, S. 406; Barnett: Therapeutic Aspects, S. 163; Moskovitz, Sarah: Making Sense of Survival: A Journey with Child Survivors of the Holocaust, in: Krell, Robert (Hrsg.): Messages and Memories. Reflections on Child Survivors of the Holocaust. Vancouver 1999, S. 11–21, hier S. 16.

9 Kröger, Marianne: Kindheit im Exil. Ein Forschungsdesidera, in: Benz, Wolfgang, u. a. (Hrsg.): Die Kindertransporte 1938/39. Rettung und Integration. Frankfurt am Main 2003, S. 17–33, hier S. 18; Wexberg-Kubesch: Vergiss nie, S. 13.
10 How do you define a Shoah survivor?, in: Yad Vashem, http://www.yadvashem.org/yv/en/resources/names/faq.asp (abgerufen am 06.05.2018); Und: Survivors and Victims, in: USHMM, https://www.ushmm.org/remember/the-holocaust-survivors-and-victims-resource-center/survivors-and-victims (abgerufen am 06.05.2018).
11 Wexberg-Kubesch: Vergiss nie, S. 14.
12 Curio: »Unsichtbare« Kinder, S. 60.

Arthur und seine Familie

1 So etwa 54 Prozent aller Befragten in: Shepard, Helga: The Kindertransport Survey. The Results of the Survey. New York 2000; Fast, Vera: Children's Exodus. A History of the Kindertransport. London, New York 2011, S. 170.
2 Moskovitz: Making Sense, S. 16.
3 84 Prozent nach: AJR Kindertransport Survey, https://ajr.org.uk/kindertransport-survey/ (abgerufen am 09.05.2018); 87 Prozent nach: Shepard: Kindertransport Survey; 92 Prozent nach: Sonnert/Holton: What Happened; und 93 Prozent nach den Teilnehmern der OSE-Reunion: OSE Children In Foster Homes: Statistical Survey.
4 Drucker, Olga: »Kindertransport Association Conference 2010 – Enduring Impact. In: Kinder-Link, Volume 21, Winter 2011, S. 1-8, hier S. 8.
5 Barnett: Familiengedächtnis, S. 168.
6 Ebd.
7 Sonnert/Holton: What Happened, S. 162.
8 Into the Arms of Strangers: Stories of the Kindertransport. Regie: Mark Jonathan Harris. USA 2000. Auf Deutsch: Kindertransport – In eine fremde Welt. Und: My Knees Were Jumping. Remembering the Kindertransports. Regie: Melissa Hacker. USA 1996.

Ein Päckchen aus der Vergangenheit

1 Mozes Kor, Eva: Die Macht des Vergebens. Salzburg 2016, S. 82, 113 u. 116.
2 Maier: Frieda Kernberg. In: Briefe in den Himmel, S. 122–124.
3 Gebhard, Josef: Brief an die ermordete Vorbewohnerin. In: Kurier, 3.5.2003.
4 Ders. »Er war von seiner Rückkehr fest überzeugt«. In: Kurier, 12.5.2003.
5 Holocaust-Überlebende können als Teil der österreichischen Restitution nachträglich stark verbilligt Versicherungsmonate erwerben, um Anspruch auf eine österreichische Alterspension zu erlangen. Vgl.: Begünstigtenpension, in: IKG – Abteilung für Restitutionsangelegenheiten, http://www.restitution.or.at/schwerpunkte/s-anliegen-beguenstigtenpension.html (abgerufen am 15.05.2018).

Briefe in den Himmel

1 Abschriften aller Reden siehe: A Letter To The Stars (Hrsg.): Briefe in den Himmel – Schüler schreiben Geschichte. Wien 2003.

2 In vielen Werken wird die Zahl von 65.000 österreichischen Holcocaust-Opfern genannt, dies ist die Anzahl der rund 65.000 österreichischen Juden, die im Holocaust ermordet wurden. *A Letter To The Stars* spricht von 80.000 Menschen, weil sie auch andere ermordete Opfergruppen mitzählen (wie Roma und Sinti, Homosexuelle, Behinderte, politische Gegner etc.).

3 Karner, Stefan und Tschubarjan, Alexander: Die Moskauer Deklaration 1943: »Österreich wieder herstellen«. Wien 2015, S. 162.

4 Maimann, Helene: Über das Beschweigen der Verbrechen, in: A Letter To The Stars (Hrsg.): Holocaust – Die Überlebenden. Schüler schreiben Geschichte. Wien 2005, S. 211–214, hier S. 212.

5 Zu Waldheim siehe: Lehnguth, Cornelius: Waldheim und die Folgen. Der parteipolitische Umgang mit dem Nationalsozialismus in Österreich. Frankfurt/Main 2013.

6 Kriechbaumer, Robert (Hrsg.): Österreichische Nationalgeschichte nach 1945: Die Spiegel der Erinnerung, die Sicht von innen. Wien 1998, S. 97f.

7 A Letter To The Stars (Hrsg.): Briefe in den Himmel, S. 263.

8 Maier, Lilly: Eine große Liebesgeschichte inmitten der Leidensgeschichte, in: A Letter To The Stars (Hrsg.): Holocaust – Die Überlebenden. Schüler schreiben Geschichte. Wien 2005, S. 126–131.

9 Event mit »Kirtagscharakter«. In: Standard, 20.12.2007.

10 A Letter to the Stars – Eine Kritik der Lagergemeinschaft Ravensbrück & FreundInnen, https://www.ravensbrueck.at/wp-content/uploads/2015/06/OeLGRF_Kritik-Lettertothestars2006.pdf (abgerufen am 10.05.2018).

11 Anthony, Betsy: Sie bringen den Überlebenden Frieden, in: A Letter To The Stars (Hrsg.): Holocaust – Die Überlebenden, S. 246–247, hier S. 247.

12 Vier von zehn Schülern wissen nicht, was Auschwitz ist. In: Welt, 28.9.2017. Und: Zauzmer, Julie: Holocaust study: Two-thirds of millennials don't know what Auschwitz is, In: Washington Post, 12.4.2018.

13 Maier, Lilly: Den Hass im Herzen besiegen, in: NEWS Nr. 18 (2005), S. 68f.

Epilog

1 Papanek an ehemalige OSE-Kinder, New York, 15.12.1965. EPP, Box 5.

Danksagung

Mein ganz besonderer Dank gilt Arthurs Familie, die sich schon mindestens genauso sehr auf dieses Buch freut wie ich und die mich jahrelang dabei unterstützt hat. Trudie, Aaron, David, Danny, Leslie, Nena, Elise, Alex, Sami, Rachel und Shira – *I love you guys!*

Meine wunderbare Agentin Christine Proske von Ariadne-Buch hat nur wenige Wochen nach unserem ersten Treffen ein Zuhause für *Arthur und Lilly* gefunden und mich seitdem unermüdlich unterstützt und begleitet. Mein Dank gilt auch dem gesamten Team von Heyne, das dieses Buch möglich macht.

Einzelne Aspekte von *Arthur und Lilly* basieren auf meiner Forschung an der Ludwig-Maximilians-Universität München, die von Prof. Mirjam Zadoff und Prof. Michael Brenner betreut wurde. Danke an Betsy Anthony, Vincent Slatt und Ron Coleman vom *United States Holocaust Memorial Museum*; Katy Hazan und Dominique Rotermund von der OSE; Jessica Pigza und Katie O'Connell von der *New York Public Library*; Susanne Uslu-Pauer von der IKG Wien; Susie Mamzhi vom *Simon Wiesenthal Center*; Gunnar Berg von YIVO sowie Christine Vecchio vom *Staten Island Museum*.

Mein Dank gilt auch Christine und Isabelle Allertshammer, die meine zahlreichen Interviews transkribiert haben, und Levi Israel Ufferfilge für all die unermüdlichen Erklärungen zum Judentum.

Meine Mutter Sabine hat damals Arthur in unsere Wohnung – und damit in unser Leben – eingeladen und mich dann für *A Letter To The Stars* angemeldet. Ohne sie hätte es nie die Freundschaft zwischen Arthur und mir gegeben, und ich hätte nie darüber schreiben können. Danke dafür und für so viel mehr!

Meine großartigen Testleserinnen haben mich monatelang beim Schreiben dieses Buches begleitet. Ein übergroßes Danke an Roxy, Karen und Tine von den »Münchner Schreiberlingen«, Sophia, die meinen ersten Text über Arthur gelesen hat, und vor allem an Katrin für das Auffinden all meiner Anglizismen, Österreichizismen und anderwertig verdrehten Gedanken. Danke auch an meinen Vater Wolfgang, ohne den ich die Endkorrekturphase niemals geschafft hätte.

Es war eine besondere Erfahrung für mich, an die Orte zu fahren, an denen Arthur einst gelebt hat. Danke an David de Lassagne und Jean-Claude, die mir den Besuch von *Montintin* ermöglicht haben; Marie-Caroline und Liv Soavina für ihre Führung durch die *Villa La Chesnaie* und an Julien Trotet sowie das gesamte Polizeikommissariat von Montmorency für die schönen Stunden dort.

Ich habe Dutzende Menschen für dieses Buch interviewt – erwachsene OSE-Kinder, Freunde von Arthur sowie Historiker: Danke an Ernst Valfer, Otto Kernberg, Lisl Terner, Eric Greene, Norbert und Marion Rosenblum, Gus und Hanna Papanek, Suzie Katz, Dale und Dell Carpenter, Siegfried Knop, Elfriede Schloss, Fred und Ileene Weiss, Ernst Lindner, Esther Starobin, Friedrich Bartos, Fritz Kodras, Carol Low, Gerry Watkins, Janet Taylor, Andrea Low, Don Davis, Laura Hobson Faure, Gerda Hofreiter, Marsha Rozenblit, Ellen Levitt, Gerhard Sonnert, Ruth Koob, Peter Halban, Katrin Sippel, Josef Gebhard, Josef Neumayr, Markus Priller und Andi Kuba.

Besonders hervorheben möchte ich Arthurs besten Freund Aaron Low, der das Erscheinen dieses Buches leider nicht mehr erlebt hat. Ich bin mir sicher, Arthur und er sitzen irgendwo auf einer Wolke und spielen sich immer noch gegenseitig Streiche.

Bildnachweis

Bilder Fließtext

NBCUniversal: 278 (Wide Wide World, Channel 4, 1958); OSE (Œuvre de Secours aux Enfants): 45 (dossier personnel Kernberg), 77, 90, 116, 141 (CDJC Mémorial de la Shoah); Privatarchiv Arthur Kern: 23, 297; Privatarchiv Trudie Kern: 260; United States Holocaust Memorial Museum: 202 (59625, mit freundlicher Genehmigung von Milton Koch)

Bildtafeln

1: Sabine Maier
2: Kurier/Gerhard Deutsch
3: Lilly Maier
4 und 5: Verein Lernen aus der Zeitgeschichte
6, 7, 8, 9, 10, 11: Privatarchiv Arthur Kern
12, 13: OSE/CDJC Mémorial de la Shoah, fonds privé Oswald Kernberg
14: Ernst Papanek Papers, The New York Public Library. Mit freundlicher Genehmigung des United States Holocaust Memorial Museum Photo Archives
15: OSE/CDJC Mémorial de la Shoah
16: OSE/CDJC Mémorial de la Shoah, fonds privé José Ainouz
17: OSE/CDJC Mémorial de la Shoah
18, 19: Ernst Papanek Papers, The New York Public Library. Mit freundlicher Genehmigung des United States Holocaust Memorial Museum Photo Archives

20: OSE/CDJC Mémorial de la Shoah
21 und 22: Ernst Papanek Papers, The New York Public Library. Mit freundlicher Genehmigung des United States Holocaust Memorial Museum Photo Archives
23: Simon Wiesenthal Center Archives Los Angeles, California
24, 25, 26, 27: OSE/CDJC Mémorial de la Shoah
28: Privatarchiv Arthur Kern
29: OSE/CDJC Mémorial de la Shoah
30: Ernst Papanek Papers, The New York Public Library. Mit freundlicher Genehmigung des United States Holocaust Memorial Museum Photo Archives
31 und 32: Privatarchiv Arthur Kern
33, 34, 35: OSE/dossier personnel Kernberg
36: Sammlung der Zeitung O Século, Álbuns Gerais n. 81, Dok. 1807P, PT / TT / EPJS / SF / 001-001- / 0081 / 1807P. Mit freundlicher Genehmigung von ANTT
37: Sammlung der Zeitung O Século, Álbuns Gerais n. 81, Dok. 1836P. PT / TT / EPJS / SF / 001-001- / 0081 / 1836P. Mit freundlicher Genehmigung von ANTT
38 und 39: Simon Wiesenthal Center Archives Los Angeles, California
40, 41, 42, 43, 44, 45, 46, 47, 48, 49, 50: Privatarchiv Arthur Kern
51: Lilly Maier
52: Privatarchiv Arthur Kern
53: Rachel Kern
54, 55, 56: Privatarchiv Lilly Maier
57: Rachel Kern
58, 59, 60, 61: Privatarchiv Arthur Kern
62: Privatarchiv Lilly Maier
63: Privatarchiv Trudie Kern